대중문화는
어떻게
여성을
만들어내는가

이 도서의 국립중앙도서관 출판예정도서목록(CIP)은 서지정보유통지원시스템 홈페이지
(http://seoji.nl.go.kr)와 국가자료종합목록 구축시스템(http://www.nl.go.kr/kolisnet)에서
이용하실 수 있습니다. CIP제어번호: CIP2020000189(양장) CIP2020000190(무선)

How Pop Culture Shapes the Stages of a Woman's Life

대중문화는
어떻게
여성을
만들어내는가

보석 왕관을 쓴 **아기**부터
사냥감을 찾는 **쿠거**까지

멀리사 에임스·사라 버콘 **지음**

조애리·이혜원·유정화·김진옥·
강문순·윤교찬·박종성·최인환 **옮김**

한울
아카데미

이 책을 우리 딸과 아들, 메디슨, 맥킨리, 제이콥, 루카스에게
그리고 모든 딸과 모든 아들에게 바친다.
너희 모두가 각 생애'주기'의 성차별적 가르침에
저항하고 거부하고 수정하기를 기원한다.

감사의 글

폴그레이브 맥밀런Palgrave Macmillan사에서 학계와 일반 청중 모두를 대상으로 하는 크로스오버인 이 책의 출판을 결정한 데 대해 우리는 아주 흥분되어 있다. 페미니스트 미디어 학자로서 우리는 현재 이 책의 중요한 이슈에 영향을 받은 독자들이 우리의 문화비평을 읽을 수 있게 하는 데 많은 시간과 노력을 바쳤다. 우리는 펠리시티 플레스터Felicity Plester에게 감사한다. 그녀는 이 원고를 열정적으로 옹호해 주었다. 그리고 편집팀 전체에, 특히 스네아 카맛 므하마니Sneha Kamat Bhavnani와 소피 올드Sophie Auld에게 감사한다. 이들의 꼼꼼한 편집 덕분에 이 책이 출판될 수 있었다. 우리는 또한 남녀평등을 위해 싸워온 남녀가 이룬 창의적이며 용감한 작업에 감사한다. 그대들이 없다면 우리시대 문화에 대한 이런 분석이 불가능할 것이다(아니면 적어도 극단적으로 일방적이거나 실망스러운 결과가 나왔을 것이다). 그리고 끝으로 이 프로젝트를 수행한 지난 5년 동안 우리를 지지해 준 우리 각자의 친구, 가족, 동료에게 감사한다. 우리를 지원해 주는 체계만큼만 우리가 강하다는 것을 진정으로 믿는다. 다행히도 우리에게는 적소에 그런 훌륭한 지지자들이 있었다.

멀리사로부터: 우선, 나는 이 프로젝트에 영감을 불어넣어 준 두 여성에게

감사드린다. 이 책이 크로스오버가 된 것은 페미니스트 학자인 수전 더글러스Susan Douglas덕분이다. 나는 대학원생 대부터 그녀의 저작과 사랑에 빠졌으며 그 후 늘 그런 학자가 되기를 원했다. (그것은 내가 지금도 계속 추구하고 있는 가치 있는 목표이기도 하다.) 이 프로젝트가 완수될 수 있었던 것은 초기부터 전 동료이자 친구인 로잔느 게이Roxane Gay가 격려해준 덕분이다. 그녀는 내가 아는 한 가장 생산적인 경이로운 문화비평가이다. (그대가 나의 글을 칭찬해 주고 주류 미디어 비평의 영역으로 밀어붙일 때마다, 나는 1985년 샐리 필드Sally Field가 오스카상 수상 연설에서 한 말을 되풀이하며 소리치고 싶다. '그녀가 내가 해낸 일을 좋아해. … 그녀가 내가 해낸 일을 정말로 좋아해!')

둘째, 나는 이스턴일리노이 대학교EIU의 지원, 특히 영문과의 지원에 감사하고 싶다. 나는 믿을 수 없이 멋지고, 재능 있고, 사려 깊은 동료들과 함께 일하고 있으며, 훌륭한 우리과 학과장인 대나 링게트Dana Ringuette에게 감사드린다. 그녀는 학자이자 교육자가 되고자 하는 우리의 노력을 지지해 주었다. 나는 미디어 해독력에 대한 열정을 공유해주고 이 프로젝트의 초기 형태(초고 혹은 비공식적인 블로그 포스팅들)를 읽어준 도나 빈스Donna Binns와 로빈 머리Robin Murray에게 감사드린다. EIU에서 날 도와준 가까운 친구와 동료, 특히 테리 프레드릭Terri Fredrick, 크리스트 맥더피Kristi McDuffie, 레티셔 모팟Letitia Moffitt, 샬롯 펜스Charlotte Pence에게 감사한다. 우리가 여성, 일, 관계, 가족에 대해 나눈 대화의 메아리를 이 책에서 듣고서 그대들이 다정하게 미소 짓기를 바란다. 여러분 덕분에 많은 텍스트와 대중문화 참고문헌이 이 책에 포함되었다.

셋째, 직장 동료 및 친구 그리고 동료는 아니지만 내 친구인 많은 이들에게 감사드린다. 독서 클럽과 와인 클럽의 소녀들에게 감사한다. 우리가 이룬 강력한 여성공동체에 감사하고 수년에 걸쳐 이 책에서 다룬 '생애주기'에 대한 수많은 대화(아마 읽기로 한 책에 대해 토론하면서 나누게 된)에 대해서도 고마움을 표시한다. 대부분의 생애주기 동안 나를 보아온 어린 시절 친구들과 청소년기의 친구들, 특히 캐시 애커Cassie Acker, 트레이시 어타드Tracey Attard, 크리스티나 우드Christina Wood에게 감사한다. 너희들의 우정이 없었다면 아동기, 사춘기, 데이트, 결혼, 어머니 역할을 제대로 해내지 못했을 거야.

넷째, 가족, 특히 어머니 다이앤 프롬Dianne Fromm과 크리스털 클라인Krystal Cline 언니에게 감사드린다. 두 사람은 내가 생애주기를 거치는 동안 늘 앞장 서서 도와주었다. 두 사람이 이 책을 재미있게 읽기를 정말 바란다! 조카들에 게. 우리 미디어 비평가들의 작업으로 이 세상이 너희들 살기에 조금이라도 더 좋은 곳이 되기를 바란다. (그리고 카시Kasi야, 〈겨울왕국〉에 대해 더 길게 못 써서 미안해.) 내 딸, 맥킨리와 메디슨에게. 왕관을 쓰고 파워 봉을 가지고 노 는 너희들이 늘 지금처럼 세상을 보길 기원해. 너희들이 아장아장 걷던 시절 을 추억하며 페미니스트인 엄마를 생각할 때 이 책을 쓰느라고 너무 많은 오 후를 커피숍에서 지낸 일(가족 캠핑 여행에 컴퓨터를 가져갔던 일)을 잊어주길 바 라. 남편 제이슨Jason에게. 거의 하루 종일 일하고 미친 듯이 쉬지 않고 글을 써도 참아준 데 대해 고마워. 그보다 더 중요한 것은 멋진 딸들을 기르는 데 도움을 준 거야. 고마워. 글쓰기처럼, 결혼과 양육 모두 힘들지만 풍부한 보상 을 받게 되었어.

그리고 마지막으로 중요한 사람인 공저자인 세라 버콘(Sarah Burcon)에게 감 사드린다. 우리가 수년 전에 와인을 마시다가 이 프로젝트를 꿈꾸고 이 프로 젝트에(그리고 서로에게) 헌신하여 마침내 완성하게 되다니 너무 기쁘고, 웃 음, 논쟁, 우정 모두를 즐겼고 앞으로 다양한 생애주기를 거치면서 우리 자신 과 세계를 분석하게 될 더 많은 세월이 기대된다.

세라로부터: 우선 다른 사람들에게 힘을 주기 위해 일해오고 앞으로도 계 속 일할 많은 페미니스트 작가와 운동가들에게 감사드린다. 너무 많아서 일일 이 거명할 수는 없지만.

또한 이 프로젝트를 격려해 준 미시간 대학교의 동료들에게 감사드린다. 이런 총명하고, 재미있고, 사려 깊은 사람들이 모인 집단에서 일하게 된 것을 행운이라고 생각한다.

초고의 여러 장을 읽고 평을 해준 로잔느 게이와 로빈 머리에게 감사한다. 두 분의 통찰력 덕분에 우리의 논거가 좀 더 설득력을 갖게 되었다.

친구들과 가족에게. 지난 몇 년 동안 이 프로젝트 이야기를 견디어 준 것에 감사드린다. 특히 늘 격려해 준 부모님 제임스 힘젤과 바이올라 힘젤 그리고 남자형제 짐, 에드, 폴, 존에게도 감사드린다. 그리고 자매들 완다 하스Wanda Hass, 매리 홀Mary Hohl, 앤절라Angela, 리즈Liz, 에블린Eblen, 레이철 힘젤Rachael Himsel에게도 큰 도움을 받았다. 그들 덕분에 웃었으며, 그들은 늘 내 이야기를 들어주고 내가 계속 책을 써갈 수 있도록 도와주었다.

나의 아이들인 루카스, 제이콥, 니콜이 이 긴 과정 동안 참고 지지해 준 데 대해 진정으로 감사한다. 내가 이 책을 쓴 이유 중 큰 부분은 그들을 위해서다. 그들이 일상적으로 만나는 복잡다단한 메시지들을 걸러서 듣는 것이 얼마나 중요한지 알게 하기 위해서 이 책을 썼다.

그리고 물론 공저자이며 이 프로젝트를 이끌어간 멀리사 에임스에게 감사한다. 대학원에서 처음 만나 시작된 우정이 지적 우정으로 발전되어 지난 수십 년 동안 몇 개의 프로젝트를 공동으로 수행했다. 프로젝트 내내 지적인 대화를 나누고 많이 웃을 수 있었다. 다음 단계를 기대한다!

역자 서문

　이 책은 현재 미국 대중문화에 나타난 여성의 이미지를 분석하고 이 이미지들이 실제로 여성의 전 생애주기에 걸쳐 어떤 영향을 미치는지 살피고 있다. 이 책의 분석대상은 책, 영화, TV, 소셜 미디어 등 광범위하고 특히 TV나 소셜 미디어의 최근의 현상을 아주 풍부하게 다루고 있다. 이 책이 미국의 대중문화를 다루고 있기는 하지만, 실제로 미국 문화의 유입이 빨라지고 인터넷을 통해 동시간대에 문화교류가 이루어지는 상황에서 한국의 여성과 문화를 이해하는 데도 도움이 되리라고 생각한다.

　『대중문화는 어떻게 여성을 만들어내는가?』라는 제목만 본다면 이 책이 대중문화에 나타난 이미지가 일방적으로 여성을 형성하는 것을 분석한다고 생각할 수 있다. 그러나 이 책의 관심은 대중문화가 여성에게 영향을 미치는 것과 동시에 여성이 어떻게 이런 이미지에 대응하는가 하는 상호작용에 있다.

　이 책에서 저자들이 초점을 맞추는 것은 대중문화가 여성에게 보내는 모순된 메시지다. 대중문화에서는 전 생애주기에 걸쳐 여성은 섹시하지만 순결해야 하고, 독립적이지만 너무 독립적이면 안 되고, 젊게 보이지만 동시에 나이에 걸 맞는 처신을 해야 한다는 메시지를 보낸다. 이런 대중문화의 모순된 메시지가 여성에게 내면화되고 강화된다는 것이 저자들의 주장이다. 대중문화는 1살짜리 여아부터 청소년에 이르기까지 성적 매력을 지니는 것은 가장 중요한 일이지만 동시에 여성의 성적 욕망은 처벌의 대상이라는 가르침을 준다. 20대 여성은 멋진 커리어 여성이고 사회적인 성공을 추구하지만 동시에 로맨틱 코미디에서 볼 수 있듯이 데이트에 성공하려면 약간의 변주는 있지만 궁극적으로는 지배적 남성과 소극적 여성이라는 상투형을 받아들여야 한다고 가르친다. 결혼식, 결혼생활, 임신을 거치면서 이런 상투형은 강화된다. 중년 이후 여성에 대해 대중문화는 주로 부정적인 성적 이미지를 투사하지만 가끔씩 이들의 통제력이 지니는 긍정적인 측면을 시사하기도 한다. 이런 모순된 메시지가 각 생애주기마다 어떻게 나타나는지 책, 영화, TV뿐 아니라 블로그, 인스타그램, 트위터 등 여러 매체의 분석을 풍부하게 제공한 것이 이 책의 큰 장점이다.

저자들은 대중문화의 모순된 이미지에 대해 어떻게 대응할 것이냐에 대해, 교육 프로그램의 시행 및 소셜 미디어를 통한 여성운동을 해결책으로 제시한다. 12학년 교과과정 개편에서 보이듯이 미디어 해독력 교육이 지속된다면 대중문화 속 여성 이미지를 비판적으로 받아들일 수 있는 능력이 신장되리라고 믿는다. 그 보다 더 큰 기대를 거는 것은 소셜 미디어다. 저자들은 누구나 쉽게 접근할 수 있는 새로운 매체가 새로운 페미니즘 탄생의 통로라고 보고 있다. 트위터나 소셜 미디어에서는 반페미니스트적인 메시지가 난무하는 것도 사실이지만 여성들은 해시태그를 다는 140자 트위터를 통해 자신들의 실감을 표현할 수 있게 되고 그 가운데 그러한 메시지들을 수정할 뿐 아니라 전복시킨다고 한다. 우스꽝스러운 소녀의 모습을 보여준 '#소녀처럼'이라는 상투적인 비디오 광고가 출시되자 트위터에 소녀의 긍정적인 행동을 보여주는 #소녀처럼이라는 해시태그가 물밀 듯이 나타나기 시작했다. 또한 과학이 남성의 전유물임을 암시하는 '장난감을 가지고 노는 소년들'이란 말이 생기자 이에 대한 대응으로 #장난감을가지고노는소녀들이라는 해시태그가 쏟아졌다. 여성에게 강요되는 섹시한 이미지를 희화화한 이미지들도 소셜미디어에 올라왔다. '세탁의 50개의 그림자'라는 자막과 함께 다리미 줄로 손이 묶인 채 땀에 흠뻑 젖어 세탁기와 건조기 위에 누워있는 엄마 사진이 올라왔다. 또한 남녀의 몸에 대한 이중적 시선에 대한 비판으로 #엄마몸이라는 해시태그가 유행했다. 이것은 새로운 단어인 '아빠몸'에 대응이다. 남자들의 몸이 변하면 그대로 받아들여지는 반면 여자들의 몸은 그렇지 않은 현실에서 여성들이 #엄마몸이라는 해시태그를 달고 트위터에 배의 튼살과 제왕절개 상처를 자랑스럽게 올렸다. 이런 소셜 미디어는 이전의 시위처럼 엄숙하고 저항적이지는 않지만 유머를 통해서 오히려 대중성을 얻고 큰 부담을 갖지 않고 젠더 상투형에 대해 다시 한 번 생각해 보게 하는 효과가 있다는 지적은 설득력을 갖는다.

이 책은 총 9장으로 구성되어 있는 데 전 생애주기에 거쳐 여성이 어떤 이미지로 대중문화에 투영되고 그것이 미치는 영향과 의미를 분석하고 있다. 1-2장은 청소년기까지 여성이 미디어를 통해서 어떤 식으로 사회화되는지, 3-4장은 낭만적 사랑과 결혼식, 5-7장은 결혼생활, 임신, 육아 등을 다루고 있다. 마지막으로 8-9장에서는 중년 이후 여성의 이미지를 다루고 있다.

1장에서는 여아가 어린 나이에도 불구하고 성애화되어 나타나고 유년기가 실종된 것을 비판한다. TV 리얼리티 쇼인 〈걸음마를 뗀 아기와 보석 왕관〉의 한 에피소드를 보면 한 살짜리 쌍둥이 딸의 미인대회 참가를 위해 적어도 25만 달러를 쓴 데에 대해 어머니가 자랑스럽게 이야기하고 아버지 역시 자신의 딸을 섹시한 아기들의 세계에 소개하는 데 열을 낸다. 이런 대중매체의 영향으로 체중 감량이 11~17살 소녀의 가장 큰 소원이 되고 연구 결과에 따르면 10대 소녀의 절반 이상이 체중 감량을 위해 극단적인 조치, 즉 단식, 구토, 흡연, 설사약 복용을 하고 종종 본격적인 식이 장애가 나타나기도 한다. 2장에서는 청소년기의 여성이 주인공인 〈가십 걸〉, 〈A 리스트〉, 〈클릭〉 같은 멜로드라마 장르에서 성적 매력을 향상시키기 위한 방법이 제시되는 반면 청소년 문학인 『트와일라잇』에서는 상투적인 여성상과 아울러 성적 욕망이 억압

되어야 한다는 메시지가 강력하게 전달된다. 『트와일라잇』에서 에드워드 컬런과 제이컵 블랙 같은 남성 인물들은 근육질이고 지칠 줄 모르게 용감한 반면 벨라와 다른 소녀들은 남자들을 위해 쿠키를 굽거나 식사준비를 한다. 또한 이 작품에서는 금욕을 옹호하고 섹스는 처벌 가능한 행위라고 경고한다. 이런 모순된 메시지, 여성은 섹시하면서 순결해야 한다는 여성의 성적 정체성 사회화에 큰 영향을 미친다.

20대에서 결혼을 다루는 시기에 대한 분석은 로맨틱 코미디와 결혼식 자체에 초점을 맞추고 있다. 3장에서는 청소년기를 지난 20대 중후반 여성들에게 영향을 미치는 로맨틱 코미디를 분석함에 있어서 로맨틱 코미디를 자기계발의 한 장르로 분석하는 점이 독특하다. 이때 자기계발은 정형화된 데이트 방식 즉 여성에게 어울리는 데이트 에티켓으로 남자를 낚는 법을 가르치는 것이다. 이처럼 젊은 여성들은 구체적인 방법론을 제공하는 로맨틱 코미디를 진지하게 받아들이고 그 메시지를 내면화해서 데이트에 대한 자기만의 생각을 구축하게 된다. 이로 인해 남성-지배적/여성-소극적 패턴이 정상으로 제시된다. 4장에서는 결혼식 날이 '완벽한 날'이 되어야 한다는 대중문화의 메시지는 여성과 가정성을 동일시하는 전통적인 여성상을 강화하려는 신호라고 분석한다. 리얼리티 TV에서 통제력을 가지려고 하는 신부들은 부정적인 시각에서 묘사된다. 〈브라이드질라〉에서 신부인 제닌은 약혼자인 토마스가 "실수를 하기 때문에 자신이 모두 통제하고 싶다"고 말하고, 결혼식 도중에 시아버지 조에게 나가라며 막말을 하기도 한다. 이에 분개해 토마스는 반지를 내던지고 결혼식이 중단되는 것으로 이 쇼는 끝이 난다. 브라이드질라의 경박한 행동과 말은 현대 신부들에게 그렇게 하지 말라는 교훈적 서사의 역할을 한다.

여성이 결혼을 하면 그들 앞에는 잡지, 자기계발서, 영화, 텔레비전 쇼, 기타 등등의 것들처럼 여성들이 결혼 상태를 유지하도록 훈련을 시키는 여러 자료들이 차고 넘친다. 5장에서는 이러한 자료들이 어떻게 진화되어 21세기를 사는 여성들에게 적절한 아내가 되는 방법을 계속해서 가르치고 있는 가를 설명한다. 저자는 대중문화 텍스트가 계속 성차별적인 충고를 우려먹으면서 '과거 방식의 결혼을 고수하는 것'이 진정으로 올바른가라는 의문을 제기한다. 6장에서는 예비 엄마들인 임산부들에게는 임신이야말로 실제 삶을 위협하는, 즉 임산부와 태아를 위험에 처하게 하는 단계로 제시되는 것에 주목한다. 『임신한 당신이 알아야 할 모든 것』과 같은 임신 조언서의 분석을 통해 저자는 이런 종류의 책들이 임신을 계획하고 있는 여성과 현재 임신을 하고 있는 여성들에게 임신 자체를 공포스러운 일로 조작하는 것은 물론이고 임신한 여성을 겨냥한 문화상품 역시 이런 감정적 조작에 기여한다고 비판한다. 6장에서는 여성들의 글쓰기가 전통적 여성상에 균열을 일으키는 현상을 추적한다. 전문가 대신 엄마가 직접 쓴 육아 관련 자기 계발서, 임신 보고서, 육아 관련한 소설 등은 엄마들이 느꼈던 불안감, 두려움을 증폭시키는 것이 아니라, 자신들의 경험에 입각한 솔직한 글로 대부분이 유머러스하다. 이러한 솔직함과 유머를 통해 엄마들은 육아의 문제점과 어려움을 같이 나누고, 해결책을 찾아 나선다. 또한 이런 이야기를 통해 여성으로서의 연대감을 확인할 뿐 아니라 육아에 대한 고정관념을 넘어서서 여성 스스로 육아의 기준을 세워나가게 된다.

중년 이후 여성에 대한 분석은 세 용어에 집중하고 있다. 젊은 남자와 데이트 하는 40대 이상의 여성인 '쿠거', 30대 여성인 '퓨마' 그리고 '밀프'(MILF: '내가 성교를 하고 싶은 엄마. mom/mother I'd like to fuck의 두문자어)다. 할리우드 스타인 데미 무어는 쿠거와 밀프로 불렸고 전 부통령 후보로 출마했던 세라 페일린은 '섹시한 축구 맘' 혹은 '밀프'로서 명성을 얻었다. 쿠거, 퓨마, 밀프에 해당하는 인물에 대한 대중문화 묘사는 2009년이 전성기였고 이후에도 이런 경향은 계속 이어져서 2012년에 〈쿠거: 뮤지컬〉이 브로드웨이에서 공연되었고 2013년에는 시트콤 〈두 남자와 1/2〉이 방영되었다. 이 세 용어에 대한 저자의 평가는 양가적이다. 이런 용어가 여성의 성적 대상화를 확산시키고, 성적 이중 잣대를 강화하며, 규범적인 믿음에 순응시키는 방식임을 인정한다. 그러면서도 용어가 지닌 잠재적 효용성을 고려해야 한다고 한다. 즉 그동안 무성(無性)으로 간주되는 여성을 욕망의 존재로 살려낸 것과 아울러 이런 용어로 불리는 여성이 보이는 독립적인 판단과 삶에 대한 통제력 역시 간과해서는 안된다는 것이다. 마지막 장인 9장은 폐경기 이후의 여성을 다루고 있다. 그동안 이 단계의 여성에 대한 평가는 부정적 함의로 가득 차 있었고 폐경은 치유해야 하는 일종의 질환으로 여겨지기도 했다. 또한 대중적 내러티브에서도 무시되어 온 이슈였다. 그러나 최근의 뮤지컬, TV 시리즈, 영화 등에서는 폐경이 이제 여성들이 거기 대해 침묵할 필요 없고 모든 여성이 경험하는 완전히 정상적인 단계라는 메시지가 효과적으로 전달되고 있다고 한다.

이 책은 이미 역자들의 번역으로 한울플러스에서 출판된 『문화코드 어떻게 읽을 것인가』, 『젠더란 무엇인가』에 이어서 문화와 여성에 대한 또 하나의 탐색을 다룬 책이다. 다만 앞 두 책에 비해 독자가 다가가기 훨씬 더 쉽게 쓰여 있으며 이론적 탐색보다는 풍부한 경험적 자료와 그에 대한 분석이 장점인 책이다. 저자들의 출발점은 남녀평등이 완벽하지 않은 사회 현실에도 불구하고 페미니즘은 이미 완성된 이슈를 다루는 불필요한 낡은 사상이라는 프레임에 갇혀버렸고 나쁜 F로 지칭되는 상황이다. 대중문화 특히 미디어와 소셜 미디어에 나타난 여성 이미지에 대한 저자들의 구체적인 탐색은 나쁜 F라는 단일한 통합체에 미시적 균열을 일으키는 시도며 새로운 가능성을 보여준다. 이 책의 번역 역시 여성과 문화에 대한 획일적 정의에 균열을 일으키는 한 시도이기를 기대한다.

조애리

차례

유령의 집 거울

소녀/여성에 대한 대중문화의 왜곡된 관점

최근 들어 대중문화의 이미지를 보면 미국을 비롯한 서구에서 남녀평등이 완벽하게 이루어진 행복한 유토피아로 그려져 있다. 책에서 읽은 것이나 영화에서 본 것을 다 믿는다면, 우리는 이미 여성의 성공으로 가득 찬 원더랜드에 살고 있다. 그곳에서는 소녀와 여성이 이미 권력을 잡고 있다. 〈겨울왕국Frozen〉, 〈걸스Girls〉, 〈헝거 게임The Hunger Games〉, 〈밀레니엄: 여자를 증오한 남자들The Girl with the Dragon Tattoo〉, 헤르미온느 그레인저Hermione Granger, 올리비아 포프Olivia Pope, 레이디 가가Lady Gaga, 미셸 오바마Michelle Obama가 그 예이다. 지난 10년 사이에 여성이 최초로 하원의장이 되기도 하고 대통령 선거에서는 대통령 후보나 부통령 후보로 지명되기도 했다. 오늘날 여성이 일터에서 성공하길 원하면 '적극적으로 뛰어들기'만 하면 된다1)고 한다. 미디어에 따르면 이미 '남성의 종말'2)에 이르렀기 때문에 기회를 놓치지 않기 위해 애쓸 필요도 없을 것이다. 그러나 여기 호외, 호외가 있다. 이것은 전혀 사실이 아니다.

겉으로는 남녀평등이 실현된 것으로 보이지만 여성의 지위에 대해서는 불편한 진실이 있다. 그것은 미국뿐만 아니라, 전 세계에 해당된다. 여성은 여전히 남성과 같은 직종3)에서 남성의 77%의 임금을 받고 있고, 특히 유색인종 여성4)의 경우 소득 격차는 더 커진다. 대중문화에서는 직업에 관한 한, 여성 CEO, 공무원, 외과 의사, 변호사 등의 여성 이미지가 많이 등장하고 여성들이 고위직에 이르는 성공 빈도가 지나치게 높게 그려져 있다. 21세기에도 여성은 미국 국회의원의 20%이고,5) 여성 CEO 숫자는 극소수이다. 2012년 현재 ≪포천Fortune≫이 선정한 500대 기업 중, 여성 CEO는 26명에 불과하다. 이는 세계적으로 영향력 있는 리더십을 발휘하는 위치에 있는 여성이 6.4%에 불과하다는 이야기다.6) 과거 어느 때보다 로스쿨을 졸업한 여성이 많아 남녀 비율이 비슷하지만, 미국의 주요 법률회사에서 파트너(운영에 참여하고 수익 지분을 가지는 고위직 _옮긴이)에 오른 여성은 17%에 지나지 않는다.7) 그리고 다른 권위 있는 전문직, 예를 들어 판사의 경우에는 여성의 비율이 17%보다는 높다고 할 수 있지만 2012년 기준으로(법원에 따라 다르긴 하지만) 25~32%에 불과하다. 여전히 남성 판사가 훨씬 더 많은 것이다.8)

여성이 노동 인구의 절반을 차지하는 것은 사실이지만, 여성 대다수는 황금시간대 드라마에 나오는 그런 지위의 일을 하고 있지는 않다. 그들은 여전히 수십 년 전부터 전통적으로 여성이 하던 일인 서비스 직종에서 일하고 있다(예를 들어, 비서나 보육교사).9) 여러 직종에서 여성들이 보인 약진에도 불구하고, 여전히 여성들은 가사 노동을 더 많이 하고 있다.10) 여전히 여성들은 구식 성별 이중 잣대에 시달리고 있고, 그렇다고 심리적으로나 육체적으로나 더 안전한 세상에 살지도 않는다. 예를 들어, 여성의 30% 정도가 생애주기 중 언젠가는 식이 장애를 겪고,11) 여성 35%는 가정폭력이나 성폭력을 겪을 가능성이 있다.12) 21세기 전반에 걸쳐 우울증과 자살률 통계는 놀라울 정도로 꾸준히 증가세를 보인다.13)

우리는 미디어가 이런 문화적 상황을 입증한 적이 없다고 말하는 것은 아니다. 『여성들에 대한 부드러운 전쟁: 여성 상승 신화가 어떻게 여성, 남성, 우리 경제를 해치는가?The New Soft War on Women: How the Myth of Female Ascendance *is Hurting Women, Men – and Our Economy*』와 같은 책은, 제목에서 알 수 있듯이[14] 세릴 샌드버그Sheryl Sandberg의『린인: 여성, 일, 주도력*Lean In: Women, Work, and the Will to Lead*』과 해너 로젠Hanna Rosen의『남자의 종말: 그리고 여자의 부상*The End of Men: And the Rise of Women*』에서 제시되는 직장 내에서 여성의 성공에 관한 메시지가 잘못되었다고 반박한다. 그리고 '직장 이탈 혁명Opt Out Revolution'을 둘러싼 미디어의 광란(여성들이 우르르 전문직을 버리고 전업주부 엄마로 살기 위해서 돌아가는 비율이 높다고 과장한 보도들)은 남녀 사이에 문화적 기준이 동일하지 않다는 사실을 보여준다.[15] 예를 들어 낸시 펠로시Nancy Pelosi가 2006년 최초 여성 하원의장이 되었을 때, 그녀를 표지 모델로 소개한 잡지는 ≪미즈 매거진*Ms. Magazine*≫뿐이었다. 이 점은 2011년에 "≪타임스*The Times*≫지와 ≪뉴스위크*Newsweek*≫지는 결코 여성을 표지 모델로 다루지 않는다"는 표제로 그녀가 다시 등장함으로써 더욱 확실하게 그녀를 다루지 않았던 매체들이 부각되었다. 다른 잡지들은 새로 임명된 존 베이너Jon Boehner를 표지 모델로 내세웠지만 그 직후 이와 비슷하게, 2008년 선거유세 동안 대통령 후보인 힐러리 클린턴Hillary Clinton과 부통령 후보인 세라 페일린에 대한 미디어의 평가는 극히 회의적이었다. 이것은 공직에 진출한 남녀를 얼마나 다르게 다루는지 잘 보여준다.

대중소설과 할리우드 영화는 여성의 처한 가사 일을 코미디 소재로 삼아서(예를 들어, 〈하이힐을 신고 달리는 여자I Don't Know How She Does It〉) 궁극적으로 여성이 원래 더 유능한 부모라는 구식 사고방식(예를 들어, 〈임신한 당신이 알아야 할 모든 것What to Expect When You're Expecting〉식의)을 더욱 강화시킨다. 그리고 만일 소녀들이 계속 불가능한 미적 기준이나 성적 대상화에 시달린다는 게 실감이 나지 않으면, 샘플로 TV 리얼리티 쇼 몇 개만 보면 된다. 예를 들어, 〈걸음마를 뗀 아기와 보석 왕관Toddlers and Tiaras〉, 〈10대 엄마Teen Mom〉, 〈미혼녀The Bachelorette〉 또는 이것이 전염병처럼 계속 퍼지리라는 것을 깨닫기 위해서는 마일리 사이러스Miley Cyrus의 트워킹 즉, 큰 손 모양 플라스틱 응원도구

를 끼고 춤을 추거나 흔들리는 철구를 타고 공중을 날아다니는 것을 보기만
하면 된다.

페미니스트 미디어 비평가들은 오랫동안 그런 문제를 분석해 왔다. 그러나
몇몇 비평가들은 이것 못지않게 문제가 있는 성공한 여성 이미지 연구에 몰두
하기도 한다.

『배드 걸 굿 걸: 성차별주의의 진화―유능하면서도 아름다워야 한다는 주
술Enlightened Sexism: The Seductive Message that Feminism's Work is Done』에서 수전 더글
러스Susan Douglas는 성공한 강한 여성들에 대한 대중문화의 묘사가 여전히 미
국 그리고 전 세계의 여성을 괴롭히는 수많은 사회문제를 은폐한다고 주장한
다. 그녀의 연구는 1950년대와 1960년대의 미디어는 수영복을 입은 해변의
미녀나 가정주부를 주로 다루었음을 잘 보여준다. 그러나 그런 이미지는 여성
대부분의 현실을 제대로 반영하지 못했다. 그 당시 많은 여성들이 평화 봉사
단에 합류했고 전문직에 뛰어들었으며 정치에 참여했다. 수십 년 전에는 그런
야심 찬 여성들이 존재하지 않았다는 것이 미디어의 왜곡이었다. 오늘날의 미
디어에서 문제가 되는 것은 정반대 현상이다.

그러나 오늘날 미디어가 왜곡하는 것은 모든 소녀와 여성이 평등을 얻었다
는 묘사다. 물론 실제로는 그렇지 않다.[16] 그 결과, 오늘날 현대 여성의 전망
을 둘러싸고 모순적인 메시지들이 여러 가지 오해를 불러일으킨다. 예를 들
어, 최근 여론조사에서 남성 60%와 여성 50%는 여성이 더는 직장에서의 승진
에서 차별을 받지 않는다고 믿었다.[17] 대중문화를 지배하는, 끝없이 이어지
는 성공담, 즉 성공적인 여자 의사(예를 들어 〈그레이 아나토미Grey's Anatomy〉),
변호사(예를 들어 〈굿 와이프The Good Wife〉), 정치가(예를 들어 〈스캔들Scandal〉),
CIA 요원(예를 들어 〈홈랜드Homeland〉)의 이미지 등이 이런 오해에 기여해 왔다
고 할 수 있다. 다시 말해 이런 이야기들이 전문직 여성을 긍정적으로 묘사하
는 데는 유용하지만 그와 동시에 현재 우리가 살아가는 현실을 그대로 사실적
으로 보여주는 데는 실패한다. 그리고 이런 새로운 이미지의 가장 큰 '패배자'

는 여성운동이다. 여성운동은 너무나 빈번하게 이미 낡아 골동품이 되었으며, 성공적으로 완성되어 이제 더이상 필요 없는 운동이라는 프레임에 간혀 있다.

이런 대중문화에 의해 페미니즘이 어떻게 훼손되었는지를 상세하게 보여주는 많은 학자들이 있다. 예를 들어, 앤절라 맥로비Angela McRobbie의 『페미니즘 이후The Aftermath of Feminism』는 영국 잡지와 칙릿(Chick Literature. 20~30대 젊은 여성의 일과 사랑을 주제로 하며 주요 예상 독자 역시 젊은 여성인 문학 _옮긴이), 화장쇼 등에서 이런 페미니즘 이후에 어떤 식으로 이런 메시지가 작용하는지 상세하게 보여주고 있다.18) 로절린드 길Rosalind Gill은 우리 문화의 모순된 여성 이미지 속에 공존하는 페미니스트 수사학과 반페미니스트 수사학을 분석한다.19) 『젠더와 미디어Gender and the Media』와 『약속 불이행: 미국 남성의 배신Stiffed: The Betrayal of American Men』에서 수전 팔루디Susan Faludi는 대중문화가 '남성성 위기'로 변화해가는 방식을 연구하고 있다.20) 비평가들이 보기에 이런 남성성 위기는 현대 여성이 여전히 직면하고 있는 위기로부터 주의를 돌리기 위해 만들어지거나 과장된 것이라고 느낀다.21)

페미니즘은 이미 지나간 일이라는 프레임에 간혔을 뿐만 아니라 나쁜 'F' 단어로 부상했다. 그렇게 되자 여성 다수가 여성운동과 거리를 두려고 한다. 페미니즘의 성과로 성공한 여성들의 이미지가 넘쳐나지만, 그럼에도 불구하고 『나쁜 페미니스트Bad Feminist』에서 로잔느 게이Roxane Gay는 '페미니즘을 두려워하는 사람들, 페미니즘이 성공했을 때 잃을 것이 가장 많은 사람들'22)이 어떻게 페미니스트들을 '분노한, 성을 혐오하는, 남성을 혐오하는' 희생자로 희화화하는지 분석하고 있다. 여성들이 페미니즘이 문화적 악이라는 개념을 받아들이는 것은 새롭지 않다. 이런 대중문화 현상은 21세기가 되기 수십 년 전부터 나타났다는 증거가 있다.

이 책은 이러한 반페미니스트적 반격이 갖는 냉소적인 성격에 주목한다. 특히 미국에서 대중문화가 여성을 어떻게 묘사하는지 분석하고 그런 묘사가 대중문화를 열심히(혹은 마지못해) 소비하는 여성들에게 어떤 영향을 미치는지 살펴보려고 한다. 이 책이 주로 현대에 초점을 맞추고 있기는 하지만, 이런 문화 현상이 마치 진공상태에서 갑자기 생겨난 것처럼 연구할 수는 없다. 우리는 역사가 메아리치는 방에 살고 있다. 오늘날 회자되는 여성에 관한 이야기는 그 이전 시대 이야기가 되살아난 것이 대다수다. 오늘날 우리가 보는 이미지들은 믿을 수 없을 정도로 이전 세대가 목격한 이미지와 흡사하다. 왜 이런 일이 일어나는지 분석하고, 어떻게 그리고 왜 21세기에 이런 이야기가 반복되는지 검토한 다음 그것을 방지하는 것이 중요하다. 왜냐하면 이런 이야기들이 어떤 목적에서 쓰이는지 이해할 때만 완벽한 비판을 시작할 수 있기 때문이다. 그래서 한편으로 이런 여성 이미지의 재현이 발생하는 역사적 맥락을 살펴보는 동시에 주로 어떻게 지금 현재(9·11테러, 폭발적인 사회적 기술, 자기계발 운동 등)가 이런 여성 이미지의 재현에 기여했는가에 초점을 맞출 것이다.

궁극적으로 우리는 지금 이 순간이 이전 시대보다 조금은 더 무시무시하다고 주장한다. 왜냐하면 TV 쇼, 영화, 대중문화에 통합된 메시지들이 점점 더 교훈적으로(명시적으로 혹은 암시적으로) 변해가고 있기 때문이다. 지금 우리는 모두가 도움을 필요로 한다는 것을 받아들이도록 훈련받은 시대에 살고 있다. 현재 우리에게 구원의 길을 보여주고자 하는 사람은 의사나 가짜 심리 분석가만은 아니다. 우리가 책 한 권을 살 때마다 서로 다른 다양한 방식으로 우리의 관계 문제 또는 다른 문제들을 교정하려고 든다. 대중문화는 이제 교묘하게 우리에게 닥칠 모든 문제의 해답을 약속한다. 남자 유혹하기, 육아, 늙어도 성적 매력을 유지하는 법 등에 대해서 말이다. 우리가 원하는 삶을 위한 마법 같은 해결책이나 처방을 얻으려면 최근 할리우드 영화나 TV 리얼리티 쇼만 보면 된다. 이 책 전반에 걸쳐 우리는 자기계발의 주입이 대중문화에 어떤 영향을 미쳤는지 살펴볼 것이다. 우리가 구조받을 필요가 있는 존재라는 생각은 9·11 이후 문화로 인해 더욱 강화되고 있다. 남성다운 남성 이미지의 부활과 고통에 빠져 있는 처녀 이미지의 부활을 목도하고 있는 것이 현재 21세기 문화이다. 이 문화에서 여성이 역사적으로 존재해 온 여성과 어떻게 다르게 묘

사되고 있는지에 대해서도 논의하고자 한다.[23]

끝으로, 이 책이 보여주고자 하는 것은 현대 대중문화가 수없이 많은 소녀와 여성의 상투적 역할을 만들어냈다는 것이다. 공주, 고혹적인 소녀the Nymphette, 여신, 미혼녀, 호랑이 엄마, 밀프MILF("Mom I would Like to Fuck"의 줄임말로 성적 매력이 있는 나이 든 여성이라는 뜻 _옮긴이), 쿠거Cougar(퓨마, 대형 육식동물. 젊은 남자와 성관계를 원하는 40대 이상 중년 여성을 빗댄 속어 _옮긴이) 등등. 소녀와 여성에게 판매되는 대중문화 상품이 어떻게 다양한 나이와 다양한 생애'주기'에서 여성의 발달에 영향을 미치는지 연구하고자 한다. 또한 여성의 삶에서 특정한 순간, 즉 어린 소녀, 사춘기 소녀, 데이트하는 미혼 여성, 신부, 아내, 임신한 여성, 어머니, 성적인 중년 여성, 성숙한 갱년기 여성 등 각 생애주기의 여성의 사회화에 있어 문화적 텍스트가 어떤 역할을 하는지 살펴볼 것이다. 다양한 장난감과 동화에서부터 TV 쇼, 할리우드 영화, 자기계발서에 이르기까지 다양한 문화 상품의 연구를 통해서 대중문화가 일종의 유령의 집 거울[24]로 끊임없이 소녀와 여성이 살고 있는 현실 세계를 왜곡하고 그들이 직면한 여성으로서의 삶에 대해 허황된 기대를 하게 만든다고 주장하려고 한다. 소녀와 여성에게 판매되는 문화 상품이 계급, 인종, 성적 지향을 모두 무시하기 때문에 여성의 경험은 더 왜곡된다. 대부분의 경우 획일적인 중상층 백인 여성의 이성애적 경험이 곧 여성 전체의 경험이 된다.[25] 끝으로, 우리가 던지는 질문은 이것이다. 여성이 끊임없이 이런 유령의 집의 거울에 갇혀 있다면, 즉 끊임없이 미디어의 공세에 시달린다면, 어떻게 여성이 이런 왜곡된 현실 너머의 진실을 볼 수 있겠는가?

1장 "소녀 되기: 대중문화와 성별 교육의 첫 번째 단계"에서는 논란의 여지가 있는 우리 시대와 페미니즘의 관계(필요할 때는 페미니즘의 신조와 명칭을 수용하면서 페미니즘이 아직 미완의 상태인데도 불구하고 성공적으로 목표를 달성했다고 주장하는)에 대해 논의한다. 이런 관계가 소녀들에게 판매되는 제품에 어떤 영향을 미치며, 이런 제품들이 소녀들에게 어떤 영향을 미치는지에 대해서도 논의한다. 또한 소녀들의 현실을 보여주는 곤혹스러운 통계를 제시하고 어떻게 미디어가 현실을 더 잘 재현하고 변화시킬 수 있는지 논의한다. 영화(예를 들어 〈겨울왕국〉), TV(예를 들어 〈걸음마를 뗀 아기와 보석 왕관〉), 장난감(예를 들어 디즈니 공주 인형 세트the Disney Princess Franchise), 동화책(예를 들어 『빨간 모자 *Little Red Riding Hood*』의 개작)을 분석해, 우리 문화가 얼마나 지속적으로 소녀의 아름다움, 순종적 행동, 성에 초점을 맞추고 있는지 부각시키고자 한다. 1장에서는 소녀 문화를 주입받을 때 수용하게 되는 메시지가 얼마나 지속적인 영향을 미치며 나아가 다음 단계의 미디어 사회화를 준비시키는지 보여준다.

2장 "행간 읽기: 청소년기 여학생이 청소년 문학을 통해 배우는 것들"은 어린아이로서 받는 문화적 훈련이 사춘기 소녀에게 판매되는 텍스트에 어떻게 다시 나타나는지 살펴본다. 지난 10년간 가장 인기 있는 청소년 대상물 시리즈를 연구하여 10대 소녀들이 몸과 지성, 자율성 등등에 대해 혼재된 메시지를 받는 점에 주목하고자 한다. 강한 여성 주인공을 창조해 냈다고 칭찬받는 책들(예를 들어 수전 콜린스Susan Collins의 『헝거 게임』 3부작과 베로니카 로스 Veronica Roth의 『다이버전트*Divergent*』 시리즈)조차도 종종 상투적인 성별 기준을 강화하는 교훈들(예를 들어 로맨스에 초점을 맞춘 구성, 성공하기 위해서 여성성을 발휘해야 하는 여성 인물 등)이 포함되어 있다. 그리고 스테퍼니 메이어Stephenie Meyer의 『트와일라잇 사가*The Twilight Saga*』와 같은 인기 있는 시리즈에서 성이 어떻게 사춘기 소녀용 텍스트에 역설적으로 제시되는지(즉, 소녀들은 젊은 남성에게 의당 끌려야 하지만 적극적으로 행동해서는 안 된다는 것)를 보여준다. 소녀들이 자아 형성기에 배우는 모순된 교훈은 그들이 젊은 여성으로 성장할 때 영향을 미친다. 젊은 여성의 단계에서는 종종 남녀관계가 인생에서 가장 중요한 사건으로 등장한다.

3장에서는 현재 자기계발 문화에 대한 강박 그리고 이른바 '하우 투how to' 매뉴얼과 할리우드 영화의 문제가 있는 결합을 다루며, 이런 경향으로 인해 젊은 여성들이 낭만적 관계에 어떤 기대감을 갖게 되는지 생각해 보고자 한다. "젠더화된 자기계발 영화: 데이트할 때 여성이 해도 되는 것과 해서는 안 되는 것을 로맨틱 코미디로 배우기"에서는 자기계발 운동이 어떻게 진행되었는지 개괄적으로 살펴본 후, 이런 역할을 맡은 오락물들이 여성에게 어떤 영향을 끼쳤는지 생각해 보고자 한다. 이 장은 특히 여성을 겨냥한 할리우드 영화의 한 장르에 초점을 맞춘다. 그리고 그 장르의 영화가 특정한 행동을 옹호하기 위해(명시적으로 혹은 암묵적으로) 자기계발 영역의 도움을 받는지 살펴보고자 한다. 우리는 여성들이 데이트 시장에서 어떻게 행동해야 하는지에 대해, 그리고 그런 장르의 영화가 가르치는 방식을 검토하기 위해서 도널드 페트리Donald Petrie의 〈10일 안에 남자친구에게 차이기How to Lose a Guy in Ten Days〉(2003), 앤디 테넌트Andy Tennant의 〈Mr. 히치Hitch〉(2005), 켄 콰피스Ken Kwapis의 〈그는 당신에게 반하지 않았다He's Just Not That into You〉(2009), 로버트 루케틱Robert Luketic의 〈어글리 트루스The Ugly Truth〉(2009)와 팀 스토리Tim Story의 〈내 남자 사용법Think Like a Man〉(2012)을 살펴볼 것이다.

4장 "결혼식 판촉과 신부 제작: '완벽한 날'로 만들어주는 매체의 묘사들"에서는 대중문화가 소위 결혼식을 어떻게 여성의 삶의 클라이맥스로 만드는지 그 방식을 검토해 본다. 그리고 또한 소녀와 젊은 여성의 어린 시절이 어떻게 결혼에 대한 이런 개념을 수용하게끔 하는지 살펴본다. 그리고 결혼식을 역사적으로 살펴본 뒤, 결혼식 이미지를 묘사하거나 어쨌든 그와 관련되어 과다하게 나타나는 미디어 속 이미지(예를 들어 잡지, 자기계발서, TV 시트콤, TV 리얼리티 쇼, 그리고 영화에 나타나는 이미지)를 살펴보겠다. 이런 문화 상품은 시청자(주로 여성들)에게 어떻게 하면 결혼을 잘할 수 있는지 가르친다. 여성을 관리자로 정해 살림 관련 물건을 챙기는 것은 여성의 몫으로 치부한다. 이런 이야기로 인해 여성이 결혼식, 가정, 가족의 관리자가 되리라는 기대감이 생긴다.

5장 "사랑, 미국 스타일: 미디어에서 재현되는 젠더화된 결혼"에서는 여성이 결혼을 미루고 남편의 성을 따르지 않는 시대임에도 어떻게 문화적 텍스트가 적절한 '부인Mrs'이 되는 법에 대해 지나치게 많은 시간을 쏟아 교육시키는지를 연구한다. 우리는 여성들이 이 새로운(사회적으로 만들어졌다고 할 수 있는) 생애주기, 즉 결혼이라는 단계에 들어가는 시점에서 여성 이미지가 대중문화에 어떻게 재현되는지 살펴볼 것이다. 이 장에서는 로라 슐레징어Laura Schlessinger의 『남편 제대로 관리하기Proper Care and Feeding of Marriage』와 같은 자기계발서와 저드 애퍼타우Jud Apatow의 〈디스 이즈 40This is 40〉(2007)와 같은 영화를 검토해 이런 책과 영화가 (대부분) 기존의 사회 기준에 저항하는 것이 아니라 가부장적 구조 내에서 적절하게 작동하고 있음을 제시한다. 나아가 이 단계에서 여성들이 결혼과 남편에 신경 써야 한다고 주입된 교훈이 어떻게 여성이 주양육자가 되는 다음 단계까지 잊히지 않는지 보여준다.

6장 "아홉 달 동안의 공포와 평생 동안의 편집증: 임신 설명서, 육아 상품 그리고 그 외의 것들에 감춰진 효과"에서는, 남녀관계에서 여성이 받는 메시지에서 눈을 돌려 어머니가 여성의 궁극적인 역할이 되는 단계를 살펴보겠다. 임신한 여성은 9개월 내내 어머니가 된 행복감으로 이 시기가 '빛난다'라고 생각한다. 그러나 실제로 주목받는 것은 그들의 몸에서 퍼져 나오는 두려움이다. 이 단계의 여성은 두려워하라는 가르침을 받는다. 이 장에서 우리는 어떻게 임신에 대처하는지를 설명하는 자기계발서를 연구해서 이런 책들이 어떻게 두려움을 이용해 임신과 출산 후까지 여성을 통제하는지 보여주고자 한다. 물론 모성에 대한 이런 두려움의 수사는 임신과 관련된 제품이나 이야기에만 한정되지는 않는다. 문화 상품은 여성들이 자녀들의 삶을 전지전능하게 통제하는 사람(예를 들어, 자녀들의 학교생활을 감독하는 교육 전문가이자 아이들의 웰빙을 보장하기 위한 제품 안전 전문가이자 자녀들의 건강 지키는 사이비 의료 전문가 등)이 되어야 한다고 가르친다. 이런 텍스트들이 암시하는 바는 임신 기간 중 건강하기 위해서는(즉, 건강한 아이를 낳기 위해서는) 계속 최소한의 두려움을 느껴야 한다는 것이다. 나아가 아이를 낳은 후 성공적인 엄마가 되기 위해서 집단적인 부모 편집증(그리하여 지속적인 공포 상태를 연장하는 것)에 순응해야 함을 암시하고 있다. 이런 두려움 주입의 성격을 명확히 보여주기 위해서 우리는 가장 인기 있는 임신 설명서 『임신한 당신이 알아야 할 모든 것』의 고객 리뷰를 분석하는 것으로 이 장을 끝낸다. 그를 통해 이런 메시지들이 실제 고객에게 어떤 영향을 미치는지 꼼꼼히 따져볼 수 있을 것이다.

7장 "여성의 역할 영역 또는 글 읽기 영역의 변화: 유머러스한 육아 텍스트를 통한 모성성의 재개념화"에서는 일부 여성들이 현대 어머니들이 받는 압도적 기대에 저항하고 있다는 사실을 다루고 있다. 여기서 우리는 최근의 흐름인 획일적인 부모되기를 반대하는 엄마가 몸소 제작한 텍스트를 연구한다. 다양한 엄마 블로그와 엄마가 쓴 (코믹한) 자기계발서, 즉 스테퍼니 와일더 테일러Stefanie Wilder-Taylor의 『빨대 달린 컵은 와인용이 아닙니다*Sippy Cups are Not for Chardonnay*』, 앤 더네월드Ann Dunnewold의 『준 클리버도 주스 박스를 깜빡할 수 있어요*Even June Cleaver Would Forget the Juice Box*』 머피 미드페로Muffy MeadFerro의 『게으름뱅이 엄마의 고백*Confessions of a Slacker Mom*』, 크리스티 멜러Christie Mellor의 『놀면서 애 보기: 행복한 육아를 위한 실제 지침*The Three-Martini Playdate*』과 트리샤 애쉬워스Trisha Ashworth와 에이미 노빌Amy Nobile의 『아이를 갖기 전에는 나도 좋은 엄마였다: 현대적 모성성의 재창조*I Was a Really Good Mom Before I Had Kids: Reinventing Modern Motherhood*』를 통해 현대적 모성성의 재창조를 연구하여 이런 텍스트들이 어떤 방식으로 모성을 새롭게 재정의하고 여성들(과 그들의 경험)을 연결시키는지 보여준다. 또한 이런 텍스트들의 긍정적인 의도에도 불구하고 과거의 인식을 답습하는 전문가의 문제적 텍스트를 그대로 답습하는지에 대해서도 주목한다.

8장 "세상에! 퓨마, 쿠거, 밀프: 나이 든 여자와 젊은 남자 간 로맨스와 성적 접촉에 관한 대중적 묘사"에서는 생애의 중반 및 후반기에 여성이 받아들이는 메시지를 다룬다. 이 시기의 여성은 아내나 어머니로서의 정체성에 얽매이지 않을 수 있다. 다시 한번 여성의 육체 묘사를 다루게 되는데, 21세기 들어 나이와 성적 매력을 기준으로 여성을 범주화하는 새로운 단어들을 살펴본다. 이런 단어들이 유머러스한 의도로 만들어진 것이기는 하지만, 문화적 서술 범주로서 이런 단어들의 용법 및 힘은 흥미롭고 불온하다. 또 하나 난감한 점은 이 새 단어들 대다수, 즉 '퓨마(연하 남성과 '데이트하는' 30대 여성)', '쿠거', '밀프' 같은 단어가 여성들에게만 적용되는 것이다. 이 장에서는 세 단어의 어원, 대중문화에서의 용법과 주류 문화에서의 수용 등을 검토해 이 단어들이 여성의 힘을 증강시키는 방식으로 젠더를 재정의하는지 아니면 곤란하게 만드는 방식으로 재정의하는지를 평가하겠다. 끝으로 우리가 수행한 연구 결과를 논의하고 이런 단어들이 기존의 여성의 성 개념에 저항할 수 있게 해주는 방식 혹은 순응하게 하는 방식에 대해 논하겠다.

9장 "안면홍조를 넘어서: 성숙한 여성에 대한 새로운 묘사"에서는 '황혼기'에 접어든 여성이 받는 메시지를 다루고 여성의 생애주기를 뒤쫓아 온 우리의 여정을 끝내고자 한다. 우리는 최근 들어 노년 여성 특히 폐경기와 관련된 책이나 미디어 기사가 폭발적으로 증가한 것에 주목한다. 이전에는 폐경기가 금기어였다. 폐경기의 여성은 성이 불가능한 여성을 의미했다. 그러므로 이 주제를 다룬 책도 거의 없었을 뿐 아니라 이런 주제를 공적인 공간에서 논의하지도 않았다. 저메인 그리어Germaine Greer의 『변화: 여성, 노화, 폐경기The Change: Women, Aging and the Menopause』처럼 선구적인 책이나 〈사랑할 때 버려야 할 아까운 것들Something's Gotta Give〉, 〈호프 스프링즈Hope Springs〉와 〈메노포즈 Menopause the Musical〉 같은 영화나 뮤지컬 모두 이제 폐경기를 대화의 화제로 인정해야 한다고 말하고 있다. 과거에는 '무성'으로 간주하던 노년기 여성의 육체를 오늘날에는 생명력으로 가득 찬 육체로 보는 혁명적인 변화가 일어났다. 이런 사실을 고려할 때, 노년기 여성에 대한 문화적 묘사는 노화와 폐경기 여성을 아직 성적 매력이 있는 여성으로 본다는 점에서 새로운 인식을 보인다고 할 수 있다. 노년기 여성에 대한 이런 새로운 묘사는 과거의 여성 노화 묘사에 문제를 제기하며, 실제로 대중문화의 교육이 여성의 후반 생애주기에 긍정적인 영향을 미침을 시사한다.

수많은 성별 이미지를 이렇게 여성의 생애 '주기'로 규정하면, 생애주기 중

하나에서 받는 교육이 다음 주기에까지 이어지고 여성의 행동에 계속 영향을 미친다는 것이 분명해진다(예를 들어, 어릴 때 접한 소녀성에 대한 메시지는 데이트할 때 청년기 여성에게 영향을 미친다, 신부에 대한 문화적 묘사 속에 있는 모티프는 임신한 여성과 처음 어머니가 된 여성에 대한 모티프로 계속된다 등등). 그래서 소녀와 여성의 생애주기마다 있는 이런 대중문화의 묘사(보석 왕관을 쓴 걸음마를 뗀 아기에서부터 먹이를 찾아 배회하는 쿠거에 이르기까지 문제가 될 만한 묘사)를 지긋지긋하게 보고 듣는 것만으로 문제가 끝나지 않는다. 우리가 주목해야 하는 것은 이런 문화적 교육의 악순환이다. 공주 문화를 과소비하고 자란 아이는 자라서 모든 여성이 공주가 되기를 바라는 문화적 틀을 쉽게 수용한다. 따라서 결혼문화의 소비주의적 함정에 쉽게 빠져버린다. 공포를 느껴야 한다는 자기계발서를 너무 많이 읽은 임산부는 다음 단계에서 어떻게 하면 헬리콥터 맘이 되는지를 다룬 책에 더 쉽게 끌리게 된다. 즉 '임산부'로서 어떻게 행동을 하고 '호랑이 어머니'[26]가 되는지에 대한 책을 끝없이 읽어댈 것이다. 대중문화의 도움으로 우리의 어린 브랫츠Bratz(인형 _옮긴이)가 자라서 성인인 브라이드질라Bridezilla(브라이드질라는 탐욕적이고 이기적인 신부를 뜻하는 신조어다 _옮긴이)가 될 것이고 성적 매력이 있는 우리의 어린 소녀들이 중년의 쿠거가 될 것이다. 이건 얼마나 놀라운 일인가. 마지막으로 우리는 문화적 이야기가 비판적으로 수용되지 않는다면 문화적 이야기가 갖는 이런 효과는 수년 동안 상처처럼 덧나면서 쌓일 것이라고 주장하려고 한다.

그럼에도 끝으로 이 책에서는 모두 패배한 것은 아니며 이런 상처들은 사라질 수 있다고 제시한다. 이런 이야기에 맞설 수 있는 방법은 아주 다양하다. 이 책에 그런 방법이 밝혀져 있으며 특히 결론에 잘 드러나 있다. 우리는 하향식 노력에 대해서 논의한다. 예를 들면 학교에서 시작된 미디어 문맹 퇴치 프로그램과 기업에서 주도하는 소녀들의 자긍심을 높이는 광고 캠페인이 있다. 우리는 민중들의 노력에 대해서는 더 많은 부분을 할애한다. 예를 들어, 소비자들이 Web 2.0 기술을 이용해서 TV 프로그램에 영향을 미치거나 비판적인 제품 리뷰를 포스팅해서 소비 경향을 평가하는 것 등이다. 그리고 우리는 여성 개개인이 이런 이미지의 세례에 저항하며 싸우는 독특한 방식을 논한다. 때때로 그것은 이런 상투적인 여성 이미지를 강력한 방식으로 재활용하는 식으로 나타난다. 끝으로 우리는 이전 세대 미디어 페미니스트 학자들의 목소리를 통합해서 미미해 보이는 노력도 대중문화의 성차별적 가르침을 없앨 수 있다는 확신을 독자들에게 주고자 한다. 이런 이야기들에 반박하고 그들이 만든 상투적 이미지를 조롱하는 가운데 우리는 왜곡된 여성상을 꿰뚫어보고 유령의 집에서 영원히 탈출하는 방법을 배울 수 있을 것이다.

제 1 장

소녀 되기

대중문화와 성별 교육의 첫 번째 단계

올해(2013년 _옮긴이) 어린 소녀들 수백만 명이 오스카상을 탄 디즈니의 〈겨울 왕국〉에 나오는 「렛 잇 고Let It Go」를 불렀으며, 이 인기곡은 소녀의 힘과 개성을 찬양하는 노래로 칭송받아왔다. 이 곡에는 소녀들에게 "한계를 시험하고 돌파하라, 규칙을 거부하라, 공포를 극복해라, 그리고 '착한', '완벽한 소녀'가 되기를 포기하라" 등을 권장하는 가사가 있다. 이 노래는 게이, 레즈비언, 양성애자, 트렌스젠더 공동체에서 절묘한 커밍아웃 노래로 수용되어 왔다.[1] 물론 영화 자체도 아주 인기가 있었고 페미니스트적인 성공으로 찬사를 받기도 했다(이 경우, 대중문화에서는 드물게 페미니즘이 긍정적인 의미를 갖게 되었다). 이 영화를 지지하는 사람들은 디즈니사에서 역사상 최고의 공주 영화를 만들어냈다고 한다. 즉, 이 영화에서는 두 명의 강한 여자 주인공이 등장하고 이들은 전통적인 동화 결말을 거부하고 임무를 완수한다. 다시 말해, 이 영화에서 우리는 여성 천국에서 소녀들을 키우고 있다는 점을 알게 되며 여성들은 긍정적인 여성 이미지만 만나게 될 것이다. 이제 더는 페미니즘 미디어 비평가는 필요 없어질 것이다. 이 말은 옳은 말인가? 글쎄, 우리는 이 문화적 경향을 다시 점검해야 한다.

온갖 찬사에도 불구하고, 〈겨울왕국〉은 여전히 진정으로 페미니즘적이라는 타이틀을 얻을 만한가에 대해서 큰 논쟁을 불러일으켰다. 대다수 비평가의 불만은 주로 디즈니 영화가 원작인 한스 크리스티안 안데르센Hans Christian Andersen의 동화『눈의 여왕The Snow Queen』을 제대로 살렸는가에 집중되어 있다. 비평가들은 원작인『눈의 여왕』을 페미니즘 텍스트라고 생각한다.『눈의 여왕』의 출판 시기와 안데르센이라는 저자를 생각하면 그것은 참으로 놀라운 일이다.2) 원래 눈의 여왕에는 게르다라는 소녀와 카이라는 소년이 등장하고 가장 친한 친구인 소년을 구하기 위해서 소녀가 여행을 떠난다. 카이는 안데르센의 원작에서 유일한 남자 주인공이고 나머지 다양한 여성 인물이 등장한다. 등장인물은 강력한 악녀, 현명한 마녀, 영리한 까마귀, 도움을 주는 공주(자신만큼 영리한 왕자가 있어야만 결혼한다고 맹세한 공주), 여성 산적 무리 등등이다. 디즈니가 개작한 〈겨울왕국〉에서는 이런 여성 인물들은 사라지고 그 대신 다양한 산적이 등장한다. 여성 인물은 자매 두 명뿐이다(게르다는 안나가 되고, 눈의 여왕은 언니인 엘사가 된다). 남자친구인 카이를 구하기 위해서 게르다가 혼자 떠나는 여행이 〈겨울왕국〉에서는 한스와 크리스토프와 같은 남성 구애자가 더해져 예의 익숙한 사랑의 삼각관계를 암시하는 여행으로 변질된다.

이 영화를 지지하는 사람들은, 이런 남성 인물들이 더해지긴 했지만, 여전히 혁명적이라고 주장한다. 우선 이 영화가 낭만적 사랑의 추구에 초점을 맞추지 않았고, 결혼을 부각하는 방식으로 끝나지 않은 점에서 혁명적이라고 한다. 그러나 비평가들은 체계적으로 이런 칭찬의 실체를 드러냈다. 예를 들어, "잘못된 페미니즘의 문제(혹은 왜 〈겨울왕국〉은 날 얼어붙게 만드는가)The Problem with False Feminism (or Why 'Frozen' Left Me Cold)"에서 데니 콜먼Dani Colman은 몇몇 사람들의 주장과는 달리 〈겨울왕국〉이 이전의 디즈니 영화에 비해 그다지 선구적인 작품은 아님을 증명했다. 다른 디즈니 공주 영화에서도 로맨스를 인생 목표로 삼지 않는 여성 인물들이 등장했다(예를 들어, 아리엘은 인간으로서 삶을 경험하고 싶어 하고, 벨은 모험을 원하고, 포카혼타스는 독립을 원하고, 뮬란은 가문의 명예를 높이고자 하며, 재스민은 가부장적 통제를 벗어나고 싶어 하고, 티아나는 식당을 운영하고 싶어 하고, 라푼젤은 반딧불의 비밀을 알고 싶어 한다). 이런 영화들에서 여성 인물들은 대부분 목표를 달성한다. 그리고 왕자는 덤으로 얻게 된다. 〈겨울왕국〉에서는 안나의 첫 번째 목표는 '그 사람'을 찾는 것이다. 그것이 그녀가 얻게 되는 것이고 다른 결과들(예를 들어, 성문을 다시 열고, 엘사와 관계를 새롭게 하는 것)을 덤으로 얻게 된다.[3] 정말로 〈겨울왕국〉을 긍정적인 변형으로 보고 싶어 하는 사람들은 이 영화가 낭만적인 스토리에도 불구하고 결혼으로 끝나지 않는다는 사실을 지적한다. 그러나 디즈니 영화는 대부분 결혼으로 끝나지 않는다. 디즈니의 만화영화 43개 작품 중 7개만 결혼으로 끝난다.[4] 그리고 디즈니 영화 대다수가 (인간이건 동물이건) 이성애적인 행복한 결말로 끝나지만, 안나가 결혼하지 않고 미혼인 상태로 끝나는 점에서 〈겨울왕국〉도 예외는 아니다. 안나와 크리스토프가 한 쌍이 되는 것으로 영화가 끝나기 때문이다(포카혼타스도 마찬가지이다).[5]

우리가 공주 영화 혹은 디즈니 영화의 가장 큰 특징이 로맨스임을 인정한다면, 이어서 〈겨울왕국〉에 대한 페미니스트들의 불만은 다른 방향을 향해야한다. 그렇다면 많은 페미니스트들이 두 명의 강한 여성 인물이 이 영화에 등장한다는 주장에 대해 비판적이다. 페미니스트들의 주장으로는 여성 인물 두명이 주인공이라고 해서 두 명의 강한 여성 주인공이 등장하는 것은 아니다. 사실 안나는 자기도취적이고, 순진하고, 잘난 척하며 호의를 베풀고, 야심이 없는 인물인 점을 비판을 받아왔고 엘사는 억압적이고 병적이고 반사회적인 인물로 묘사되어 왔다. 이런 것들은 소위 페미니스트적 인물들에게 우리가 원하는 중요한 특징은 아니다.[6] 그리고 〈겨울왕국〉이 다른 디즈니 공주 영화(예를 들어 서구의 백인 미인 기준을 강화하는)와 동일한 불만의 대상이 되어왔으며, 이 영화 역시 젊은 여성 인물을 성애화하는 것으로 읽혀왔다. ≪슬레이트 Slate≫에 실린 글에서 다나 스티븐스Dana Stevens는 이 영화의 트레이드마크인

클라이맥스에 등장하는 노래 「렛 잇 고」가 수많은 소녀를 겨냥한 영화에서 볼 수 있는 고전적인 변신의 순간과 동일함을 분석했다. 엘사는 "완벽한 소녀는 사라졌다"고 선포한 후, '가장자리에 눈꽃 송이 무늬가 장식된 투명한 망토를 하고 허벅지까지 트인 섹시한 드레스를 입고 은백색 하이힐을 신은 채 땋은 머리를 느슨하게 풀어서 한 쪽 어깨로 넘긴' 모습으로 등장한다. 이것은 '아주 미묘하게 그러나 틀림없이 나쁜 여자가 유혹하는' 제스처다.[7] 스티븐스가 제시하는 이유 때문에 이 장면이 문제가 될 수 있는 것은 사실이다. 디즈니가 아마도 보수적인, '완벽한' 소녀인 엘사와는 구분되는 '더는 참기만 하지 않는' '새로운' 엘사를 보여주기 위해 이런 접근을 한 것 같지만, 다른 방식으로 새로운 '엘사'를 보여주는 것이 더 나았을 것이다. 예를 들어, 강한 얼굴 표정을 사용하든지 그런 표정과 아울러 다른 옷을 입게 하든지, 성적 매력과 무관한 변신 장면을 보여주든지 했어야 했다.

이런 대중문화 현상에 대한 논쟁은 더 광범위한 대중문화에 나타난 소녀와 여성의 재현에 대한 미디어 논쟁을 잘 집약시켜 보여준다. 그리고 좀 더 명확히 말하자면, 이것은 새로운 논쟁거리도 아니고 디즈니 영화사에서도 새로운 이야기가 아니다. 예를 들어, 〈라푼젤Tangled〉(2010) 또한 페미니스트 영화로 간주할 수 있는지에 대해 찬반이 엇갈렸다. 몇몇 비평가들은 〈라푼젤〉의 힘과 용기를 고려하면, 라푼젤은 옳은 방향으로 한 걸음 나아간 영화라고 주장했다. 그러나 비평가인 K. J. 안토니아K. J. Antonia는 다음과 같은 질문을 제기했다. "왜 화자가 남성이어야 하나요? 왜 라푼젤은 스스로 자신의 이야기를 할 수 없나요?" 그리고 그녀는 계속해서 말한다.

이런 것을 소녀의 힘이라고 부를 수는 없다. 라푼젤이 힘을 가졌을 때, 그녀는 마녀를 무찌른 후 왕국에서 정당한 지위를 차지하는 것이 아니라 사랑하게 된 플린을 구하기 위해서 자신을 제물로 바친다. 결국, 그녀를 구해주는 사람은 플린이다.[8]

이와 유사하게 ≪미즈매거진≫의 블로그에도 이런 말이 올라와 있다.

좋은 소식은 … 〈라푼젤〉이 재미있고, 빠르게 진행되고 시각적으로 놀랍다는 점이다. 나쁜 소식은 그것이 케케묵은 옛날이야기의 개작이라는 점이다. 여자는 왕자를 기다리는 공주가 되거나 아니면 사악한 계모 또는 마녀가 될 수밖에 없다는 것이다. 남자는 무슨 행동이든(많은 경우에 무슨 말이나) 할 수 있다. 그리고 미인은 물론 백인이며, 금발의 날씬한 젊은 여성이다 … 플린은 남성적인 모험정신을 갖춘 영리한 권력자인 반면, 그녀는 21세기 관객에 맞게 금발의 상냥한 여성이다.[9]

소녀의 묘사: 반페미니스트적 반격이 다시 시작되다

미디어가 페미니즘과 사랑에 빠졌다가 절교하기를 되풀이하는 모습을 보면 오늘날 우리는 종종 마치 21세기가 20세기 후반과 너무 똑같은 문화적 환경 아래 놓여 있다는 느낌, 데자뷰를 경험한다. 수전 팔루디가 쓴 『백래시: 누가 페미니즘을 두려워하는가Backlash: The Undeclared War Against American Women』에서 1980년대 페미니즘을 분석하면서 1980년대(대중 심리 편향적인 주류 미디어 텍스트들로 넘치는)에는 여성, 특히 직장 여성이 개인적('가정적'이란 의미) 행복을 포기하고 성공에 매진하는 불쌍한 선택을 해 남편도 없고 아이도 없고 정신적으로 붕괴 일보 직전인 불만에 가득 찬 여성으로 묘사되어 있었다고 주장한다. 이런 반페미니스트적 선동은 예상치 않은 곳뿐만 아니라 예상되는 곳에서 다시 부각된다. 예를 들어 그 당시 만들어진 시트콤에는 수없이 많은 역할 전도가 나타났다. 그런 시트콤에서 〈미스터 마마Mr. Moms〉(1983년에 개봉된 코미디 영화로, 일을 하는 아내와 살며 세 명의 아이를 돌보는 주부가 된 남편을 그린 영화다 _옮긴이)가 지배를 하고 여성들은 가정의 영역에서 쫓겨난 것으로 그려졌다.10) 팔루디 주장의 핵심은 여성운동의 성과가 부적절하게 여성의 몰락, 아니면 적어도 미디어에서 묘사된 방식의 여성의 몰락으로 이어지기 시작했다는 것이다.

최근 들어 다양한 사람들이 이런 유형의 명백하게 반페미니스트적인 반격이 부활하고 있다고 말해왔다. 『롤리타 효과*The Lolita Effect*』의 작가인 M. 지지 더럼M. Gigi Durham은 현재 젊은 여성 및 소녀들을 성애화하는 것은 페미니스트의 성과에 대한 잠재적인 반격으로 볼 수 있다고 주장한다.11) 〈현실은 화를 낸다Reality Bites Back〉에서 제니퍼 포저Jennifer Pozer는 인기 있는 TV 리얼리티 쇼에 여성의 굴욕이 자주 등장하는데, 이것을 왜곡된 반페미니스트적 이데올로기로 분석한다. 그녀는 그런 프로그램에 반복적으로 나타나는 이야기들이 여성의 독립은 실패와 불행으로 끝나리라고 암시한다고 주장한다.12) 샤론 램 Sharon Lamb과 린 미켈 브라운Lyn Mikel Brown은 『소녀 시절 포장하기*Packaging Girlhood*』에서 소비주의가 소녀들에게 미치는 영향을 연구한다. 그들은 소녀들에게 더 많은 선택과 권력을 줄 수도 있었던 진지한 시도로 출발한 것들이 "포섭당해 케케묵은 상투형을 강화하는 마케팅 전략이 되어버렸다"13)고 주장한다. 이런 모든 주장은 아주 설득력이 있고, 우리가 오늘날 되살아난 반격에 직면하고 있음을 동의해야 한다. 이런 현상을 결코 완전히 사라지지 않은 반격의 연장으로 보아야 할 것이다.14) 나아가 우리는 이 장과 다음 장에서 21세기의 반격이 약간 다른 형태를 띨 것이라고 주장한다. 반격은 더 비밀스럽고 더 교묘하며 둘 다이기도 해 더 불온하다.15)

반페미니스트적 반격이라는 생각과 종종 연관되는 단어가 '포스트페미니즘'이다. 그러나 이본 테스커Yvonne Tasker와 다이엔 네그라Diane Negra가 『포스트페미니즘을 묻다: 대중문화의 정치와 젠더*Interrogating Postfeminism: Gender and the Politics of Popular Culture*』의 서문에서 지적하듯이, 젠더와 대중문화 정치의 결합은 지나치게 단순화한 것이다. 케이틀린 멘데스Kaitlynn Mendes가 페미니즘 제2물결의 절정기에 보도된 영미 신문 기사를 분석하면서 잘 보여주고 있듯이,[16] 포스트페미니즘을 단일한 정서로 개념화하는 것 또한 지나친 단순화이다. 그러한 감정들의 형식과 모습은 종종 '사회문화적 맥락의 결과로 나라마다 다르고 여성운동이 발전한 방식에 따라 다르다'.[17] 포스트페미니즘은 아주 다양하게 정의될 수 있지만, 페미니즘을 과거 시제로 개념화하는 문화적 가정 전반을 포스트페미니즘이라고 일컫는 사람이 많다.[18] 포스트페미니즘은 두 가지 일을 한다. 첫째, 페미니즘이 이미 우리 문화의 일부로 인정되었으며 이제 우리는 페미니즘(특히 1960년대 이후 페미니즘이 여성들에게 제공한 모든 것)을 당연히 여기는 사회에 살고 있다는 것을 말해준다. 그러나 동시에 포스트페미니즘은 반동적인 것으로 간주된다. 몇몇(종종 더 젊은 여성) 여성들은 오늘날 그들이 이미 많은 권한을 갖게 되어서 더는 여성의 권리를 생각할 필요가 없다고 믿는다. 이런 이데올로기를 옹호하는 문화 상품들은 여성에게 기회가 많다는 점을 강조한다. 특히 직업이나 가정에서 모두 기회가 많다고 한다[19] (예를 들어, 〈섹스 앤 더 시티Sex and the City〉, 〈위기의 주부들Desperate Housewives〉, 〈브리짓 존스의 일기Bridget Jones's Diary〉, 〈악마는 프라다를 입는다The Devil Wears Prada〉)[20] 언뜻 보기에 이런 것이 페미니스트 주장과 상치되지 않는 것처럼 보이고 선택의 자유를 말하는 듯하지만 그 가운데 교묘하게 숨겨진 메시지가 있다. 그것은 어떤 선택이 다른 선택보다 '낫다'는 것이다. 그래서 포스트페미니스트 수사학이 직접적으로 페미니스트 정치학을 거부해야 한다고 선언하지는 않지만, 종종 더 이상 페미니즘이 필요 없다고 제안한다.[21]

포스트페미니즘이라는 단어를 사용하지는 않지만, 수전 더글러스는 1990년대에서 현재까지 대중문화 연구에서 포스트페미니즘적 문화 현상을 다루고 있다. 그녀는 미디어에 의해 조작된 소녀의 힘에 대한 환상으로 인해 계몽된 성차별주의라는 문화적 분위기가 생겨났다고 한다. 그녀는 계몽된 성차별주의를 이렇게 정의한다.

새로운 젠더 체제의 위협을 인지한 후 의도적으로 혹은 무심결에 반응하는 것.

계몽된 성차별주의에서는 페미니즘 때문에 여성이 많은 진전을 이룬 … 새로운 젠더 체계가 이루어졌고 실제로 이제 완전한 평등이 공인되었으므로 성차별적인 소녀나 여성 상투형을 부활시켜도 괜찮을 뿐 아니라 재미있기까지 하다고 생각한다.[22)]

테스커와 네그라처럼, 더글러스도 전통적인 반페미니스트적 반격과 자신이 이론적으로 밝혀낸 현재의 반격 사이의 차이를 지적한다. 노골적인 반격은 "페미니즘은 여성에게 해롭고 여성을 오도하는 것"이라고 직접적으로 거부하는 반면, 계몽된 성차별주의는 노골적인 반격보다 더 교묘하고 더 교활하다고 주장한다. 계몽된 성차별주의나 포스트페미니즘을 수용하는 소녀들 대다수의 문제는 '모르는 게 약'이라는 사고방식을 받아들이기 쉽게 된다는 것이다.[23)] 소녀들이 행복해하며 이제 페미니즘은 '완결된 행동'이고 이제 세상을 받아들이기만 하면 된다는 생각을 수용한다면, 그 사실을 반박하는 수많은 통계를 무시할 것이다. 서론에서 강조한 통계가 우리가 유리 천장이 부서지고 완벽하게 양성평등 노동이 완수된 세계에 살고 있지 않음을 보여주듯이, 연구 결과는 여성 또한 현대적인 페미니스트 유토피아에 살고 있지 않음을 다른 방식으로 보여준다.

거울, 벽에 걸린 거울: 부서진 육체를 드러내기

다양한 설문 조사에 따르면, 현재 소녀들은 그 어느 때보다 이상적인 미의 기준에 맞추어야 한다는 압박감을 더 심하게 느끼고 있다. 『신데렐라가 내 딸을 잡아먹었다Cinderella Ate My Daughter』의 저자인 페기 오렌스타인Peggy Orenstein은 초등학교 1~3학년 여학생 중 걱정될 정도로 많은 수인, 조사 대상의 거의 반 정도가 더 날씬해지기를 원한다고 답변했고, 10살 소녀 중 81%가 체중 증가를 두려워했으며, 9살 소녀 중 절반이 이미 다이어트를 시작했다고 한다. [24) 많은 보고서가 이 수치를 뒷받침한다. 몇몇 보고서에 따르면 초등학교 3~5학년의 소녀 중 절반이 외모 걱정을 하고[25) 다른 보고서에서는 체중 감량이 11~17살 소녀의 가장 큰 소원으로 꼽힌다고 한다. [26) 연구 결과에 따르면 10대 소녀의 절반 이상이 체중 감량을 위해 극단적인 조치(식사 거르기, 단식, 구토, 흡연, 설사약 복용)를 취한다고 한다. [27) 이런 것들은 종종 본격적인 식이 장애로 이어지며, 이러한 식이 장애 또한 증가하고 있다. 예를 들어 최근 추산에 의하면 대학생 연령대 여성 중 1/5 정도가 폭식증에 시달리고 있다. [28) 미국심리학회에서는 "소녀-소녀 문화에서 미와 성적 매력을 강조하게 되면 소녀들이 위험한 식이 행동을 하고 식이 장애를 겪을 뿐 아니라 다른 위험 요인, 즉 신체 이미지 왜곡, 우울증, 위험한 성적 행동에 대해서도 더 취약해진다"[29)고 밝혔다. 통계에 따르면 이 모든 문제가 급격하게 증가 추세에 있으며, 2000년과 2006년 사이에 소녀들이 학업보다 체중을 더 걱정하고 자살률은 상승했다. [30)

불행하게도, 소녀를 겨냥한 장난감이나 문화 상품에 등장하는 여성들이 모두 화장을 하고 다이어트도 하는 사실을 고려하면, 이 통계는 그다지 놀랍지 않다. 디즈니의 2012년 작인 〈메리다와 마법의 숲Brave〉를 둘러싼 논쟁을 생각해 보라. 최근에 이 영화 역시 페미니스트적 가치를 지지하는지 아닌지를 두고 논쟁이 벌어졌다. 주인공 메리다는 스토리 전개상 소녀들의 강력한 롤 모델이 될 인물이다. 그러나 '디즈니 공주 인형 세트에 입성하기 전에 개조 과정을 거쳤다. 오스카상을 수상한(2012년) 만화영화에 나오는 10대의 말괄량이 소녀에 비해 더 날씬해지고 더 나이든 약간은 성적인 분위기를 풍기는 모습이 되었다'. [31) 대형 스크린의 '소녀-권력' 롤 모델이 이렇게 날씬해져야 한다면 소녀들이 이런 문제로 고민하고 있는 것도 전혀 놀랄 일이 아니다.

미국 여성과 소녀 중 80%가 외모에 불만을 가진 상황에서, 이들이 다이어트나 다이어트 관련 제품에 1년에 400억 달러를 쓴다는 게 정말 놀랄 만한 일인가?[32] 이는 문제성 있는 역설이다. 미용 열풍에서 이득을 얻는 산업에서 우선 그런 미의 개념을 심어준다. 여성과 소녀 대다수가 자신의 몸에 대해 불만인 이유가 바로 이런 산업에서 크게 왜곡된 거울을 제공하기 때문이다. 그 거울에 비친 여성과 소녀는 당연히 이상적 몸매가 아니다. 광고에 등장하는 여성이나 인기 있는 여성 연예인은 보통 사람들의 모습을 보여주지 않는다. 보통 여성은 키 162cm, 몸무게 75.2kg, 허리둘레 37.5인치[33]이기 때문이다. 잡지나 TV 프로그램이나 할리우드 영화에 나오는 여성은 이런 '보통' 여성이 아니다. 여성과 소녀는 남자보다 더 성폭력이나 식이 장애에 시달릴 뿐 아니라, 훨씬 더 외모에 신경을 쓰기도 한다. 이런 사실 때문에 남녀 사이의 이런 '차이'가 원래 타고난 것인지, 또 이런 차이가 양성이 직면한 투쟁과 깊은 연관이 있는지에 대해 다시 논쟁이 다시 시작되었다.

성별에 따른 사회화: 본성 대 양육 논쟁 아직도 진행 중이다

본성 대 양육 논쟁은 수년 동안 학자나 과학자뿐 아니라 일반인의 흥미를 끈 주제이자 많은 논쟁의 시발점이었다.[34] 예를 들어, 심리학자인 마이클 거리언Michael Gurian과 외과 의사인 레너드 삭스Leonard Sax는 본성 때문에 남녀 간에 수많은 문제와 이슈가 생긴다고 주장했다.[35] 그 이전에 존 그레이John Gray는 베스트셀러인 『화성에서 온 남자, 금성에서 온 여자Men Are from Mars, Women Are from Venus』에서 같은 주장을 했었다. 즉, 남녀가 다르게 행동하는 것은 본성상 서로 다르기 때문이라고 했다. 여러 학자들이 지적해 왔듯이 이 책은 이처럼 남녀의 차이에 초점을 맞추고 이런 차이를 용인하다 보면 현상 유지와 본질주의적 사고를 강화할 수 있기 때문에 문제다. 예를 들어 그레이의 책 2장에서는 남녀는 원래 가치가 다르다고 이야기하고,[36] 그 이후 장들에서는 어떻게 이런 차이로 인해 서로 다른 행동 패턴을 보이는지 상세히 설명한다(예를 들어, 남녀가 스트레스에 어떻게 다른 방식으로 대처하는가, 남녀가 어떻게 다르게 동기 부여를 받는가, 어떻게 남녀가 친밀감을 형성하는가). 슬프게도 이런 대중 심리학의 정서가 일상적인 믿음으로 굳어져서 젠더 결정론의 메시지가 점점 더 강화되고 있다는 연구 결과가 있다.[37]

그레이의 글이 베스트셀러가 된 지 10년이나 지났으며 그 글을 많은 페미니스트들이 비판해 왔음에도 불구하고, 또 다른 학자가 다시 소리 높여 남녀 간의 차이를 부각시키고 있다. 『왜 젠더가 중요한가: 새로운 남녀차이의 과학에 대해 부모와 선생님이 알아야 할 것*Why Gender Matters: What Parents and Teachers Need to Know about the Emerging Science of Sex Difference*』의 저자인 레너드 삭스는 소년 소녀가 생물학적으로 '다른' 방식에 대해 다시 생각해 보자는 캠페인을 시작했다. 그레이의 자기계발서와는 달리, 삭스의 연구는 과학에 근거하고 있다. 삭스는 성차별 없는 21세기식 육아를 비판하고, 이런 육아가 아이에게 이롭다는 증거가 없다고 주장한다.[38] 그 대신 남녀의 차이를 증명하는 (그 양이 오히려 설득력 있는) 연구 목록을 제공하며 이를 무시해서는 안 된다고 한다. 삭스는 남녀의 청력 차이에 대한 연구를 포함시킨다.[39] 그는 또한 뇌졸중 환자의 회복 과정에서 드러나는 남녀 차이에 대한 신경학 연구,[40] 남녀의 뇌세포나 뇌 조직이 원래 다르다는 연구 결과,[41] 조산아에 대한 음악치료 실험에서 나타나는 남녀 차이,[42] 그리고 성별에 따른 색채 인식의 차이 연구[43]도 포함시키고 있다. 또한 그의 목록에는 다양한 사회적 실험도 포함이 되어 있는데, 그는 본성상 남녀 차이가 있다고 주장한다. 예를 들어 남녀가 위기에 대처하는 방식, 봉급 협상, 싸움, 스트레스에 대처하는 방식에 차이가 있다고 한다.[44] 그러나 사회적 실험이 포함된 연구의 경우 양육도 틀림없이 영향을 미쳤을 텐데, 그는 그 점을 고려하지 않는다.

리즈 엘리엇Lise Eliot의 연구는 그레이나 삭스의 연구에 대한 응답이지만 그들의 주장을 완화시킨다. 엘리엇도 삭스와 마찬가지로 신경학 연구에 많이 의존하지만, 다른 결론에 도달한다. 그녀의 책 제목인 『분홍색 뇌, 파란색 뇌:

어떻게 작은 차이가 곤란한 격차가 되며 우리는 그에 대해 무엇을 할 수 있는 가*Pink Brain, Blue Brain: How Small Differences Grow into Troublesome Gaps - and What We Can Do About It*』가 그레이나 삭스 등과 같은 주장을 하는 것으로 들릴지도 모르지만, 실제로 그녀는 훨씬 더 섬세한 중도적인 뉘앙스에 도달한다. 그리고 엘리엇은 소년·소녀가 "서로 다른 관심사, 활동 수준, 감각 역치, 체력, 정서적 반응, 관계 형성 스타일, 주목 기간, 지적인 적성"을 가지고 있다고 단언하지만, 또한 "이런 차이가 크지 않고, 많은 경우에 성인 남녀에 비해 훨씬 차이가 더 작다"고 말한다.[45] 엘리엇의 책에서 발견한 중요한 사실 중 하나는 과학적 개념인 뇌의 가소성을 다룬 점이다. 뇌의 가소성이란 경험에 대응해 변화할 수 있는 뇌의 능력으로 정의된다.[46] 이러한 관점에서 보면, 본질적으로 인간의 뇌란 뇌를 가지고 하는 일을 뜻한다. 독서에서 달리기까지 모든 일은 다른 부위의 활동을 억제하면서 특정 부위의 뇌 회로를 활성화시킨다.[47] 남녀의 뇌의 '차이'가 남녀의 본성상 차이가 아니고, 오히려 어린 시절의 경험이 달라서 나타나는 결과라는 이론이다. 그 경험으로 인해 뇌가 서로 다르게 형성되는 것이다. 소년과 소녀의 뇌가 각자의 다양한 경험에 의해 형성된다면, 그렇다면 왜 소녀들이, 예를 들어, 공주 문화에 이끌리는 경향이 있는지 설명된다. 다시 말해, 태어날 때부터 여자아이가 공주가 되거나 왕자와 결혼을 하려는 마음을 가진 것은 아니지만, 공주 영화를 본다든지 혹은 공주 인형을 가지고 논다든지 하는 어린 시절의 경험으로 인해서 소녀들은 소년들과 '다르게' 행동한다. 이 두뇌 발달 이론을 연구하면서, 엘리엇은 주도면밀하게 본성과 양육이 '분명히 다른, 대립하는 실체'가 아니고 오히려 '본성과 양육이 복잡하게 얽혀 있다'[48]고 지적한다. 이 중요한 아이디어를 출발점으로 삼아 이 장, 그리고 이 책 전체에서 본성과 양육을 별개의 '대립하는 실체'라기보다는 서로 얽혀 있는 것으로 간주하겠다.[49] 그러므로 대중문화가 소녀들에게 미친 영향을 논할 때 우리는 성별에 따른 사회화가 단순한 인과관계 공식보다 훨씬 더 복잡하다는 사실을 인정하려고 한다. 어떤 영화를 보거나 특정한 책을 읽는다고 해서 그것만으로 소녀나 여성의 생애주기에서 보이는 젠더 수행이 발생하지 않는다. 그러나 일생 내내 그런 이야기를 반복적으로 소비하다 보면 여성의 뇌는 그런 식으로 발전해서 결국 우리가 보는 행동 패턴이 생기게 될 것이다. 우리가 장기간에 걸친 두뇌 발달을 변화시킬 수는 없다. 그래서 우리가 할 수 있는 일은 그런 변화를 촉발시키는 자극을 변화시키는 것이다.

유년기의 실종: 소녀의 성애화와 가속된 '성숙'

소녀들에게 가장 파괴적인 자극은 주로 사회적인 미적 기준에 자신들의 외모를 맞추어야 한다는 자극이다. 심리학자, 페미니스트, 부모들이 소녀나 여성의 외모에 초점을 맞추지 않고 인격이나 지성에 집중하도록 수없이 노력해 왔음에도, 사회에서는 여전히 여성의 미와 성적 매력이 중요하다고 생각한다.

장난감 상자의 내용물, 옷 선반, 잡지가 꽂힌 책꽂이, 텔레비전 방송국, 할리우드 영화를 보면 이 말이 맞는다는 것을 알 수 있다. 예를 들어 2012년 K마트에서 쇼핑을 하다가 10대를 겨냥해 '나를 불러주세요', 또는 '나는 부자 남자애를 사랑한다'와 같은 글이 쓰여 있는 속옷 브랜드들을 보았을 때 사람들은 격분했다. K마트에서는 그 속옷 브랜드들을 제거했다. 그러나 문제는 K마트의 임원들이 애초에 이것이 적절하다고 생각했다는 사실이다.[50] 그리고 그런 목록은 계속된다. 빅토리아 시크릿에서는 최근 여중생을 겨냥한 새로운 라인인, 브라이트 영 마인드Bright Young Minds를 출시했다. 진열된 속옷에는 뒷면에 '거친Wild' 혹은 '행운이란 느낌Feeling Lucky'이란 문구가 새겨진 레이스 팬티가 포함되어 있다.[51] 콜로라도주에 사는 한 엄마는 어린이 및 10대 칸에서 쇼핑을 하다가 T 팬티를 보고 당황했다.[52] 다행히 다양한 소셜 미디어의 지속적인 캠페인의 효과로 그런 상품들을 진열대에서 제거할 수 있었다.

이런 대중문화 상품이 대다수 이런 점에서 문제가 있는 반면에, TV 리얼리티 쇼인 〈걸음마를 뗀 아기와 보석 왕관Toddlers and Tiaras〉(TLC, 2009~현재)53)은 아주 어린 여자아이에게 이런 이상형을 심어주기 위해 사회가 어떤 역할을 하는지 가장 잘 보여준다. 한 에피소드에서 한 살배기 쌍둥이 딸들인 이사벨라Isabella와 스칼릿Scarlett의 어머니인 켈리Kelli는 딸들을 미인대회에 내보내려고 적어도 25만 달러를 썼다고 자랑스럽게 이야기한다.54) 안과의사인 그녀의 남편 또한 자신의 딸을 섹시한 아기들의 세상에 소개하는 데 열심인 것처럼 보인다. "애리조나 골드 코스트Arizona Gold Coast" 편에서 시청자들은 소녀들이 보석 왕관(이 에피소드에서 미스 애리조나 골드코스트 대상을 놓고 경쟁하고 있다)을 놓고 경쟁을 벌이는 미인대회에 딸을 참가시키려고 애쓰는 엄마 셋을 보게 된다. 이런 화려함과 허세로 얻는 상금은 1000달러이다. 시청자들은 엄마들이 딸들을 준비시키는 과정을 지켜본다. 여덟 살 난 대니엘Danielle의 엄마인 테디Tedi는 딸의 눈썹을 왁싱하고 또 왁싱한다. 그러면서 딸이 얼마나 예쁜지를 이야기한다(이로써 어린 대니엘이 자기중심적인 아이가 된 이유가 이해되며 그 사실이 그다지 충격적이지 않다. 대니엘의 할머니가 그녀에게 "미인이 되기 위해 자야 할" 필요가 있다고 말하자 대니엘은 "난 늘 예쁘니까 그런 건 믿지 않아요"라고 대답한다).55) 또 다른 경쟁자는 네 살배기 매켄지Makenzie인데 그녀는 대회가 시작하기 직전에 엄마에게 호전적인 어투로 "뒤로 물러서요, 쉿, 쉿"이라고 말한다.56) 그녀의 어머니인 후아나Juana는 이런 행동을 '독립적'이라고 생각한다.57) 경연대회 동안에 매켄지는 계속 섹시한 미소를 짓고 엉덩이를 섹시하게 흔들고 유혹하듯이 머리를 한쪽으로 기울이고 심판들을 향해서 환히 미소를 지었지만,58) 경연대회 직전에는 아기처럼 소리 내 울었고 그러면 엄마가 고무젖꼭지를 물렸다. 물론, 이것이 그녀의 진정한 모습이다.

때때로 이 프로그램에서는 이렇게 성적인 분위기를 풍기는 경쟁자들이 얼마나 어린지를 부각시킨다. 예를 들어, 시즌 5의 "달링 디바스Darling Divas" 편에서 소녀들은 무대 위로 인형을 가지고 와서 인형과 비슷하게 옷을 입고 인형 흉내를 낸다. 이런 어린아이 같은 행동(어떤 의미에서 인형 놀이를 하는 것)은 그들의 (지시받은) 행동과는 극단적인 대조를 이룬다. 다섯 살 키이나Keanna의 엄마인 다이애나Diana는 딸에게 미인대회를 준비할 때, '엉덩이를 흔들라'고 말한다.[59] 경연대회의 참가자인 한 여자아이는 완벽하게 끝이 뾰족한 브레지어를 하고 마돈나 복장으로 옷을 입고 등장한다. 그것을 보고 관중들은 히스테리컬하게 웃는다. 또 다른 아이는 샌드라 디Sandra Dee처럼 옷을 입고 또 다른 아이는 마이클 잭슨Michael Jackson처럼 옷을 입고 등장한다. 그리고 관객과 자랑스러워하는 부모를 기쁘게 하기 위해서 사타구니를 움켜쥔다.[60]

하지만 이런 장면은 아주 곤란하다. 특히 곤혹스러운 점은 이 여자아이들이 스스로 미인대회에 참여하는 것을 결정하지 않았다는 점이다. 오히려 엄마들이 대신 나서서 선택을 했다(적어도 처음에는 그렇다). 분명히 '미인대회 아빠들(다시 말해, 미인 경연대회에서 딸들을 코치하는 아빠들)'도 있기는 하다. 그러나 '미인대회 엄마들'이 훨씬 더 많다. 여기서 아주 심각하게 문제가 되는 것은 엄마가 딸에게 보내는 메시지다. 엄마는 딸에게 20대의 축소형처럼 보이기 위해 어떻게 머리 손질을 하고, 화장을 하고, 어떤 식으로 예쁘게 보여야 하는지를 말해주기 때문에, 엄마는 결국 미가 가장 중요하다는 것을 암시한다. 미국 인구 중에 극소수만이 미인 경연 대회에 참석하기는 하지만(그렇다고 여자아이들의 미인대회 참여를 사회적으로 정상적인 것으로 볼 수는 없다), 분명히 이 프로그램은 소녀들에게 외모 걱정을 하도록 압박감을 부추긴다. 그리고 이런 압박감은 '걸음마를 뗀 아기'라는 TV 쇼 제목이 보여주듯 그 어느 때보다 아주 어린 시기에 나타난다.

이제 모두가 인정하듯이, 이런 TV 리얼리티 쇼를 보는 것은 여자아이들이 아니다. 그래서 〈걸음마를 뗀 아기와 보석 왕관〉이 여성의 첫 생애주기에서 여성의 발달을 형성하는 역할을 하지는 않았다. 또한 이것이 어린 여자아이들을 양육하는 양육지침서로 고려될 수도 없다. 이 프로의 열렬한 팬인 시청자조차도 이런 식의 양육은 피해야 한다고 주장할 것이다. 하지만 이 TV쇼의 인기 자체, 그리고 이 TV쇼에 등장하는 실제 상황은 오히려 소녀를 성애화하는 더 광범위한 사회적 경향을 좀 더 노골적으로 반영한다. 나아가, 부분적으로 엄마(그리고 미래의 엄마)로 구성된 시청자가 있다는 점을 생각하면, 이런 쇼로 인해 여성 시청자가 자신의 딸의 문화적 역할에 대해 부적절한 기대를 가질 수 있다.

단지 이웃집 소녀일 뿐? 한 대중문화 스타에 대한 분석

실제로 소녀들 자신을 겨냥한 쇼가 중요한 연구 과제가 된다. 그리고 공정하게 말해서, 그런 쇼는 다 나쁘지는 않다. 〈걸음마를 뗀 아기와 보석 왕관〉이 특별히 미에 초점을 맞추는 프로그램이라면, 여자 청소년에게 더욱 긍정적인 역할 모델을 묘사하는 프로그램도 있다. 물론 이 프로그램에 이야기 구성 속에, 미가 다루어지고 있기는 하다. 그런 프로그램 중에 하나가 〈한나 몬타나 Hannah Montana〉(Disney, 2006~2011)이다. 이 TV 프로그램의 전제는 평범한 소녀인 마일리 스튜어트Miley Steward가 실은 유명 가수인 한나 몬타나라는 것이다. 이 프로그램은 친절하고 평범한 소녀이자 록스타의 이중생활을 그리고 있다. 물론 평범한 소녀로 남고 싶은 그녀의 바람 때문에, 그녀의 비밀을 아는 사람은 아주 극소수이다. 하지만 다이앤 카버 세케레스Diane Caver Sekeres는 〈한나 몬타나〉라는 TV 프로그램과 책의 중심에는 정체성 문제가 자리 잡고 있다고 주장한다. 자신에게 진실한 것, 자신이 누구인지에 대해 정직할 것, 거짓된 이미지보다는 우정을 소중히 여기는 것들이 모두 반복해서 다루어지는 주제이다.[61] 이런 주제들은 어린 소녀용으로 제작된 프로그램 주제로는 긍정적이다. 하지만 소녀들의 발달 단계에 맞는 특별한 프로그램을 개발해야 한다는 생각 자체가 삭스와 같은 남녀 분리 교육 옹호자의 주장과 일맥상통한다. 가장 선의로 만든 프로그램에도 종종 결함이 숨어 있다.

예를 들어, 세케레스는 〈한나 몬타나〉 안에 존재하는 역설을 지적한다. 그 이야기가 암시하는 바는 성공하기 위해서 거짓된 삶을 살 필요가 있다는 것이다.[62] 그러나 동시에, 마일리(즉, 한나)에 대해서 칭찬할 만한 점은 양가적인 가치 체계의 세계에서 성장하며 어린 소녀가 느끼는 상충된 감정을 보여준다는 점이다. 한편으로 그녀는 '평범한' 소녀가 되고 싶어 하지만, 다른 한편으로는 외모를 중시하는 세상에 내던져진다. 그러므로 그녀는 이 둘 사이를 헤쳐 나가야 한다.

그래서 한나 몬타나는 소녀들에게 좋은 영향을 미친다. 그녀에게 갈채를 보내고 이야기를 계속하자. 설마 〈한나 몬타나〉의 이야기는 이것으로 끝인가? 그렇지 않다. 소녀를 겨냥한, 무엇보다 선한 의도로 제작된 대중문화 상품의 경우 종종 그러하듯이, 그런 상품들은 종종 좋은 영향을 훼손시키는 예상치 못한 후폭풍을 가져온다. 마일리 사이러스Miley Cyrus의 명성은 그녀의 소녀다운 착한 행동에 근거하고 있었다. 따라서 그녀가 등을 다 드러낸 모습으로 2008년 ≪배니티 페어 Vanity Fair≫ 표지 모델이 되었을 때 그녀의 사진을 본 사람들은 대다수가 충격을 받았다. 많은 팬들과 부모들은 그녀가 이런 포즈로 사진을 찍은 것에 격노했다. 그러나 저메인 그리어Germaine Greer는 사이러스의 행동이, 어떤 의미에서는 오늘날 우리가 문화에서 기대하는 것을 그대로 보여준다고 주장한다.

우리가 어린 여자아이들에게 남들을 조정하고 섹스를 이용하라고 가르친다. 아주 어릴 때부터 우리 사회에서 소녀는 추파 던지는 법을 배운다. 소녀들은 흔히 작은 창녀처럼 번쩍이는 핑크색 옷을 입고, 짧은 스커트를 입고, 거기에 어울리는 속옷을 입고, 아기 인형 잠옷을 입고, 긴 머리를 얼굴 위로 늘어트린다. … 사이러스는 완전히 벌거벗은 가슴 위로 새틴 천을 움켜쥐고, 어깨너머로 카메라를 응시하면서 이것이 전혀 잘못이 아니라고 생각했다. 소녀들은 의식을 갖게 되는 순간부터 세상을 이런 식으로 비스듬히 보도록 배운다.[63]

역설적으로 바로 이렇게 사회는 어린 시절부터 소녀가 성적 분위기를 풍기도록 요구한다. 하지만 공적인 공간(≪배니티 페어≫에서처럼)에서 볼 때 사람들은 충격을 받는다.

그러나 대부분의 사람들은 ≪배니티 페어≫ 사진이 2013년 10월 25일 비디오 음악상Video Music Awards(VMAs)에서의 마일리 사이러스 공연에 비하면 아무것도 아니라는 데 동의할 것이다. 이 시상식에서 사이러스는 거의 벗은 상태로 「우리는 멈출 수 없다We Can't Stop」라는 노래를 시작했다. 곧이어 그녀는 살색의 비키니만 남기고 옷을 벗고서 로빈 시크Robin Thicke와 함께 「흐릿해진 선Blurred Lines」을 불렀다. 그 공연 내내 사이러스는 손 모양 응원도구를 소품으로 사용하면서 아주 야한 춤을 추었다. 그러나 관객들에게[관객 중 많은 사람들이 그녀의 10대 팬이었을 것이고 그들은 PG(전체 관람가이지만, 보호자의 시청 지도, 동반 및 주의가 필요한 등급 _옮긴이)등급의 그녀의 배역과 함께 성장해 왔다]. 가장 충격적이었던 것은 그녀가 로빈 시크 주변을 빙빙 돌 때였다. 이 공연 후 얼마 후에 그녀의 히트 싱글 곡 「레킹 볼Wrecking Ball」이 나왔다. 이 비디오에서 사이러스는 새하얀 면 비키니 속옷을 입었지만 노래 도중 잠시 가운데가 트인, 반쯤 비치는 하얀색 탱크톱을 입고 철거 현장에서 전혀 성적이지 않은 소품들을 남근의 상징으로 바꾸면서 도발적으로 뒹굴었다. 하지만 그 비디오가 큰 주목을 받은 것은 그녀가 대부분 시간 동안 누드로 다리를 쩍 벌리고 노래 제목대로 철거용 철구Wrecking Ball를 탄다는 사실이었다. 이런 기묘한 것이 아마도 (효과적인) 홍보 전략일 수도 있겠지만, 또한 그런 공연은 포스트페미니즘이 어떤 식으로 대중문화에 나타나는지 보여주는 극단적인 예라고 할 수 있을 것이다. 사이러스는 여성 유명인사(예를 들어, 브리트니 스피어스Britney Spears와 패리스 힐튼Paris Hilton) 중 한 명일 뿐이다.(64) 이런 주목받는 인물들은 소녀들이 성별 역할에 저항하기보다는 그에 적합한 역할을 해야 소위 남녀평등을 더 공고하게 할 수 있다는 메시지를 보낸다. 이런 식으로 해서 결국 이들이 한 일은 끊임없이 소녀들이 접하게 되는 문화적 '행동'을 훈련시키는 데 기여한 것이다. 대중적인 이목을 끈 이런 행위들은 소녀들은 실제 투표에서 한 표를 던지는 것보다는 유혹하는 곁눈질을 보낼 때 더 많은 것을 얻을 수 있음을 암시한다.

내가 자라면 공주나 엄마가 될 수 있다: 장난감을 통한 사회화

다양한 여성 아이돌들이 여자아이들의 빈약한 롤 모델이 되었지만, 플라스틱 소녀 인형 역시 더 어린 여자아이들에게 문제가 있는 기준을 갖게 하는 데 일조했다고 할 수 있을 것이다. 바비Barbie, 브랏츠Bratz, 그리고 여러 다른 소녀 인형이 어떻게 상투적인 성 관념을 지속시키고 서구 미적 기준을 강화시키며[65] 소녀들에게 슈퍼 섹시한 지나치게 소녀적인 문화를 주입하는지에[66] 대해서는 이미 많은 글들이 있다. 그러나 모든 장난감(혹은 인형조차도)이 미모나 성적 매력 가꾸기만 부추기는 것은 아니다. 사실, 시장에 새로 나온 인형은 완전히 다른 방식으로 여성의 몸에 초점을 두고 있다. 요새 미국에 도입된 인형으로 모유수유 인형(원래는 프랑스에서 베베 글로통Bebe Gloton이란 이름으로 팔렸다)이 있다. 그리고 예상대로 이 인형에 대한 논쟁이 뒤따랐다. 모유수유 인형은 아주 특별한 인형이다. 이 인형은 작은 '엄마'의 가슴을 빤다. 이 인형에게 모유수유를 하는 소녀는 젖꼭지 대신 데이지 꽃이 달린 톱을 입는다. 이 인형은 긍정적 반응과 동시에 부정적 반응을 불러일으켰다. 이 인형을 옹호하는 사람들은 긍정적인 메시지 때문에 이 인형을 받아들여야 한다고 주장한다.[67] 대개 '모유가 최고다'라는 모유수유 원칙을 홍보하는 사람들이 그런 주장을 한다. 많은 사람들이 모유수유의 장점에 대해서 동의하고 이를 장려하는 문화 상품을 지지하겠지만(더 넓게는 모유수유에 대한 금기를 줄일 수도 있겠지만), 이런 목적을 달성하기 위해서 왜 인형이 필요한지 의문을 제기할 수 있을 것이다. 오히려 여자아이들이 모유수유가 사회적으로 인정받는(심지어 바람직한) 행동임을 배운다는 점에서 이상적이라고 주장할 수도 있을 것이다. 이에 더해, 어머니들이 아이들에게 모유수유하는 모습을 보임으로써 쉽게 모유수유의 모델이 될 수도 있을 것이다. 더욱이 어린 나이의 아이들에게 가슴이 단지 성적인 쾌락만을 위한 건 아니라는 것을 보여주는 점은 긍정적이라고 할 수 있을 것이다. 그러나 이런 점을 모두 인정한다고 해도 여전히 이런 의문이 생긴다. 여성의 가슴에서 성적인 의미를 없애기 위한 이런 캠페인에 왜 여자아이를 이용해야만 하는가?[68] 이런 기획의 부정적인 결과도 있다. 사실은 자신이 아기인 소녀에게 모유수유 인형을 주면 엄마가 되는 것, 나아가 모유수유 하는 엄마가 되는 것만이 인생의 유일한 선택이라고 소녀가 믿게 될 것이다. 매니 알바레즈Manny Alvarez 박사는 폭스 뉴스 인터넷판의 건강면 편집장인데, 모유수유 인형이 어린 소녀에게 모성 충동을 촉진할 것이라고 말한다. 또한 그는 "임신을 하려면 성숙과 이해가 수반되어야만 한다. 모유수유 인형은 7학년이나 8학년에나 할 성교육을 1학년 때 도입하는 것과 같다".[69]

모유수유 인형은 아직 장난감 상자에서 주류 상품이라고 할 수는 없다. 하지만 분명히 주류를 이루는 다른 '인형들'도 있다. 모유수유 인형이 모성을 촉진해 가정 중심을 권장하는 반면, 다른 인형들은 결혼의 축복으로 끝나는 '그후 내내 행복하게 살았다는 신화'를 통해서 가정 중심성을 권장한다. 물론 우리는 여자아이들과 초등학생 저학년들 사이에 열광적인 인기를 끌고 있는, 비교적 새로 출시된 공주 인형을 말하는 것이다. 소녀들은 종종 공주로 불리고, 공주인 척하고, 공주 이야기를 읽고, 공주 프로그램을 시청하고, 공주 인형을 가지고 논다. 오렌스타인은 공주가 넘쳐나는 현황을 심층 분석한다. 그녀에 따르면, 공주인 척하는 것이 소녀들의 자존감을 높여준다는 연구는 없지만 "소녀들이 주류 미디어를 많이 소비하면 할수록 예뻐지고 섹시한 것을 더욱더 중시한다는 증거는 무수히 많다"고 한다.[70] 디즈니사가 공주들(말하자면 세트로 사야 하는 인형)에 대해 이렇게 몰두하게 된 역사는 흥미롭다. 이상한 일이지만 전 나이키 임원인 앤디 무니Andy Mooney가 "(비유하자면) 백마를 타고 디즈니의 고투하고 있는 상품 부서를 구하기 위해서 디즈니사로 달려간" 2000년 이후 이 공주 인형 세트가 나왔다.[71] 무니는 예전 식으로 공주 인형을 낱개로 파는 것이 아니라 세트로 판매하는 도박을 했다.

> 디즈니사에서는 영화와 관계없는 별도의 인물을 만들어 판매한 적이 없었다. 로이 디즈니Roy Disney 같은 옛날 사람들은 서로 다른 이야기에 등장하는 인형들을 한꺼번에 파는 것은 이단이라고 생각했다. 그래서 오늘날 디즈니의 아가씨들은 세트로 나오지만 서로 눈을 맞추지 않는다.[72]

그래서 공주를 가지고 노는 것이 직접적으로 유해한 것은 아니지만, 공주 마니아는 잘못된 방향으로 나아가고 있는 것처럼 보인다. 소녀들에게 미가 하나의 요소이며 가장 중요한 것은 아니라고 가르치지 않는 게 아니라, 근본적으로 미를 지나치게 중시한다. 더 중요한 사실은 앞에서 논의했듯이, 디즈니사에서 좀 더 적극적인 공주를 만들려고 노력을 기울임에도 아직도 이야기 구성은 대개 구조되기를 기다리는 여성, 완벽한 짝을 갈구하는 여성, 혹은 친구와 가족을 떠나 왕자와 함께 석양 속으로 말을 타고 가는 여성을 묘사한다. 이런 공주들은 거의 주체성이 없고 예쁘기만 하기 때문에 그들의 이야기는 사랑받다가 이성애적 로맨스와 행복으로 끝난다. 물론 이런 이야기들은 할리우드 영화가 되기 전에도 수없이 반복되었다. 그리고 디즈니 이야기 중 몇 개가 어떻게 시작되었는지 (가능한 한 많이) 알아내기 위해 머나먼 과거로 되돌아가는 일은 해볼 만한 일이다.

동화의 어두운 면: 도덕적 교훈에서 성별 교육까지

동화의 정의는 어린이를 위한 가상의 이야기로, 종종 마술적이고 믿을 수 없는 상황을 다룬다. 동화에도 도덕이 포함되어 있고 동화의 원래 목적은 늘(부분적으로는) 문화적 교육이었다. 세대마다 끊임없이 개작되고 재포장되는 이런 동화들은 역사뿐 아니라 그것을 다시 활용하려는 현대에 대해서도 많은 것을 드러내준다. 앞에서 논의했듯이, 수많은 공주 주제의 동화는 현대 관객을 위해 개작되었고, 이렇게 독특하게 개작된 이야기에서 파생된 상품의 판매 효과가 원래의 놀이용 가운, 유리 구두, 보석 왕관, 마법 지팡이 시장보다 훨씬 더 크다. 그러나 놀랍게도 공주가 등장하지 않는 동화들조차 성별 차이에 대한 문화적 관점을 드러낼 수 있다. 예를 들어 『빨간 모자의 시련과 고난*The Trials and Tribulations of Little Red Riding Hood*』에서 잭 자입스Jack Zipes는 동화가 원래 '여성과 성'73)에 대한 남성의 환상과 관계가 있음을 부각한다. 좀 더 구체적으로 말하자면, 그는 페로와 그림 형제가 '여성의 사회 진입에 대한' 구전 민담(『빨간 모자*Little Red Riding Hood*』의 경우)을 어떻게 **여성에게 성폭력의 책임을 지우는** 강간 이야기'74)로 바꾸었는지 보여준다. 따라서 『빨간 모자』 같은 초기 동화들은 어린 소녀들의 성을 감시하는 작용을 한다. 그래서 신데렐라만큼 중요한 아이콘은 아니지만(어린 소녀들이 유리 구두를 신고 호박 모양의 마차를 몰고 가는 정도로 빨간 망토를 걸치고 늑대와 놀이를 할 것 같지는 않다), 이 동화는 현대 관객을 위해 계속 개작되고 있으며 분석해 볼 만하다. 그것은 〈걸음마를 뗀 아기와 보석 왕관〉 같은 TV 쇼나 마일리 사이러스(혹은 그녀의 선배들)의 기행에 관한 미디어 논쟁에서 나타나는 소녀의 성에 대한 혼재된 메시지가 **소녀의 행동을 교정하기 위해 쓰여진 교훈적인 민담과 동화책까지 거슬러 올라간다는 것을 보여준다.**

젊은 여성의 성을 감시하는 이런 모티프(이것이 여성의 안전을 **옹호하지 않는** 것은 아니다)는 『빨간 모자』, 나아가 초기 버전인 『할머니 이야기*The Story of Grandmother*』까지 거슬러 올라갈 수 있다. 이야기의 시작은 현대판과 같다. 그러나 소녀가 오두막에 도착했을 때 독자는 소녀와 늑대 사이에 다음과 같은 대화를 접하게 된다.

"얘야, 옷을 벗고 내 옆에 누우렴." 늑대인간이 말했다.

"제 앞치마는 어디에 둘까요?"

"그건 난로에 집어 던져버려. 앞치마는 이제 필요 없어." 그리고 그 여자아이가 다른 옷, 즉 속옷, 드레스, 페티코트, 긴 스타킹을 어디에 둘지 물을 때마다 늑대인간은 이렇게 대답했다.

"그건 난로에 집어 던져버려. 그 옷들은 이제 필요 없어."[75]

그다음 21세기 독자에게 낯익은 부분이 나온다. 어린 소녀는 할머니가 사람과 다르다는 것을 눈치 챈다("너무 털이 많으세요!", "어쩜 손톱이 그렇게 크세요!" 등등의 대사를 통해 알 수 있다). 그러나 마침내 늑대가 소녀를 잡아먹으려는 시점에 이르렀을 때 현대판 이야기와는 달리 그녀는 '갈' 필요가 있다(자신이 바깥에 있는 화장실에 갈 필요가 있다)고 늑대에게 말해 스스로를 구한다. 늑대는 마지못해 '가라고' 허락하고 그 소녀는 제 힘으로 도망친다.

페로는 이 이야기를 몇 군데 바꿔서 기독교인 독자가 읽기 적합한 것으로 만든다. 가장 분명한 변화는 "그녀가 빨간 모자, 어깨까지 덮이는 모자를 쓰고 죄로 물든 부르주아 소녀가 되는 것이다. 빨간색은 … 악마와 이단을 생각나게 하기 때문이다".[76] 페로가 변화시킨 여러 가지 중 가장 중요한 변화는 앞의 이야기와는 달리 빨간 모자가 도망치지 않고 오히려 잡아먹히거나 아마도 강간을 당하는 것이다.[77] 그림Grimm 형제는 좀 더 소녀에게 자비로운 이야기로 만들어 (남성) 나무꾼이 할머니와 빨간 모자를 구하게 한다.

이 세 가지 버전의 공통점은 성(직접적 혹은 비유적으로)을 다룬다는 점이다. '할머니 이야기'에서는 소녀 스스로가 도망쳐서 강간을 당하지 않고, 페로의 이야기에서는 그녀가 구조되지 않는데, 이 두 이야기의 교훈은 소녀들이 모르는 남자(늑대)에게 말을 걸어서는 안 된다는 것이다. 그림 형제가 쓴 버전에서는, 자입스Zipes가 말하듯이, '강한 남성만이 소녀 자신의 욕정으로부터 소녀를 구할 수 있다'는 의미가 함축되어 있다.[78] 그러나 남자들은 '원래 유혹을 이기지 못한다'79)라는 사실을 고려한다면, 이 세 가지 이야기는 모두 어린 소녀들에게 낯선 사람, 특히 남자에게 말을 걸지 말라는 경고의 이야기이다.

이 이야기의 현대판 개작에는 성적 모티프가 지배적이다. 캐서린 하드윅Catherine Hardwicke의 2011년 영화 〈레드 라이딩 후드Red Riding Hood〉는 보름달이 뜰 때 동네 사람들을 잡아먹는 늑대를 없애려고 애쓰는 마을에 관한 이야기이다.80) 이 이야기에는 불운한 두 연인, 발레리(어맨다 사이프리드Amanda Seyfried)와 피터(실로 페르난데즈Shiloh Fernandez)가 나온다. 발레리의 부모인 세제르(빌리 버크Billy Burke)와 수제트(버지니아 매드슨Virginia Madsen)는 부유한 대장장이인 아드리안(마이클 생크스Michael Shanks)과 공모해서 발레리를 맥스의 아들인 헨리(맥스 아이언스Max Irons)와 정략결혼을 시키려고 한다. 그러던 중 아드리안과 발레리의 여동생인 루시(알렉산드리아 마요Alexandria Maillot)가 늑대에게 살해된다. 관객은 곧 아드리안과 수제트의 불륜으로 루시가 태어났고 이 사실 때문에 살인이 시작되었음을 알게 된다(아내의 외도에 격노한 세자르가 바로 늑대이고 분노에 찬 그의 질투심이 유혈 사태를 가져온 것이다). 『빨간 모자』의 예전 버전과 마찬가지로 이 개작에서도 성적으로 문란한 사람들을 처벌하기 위해 폭력이 사용된다. 특히 수제트는 외도 때문에 처벌을 받는다. 결국 그녀는 딸과 전 애인을 모두 잃게 된다.81)

어린 소녀들이 자신의 성 때문에 비난을 받아야만 한다는 생각은 수 세기에 걸쳐서 문화적 텍스트에 존재했다(예를 들어, 블라디미르 나보코프Vladimir Nabokov의 『롤리타Lolita』). 그러나 이 텍스트들(『빨간 모자』의 다양한 버전의 경우처럼)이 특히 소녀들, 너무 어려서 성이 무엇인지 제대로 알지 못하는 소녀들을 겨냥한 사실은 당혹스럽다. 여성의 성에 대한 감시라는 주제는 다음 단계의 여성을 겨냥한 텍스트에 더 명백하게 나타난다. 예를 들어 2장에서 논의되겠지만, 21세기에 가장 인기 있는 10대 소녀를 대상으로 한 청소년 시리즈 중에 두 가지, 스테퍼니 메이어의 『트와일라잇 사가』와 수전 콜린스Suzanne Collins의 『헝거 게임』 3부작에서 소녀들은 성적으로 매력적이어야 하지만 동시에 성적으로 적극적이어서는 안 된다는 메시지가 나타난다.

문화적 순간을 탐구하기: 9·11 이후 분위기가 소녀들에게 미친 영향

현 상황이 소녀들에게 최악의 상황이라고 보기 쉽지만, 실은 지난 세기에도 여성의 형성에 나쁜 영향을 미치는 순간들은 계속 있었다. 사실, 각 시대마다 시대의 흐름이 아동 발달에 영향을 미친다(특히 보수적인 의제들의 영향을 심하게 받는 시대가 더 그러하다). 오늘날 아이들이 전 시대에 비해서 엄청난 양의 이미지에 노출되어 있기는 하지만, 유사 프로파간다 뒤에 숨어 있는 동기와 영향은 새로울 게 없다. 중요한 점은 왜 최근 들어 사회가 전통주의, 가정 중심성, 슈퍼 여성성으로 회귀하게 되었는지 물어야 한다. 많은 학자들이 21세기에 가장 중요한 역사적 순간인 9·11이 전환점일 것이라고 지적하는데, 놀랍지 않다. 『테러 드림: 9·11 후 미국의 공포와 환상*The Terror Dream: Fear and Fantasy in Post-9/11 America*』에서 팔루디는 9·11 이후 미국의 취약성의 한 원인으로 페미니즘이 어떻게 공격을 받았는지 설득력 있게 보여준다.[82] 그녀는 분명하게 9·11이 새롭게 시작된 반페미니스트적 반격의 원인이 아니며, 이미 표면 아래서 들끓고 있던 문화적 갈등이 9·11로 인해 드러났다는 것을 명확하게 보여주고 있다. 팔루디는 테러리스트 공격에 대해 일련의 이상 반응들이 나타나는 것을 기록하고 있다. '유능한 여성 비하, 남성적인 남성 칭송, 가정성에 대한 높아진 요구, 무력한 소녀 탐색과 성애화' 그리고 그녀는 이런 것들이 '우리 모두 깊이 연루되어 있는 국가적 환상'[83]을 드러낸다고 주장한다. 9·11 이후 팔루디 자신에게 기자들의 전화가 쇄도했고, 기자들은 '9·11이 어떻게 페미니즘을 지도 밖으로 내몰았는지' 혹은 페미니즘의 '조종'[84]을 울렸는지에 대해 그녀의 의견을 물었다. 기자들은 9·11 후에 소위 '남성적인 남성의 귀환'과 여성이 '더 여성적으로'(그러므로 그들의 의견으로는 덜 페미니스트적으로)85) 되는 경향에 대해 그녀의 의견을 물었다. 9·11 공격 이후 페미니즘의 죽음을 예측하는 신문 기사에는 이상하게 축제적인 분위기가 스며 있다. 예를 들어, '남성 만세'라는 제목의 기사에서 모나 샤렌Mona Charen은 다음과 같이 썼다. "'새로운 위험의 분위기, 사악한 사람들로부터 공격을 받을 위험'으로 인해서 그렇게 오랫동안 견디어온 남성을 공격하는 선동이 잠잠해질 것이다".86) 앤 콜터Ann Coulter는 수전 손택Susan Sontag과 같은 특정한 페미니스트를 공격하며 "우리가 보고 싶어 하는 여성 … 부르카를 쓴 여성" 같은 기사에서 그들에게 계속 압박을 가하고 여성운동에 대한 적개심을 노골적으로 드러냈다.87)

그리고 9·11이 일어나고 몇 주에서 몇 달 후 이런 문화 변화를 감지한 것은 자신을 페미니스트로 자처하는 사람들만은 아니다. 팔루디는 "월드 트레이드 센터가 성경에 나오는 것 같은 두 줄의 연기 사이로 사라진 직후에, TV와 신문에서 전국에 걸쳐 또 하나 사라진 것이 있었다. 여성들이 사라지기 시작했다"라고 했다.88) 예를 들어, ≪뉴욕타임스New York Times≫의 경우 여성 필자 비율이 22%에서 9%로 떨어졌다.89) 페미니스트 백악관 프로젝트The Feminist White House Project에서는 이 기간에 일요일 뉴스 토크쇼에 등장하는 여성이 급감해서 거의 40% 감소했다고 밝혔다.90) 미디어에 나온다고 해도, 과거처럼 강한 여성들은 거의 등장하지 않았다. 당대의 미디어에 적합한 여성들, 취약하고 (남성의) 보호를 필요로 하는 여성들만이 크게 주목받았다. 9·11 미망인들이 이런 이야기에 아주 잘 들어맞았고 그래서 미디어 박람회에 초청되었다. 팔루디에 따르면, 이런 여성들이 바람직한 이유는 "이들이 (월드 트레이드 센터) 84층에서 상품을 팔 만큼 야심만만한 직업인이 아니기 때문이었다. 이런 여성들은 그날 가정을 돌보며 집에 있었고, 그래서 모든 미국인이 이상적으로 여기는 주부의 모습을 보여주었다".91) 이 시기 동안 인기가 상승한 또 한 인물은 퍼스트레이디 로라 부시Laura Bush인데, 그녀는 이런 새로운 시대의 가치를 집약한 인물처럼 보였다. 카티 마턴Kati Marton이 ≪뉴스위크≫에서 말했듯이,

"오래전, 남편이 술을 끊도록 돕고 가정적인 사람이 되도록 한 여성이 미국인들에게 삶에서 중요한, '정상'적인 것들을 일깨우는 데 꼭 필요"했다.[92] 이처럼, 9·11 후에도 여성들은 미국 역사상 가장 비극적인 순간에 어떻게 반응해야만 하는지에 대해 지시받고 있었다.[93]

역사적 메아리가 울리는 방에 들어가기:
현재 순간은 어떻게 과거의 순간을 반영하는가

9·11 이후에 벌어진 미묘한 현상 중 하나는 미국 사회에서 아이들이 집중적인 관심 대상이 된 점이다. 적어도 미디어의 집중적 조명을 받은 프로그램을 살펴보면 미국의 미래인 아이들을 보호하는 것이 국가적인 욕망이 되었다. 그 시기는 '순수로의 회귀'와 가족 가치로의 회귀를 강력하게 권장하는 시기였다. 그래서 이 장에서 논의된 미디어 전략이나 판매 전략 대다수가 9·11 직후에 일어난 여러 가지 측면을 고려하면 전혀 놀랍지 않다. 예를 들어, 이전에 언급된 바 있는 디즈니 공주 인형을 생각해 보자. 오렌스타인이 말하듯이, 이런 소비자 금광이 9·11테러 직후 급속하게 성장했다. 이것이 뜻하는 바는 순진한 어린이, 특히 순진한 여자아이들이 '소비자로서뿐만 아니라 영혼의 구원'을 위해서도 필요했다는 뜻이다.[94] 그런 마케팅 전략의 흐름이 특정 시대의 문화적 분위기나 정부의 의제들과 맥을 같이 한다는 것은 특별히 드문 일도 아니다. 예를 들어, 종종 조지 W. 부시George W. Bush('남자다운 남자', '카우보이')와 비슷하다고 하는 시어도어 루스벨트Theodore Roosevelt 대통령은 한 세기 전인 20세기 초에 자신의 사회적·정치적 의제에 도움이 되는 다양한 장난감 판매에 직접 영향을 미쳤다. 백인 여성 사이에 출산율이 떨어지는 것에 자극을 받아서 루스벨트(우생학 운동의 지지자로서)는 '인종 자살'에 반대하는 캠페인을 벌이기 시작했다.[95] 그는 여자들이 어머니 되기를 두려워해 온 나라가

흔들리고 망하기 직전이라고[96] 믿었다. 루즈벨트가 통치하는 동안 미국에서는 이런 근거 없는 '어머니 되기'에 대한 두려움과 가족 가치에 미치는 해악에 맞서기 위해서 아기 인형이라는 전혀 생각지도 못한 협력자가 필요했다. 오렌스타인은 "아기 인형이 백인 소녀의 사라져가는 모성 본능을 부활시키는 한 방법이자, 백인 소녀들에게 임신을 할 애국심을 일깨우는 한 방법으로 간주되었다"고 한다. 그리고 곧 이어서 바로 이 어린 숙녀들에게 장난감 빗자루, 쓰레받기, 난로로 살림을 가르쳤다.[97] 모성이 본성이라는 것을 지지하기 위해서 이런 식의 장난감을 사용하는 것은 '물론' 앞에서 언급되었듯이 한 번만 일어나고 마는 사건이 아니다. 21세기 들어 모유수유 인형의 출시는 어린 소녀들에게 어머니가 되고자 하는 욕망뿐 아니라, 자식을 돌보는 가장 자연스러운 최상의 방법을 선택하는 어머니가 되어야 한다는 주장을 한다. 이런 인형이 (공화당 티파티처럼) 아주 보수적인 시기에 처음 나온 것은 전혀 놀랄 일이 아니다.

때때로 정치가 어린이의 사회화에 영향을 미치지만, 경제적인 환경 역시 큰 역할을 한다. 21세기 초반은 전 지구적으로 혼란과 전쟁에 더해 경제 불황에 시달리는 시기였고, 그런 경제 불황이 미국 젊은이의 성별 발달에 부적절한 영향을 미쳤다. 앞에 언급한 공주 열풍을 다시 논하자면, 21세기가 동화 이야기에 의해 지배되어왔다는 것은 부인할 수 없는 사실이다. 전통적인 동화, 영화, 상품들이 직접 어린이들에게 판매되었지만, 이런 경향은 젊은 성인 여성을 겨냥한 데이트 리얼리티 쇼에서 분명하게 드러난다. 동화 모티프의 일부(낭만적 사랑, 남성 우월주의 등등)가 대규모로 대중문화에 스며들었는데, 여성의 취약성을 다룬 이야기에는 모든 전래 동화에 나오는 구성 요소들이 포함되어 있다. 여자아이와 젊은 여성 모두에게 의지가 강하고 독립심을 지니면 위험하다고 경고하는 도덕적인 이야기가 반복해서 서술된다. 고난에 빠진 아가씨와 그를 구해주는 영웅적인 남자 주인공이 등장하는데, 이런 이야기들은 전통적인 성적 기준을 부활시키고 강화했다. 이런 이야기들은 당대의 문화를 반영하는 한편, 많은 사람들이 재정적으로 어려움을 겪고 실업률이 지속적으로 10% 언저리에 머물러 있는 현실에서도 어마어마한 성채를 배경으로 풍족한 환경에서 끝없이 번영을 구가하는 이야기에 초점을 맞춤으로써 일종의 도피처를 제공했다. 테러 공격 이후, 재정적으로 불안한 시대에 이런 것들이 다시 인기를 얻은 것은 여러 가지 면에서 '원래 동화가 온갖 경제적·사회적 격동에 직면한 중세 문화에서 생겨났다'는 사실을 상기시킨다.[98] 그래서 9·11 이후 문화적 흐름을 바꾸려는 희망에서 나타난 이런 식의 어린이 사회화 방식이 특별한 것은 아니다. 사실 거대한 역사적 시각에서 볼 때 이런 흐름이 실제로 얼마나 반복되고 순환하는지를 보여준다.

소녀에서 빠져나와 20대로 들어서다:
다음 단계의 미디어 사회화로 나아감

어린 소녀들이 '소녀 문화'를 주입받았을 때 얻는 복잡한 메시지든, 과거 수십 년 전의 잔재지만 재활용되는 메시지이든, 당대의 문화적 감정에 의해서 형성된 새로운 메시지든 간에 이런 메시지들을 상쇄하는 것은 아주 중요하다. 이런 문화적 감수성의 형성기가 다음 단계의 미디어 사회화의 출발점이 되기 때문이다. 사회화의 첫 번째 단계인 소녀 시절에 접하게 되는 미디어의 서술은 다음 단계에서 미디어가 더 성숙해진 소녀를 사회화하려 할 때 강력한 영향을 미친다. 다음 단계, 즉 10대에 대해서는 다음 장에서 논하겠다.

제 2 장

행간 읽기*
청소년기 여학생이 청소년 문학을 통해 배우는 것들

2014년 9월 20일, 새로 선출된 유엔 여성 친선대사인 에마 왓슨Emma Watson은 유엔 본부에서 '그녀를위한그HeForShe' 캠페인을 시작하기 위해 연설을 했다. 이 캠페인은 불평등에 맞서 싸우는 전 세계 여성을 위해 그들의 동맹자로서 10억 명의 남성들을 모으려는 프로젝트이다. 왓슨은 J. K. 롤링J. K. Rowling의 『해리 포터』 시리즈에 나오는 헤르미온느 그레인저Hermione Granger 역할로 유명한 여배우로, 이 연설에서 페미니즘을 반反남성 운동으로 짜 맞추는 방식에 반대하면서 성 평등을 저해하는 '우리 대 그들'식의 사고방식을 버리도록 남녀 모든 청중들에게 촉구했다. 그녀의 연설 동영상은 바이러스처럼 퍼져나갔다. ≪배니티 페어≫의 기자인 조애나 로빈슨Joanna Robinson은 그 연설이 '획기적 전환점'이라고 했고 '보편적으로 사랑받는 여주인공'으로서의 왓슨의 역할이 '밀레니엄 세대 남녀가 자동적으로 함께 하도록' '그들의 역할이 좋은 것과 융합된' 드문 경우가 되었다고 했다.[1] 그러나 그 연설 후 다른 비평가들은 왓슨이 페미니즘의 새로운 얼굴이라는 생각에 반대했다.[2] 많은 사람이 지적했듯이 왓슨은 이성애자인 백인 여성에 지나지 않고 그 캠페인도 또 하나의 클릭티비즘clicktivism에 지나지 않아 거의 변화를 가져올 수 없다고 결론을 내렸다. ≪허핑턴 포스트*The Huffington Post*≫의 기사에서 네하 찬드라흐트Neha Chandrachud는 다음과 같이 썼다.

> 자유주의적 백인 페미니즘은 페미니즘이 잠시라도 좀 더 구미에 맞고, 대중에게 좀 더 쉽게 팔리는 이런 상징적인 순간에 집착하는 경향이 있다. 우리는 #그녀를 위한그 캠페인의 장기적인 효과에 지쳐버릴 것이다. 해시 태그로 대화에 참여하자! 공허한 약속과 트윗으로 세계적인 여성혐오를 끝내라.[3]

왓슨의 캠페인이 시작된 후 약 35만 명의 남성들이 그러한 약속을 한 반면,[4] 비평가들은 페미니즘이 어떻게 남성의 삶을 향상시키고 '남성성의 유해한 개념들'을 다루는 데 도움이 되는지에 대한 이유를 덧붙여서 왓슨이 사람들을 끌어들인 점을 문제 삼는다.[5] 여성들의 삶은 충분히 개선되지 않았는가? 캠페인의 이름 뒤에 숨겨진 메시지도 여실히 드러났다. "여성은 남성이나 에마 왓슨이나 유엔에 의해서 구조될 필요가 없다. 남성을 억압받는 여성의 구세주로 간주하는 것은 생산적이지도 않고, 페미니스트들이 수십 년 동안 해왔던 일을 평가 절하하는 것이다."[6]

물론 어떤 면에서 이 캠페인의 주역으로서 왓슨이 한 역할은 여성이 결코 곤경에 처한 처녀들이 아니며, 또는 최소한 여성이 더 이상은 우리의 문화적 상품에서 계속 그런 식으로 묘사되지 않는다는 점을 입증한 것이다. 결국 그녀는 페미니스트로서 끝없는 찬사를 받는 인물의 상징이 되었다. 그녀는 "부스스한 머리에, 평범해 보이지만, 매우 지적인 헤르미온느 그레인저 …… 이며, 그토록 고대하던 영웅적인 여성이다".[7] 그녀의 재능, 재치, 그리고 용기는 해리 포터가 결국 어떻게 '살아남은 아이'가 되었는지를 따져보면 높이 인정받을 수 있다.[8] 그러나 다른 면에서는, 왓슨이 페미니즘의 우상으로 설 수 있는지에 대해 논쟁을 벌이는 것은 적절하다. 왜냐하면 그녀의 유산과 너무나도 밀접하게 관련되어 있는 문학 장르에서도 유사한 논쟁이 벌어지고 있기 때문이다.

교활한 페미니스트 의제가 책으로 옮겨가다

청소년young adult: YA 소설의 풍경이 21세기에 계속 변함에 따라 시장은 계속 번성하고 있지만,[9] 이 방면으로 문학이 젠더 형성에 미치는 영향에 대한 관심은 결코 커지지 않았다. 해리 포터 시리즈이지, 헤르미온느 그레인저 시리즈가 아니라는 것은 여전히 중요하고, 21세기에도 롤링은 그녀 앞의 많은 여성 작가들과 마찬가지로 그녀의 여성성을 숨기기 위해서(그래서 그녀의 예상 독자인 소년들에게 호소하기 위해), 이니셜을 쓰기로 결정했다. 청소년 소설의 세계는 예전보다 훨씬 여성 친화적이지만, 당연하게도 모든 사람들이 그 변화에 만족하지는 않는다.

성별에 따라 서로 다른 독서를 해야 한다는 고정관념과 왜곡된 통계에 관한 낡은 신화에 사로잡힌 일부 사람들은 여성들이 이제는 청소년 소설의 장을 '지배'하고 있다는 사실에 개탄한다. 예를 들어 ≪로스앤젤레스 리뷰오브북스 *Los Angeles Review of Books*≫의 세라 메슬레Sarah Mesle가 쓴 "청소년 소설과 남성의 종말", ≪뉴욕타임스≫에 실린 로버트 립시트Robert Lipsyte의 "소년과 독서: 희망은 있는가?"와 같은 놀랄 만한 기사가 있다. 립시트는 그의 기사에서 '소년들의 독서에 대한 혐오감'이 커지고 남성들은 문학 시장에서 '부수적으로 취급되고 있다'[10]고 불평했다. 그는 청소년 소설 저자들이 소녀 독자들의 구미에 맞는 작품을 쓰려 한다고 불평했다. 또한 이러한 여성 취향 도서에 대한 기존의 편견은 더욱 심화되었는데, 그 이유는 "여성 편집자들이 그러한 소설을 사고, 여성 사서들이 도서관에 그러한 책을 구비하고, 여성 교사가 그러한 소설로 학생들을 가르치기 때문이다. 진부한 얘기지만, 10대 소녀들이 소년들에 관한 책을 읽는 동안, 10대 소년들은 여성 인물이 많은 책을 거의 읽지 않는다는 점은 대체적으로 사실이다"[11]라고 한다. 립시트는 출판 산업의 과거를 향수에 젖어 그리워하며, "아동 문학이 언제나 이렇게 과도하게 여성적인 모습을 취한 것은 아니었다"[12]고 말하려는 것이다. 분명 젠더 평등이 진전된 것은 어떤 사람들에게는 삼키기 고통스러운 약과 같을 수 있다.

물론 립시트의 주장은 아주 우스꽝스럽고 여전히 문학 세계가 수없이 많은 점에서 남성에게 유리하게 되어 있다는 점을 무시하는 것이다. 예를 들어, 공립학교 제도에서 가르치는 대다수 책은 남성이 쓴 것이다.[13] 그리고 그의 장광설은 다만 궁극적으로 '자기실현적 예언self-fulfilling prophecy', 즉 소년은 남성 인물에 초점을 맞춘 책만 읽는다는 생각[14]을 제공하는 신화를 부추길 뿐이다. 엘리슨 플러드Alison Flood가 ≪가디언The Guardian≫에서, 10대 소녀들이 소년들에 대한 이야기를 동일시할 수 있는 것에 비해 10대 소년들은 소녀들에 대해 동일시할 수 없다(또는 그러려고 하지 않는다)고 한 피곤하고 진부한 말은, 할리우드가 오랫동안 '영화 서사에서 여성 인물들을 체계적으로 배제'[15]해 온 것에 대한 변명으로 사용해 온 논리적 근거이다.

립시트와 비슷한 주장을 하는 사람들이 청소년 출판 시장 내의 변화를 지적할 때 그것이 완전히 틀린 것은 아니지만, 그 변화의 규모에 대해서는 과장된 미사여구를 사용하고 있다. 가령 ≪애틀랜틱The Atlantic≫은 NPR(National Public Radio 미국 공영 라디오 _옮긴이)이 10대를 위한 최고의 소설을 선정하는 설문 조사에서 여성 작가들이 결선 진출자의 63%를 차지하자 "왜 여성 작가들이 청소년 소설을 지배하는가"라는 제목의 기사를 실었다.[16] 메간 루이트Meghan Lewit는 "NPR의 조사가 독서 대중을 반영하는 것이라면, 남녀 대결이 벌어지는 성인 소설에 비해 청소년 소설의 세계는 상대적으로 조화로운 곳이다"[17]라고 결론짓고, 여성 청소년 소설 작가들은 '문학계의 유리천장'[18]을 강타하지 않았다고 주장했다.

그러나 청소년 문학에서 여성 작가들이 점점 많아지는 이러한 변화를 두고 오가는 말들의 문제는 그것이 충격, 감탄, 당혹감에 근거하고 있다는 점이다.

명단에 나타난 여성 작가들의 숫자가 약간 많다고 해서 사람들이 즉각적으로 '여성이 지배하고 있구나' 하고 생각한다는 것은 흥미롭다. 숫자가 바뀌었다면 우리는 아마도 그 명단이 젠더의 균형에 가깝다고 말했을 것이다. 우리는 어디서나 남성의 지배력을 확인하길 바란다. 그렇지 않은 경우는 흔치 않고, 그렇기 때문에 두드러져 보인다. 그리고 이는 우리가 자각하는 것보다 훨씬 더 많이 우리가 세상을 보는 방식에 영향을 끼친다.[19]

「캣니스의 유산 또는 우리는 왜 남자다움을 '지키기'를 멈추고 소년들에게 여걸을 받아들이도록 가르쳐야 하는가The Legacy of Katniss, or Why Should stop 'Protecting' Manhood and Teach Boys to Embrace the Heroine」의 저자 엘리자베스 베일 Elizabeth Vail은 청소년 소설이 인기를 얻으려면 여성 주인공이 있어야 한다는 최신의 '수사'를 말하는 동료 저널리스트들을 비난했다.[20] 그녀는 이렇게 주장한다. "지난번에 확인했듯이, 지구상 인구의 절반은 여성이다. 따라서 '여성 주인공을 갖는 것'이 수사라면 '인간 주인공을 갖는 것' 또는 '살기 위해 산소를 흡입하고 유기물을 섭취하는 주인공을 갖는 것'도 수사다".[21]

더구나 여성들이 장르를 장악했다고 선언할 때 사용되곤 하는 통계는 다소 오도되기 쉽다. 2000년 이래 수상 경력이 있는 청소년 도서에 대한 연구에 따르면 여성들이 쓴 텍스트가 남성들이 쓴 텍스트보다 약간 더 많다(56% 대 46%, 2%는 남녀 저자들이 공저한 것이다). 그러나 그렇게 칭송받은 책에서조차 주인공의 49%가 남성이었고, 36%만이 여성이었다. 연구자들이 지적한 것처럼 우리가 저작권에 초점을 맞춘다고 하더라도 56%나 '여성이 지배하고 있다'라는 식으로는 말할 수 없을 것이다.[22]

그리고 이런 자료를 보면 청소년 문학에서 남녀가 평등하게 재현된 것처럼 보이지만, 실제로는 청소년 문학을 포괄적으로 제대로 보여주지는 못하고 있다. 청소년 문학을 좀 더 광범위하게 분석해 보면, 약간의 여성 우위female edge 현상은 ─정말 그렇게 불릴 수 있을지라도─ 금방 사라진다. 2014년의 새로운 연

구에서는 아동 도서에서 예상 독자의 연령이 낮아지면 낮아질수록 여성 인물
의 존재도 줄어든다는 것이 밝혀졌다. 12세에서 18세까지를 겨냥한 문학의
65%는 여성이 주인공인데, 9세에서 12세를 겨냥한 텍스트에서는 이런 현상
이 36%로 떨어진다.[23] 아동 문학에 대한 연구는 심지어 더 절망적인 그림을
보여준다. 1990년에서 2000년 사이에 간행된 거의 6000권의 아동 도서에 대
한 연구에 따르면 매년 출간되는 아동 도서 가운데 57%에서 주인공이 남성
이고, 여성 주인공은 단 31%[24]로 나타났다. 젠더 불균형은 심지어 동물 캐릭
터가 나오는 텍스트까지 이어진다. 매년 출간되는 책들에서 남성 동물이 주
연을 맡는 경우가 23%인 것에 비해 그에 대응하는 여성 동물은 단 7.5%에 불
과하다.[25]

　이런 통계와 상관없이 인식은 강력할 수 있다. 그리고 지난 10년 동안 가장
인기 있는 많은 청소년 소설이 여성 주인공들을 특별히 포함하고 있었기 때문
에, 여성들이 문학적인 장면을 지배한다는 생각은 한동안 지속될 것이다. 『헝
거 게임』의 캣니스 에버딘Katniss Everdeen 같은 인물들을 칭찬하는 것은 좋지
만, 그녀가 강인한 여성 인물, 긍정적인 롤 모델 또는 여걸로 받아들여지면서
받은 많은 칭찬은 종종 이 장르에 그런 모범적인 여성 인물들이 한 세기 넘게
존재해 왔다는 사실을 흐리게 한다. 헤르미온느나 캣니스 전에는 루이자 메이
올컷Louisa May Alcott의 『작은 아씨들Little women』(1868), 루시 모드 몽고메리Lucy
Maud Montgomery의 『빨간머리 앤Anne of Green Gables』(1908), 로라 잉걸스 와일더
Laura Ingalls Wilder의 『초원의 집Little House on the Prairie』(1932), 하퍼 리Harper Lee의
『앵무새 죽이기To Kill a Mockingbird』(1960), 매들렌 렝글Madeleine L'Engle의 『시간
의 주름A Wrinkle in Time』(1962), 질파 키틀리 스나이더Zilpha Keatley Snyder의 『체
인질링The Changeling』(1970), 주디 블룸Judy Blume의 『안녕하세요, 하느님? 저 마
거릿이에요Are You There God? It's Me, Margaret』(1970), 프란체스카 리아 블록
Francesca Lia Block의 『윗지 배트Weetzie Bat』(1989), 로리 할스 앤더슨Laurie Halse
Anderson의 『말해봐Speak』(1999), 레인보 로웰Rainbow Rowell의 『팬걸Fangirl』

(2013), 이밖에도 수없이 많은 유명한 여성 인물들이 있다.26)

　그렇다면 왜 강한 젊은 여성이 청소년 소설을 이끌어가는 문학적 유산에 주목하는 것일까? 이것이 단지 10대들을 위한 현실 도피 소설일 뿐이지 않은가? 그리고 단지 특정 연령층 일부만이 이 소설을 읽는다면 그렇게 많은 문화적 영향도 미칠 수 없는 것 아닌가? 그렇지 않다. 청소년 소설이 이 모든 관심을 받고 있는 이유 중에는 그게 단지 어린이와 10대들에게만 읽히고 있는 것이 아니라는 것도 있다. 이런 텍스트를 읽는 성인의 수는 빠르게 늘어나고 있다. 마케팅 조사에 따르면 12세에서 17세까지 연령대를 겨냥한 문학 작품을 사는 사람 중 약 55%가 성인이고, 이들 중 28%가 재미로 읽으려고 책을 산다고 한다.27) 남자 주인공에서 여자 주인공으로의 경미한 변화가 일으킨 공황 상태와 마찬가지로, 점점 더 많은 수의 성인들이 청소년 텍스트를 읽는 것은 비판자들로 하여금 문해력의 죽음에 대한 종말론적 예측을 야기해 왔다. ≪LA타임스Los Angeles Times≫의 수전 카펜터Susan Carpenter는 "청소년 문학을 읽은 유일한 어른들은 이해관계가 달려 있는 사람들, 즉 청소년 독자의 취향을 감시할 필요가 있는 교사나 사서, 혹은 감시하길 원하는 부모들이었지만, 점점 더 이런 숨겨진 의도 없이 청소년 도서를 읽는 어른들이 많아지고 있다"28)고 말한다.

　이것은 분명 나쁜 소식이다. 왜냐하면 2014년에는 다양한 출판물들에서 유치한 읽기 연습을 한다며 성인 독자들을 깎아내리는 기사들을 실었다. 루스 그레이엄Ruth Graham이 ≪슬레이트≫에 쓴 "청소년에 반대하여Against YA"라는 제목의 기사는 "읽고 싶은 것은 무엇이든 읽어라. 하지만 아이들을 위해 쓴 책을 읽을 때는 부끄러워해야 한다"29)는 부제와 함께 나왔다. 한 달 후, ≪배니티 페어≫는 도나 타트Donna Tartt의 퓰리처상 수상작인 소설 『골드핀치The Goldfinch』를 비판한 ≪뉴요커The New Yorker≫의 문학비평가인 제임스 우드James Wood의 논평을 특집으로 삼았다. 이 소설은 테러리스트의 공격에서 살아남는 13세의 소년에게 초점을 맞춘 것인데, 그는 그것을 "우리의 문학이 보이는 소아 취향에 대한 추가 증거: 어른들이 해리 포터를 읽으며 돌아다니는 세계"[30]라고 부르며 신랄하게 비판했다. ≪뉴욕타임스≫,[31] ≪데일리리뷰*The Daily Review*≫,[32] 그리고 ≪뉴욕 리뷰오브북스*The New York Review of Books*≫[33]의 비평가들로부터 '성인의 종말을 비난'하고 청소년 소설의 성인 독자들에게 '성장하라'[34]고 촉구하는 공격이 계속되었다. 물론 이런 비판에 팽팽하게 맞서서 청소년 소설과 성인 소비자들의 청소년 소설에 대한 애정을 옹호하는 비평도 있다.[35] 그러니까 이 이야기의 교훈은 이렇다. 모두가 청소년 문학을 읽고 있거나, 청소년 문학을 읽는 사람들에 대해 말을 하고 있으므로, 이 장르의 영향력은 과소평가 되어서는 안 된다는 것이다.

나아가 이 장르가 예상 독자인 10대 초반의 아동과 10대 소녀들에게 그들의 성격이 형성되는 발달 단계 동안 영향을 미친다는 점도 결코 무시해서는 안 된다. 이 장에서는 최근 청소년 소설에 나타난 몇 가지 멋진 장면에 대해 살펴볼 것이다. 그런 장면들이 젠더와 성에 관련하여 10대 소녀들에게 보내는 메시지들을 비판하기 위해서다. 분석할 거리가 많은 잠재적인 텍스트가 풍부한 청소년 문학 분야로 우리는 가장 가시성이 높은 시리즈물에 주목하기로 했다. 이 시리즈물들은 영화와 텔레비전을 넘어서 인쇄 매체와 시각 매체 모두에서 청중을 확보하고 있다. 청소년 분야의 세 가지 하위 장르-패러노멀 로맨스(Paranormal romance 로맨스의 하위 장르로, 과학적 설명의 범위를 벗어나는 판타지, 공상과학, 공포 등의 장르와 로맨스를 혼합한 것이다 _옮긴이)(〈트와일라잇〉과 〈뱀파이어 다이어리*The Vampire Diaries*〉 시리즈), 디스토피아(〈헝거 게임〉과 〈다이버전트〉 시리즈), 그리고 멜로드라마(〈가십 걸*Gossip Girl*〉, 〈A 리스트*A-list*〉, 그리고 〈클릭 *Clique*〉 시리즈)-에서 인기를 끈 가장 잘 팔리는 블록버스터들을 분석해, 이런 대중적인 문화 상품들을 통해 소녀들이 교육을 받을 때 신체 이미지, 섹스, 그리고 젠더에 대해 받게 되는 모순되는 지침을 강조할 것이다.

책에 의해 형성되는 것: 청소년 문학과 문화의 미적 기준

학자들은 오랫동안 청소년 문학이 그들의 정체성 형성에 중요한 역할을 할 수 있다고 주장해 왔다. 청소년 문학이 10대들이 성인으로의 이행기에 흔히 직면하는 현실적이거나 과장된 갈등을 보여주는 성장 서사를 주로 담고 있는 장르라고 생각하기 때문이다.36) 그러한 텍스트들은 '정체성과 자아 탐구 … 부모와 자식의 분리, 새로운 또래 집단의 형성 등'37) 성장의 복잡성을 보여주려고 한다. 이 발달 단계는 특히 사춘기 소녀들에게 중요하다. 린 미켈 브라운 Lyn Mikel Brown과 캐럴 길리건Carol Gilligan은 이것을 '여성 발달의 기로'라고 부른다. 이 단계는 소녀와 여성이 만나고, 심리적 건강과 문화적 재생이 교차되며, 여성과 남성 모두에게 영향을 주는 여성 심리학의 분수령이기 때문이다.38) 따라서 소녀들이 이 발달 단계에서 받는 메시지들은 사회가 그들에게 기대하는 것에 대한 미묘한 지침을 제공하는 내러티브를 통해서 지속적인 영향을 미칠 수 있다. 1장에서 논했듯이, 소녀들이 일찍이 받아들인 그런 메시지 모음 중 하나는 문화가 요구하는 미적 기준을 중심축으로 한다. 당연하게도 육체 문화와 물질문화에 관한 그러한 메시지들은 여성들이 빠져들어 가는 문고판 책이라는 오락거리를 향한다. 그리고 아마도 청소년 소설 시리즈 중에서 세실리 본 지게사Cecily von Ziegesar의 『가십 걸』보다 이 초점을 더 분명하게 보여주는 것은 없을 것이다.

본 지게사의 첫 번째 소설인 『가십 걸』은 2002년에 발간되자마자 출판 시장에서 두각을 나타냈다. 11편의 소설과 다양한 후속 텍스트들로 구성된 이 인기 소설 시리즈는 나중에 텔레비전 드라마(CW, 2007~2012)로 채택되었다. 2007년 하퍼Harper사의 경영주는 예상 독자 중 4분의 3이 나쁜 소녀의 친구와 적에 관한 글을 원한다고 하며, 본 지게사에게 적극 감사를 표했다.39) 10대들의 〈섹스 앤 더 시티〉로 알려진 〈가십 걸〉은 뉴욕시의 부유한 10대들이 기숙학교에서 흥청망청 술을 마시고 섹스하는 어른스러운 줄거리로 놀라움을 불러일으켰다. 〈가십 걸〉 시리즈가 성공한 후에, 〈A 리스트〉 시리즈가 2003년에 등장해서, 역시 나쁘게 행동하는 베벌리힐스의 상류층 친구들에게 초점을 맞추었다. 1년 후인 2004년 리시 해리슨Lisi Harrison은 '귀여운 위원회The Pretty Committee'라고 불리는 교외 중학교 패거리의 터무니없는 행동에 초점을 맞춘 『클릭』 시리즈의 첫 번째 책을 발표했다. 그것은 2008년 영화로 만들어졌다. 이 책들은 어리석은 어린 소녀의 환상처럼 들릴지도 모른다. 번쩍이는 표지로 장식된 도발적인 문고판 책들은 진지하게 받아들여지지 않기 때문이다. 하지만 만약 판매가 문화적 영향을 나타내는 것이라면, 다시 생각해 보고 싶을 것이다. 2002년부터 2008년까지 이런 시리즈의 초창기였는데도, 이 세 시리즈의 판매량은 1350만 부가 넘었다.[40]

그들의 부유함을 미화하고 문제적인 행동을 변명(또는 조장)하는 방식에서, 이 책들은 그 이전의 청소년 문학에서 크게 벗어난다. 페미니스트 학자 나오미 울프Naomi Wolf는 이 책들이 각각의 파벌 내에서 갖는 지위와 사회적 계급이 연결된 방식을 비판하지 못한 점을 주목한다. 보통 청소년 문학에 스며 있으리라고 예상하는 비판이 들어 있지 않다는 것이다.

여성들이 소녀들을 위해 그리고 소녀들에 대해서 글을 써온 이래, 전통적인 중심은 폭도들과 대중, 때로는 주인공과 부유한 악녀와의 대립이었다. 프랜시스 호지슨 버넷Frances Hodgson Burnett의 『소공녀A Little Princess』에서 세라 크루Sara Crewe는 그녀의 사회적 지위를 잃고 학교의 알파 걸들에게 괴롭힘을 당한다. 하지만 이야기의 마지막에서 우리는 그들이 몰락하는 것을 본다. 『작은 아씨들』에서 조 마치Jo March의 '여성스러운' 사회적 규범에 대한 비판은 무도회의 초대에 의해 시험대에 오른다. 한편 장녀인 멕Meg은 집안의 부유한 딸들에게 붙잡혀 단장을 하게 된다. 이 에피소드는 멕이 인격체로서 승리한 것을 보여주는 것이 아니라 그녀의 약점을 드러낸 것으로 의도된 것이다. 이 전통은 20세기 동안 강력하게 지속되었다. 심지어 『클루리스Clueless』 같은 현대판 리메이크 작품에서도 인기 있고 얄팍한 소녀를 보여주는데, 그녀는 순응과 지위를 맹신하는 데 의문을 갖기 시작하면서 겸손과 자각의 과정을 겪게 된다.[41)

울프는 "전통적으로 청소년기에 좋은 독서는 부패하거나 진부한 성인 세계를 비판하는 것"인데, 『가십 걸』, 『A 리스트』, 또는 『클릭』 시리즈에서 독자들은 그러한 비평을 하지 않는다고 주장한다. 그녀는 덧붙여서 "이제 많은 소녀들을 위한 독서의 초점이 더 이상 성인의 세계를 해체하는 것이 아니라, 더욱더 순종적으로 성인 세계에 끼어드는 것이라면 슬픈 일이다"[42)라고 말한다.

자본주의적 탐욕과 부패로 가득한 이런 이야기의 세계를 용감하게 수용하는 것은 그 시대를 고려하면 충격적으로 보일 수도 있다. 결국 이 책들은 인기를 얻었고, 경기 침체와 상위 1%인 부유한 엘리트에 대한 반발의 시대에도 인기를 유지했다. 이 소설들이 '월가를 점령하라'와 같은 운동이 일어났던 기간 내에 수백만 부 이상이 팔릴 수 있었다는 것은 터무니없어 보인다. 그러나 1장에서 논했듯이, 역사적으로 볼 때 종종 정치적으로나 경제적으로 불만이 있는 시기에 풍요로운 환경을 특징으로 하는 현실 도피적인 동화 같은 이야기가 인기를 얻었다.

이러한 책들의 정치는 확실히 대규모로 면밀히 검토할 필요가 있다. 하지만 이런 책에서 사회계층이 다루어지는 방식에 대한 비판 대부분은 여성성이 소비문화에 얽매여 있는 것에만 주목하고 있다. 이들은 패션, 디자이너 상표, 뷰티 제품, 그리고 남성에게 가장 인기 있고, 가장 아름다우며, 성적으로 매력적이라고 생각될 수 있는 미인 경연대회 등을 중심으로 하는 서브플롯들로 채워져 있다. 이 시리즈가 어린 소녀들에게 어리석은 이상에 도달하기 위해 그들의 신체적인 외모뿐만 아니라 최고급 소재 제품에 대한 욕구까지 일으키게 하는 메시지를 보내는 것에 대해 비평가들이 즉각적으로 우려를 표한다는 것은 놀라운 일이 아니다. 나오미 존슨Naomi Johnson은 「10대 베스트셀러 로맨스 소설에 나타나는 소비 욕망: 소비, 로맨스, 섹슈얼리티(Consuming Desires: Consumption, Romance, and Sexuality in Best-Selling Teen Romance Novels)」에서 이 세 시리즈가 '브랜드화된 제품 소비'와 특별한 '여성성의 버전'을 연결하는 방법을 분석한다.[43] 예를 들면 『가십 걸』의 여주인공 블레어와 세레나의 옷에 붙은 고급 상표에 큰 관심을 가져야 한다. 그들은 낮에는 돈 쿠튀르don Couture의 긴 반바지, 케이트 스페이드Kate Spade의 플랫슈즈, 레이스Reiss의 미니스커트, 마르니Marni의 홀터톱, 그리고 DKNY의 브라, 그리고 밤에는 오스카 데 라 렌타Oscar de la Renta의 이브닝 가운을 입을 것이다.[44] 이 브랜드 명단이 투하되는 데 따른 골치 아픈 측면은 여성 인물의 신체적인 아름다움이나 매력과 반복적으로 연관된다는 점이다.[45] 존슨이 주장하듯이, 옷과 장신구에 대한 상세한 내용은 궁극적으로 "이성애적이고 낭만적인 매력에 의해서만 표현되는 여성성에 대한 경로로서 특정 제품을 제시한다".[46]

연재되는 상품 광고의 역할을 넘어, 이 책들은 또한 10대 소녀들이 그들의 몸을 매력적으로, 다시 말하자면 남자들에게 매력적으로 보이기 위해 해야만 하는 극단적인 것들에 대한 메시지를 보낸다. '모든 소년이 원하고 모든 소녀가 그렇게 되고 싶어하는 소녀'로서 힘들이지 않고도 아름다운 세레나와 영원히 경쟁하는 블레어는 외모에 대한 집착 때문에 살찌지 않기 위해 폭식과 폭음을 하며 설사약을 계속 사용하게 된다.[47] 블레어는 성적 만남을 준비하면서 살롱에서 브라질리언 비키니 왁싱을 행하는 첫 번째 소설 장면에서처럼, 여성이 미적 기준에 도달하기 위해 극단적인 조치(그리고 고통)를 감당해야 한다는 생각을 전형적으로 보여주는 인물이다.[48] 이런 장면이 보내는 메시지는 무엇인가? 성적 매력을 얻기 위해서는 엄청난 액수의 돈을 쓰는 것뿐만 아니라 개인적인 불편함도 감수하는 것이 중요하다는 것이다.[49] 아마도 이런 책의 작가들과 출판업자들은 분명 여성 독자들이 그들이 열중하고 있는 이러한 피상적인 모습을 간파하고 있다고 생각할 것이다. 하지만 실제로 어린 소녀들에게는 이미 모든 방향에서 그러한 이미지들이 범람해 오고 있으며, 그래서 이런 메시지들이 그들에게 영향을 줄 가능성이 있다. 소녀들이 특정한 방식으로 행동하고 옷을 입음으로써 자신들이 원하는 것을 얻게 되는 모습을 보면, 독자들은 이런 행동을 모방하고 싶어 할 것이다.

다시 한번 말하지만, 만약 이 책들을 10대 소녀들이 시간을 보내기 위해 아무 생각 없이 읽어 내려가는 것이라고 깎아내릴 수 있다면, 그들이 시리즈물을 통해 전달하는 문제적 메시지들을 우리는 더 쉽게 무시할 수 있을 것이다. 그러나 연구에 따르면 청소년 문학을 소비하는 것이 '청년기의 정서적이고 정신적인 건강'의 열쇠이며, 이러한 감각적인 텍스트에 대해서는 다른 시각으로 보는 것이 더 어렵다.[50] 만약 시리즈 안에 포함된 문제적 메시지가 부유한 나쁜 소녀들과 소비문화에 초점을 맞춘 청소년 문학의 하위 장르에 국한된다면, 이런 특정 시리즈를 무시하기는 더 쉬울 것이다. 안타깝게도, 오랫동안의 연구 결과에 따르면 청소년기 여성에게 판매되는 책들은 종종 외모[51]에 초점을 맞춰왔으며, 또한 소녀들의 외모가 남자친구를 사귈 수 있는 능력을 가늠하는 잣대라는 점에 주로 초점을 맞췄다. 이것이야말로 너무 많은 여성 청소년 인물에게 '궁극적인 성공'이다.[52] 결과적으로 이러한 책들은 여성의 자기 객관화를 성적인 권한 부여의 한 형태로 홍보하는 경향이 있으며, 그들은 남성의 주의를 끌거나 인정을 얻는 수단으로 자기 개발(신체적 외모 면에서)을 한다.[53]

(뱀파이어) 소녀가 된다는 것은 짜증나는 일이다:
청소년 시리즈에 나오는 젠더와 섹스에 대한 엇갈린 메시지

분명한 것은 이런 책들의 문제점이 섹스에 중점을 두고 있다는 것이 아니라, 여성 인물들의 가치가 종종 성적 대상으로 보이는 것으로만 묶여 있다는 것이다. 과거 오랫동안 청소년 문학은 생산적인 방식으로 성적인 주제를 다루어

왔다(예를 들면 주디 블룸Judy Bloom의 소설은 종종 이 점에서 칭찬을 받았다). 우리 모두는 충격적이고, 아마도 심지어 불안감을 주는, 우리 시대의 청소년 도서 (『다락방에 핀 꽃flowers in the Attic』 등)를 읽어왔고, 결과는 괜찮았다.54) 그러나 청소년 문학이 성적인 줄거리에 더 큰 비중을 두기 시작함에 따라, 여성 인물 들이 이러한 이야기에 의해 규정되는 방식을 면밀히 조사해야 한다. 그리고 이것은 단지 예방을 위한 생각만은 아니다. 더 많은 성적 내용이 청소년 문학 에 나오고 있기 때문이다.

현재 '뉴 어덜트New Adult'라고 불리는 장르가 성장하고 있는데, 이는 청소년 문학과 주류 성인 문학 사이에 위치해 있다. 이 장르는 가장 빠르게 성장하는 문학 시장 중 하나로서 의심할 여지없이 더 큰 청소년 독자층을 갖게 될 것이 다. 어린 독자들은 약간 더 나이 든 사람들이 등장하고 그런 사람들을 겨냥한 이야기에 몰려들어 '더 나이든 사람을 위한' 이야기를 읽는 경향이 있기 때문 이다(2011~2013년까지 굿리즈Goodreads 자료만 검토하면 이 범주에 1만 4000개 이상 의 제목이 포함되며, 불과 2년 만에 관련 출판물이 500% 증가했음을 알 수 있다).55) 그렇다면 어떤 기준으로 뉴 어덜트 책을 분류할까? 이 단어는 여전히 논쟁 중 에 있지만, 일반적으로 이 용어는 '성인이 된다는 것이 무엇을 의미하는지를 탐구하는 10대 후반이나 20대 초반의 인물들을 다룬 소설'이다.56) 당연하게 도, 성인의 삶에 대한 탐구 중 일부는 성적 본능에 대한 것이다. 뉴 어덜트 장 르의 하위 그룹에 속한 도서들은 뻔뻔스럽게도 '성적 문제를 가미한 청소년 소설'57)로 판매 전략을 세우고, 10대를 위한 『그레이의 50가지 그림자Fifty Shades of Grey for Teens』처럼 자신들의 텍스트를 판매하고, '선정적인 것들'58)과 상호 교환이 가능한 장르를 획득하기를 열망한다. 만약 이러한 마케팅 전략 이 성적 관계에 대한 불건전한 묘사를 수반하지 않았다면, 그렇게 문제가 되 지 않았을 것이다. 하지만 공정하게 말하자면, 이것은 새로운 문제가 아니다. 학자들은 역사적으로 청소년 문학에서 건전한 성적 관계에 대한 묘사가 부족 하다는 점을 지적해 왔다.59) 그리고 연구 조사에 따르면 10대들은 대중적인 미디어와 소설로부터 대부분의 성적 지식을 얻기 때문에 이것은 곤혹스러운 문제다. 그러한 가르침을 분석해 보았을 때, 10대들 특히 10대 소녀들이 성행위에 대해서 극단적으로 엇갈리는 메시지를 받고 있다는 것이 분명해지고 있다.[60] 연구에 따르면 모순으로 가득 차 있는 청소년 문학은 독자의 여성 섹슈얼리티 형성에 영향을 미치고 있다.[61] 오늘날 청소년 문학의 풍경은 더욱 다채롭고 복잡하고 사실적인 성적 묘사로 점점 풍부해지고 있다. 이에 따라, 학자들은 '청소년들이 지배 문화의 사회적·성적 기준에 대해 타협하는 것'[62]을 묘사하는 그러한 작품을 통해 10대들이 '안전한 학습 환경'[63]을 제공받을 것이라고 희망한다. 기존의 보다 엄격한 학습 환경에서는 이러한 주제들은 종종 회피되었다. 『청소년 소설에서의 성적 내용: 침대 속에서 읽기*Sexual Content in Young Adult fiction: Reading Between the Sheets*』에서 브라이언 길리스Bryan Gillis와 조안나 심프슨Joanna Simpson은 건전한 청소년용 섹슈얼리티를 다룬 믿을 만하고 10대가 공감할 만한 정보는 쉽게 구할 수 없으며, 성교육 프로그램은 긍정적인 성 정체성의 발달에 최소한의 영향만 미친다는 점을 강조한다.[64] 그들은 현실적인 성 이야기를 특징으로 하는 청소년 문학이 10대들의 관심사를 다루며 긍정적인 성적 정체성 성장을 촉진하는 강력한 도구가 될 수 있다고 주장한다.[65]

청소년 소설이 10대의 성적 기대감에 영향을 미칠 수 있다고 가정한다면, 스테퍼니 메이어의 유명한 소설 시리즈인 『트와일라잇』(2005~2008)이 그러한 10대의 장을 휩쓸며, 모든 장르를 뒤덮어버리는 '뱀파이어 문학'이라는 새로운 장르를 불러일으켰을 때, 비평가들이 패닉 상태의 분노를 표출한 것은 지극히 당연한 것이다. 이러한 추세로 그런 이야기 속에 나타나는 반페미니즘 메시지, 즉 여성 주인공들에 대한 부정적인 성격 묘사나[66] 여성 섹슈얼리티를 문제가 있는 것으로 표현하는 것에 다시 관심을 갖게 되었다. 특히 트와일라잇 시리즈와 관련하여 비평가들은 메이어의 책들[67]에 있는 금욕적인 주제와 주인공이 자신의 섹슈얼리티를 거의 통제하지 못한다[68]는 점에 특별히 관심이 많았다.

심지어 『트와일라잇』의 팬들도 시리즈가 진행되면서 이 책들에 대해 갈등을 느꼈다. 문화 평론가 에릭 조스트Eric Jost는 메이어의 텍스트들에 대해 많은 독자들이 갖는 애증 관계를 요약하며, 전에는 결코 '그렇게 매력적이면서도, 이야기의 내용과 등장인물들의 비열한 배역 때문에 불쾌해지는 시리즈물은 본 적이 없다'[69]고 지적했다. 이 시리즈에 대한 비판을 전반적으로 살펴보면, 젠더 표현과 관련해서 페미니스트들이 남녀의 재현에 대해 가장 지속적으로, 종종 가장 부정적으로 비판해 왔다. 예를 들어 이세벨Jezebel은 메이어의 마지막 책『브레이킹 던Breaking Dawn』을 10대의 모성과 근본적으로 보수적인 이데올로기를 장려하는 '소름끼치는 반낙태 우화'라고 불렀다.[70] 또 다른 사람들은 『트와일라잇』이 '폭력적인 관계에 대한 입문서'[71]라고 비난한다. 어떤 사람들은 소설 자체의 구성보다 메이어가 만들어낸 인물들이 문제가 있다고 본다. 예를 들어 조스트는 메이어가 도발적인 '고딕 판타지의 자극적인 부분'이 될 가능성이 있는 스토리로 시작했으나, 비호감인 반페미니스트적인 인물과 시대착오적인 배경으로 인해 스토리를 망쳤다고 말한다. 이러한 인물과 배경은 현대 독자들에게 '여성들은 소유물이었고 오직 그들에 대한 남성들의 의견으로만 검증을 받았다'[72]는 이전 시대의 사고방식을 강요한다.

주인공인 이사벨라 '벨라' 스완은 자기비하적인 10대 소녀로 시리즈 내내 연인이자 파트너인 뱀파이어 에드워드 컬렌Edward Cullen에게 집착하는데, 몇몇 비평가들에게는 보통 이 여주인공이 비평의 출발점이 된다. 레너드 삭스Leonard Sax는 『트와일라잇』 책들과 그전에 나온 블록버스터 청소년 컬렉션의 차이점을 지적한다. 원래 청소년들과 어린이들을 대상으로 했던 『해리 포터』 시리즈는 주류 문화로 자리를 옮겼고 결국 모든 연령대의 남성들과 여성들이 읽게 되었다.[73] 그는 『트와일라잇』이 비슷한 영역 넘기를 경험했지만, 그것이 대상으로 하는 연령층은 항상 훨씬 더 좁고, 더 젠더화되어 있다고 한다. 이 책들은 특히 10대 소녀들과 젊은 여성들을 대상 독자로 삼고 있으며, 주로 그들에게 읽힌다. 삭스는 이 소수의 독자들에게『트와일라잇』의 매력은 바로 비평가들이 문제 삼는, 젠더에 대한 현대적 감각과 전통적 개념의 결합이라고 주장한다. 삭스는 현대적인 배경과 시대에 뒤떨어진 젠더 개념의 조합은 오늘날의 청소년 문학에서는 꽤 드문 일이라고 지적한다. 하지만『트와일라잇』에는 전통적인 젠더 고정관념이 아주 많다. 주요한 "남성 인물들인 에드워드 컬런과 제이콥 블랙은 근육질이고 지칠 줄 모르고 용감한 반면 벨라와 다른 소녀들은 남자들을 위해 쿠키를 굽거나 저녁 식사를 준비하고 여자들만의 파자마 파티를 연다".[74] 여성 인물로서 이미 문제가 많지만 한 가지 덧붙이자면, 벨라는 끊임없이 남자의 도움을 필요로 하는 여자로 묘사되고 있다.

이 책에 나오는 문제적인 젠더 묘사 외에도, 다른 비평가들은 이 시리즈가 섹슈얼리티를 다루는 방식에 대해 불쾌하게 여긴다. 10대들의 성적 욕망은 메이어의『이클립스*Eclipse*』에서 흔한 주제이지만, 근본적인 메시지는 섹스는 죄이고, 선을 넘는 것이라는 것이다.[75] 이는 벨라의 구애가 에드워드에 의해 무시되면서 반복적으로 보이는데, 그는 첫 성관계를 결혼할 때까지 기다림으로써 벨라의 순결을 지키려 한다. 금욕을 옹호하기 위해 존재하는 이러한 거부의 도덕적 장면들보다 더 문제적인 것은 벨라와 에드워드가 마침내 결혼하여 성관계를 갖는『브레이킹 던』의 장면들이다. 이 결합의 결과 벨라는 에드워드의 단단하고 대리석 같은 몸과 반복적으로 긴밀히 접촉하게 되면서 육체적으로 상처를 입고 온몸에 멍이 들고, 에드워드가 실수로 일으킨 상처들에 대해서도 그녀 자신을 자책한다. 어떤 비평가들은 이 장면을 강간 피해자들에게 흔한 자책과 관련짓는다.[76] 하지만 모든 비평가들이 이 시리즈를 또 하나의 곤혹스러운 청소년 문학으로 간주하는 것은 아니라는 점을 주목해야 한다. 영화 평론가 킴 보이너Kim Voynar는 페미니스트의 공통된 관심사 중 일부에 응답한다. 즉 소위 낙태 반대 발언을 이 책이 어떻게 다루는지 밝히고 있다.『브레이킹 던』에서 벨라는 거의 죽게 될지도 모르는데, 반 흡혈귀 아이를 낳기로 결정한다. 그러나 보이너는 벨라가 임신을 피하지 않는다는 사실에 대해서는 전혀 걱정하지 않는다.

> 나에게 있어 페미니스트적 믿음의 큰 부분은 선택의 개념과 관련이 있다. … 페미니즘은 낙태 찬성과 같지 않고, 낙태 선택을 하는 것이다. 낙태 선택이라는 생각은 여성들이 낙태를 유일한 '옳은' 선택으로 추진하지 않고 임신과 관련하여 그들에게 맞는 선택을 하도록 지원한다는 것을 의미한다.[77]

그녀는 임신 기간을 견디고 아직 태어나지 않은 아이를 보호하려는 벨라의 헌신이 일부 독자들이 믿는 것처럼 설득력이 없는 것은 아니라고 주장한다. 보이너는 "언제부터 모성과 모성적 충동이 선천적으로 반페미니스트적이었나?"[78]라는 질문을 던진다. 보이너만이 이 시리즈에서 다른 결점을 커버하는 장점을 본 유일한 학자는 아니다. 《애틀랜틱》의 전속작가인 케이틀린 플래너건Caitlin Flanagan은 이 시리즈에 대해 더 타협적인 입장을 취하고, 그것을 과거 청소년 문학으로의 회귀로 읽었다. 많은 사람들이 에드워드와 벨라의 관계를 문제가 있는 것으로 읽는 반면, 플래너건은 그것을 좀 더 긍정적인 면에서 다음과 같이 묘사했다. "『트와일라잇』은 한 소녀를 너무 사랑해서 그가 할 수만 있다면 그녀를 더럽히는 것을 거부하는 소년과 그를 너무나도 사랑해서 그를 위해 모든 것을 포기하는, 그 행위의 대가로 그녀의 가족과 그녀가 알고 있던 모든 것들로부터 추방되는 소녀를 중심으로 한다."[79] 그녀는 "최근 수십 년 동안 청소년 문학에서 사라진 것으로 느껴지는, '중산층 미국 젊은이'를 메이어가 재창조했다. 착한 소녀가 성적인 공격자가 되는 것은 전례 없는 일이다"[80]라고 주장한다.

비록 많은 사람들이 『트와일라잇』 책들이 21세기를 대표하는 것이 아니라고 주장하고 싶어 하지만, 그들의 엄청난 인기에는 좀 놀라워한다. 가령 삭스는 왜 이른바 개화된 시대에 소녀들이 "그런 구식의 젠더 고정관념을 이야기하는 책에 광적인 열정으로 반응하는가?"[81]라고 묻는다. 그의 대답이 『트와일라잇』에 대해 페미니스트임을 자처하는 비평가들을 달래 주지는 않을 것 같다. 그는 "많은 소녀들에게 로맨스가 지니고 있는 매력은 단순히 사회적 구성물이 아니라 더 깊은 것에서 비롯된다"[82]고 주장한다. 심리학자이자 가정 의인 삭스는 '왜 젠더가 문제인가'에 대한 연구를 통해, 미국, 호주, 뉴질랜드 전역의 수백 명의 여성들을 인터뷰하면서, 젠더 중립적인 육아에 대한 최근의 움직임이 21세기의 젊은이들에게 어떤 영향을 주었는지를 알아보기 위해 노력했다. 그는 대부분의 소녀들이 '반대되는 것에 대해 철저히 하향식 교육을 받았음에도 불구하고' 다음과 같다는 것을 알게 된다.

인간의 본성은 철저히 남녀가 다르다고 믿는다. 그들은 이런 정서를 반영하는 책들을 갈망하고 있다. 30년 동안 젠더 문제가 다 해결된 척했지만, 그렇다고 남성을 필요로 하지 않는 페미니스트 세대가 생겨나지는 않았다. 그들은 대신 『트와일라잇』 시리즈의 전통적인 남녀 역할과 관계를 선망하는 여성들의 무리를 만들어냈다. 마찬가지로 남녀의 차이가 없다고 무시한다고 해서 스크랩북을 만들며 자신의 감정에 대해 숙고해 보는 소년 세대가 생겨나지는 않았다. 대신에 이 나라에서는 점점 더 많은 소년들이 〈그랜드 테프트 오토Grand Theft Auto〉나 〈헤일로Halo〉 같은 비디오 게임을 통해 남성적인 아수라장에 몰입하거나 포르노그래피 때문에 인터넷을 서핑하기 위해 그들의 여가 시간을 소비한다.[83]

그의 핵심 논거는 젠더를 무시하는 것이 원하는 효과를 내지 못한다는 것이다. 사실, 그것은 그 대신에 남녀 간의 차이가 확대되는 데 기여해 왔다. 그의 주장은 이 책들이 시대에 뒤떨어진 젠더 역할을 강화할 것이라는 두려움을 드러내는 일부 비판에 대해 의문을 제기한다는 점에서 흥미롭다. 그는 어린 소녀들이 오랫동안 많이 걱정해 온 낡아빠진 젠더 묘사를 강화하는 이야기를 찾을 것이며 『트와일라잇』 열풍은 단순히 이 사실을 입증하는 것이지, 원인은 아니라고 말한다. 삭스는 『트와일라잇』이 포스트페미니즘 시대의 부산물이며, 여성운동이 계속 진보하는 것이라기보다 이미 완성된 것으로 보는 세대의 부산물이라고 주장하는 유일한 학자는 아니다.[84)]

예상대로 청소년 로맨스 장르는 10대의 불안과 성적인 자극을 일으키는 줄거리를 충족하므로 소비자들은 그러한 줄거리를 많이 접하게 된다. 놀랍게도, 모든 청소년 서사는 주로 여성 인물의 섹슈얼리티에 초점을 맞추어서, 여성 인물은 성적으로 더 공격적이거나 적어도 지속적으로 성적인 쾌락 추구자로 묘사된다.[85)] 앞에서 언급했듯이 벨라는『이클립스』와『브레이킹 던』에서 성적 쾌락 추구자이다. 여성 쾌락 추구자에 대한 이러한 생각은 L. J. 스미스L. J. Smith의 이전 뱀파이어 시리즈에서도 나타난다.

1991년 스미스의 3부작『뱀파이어 다이어리The Vampire Diaries』가 출판되었는데, 이 책은 팬들의 요구로 1년 후 4부가 출시되었다(그리고『트와일라잇』이 뱀파이어 내러티브를 청소년 시장으로 가져온 후, 10년이 넘자 다양한 파생 상품들이 생겨났다). 이 시리즈는 불가사의한 현상의 중심지인 펠스 교회Fell's Church가 있는 가상의 마을을 배경으로 하고 있다. 내용은 엘레나 길버트의 삶(그리고 죽음과 부활)과 그녀가 두 명의 뱀파이어 형제인 스테판과 데이먼 살바토레와 함께하게 되는 낭만적 사랑의 삼각관계로 이루어진다. 내러티브의 중심에 놓인 이런 밀고 당기는 로맨스와 함께, 성적 갈망이 이 책들 전반에 걸쳐 있는 공동의 주제라는 것은 놀랄 일이 아니다.

『뱀파이어 다이어리』에서 혈액 교환 행위는 성적인 것이며 사실 엘레나가 이 ('성적') 만남을 처음 시작한 사람이다.

이제 때가 되었어요, 스테판, 그녀는 생각했다. 그리고 아주 부드럽게, 그녀는 이번에는 그의 입을 그녀의 목구멍으로 다시 끌어 내렸다. 그녀는 그의 입술이 그녀의 피부를 스쳐 지나가고, 그의 숨결이 따뜻했다가 즉시 차가워지는 것을 느꼈다. 그리고 나서 그녀는 날카로운 쓰라림을 느꼈다. 하지만 통증은 거의 즉시 사라졌다. 그것은 그녀를 떨게 하는 쾌감으로 바뀌었다. 엄청나게 솟구치는 달콤

함이 그녀를 채우며, 그녀에게서 스테판에게로 흘렀다.[86]

　이러한 10대들의 내러티브에는 인간(그리고 뱀파이어)의 섹슈얼리티가 풍부하다. 하지만 『트와일라잇』과 『뱀파이어 다이어리』에 나오는 10대 인물들의 성행위에는 대가가 따른다. 두 책의 시리즈 모두 표준적인 성적 교류이든 성적인 혈액 교환이든, 섹스는 처벌 받아야 할 행위라는 경고를 담고 있는 듯하다. 벨라는 성서적으로 약속된 임신과 출산이라는(그리고 궁극적으로 '인생'의 종말이라는) 고통스러운 처벌을 받는다. 엘레나는 두 형제와 관능적인 혈액 교환을 하고서, 의도하지 않았지만 뱀파이어로 다시 태어나게 된다.

　『트와일라잇』에 들어 있는 '섹스는 처벌과 함께 온다'는 메시지는 할리우드 영화에도 적용되지만, 2009년 인기 있는 CW TV 프로그램으로 변형된 〈뱀파이어 다이어리〉도 마찬가지라고 말할 수는 없다. 황금 시간대의 이 드라마는 그것의 원작인 문학 텍스트가 그랬던 것처럼 여성의 섹슈얼리티를 단속한다는 면에서 동일한 함정에 빠지지는 않는다. 이 시리즈에서는 성적인 여성을 꺼리지 않으며, 사실 (남성이든 여성이든) 순결한 인물을 발견하기가 어렵다. 사람들은 청소년을 겨냥한 TV 프로그램의 〈뱀파이어 다이어리〉에서 섹스 장면이 약간은 자제될 것으로 예상할 수도 있지만 꽤 정기적으로(예를 들어 더 나이 많은 시청자를 대상으로 하는 HBO의 〈트루 블러드True Blood〉만큼은 아니어도) 섹스 장면을 다룬다. 『트와일라잇』은 부시 시대 보수당의 가족 가치 이데올로기를 쏟아내고 있는 것처럼 보인다. 반면 〈뱀파이어 다이어리〉는 성행위를 (항상) 악으로 보지는 않는다는 점에서 여성 섹슈얼리티에 대한 보다 현대적인 관점을 반영하는 것처럼 보인다. 이 사실에도 불구하고 (책이든 스크린에서든) 두 시리즈에서 여성 주인공들이, 크고 강하고 기사도적인 (뱀파이어) 남성들(과거의 메어리처럼 보일 수 있는 인물들)에 의해 구출될 필요가 있는 것으로 끊임없이 묘사된다는 점은 동일하다.

　이 이야기들에서 연인인 주인공 뱀파이어 남성은 도덕적으로 건전하고 예의 바르고 용감한 인물로 묘사된다. 이러한 캐릭터는 20세기 말과 21세기 초에 남성성에 관련된 변화하는 기대치를 반영하는 것일 수 있다. 『트와일라잇』에서 에드워드는 벨라가 결혼할 때까지 처녀로 남아 있도록 강제함으로써 벨라의 미덕을 보호하기로 결심한다. 이 시리즈에서 그는 현대의 관행과 벨라 자신의 욕망과의 불일치에도 불구하고 한 세기 전의 도덕적 규범을 준수한다. 마찬가지로 『뱀파이어 다이어리』에서 스테판은 엘레나의 치명적인 순수함에 사로잡혀서, 그녀가 뱀파이어가 되는 것을 허용하지 않고, 나중에 그것이 실패하자 어떤 대가를 치르더라도 그녀를 인간의 상태로 되돌린다.

이 뱀파이어 시리즈의 모든 남자 주인공들은 수호자로 역할을 한다. 〈트와일라잇〉에서 에드워드는 이 역을 극단적으로 연기한다. 어떤 점에서 그는 그녀가 어디를 갈 것인지, 누구를 볼 것인지, 무엇을 할 수 있는지를 결정한다(그는 심지어 그녀가 집을 떠날 수 없도록 그녀의 차 배터리를 분리하기까지 한다). 에드워드는 남성이 가장 잘 알고 있다는, 또한 그러한 노력이 필요하지 않을 때조차 그녀를 안전하게 하는 것을 그의 의무로 여기는, 낡은 사고방식으로 행동한다. 이로 인해 많은 학자들은 어린 소녀들이 에드워드를 바라보며 그의 행동을 정상적인 것으로 생각하고 그를 완벽한 남자친구로 상상하게 될 것을 우려한다.

『트와일라잇』과 달리, 『뱀파이어 다이어리』는 기사도의 극단적인 행동을 하는 두 명의 아주 다른 인물들을 내놓는다. 얼핏 보면 스테판 살바토레와 에드워드 컬렌은 그들의 외모(흐트러진 갈색 머리와 어둡고 고뇌에 찬 눈)부터 행동까지(부드럽게 하는 말, 열정적인 도덕적 태도, 그리고 달콤하고 로맨틱한 제스처까지) 각자가 거의 서로의 복제품처럼 보일지도 모른다. 이 두 가지를 가장 직접적으로 연결하는 것은 뱀파이어 행위Vampirism와 그들의 대립된 관계이다. 둘다 뱀파이어의 존재와 불멸의 이점을 누리고 있지만 둘 다 과거의 살인에 대한 엄청난 죄책감을 겪고 있으며 동물의 피나 그 지역의 혈액은행에서 훔친 피만 먹으며 '채식주의자'로 살려 애쓴다.

하지만 타라 스칼조Tara Scalzo는 「기사도는 죽지 않는다: 뱀파이어 다이어리에서 나쁜 남자/좋은 남자의 이분법, 또는 엘레나가 원하는 것은 무엇인가?Chivalry is Undead: Bad Boy/Nice Guy Dichotomies in The Vampire Diaries or, What Does Elena Want?」라는 글에서 스테판의 동생 데이먼을 더 기사도적인 인물로 분석하기 위해 다음과 같이 흥미로운 주장을 했다. 소년들이 기사도 정신을 상충되는 기대감을 대변하는 21세기로 통합하기 위해 투쟁하는 다른 방식이 현대의 남성성을 형성했다고. 스칼조는 『트와일라잇』과 『뱀파이어 다이어리』를 재미있게 비교하면서 데이먼과 에드워드를 구식 기사도와 남성성을 대변하는 '나쁜 소년들'로 간주하고, 스테판과 제이콥은 신식 남성성과 감성(즉 민감하고, 여성스럽고, 음울한)을 대변하는 '좋은 남자들'로 간주한다. 에드워드처럼 데이먼은 엘레나를 보호하기 위해 그녀의 소망을 거스르지만, 스테판은 종종 자기 주장을 내세우기보다 엘레나의 희망대로 행동한다. 심지어 그녀가 그녀의 (인간으로서의) 삶을 희생하더라도, 제이콥은 벨라의 제단에서 끝없이 숭배하며, 그녀를 기쁘게 하기 위해 거의 모든 것을 하려 한다.[87] 주로 『뱀파이어 다이어리』에 초점을 맞춘 스칼조의 분석에 따르면 엘레나는 어떤 인물, 즉 어떤 유형의 남성성을 바람직하게 여겨야 하는지 혼란을 겪는다. 그녀는 바람직한 것으로 생각하는 남성성이 어떤 유형인지를 다양한 방법으로 분석한다. 그녀가 '데이먼의 자신감과 성적 지배에 끌리는 동안', 그녀는 '이 끌림에 굴복한다는 것이 무엇을 의미하는지에 대해' 양면적인 태도를 보이고, 따라서 그녀는 계속해서 '예민하고 더욱 순종적인 살바토레와 스테판'에게로 돌아왔으며 그녀는 그렇게 해야 한다고 믿었다.[88] 스칼조는 다음과 같이 주장한다.

데이먼과 스테판이라는 인물의 특성은 다양한 문화적 측면에서 남성성을 정의할 때 생겨나는 남성 재현의 변화를 가리킨다. 지난 20년 동안, 소녀의 힘(스파이스 걸스Spice Girls, 버피Buffy)은 충분히 분석되었다. 하지만 이제 조정해야 할 요소는 소년(그리고 남성의 연장으로)의 위치와 역할인 것 같다. 문학에서 나쁜 남자와 좋은 남자의 이분법이 지금만큼 중요한 적은 없다. 소설 속의 여성들은 100년이 넘는 세월 동안 이런 우유부단함에 시달려 왔지만, 지금은 그 어느 때보다도 젊은 여성들이 애인에게 무엇을 원해야 하는지와 실제로 무엇을 원하는지를 혼동한다. 이것의 의미는 무엇이 매력적 남성성이어야 하는지 대 실제로 매력적인 특성은 무엇이며, 누가 이러한 기준을 설정하고 있는가이다.[89]

그렇다면 〈뱀파이어 다이어리〉가 매우 다른 남성성의 재현 사이에서 갈등을 빚고 있는 엘레나 길버트를 시청자들에게 보여준다는 사실은 정말 놀라운 것인가?

스칼조가 남성성에 대한 이런 재현, 특히 (스테판의 캐릭터에서 알 수 있듯이) 민감한 남성의 부상은 여성운동의 의도하지 않은 결과라고 주장하니, 9·11이 젠더 규범을 재정립했다는 수전 팔루디Susan Faludi의 의견이 다시 떠오른다. 우리는 이 뱀파이어 이야기들을 9·11 이후 '남자다운 남자' 페르소나의 또 다른 해석으로 간주할 수 있다. (1장에서 논의한 것처럼) 왜냐하면 그 이야기는 연속된 위험에 처한 여성 캐릭터와 곤경에서 벗어나기 위해 기다려온 영웅적 남성들의 이야기로 가득 차 있기 때문이다. 우리는 송곳니를 가진 10대의 이야기들(뱀파이어 이야기들_옮긴이)을 통해 문화적으로 중요한 순간에 따라 젠더 기대감이 어떻게 달라지는지를 가늠해 볼 수도 있다.

우리가 알던 세상의 종말이다 … 그러니 소녀처럼 울어야 한다

뱀파이어 이야기들을 9·11의 여파로 간주하는 것은 억지인 것 같지만, 테러리스트들의 공격을 디스토피아 붐과 관련짓는 믿음은 그리 억지인 것 같지는 않다. 실제로 디스토피아 붐은 뱀파이어 텍스트들을 사람들의 이목에서 밀어내기 시작했다. 미래가 크게 잘못될 것이라는 이야기인 '디스토피아 소설들'

은 어두운 내용인데도, 이제는 분명히 청소년 소설 시장에서 뱀파이어와 판타지 장르를 능가한다.[90] 미국에서만 3650만 부 이상이 팔리면서,[91] 수전 콜린스의 『헝거 게임』 시리즈는 종종 청소년 디스토피아 소설의 유행에 더 많은 불꽃을 일으켰는데,[92] 최근 무척 인기 있었던 J. K. 롤링의 『해리 포터』 시리즈의 판매 수치를 상회함으로써 많은 사람들을 놀라게 했다.[93] 콜린스의 책이 성공한 것과 그 뒤를 따르는 청소년 디스토피아 책들은 이것이 단순한 시장의 추세 이상이라는 것을 보여준다.

심지어 청소년 문학 작가들도 왜 이 특별한 순간이 청소년 소설에서 이런 암울한 반전을 촉발시켰는지 의문을 가졌다.

> 어째서 예측할 수 없는 세상에서 불확실한 미래에 직면하여 희망이 부족한 세대가, 한 10대 블로거가 '새로운 디스토피아 묵시록The New Distopalypse'이라고 칭한 것에 대한 욕구를 갖게 된 것일까? 10대들은 전쟁, 경기 침체, 홍수, 허리케인, 지진, 돼지 독감과 같은 테러를 날마다 먹고 살면서 재앙의 중독자가 된 걸까? … 이 파국의 예감에 휩싸인 새로운 소설들은 어려운 시대에서 영감을 얻은 것일까? 그러나 어떤 연구에서 주장하듯, 만약 희망이 없는 세대라면, 왜 그들은 더 우울하기를 원했을까?[94]

이에 대해 학자들은 포스트 묵시록적 소설의 매력이 '기후변화에서 테러 행위, 사생활과 자유의지의 침해에 이르기까지 최근의 기억 중 가장 무서운 문제로 시달리는 세계'를 반영하는 능력이라고 주장하며, 그것을 '이 시대의 시대정신'으로 만들었다고 답했다.[95]

『헝거 게임』 시리즈는 이런 경향을 가장 잘 보여주는 예 중 하나로서, 책 시리즈와 영화 독점판매권으로 수많은 매출을 발생시키고 있다.[96] 그것은 또한 《뉴욕타임스》, 《USA 투데이USA Today》, 《월 스트리트 저널The Wall Street Journal》과 《퍼블리셔 위클리Publishers Weekly》 등에서 베스트셀러로서

평단의 대단한 찬사를 받았다. 미국 도서관 협회에서 청소년을 위한 최고의 책 10권에도 포함되었다. 이 책은 '영 어덜트 버즈 대상Best Indie Young Adult Buzz Book Honor', 2008년 판타지와 사이언스 픽션 부분의 시빌 상the 2008 Cybil Award in the category of Fantasy and Science Fiction, 그리고 2009 아동들이 선택한 도서상the 2009 Children's Choice Book Award, 그리고 그 외에도 많은 다른 상을 받았다. 혹시라도 잘 모르는 사람을 위해 설명하자면, 『헝거 게임』은 캣니스 에버딘의 이야기이다. 미래에 미국의 유적 위에 있는 판엠이라는 국가는 부유한 수도 캐피톨과 가난한 지역 12개로 이루어져 있는데, 캣니스 에버딘은 그중 가장 가난한 지역인 12구역 출신의 10대 소녀이다. 한때 반항적이었던 지역을 통제하려는 수도 캐피톨의 노력의 일환으로 연례행사가 열리는데, 각 지역에서 선택된 남자아이 한 명과 여자아이 한 명(12~18세)이 죽을 때까지 싸워 오직 한 명의 승자만이 살아남는 싸움에 참가한다. 이 싸움은 텔레비전으로 생중계된다. 캣니스는 그녀의 여동생을 대신해 자원하여 대회에 참가하고, 궁극적으로는 그녀의 연인이 될 소년 피타 멜라크와 짝을 이룬다. 죽음의 현장에서 살아남은 후, 캣니스는 승리자이자 캐피톨의 간판 스타가 되지만, 곧 부패한 정부 전체를 해체하겠다고 위협하는 혁명의 얼굴로 변한다.

콜린스의 소설과 같은 디스토피아적 청소년 소설들은 종종 그 이전의 청소년 문학에서 발견된 문제들을 비판하기 때문에, 비평가들은 그것들을 칭찬하는 데 주저하지 않았다. 그런 청소년 문학은 칭찬받을 만하고 올바른 방향으로 나아가는 지점이 있지만, 면밀하게 분석해 보면 그런 디스토피아 소설들도 성장기에 있는 10대 소녀들에게 젠더에 관한 모순된 가르침을 제공한다.

이러한 경쟁적인 메시지의 한 예는 소비중심주의에 대한 콜린스의 사회적 논평과 관련된다. 『헝거 게임』 시리즈는 캐피톨을 중심으로, 사회 경제적 불균형, 물질주의, 뉴스 보도와 리얼리티 텔레비전이 시청자들을 인간의 고통에 둔감하게 만드는 등 다수의 실제 사회 문제들을 비평하는 장면들을 사용한다. 캣니스가 12구역에서 사는 것이 『가십 걸』, 『클릭』 그리고 『A 리스트』와 같은 시리즈에 나오는 상류층 사교계 입문자들의 삶과 크게 다르다는 사실을 고려해 볼 때, 이 시리즈는 캐피톨 거주자들의 어리석음에 초점을 맞춤으로써 그런 사치스러운 생활 방식을 비판하고 있음을 알 수 있다. 그들은 자신들의 몸 이미지와 최신 유행 패션에 사로잡힌 쓸모없는 존재로 묘사된다. 캣니스가 그들의 삶과 그녀 자신의 삶 사이의 큰 차이에 대해 중얼거리는 것과 같이, 군중들은 간신히 살아가는 반면, 한 무리의 작은 집단은 풍족하게 살 수 있다는 문제에 대해 콜린스는 자신의 비판을 신중하게 설정한다.

그들은 사람들을 젊고 날씬하게 보이기 위해서 캐피톨에서 수술을 한다. 12구역에서는 많은 사람들이 일찍 죽기 때문에 나이가 들어 보이는 것이 미덕이다. 나이 든 사람을 보면, 그들의 장수를 축하하고 싶어 하고 생존의 비밀을 묻는다. 뚱뚱한 사람은 대다수 사람들처럼 근근이 살아가는 것이 아니기 때문에 부러움을 산다. 하지만 여기는 다르다. 주름은 바람직하지 않다. 불룩한 배는 성공의 표시가 아니다.[97]

이 장면에서 캣니스는 춤과 가난에 대한 콜린의 첫 번째 비평을 이야기하고, 또 패션 산업에 대한 두 번째 비평에 대해 이야기한다. 후자에 대해 말하자면 2013년에 커버걸Covergirl(화장품 회사 _옮긴이)은 소비자들이 『헝거 게임』의 모든 구역에 있는 사람처럼 화장하고 스타일링할 수 있는 팁을 제공하는 캠페인을 벌였는데, 많은 사람들이 엄청난 충격을 받았다.[98] (예를 들어, '9구역 그레인스' 화장품 광고에는 복잡하게 땋은 머리를 한 금발 여성이 잠자리 날개같이 하늘거리는 드레스를 입고 금색과 베이지색으로 진하게 화장을 하고 있다.)[99] 그들이 겨냥했던 10대 소비자 중 일부는 다행히도 이 상품들의 아이러니를 놓치지 않았다. 이것은 이 시리즈를 둘러싸고 있는 내적 외적 메시지들 사이의 부조화, 예를 들어 캣니스가 내키지는 않지만 꾸미는 장면과 소비자를 착취하는 메이크업 캠페인 사이의 계약 같은 충돌 지점을 말해주는 하나의 예이지만, 소설 속에는 다른 예들도 많다.

많은 사람들은 디스토피아적 청소년 소설에 일종의 '젠더 왜곡'을, 등장인물들이 전통적인 젠더 규범에서 벗어나는 기회를 허용하는 방식으로 거행해 왔다. 예를 들어, 캣니스는 남성성과 관련된 많은 특성들을 가진 것으로 묘사된다. 그녀는 강하고, 합리적이고, 침착하고, 이성적이다. 그녀는 첫 번째 소설의 도입부에서 여성스러운 여성의 묘사와는 동떨어진, 평범하고 실용적인 운동복과 부츠, 그리고 긴 머리를 숨기는 모자로 묘사되었다. 캣니스는 '외관상 아무런 여성성의 표지가 없이'[100] 나타난다. 비록 많은 사람들이 그녀의 성격에서 이런 측면을 찬양해 왔지만, 다른 비평가들은 청소년 디스토피아의 모든 주요 여성 주인공들이 말괄량이들로 묘사될 때 존재하는 근본적인 메시지를 지적했다. 여기서의 메시지는 '여성스러우면서도 힘 있는 인물이 되는 것은 불가능하다'[101]는 것이다. 캣니스의 남성적 특성과 잠재적으로 페미니스트적인 인물로서 갖는 지위의 충돌은, 따라서 그것이 강한 여성 인물은 '남자들 중 하나'여야 한다는 것을 암시한다는 점에서 문제가 된다.[102]

캣니스의 행동과 기술들을 종종 남성적인 영역과 연관 짓지만(그녀는 가족을 먹여 살려야 하는 숙련된 사냥꾼이다), 전적으로 그것은 그녀의 정서적 특징 때문이다. 그로 인해 사람들은 (문제가 없는 것은 아니지만) 그녀를 남자로 분류하기도 한다. 생사가 걸린 상황에 직면해서도 캣니스는 (대부분의 경우) 감정적으로 내성적인 성격을 유지한다.[103] 일반적으로 훈련 과정, 경기 전 의식 행위, 게임 자체를 통해 그녀에게서 볼 수 있는 모든 감정은 연기된 것이다.[104] 그녀는 현재 비호감이고 애인과 함께 경기장으로 들어가야만 하는 불행한 사랑에 빠진 10대라는 역할을 해야만 호감을 얻을 수 있다는 말을 분명하게 듣는다(그녀의 멘토는 경기를 앞두고 그녀에게 "죽은 달팽이처럼 매력적"이라고 하며, 나중에 실제로 그녀는 캐피톨에서 선망의 대상이 되는데, 그것은 캣니스를 청중에게 '매력적으로 보이도록' 만들기 위해 피타가 사랑을 시인하는 척 연기했기 때문이라고 강조한다).[105] 궁극적으로 그녀는 생존하기 위해 감정적인 여성의 역할을 하는데, 그 까닭은 이러한 젠더 규범에서 벗어나는 것은 죽음을 의미할 수 있기 때문이다.

일부 비평가들은 캣니스가 보여준 연기는 영리하고, 억압적인 것을 뛰어넘을 수 있게 해주는 전략적인 행동이라고 평가한다. 예를 들어 그녀가 게임이 모든 판엠 사람들이 볼 수 있도록 생중계되고 있다는 사실을 이용하는 장면들을 보자. 적들이 따라 올라오지 못하는 나무에 안전하게 숨은 그녀는 경기장에서 공격자들로부터 나무의 안전한 범위에 숨어 있는 긴장감 넘치는 절정의 순간에 '군중들이 그것을 좋아한다'는 것을 잘 알고 있기에, 잠시 카메라를 향해 미소 짓고 추적자들이 어떻게 하고 있는지를 쾌활하게 물으며 그들을 조롱한다.106)

그녀가 지속적인 감시를 활용하는 더 심각한 예는 청중들이 가장 어린 경쟁자인 루의 죽음에서 눈을 떼지 못하게 하는 것이다. 루의 시체가 제거될 때까지 카메라가 현장을 떠날 수 없다는 사실을 이용해, 캣니스는 슬프게 노래하며 야생화로 그녀를 장식하면서, 어린 친구를 위한 즉석 장례식을 치르는데 시간을 할애한다. 캣니스의 대사는 그녀의 동기를 분명하게 보여준다. 즉 그녀는 "그들이 수치심을 느끼고 책임감을 갖게 만들고 싶었다. 그리고 그들이 무엇을 하든 캐피톨에서 자신들이 모든 찬사를 다 차지할 수는 없다는 점을 보여주었던 것이다".107)

그러나 캣니스의 연기 중 가장 치밀한 것은 그녀가 청중들을 사로잡고 후원자들로부터 선물을 받기 위해 사랑 때문에 번민하는 소녀의 역할을 하는 부분이다.108) 예를 들어 경기장에서 피타가 심각한 상처를 입었을 때, 캣니스는 의도적으로 그에게 키스를 한다. 이러한 행동으로 부유하고 관음증에 빠진 후원자로부터 치료약을 선물로 타낼 심사였다. 보상으로 겨우 수프 한 그릇을 받고나서, 그녀는 스스로 다시 행동하기 위해 멘토가 격려하면서 다그치던 말들을 떠올린다. '헤이미치는 분명하게 메시지를 전달한 거야. 키스 한 번은 국물 한 그릇. "너는 사랑에 빠져야만 해, 애야. 소년이 죽어가고 있어. 내가 할 수 있는 일이 뭔지 알려줘!"라는 말이 들리는 것 같았다'.[109] 그러나 모든 비평가들이 이 장면을 그녀에게 힘을 실어주는 순간으로 읽는 것은 아니다.

메간 앤 피터스Megan Ann Peters는 자신의 논문 「판엠의 애매성The ambiguity of Panem」에서, 캣니스는 "다른 사람들, 특히 피타와 맺는 개인적 관계에 무력"하고, (청소년 소설에서 사랑의 삼각관계를 이루는 전제조건인 또 다른 축에 해당하는) 게일과의 관계도 마찬가지이며, "혁명에 대한 관계에서도 무력하다"고 주장한다.[110] 피터스는 캣니스의 피타와 게일과의 관계가 이 시리즈에 포함된 '반페미니스트적인 정서'를 드러내며, 캣니스가 '자신의 몸이나 성적 행동(또는 행동하지 않음)에 대한 통제권이 없음'을 시사한다고 주장한다. 오히려 그녀의 선택은 비록 그녀가 두 가지 모두에 도전하는데도, 다른 인물들과 외부의 영향에 의해 정해진다.[111] 피터스는 캣니스의 몸을 강제로 변형시키거나, 옷을 벗기거나(또는 단순히 '벌거벗은' 느낌으로 묘사되는), 또는 불편한 신체적 상황에 놓이게 되는 소설의 다양한 장면들을 분석한다. 후자의 경우를 말하자면, 그녀는 또 캣니스가 피타를 건강하게 회복되도록 돌보는 장면을 분석한다. 죽음의 문턱에 있는데도, 피타는 힘없이 농담을 한다. "우린 미친 듯이 사랑에 빠졌어. 그러니 네가 좋다면 언제든 키스해도 좋아".[112] 피터스는 그 장면의 영향에 대해 다음과 같이 설명한다.

비록 피타가 이 상황에서 캣니스와 농담을 하고 있는 것이 분명하지만, 이것은 캣니스가 후원자들로부터 지원받기를 원한다면, 자신을 여전히 '불운한 연인들'의 반쪽으로 소개해야 한다는 것을 분명히 상기시켜 준다. 이 전체 입욕 장면 전반은 성적 분위기를 물씬 풍긴다. 캣니스가 분명히 불편해하는데도 피타는 벌거벗은 자신을 보아도 괜찮다고 말하는가 하면 수차례 키스를 요구하기까지 한다. … 캣니스가 피타의 요청에 따라 행동하지는 않지만, 어떤 면에서는 그들 둘 다 관객과 후원자들의 관심과 공감을 유지하기 위해서는 결국 그들이 더 육체적으로 관계를 맺어야 한다는 것을 알고 있다. 이런 식으로, 우리는 피타와 캣니스의

성적 '행위'가 강요되는 것을 보게 된다.[113]

대부분의 사람들은 캣니스가 궁극적으로 피타와 사랑에 빠지고 결국 그와 결혼하면서 그와 육체적으로 관계하는 것을 적극적으로 선택한다고 주장하는 반면, 피터스는 여전히 소설 속에 병렬되는 특정 장면들이 여성 독자들에게 잘못된 메시지를 보낼 수도 있다고 우려한다. 예를 들어, 이 다소 억지스러운 보살핌 장면이 등장하고 나서 얼마 지나지 않아, 캣니스는 피타에게 진정한 애정을 느끼기 시작했고, 내내 자신이 그를 사랑해 온 것 같다고 생각하게 된다. 피타는 이런 캣니스의 생각을 두고 "이전에 캣니스가 보인 (키스와 같은) 행동을 캣니스 자신이 '마음속 깊이' 원했지만 인정하고 싶어 하지 않았던 것이라고 말하며, 이러한 정황이 자신이 강요한 성적 행위를 정당화해 줄 수 있다"고 주장한다.[114] 그러나 이런 방식의 이해는 여성 독자와 시청자가 엄청나게 인기 있는 시리즈를 볼 때 궁극적으로 받아들이게 되는, 복잡해질 수 있는 메시지를 드러내는 것이다.

『헝거 게임』과 비슷하게, 베로니카 로스의 『다이버전트』 시리즈는 페미니스트의 가능성과 실패라는 측면에서 분석되어 왔다. 캣니스처럼, 로스 시리즈의 주인공인 베아트리스 '트리스' 프라이어도 종종 그녀가 여성성과 남성성을 수행하는 방식에 의해 분석된다. 「분화Diverge의 허락: 청소년 디스토피아 문학에서의 젠더Permission to Diverse: Gender in Young Adult Dystopian Literature」라는 논문에서 한나 스미스Hannah Smith는 디스토피아적인 설정이 '젠더 유희'를 허용하며, "자유를 더 얻기 위해 소년 행세를 하는 대신 소녀가 되는 것이 무엇을 의미하는지를 주인공 트리스가 재정의할 수 있게 해준다"[115]고 주장한다. 스미스는 소설의 설정 그 자체를 젠더로 해석한다. 소설의 설정은 시카고의 종말론 이후의 버전으로 여기서 모든 시민은 성향에 따라 5개의 파벌로 나뉘는데, "각각의 분파는 다른 젠더에 의해 틀에 박힌 방식으로 평가된다"[116]고 주장한다. 각 젠더와 관련된 성격 특성에 관한 사회학적 발견에 기대어, 스미스는 그 특성들이 종종 논리, 힘, 결단력, 자율성, 공격성, 용기, 정서적 통제와 같은 남성성과 관련된다고 한다. 이러한 특성은 돈트리스(군인이자 경찰들로 구성된 용감하고 대담하고 자유로운 사람들의 분파 _옮긴이), 에러다이트(지식과 논리를 탐구하는 현명한 사람들의 분파 _옮긴이) 및 캔더(정직과 질서를 중시하며 천성적으로 거짓말을 못 하는 사람들의 분파 _옮긴이) 생활양식의 전형적인 특성이며, 이로 인해 이런 파벌들은 쉽게 남성적인 것으로 규정된다.117) 마찬가지로 동정심, 이타심, 감정, 직관, 타협, 그리고 취약성은 모두 여성성과 관련된 특성이며, 이러한 특성은 애머티(땅을 경작하며 다정하고 화목한 사람들의 분파 _옮긴이)와 애브니게이션(정부를 운영하며 공무를 수행하는 이타적인 사람들의 분파 _옮긴이)의 구성원들 사이에서 공유되는 중요한 특징으로, 스미스는 그것들이 여성적 파벌로 분류될 수 있다고 주장한다.118) 하지만 왜 이 허구적이고 미래적인 디스토피아가 어떤 미묘한(또는 그리 미묘하지 않은) 젠더 계열을 따라 나뉘어 있는 것이 문제일까? 스미스는 "파벌의 위치를 정하는 것과 그들이 젠더 표준을 재현하는 방식이 현실 세계의 가부장적 가치를 재현한다. 비록 각 파벌 내에서 자신들의 젠더와 맞지 않는 특성을 취할 수는 있지만, 그들은 더 큰 규모로 존재하는 권력 구조를 강화한다"119)고 주장한다. 그래서 많은 사람들이 트리스가 판에 박힌 여성적 외모와 행동을 거부하는 것을 진보적인 것으로 읽고 싶어 하지만, 이 인물은 여전히 다른 형태의 젠더 고정관념에 의존하는 상황에 매우 많이 얽매어 있다고 볼 수 있다.

게다가 캣니스처럼 트리스도 궁극적으로 살아남기 위해서는 여성다움을 발휘해야 한다는 것을 알게 된다. 돈트리스에서의 첫 훈련 동안, 체격이 작고 싸움의 경험이 부족한데도 트리스는 '공격성, 용기, 그리고 폭력' 같은 남성적인 행동을 더 쉽게 받아들이고 여성스러운 역할을 하도록 강요하면 불편해한다.120) 그녀가 동료들과의 경쟁에서 성공을 거둠에 따라 ― 중요한 것은 그녀가 이런 남성적 특성을 더 많이 가지게 되면서부터 ― 그녀는 빠르게 분노의 대상이 된다. 특히 정신 집중 훈련을 받으면서 트리스는 순위가 상승했고, 한 무리의 남자 동료들이 그녀의 성공을 받아들이지 못하고 그녀를 처벌하기로 결정한다. 그녀는 침실에서 남자 동료들에게 납치되는데, 그들은 그녀를 공격하고 성추행하고, 교관이자 연인인 포가 구출해 줄 때까지 그녀를 죽이겠다고 위협한다. 곤경에 빠진 처녀를 구하기 위해 빛나는 갑옷을 입은 전통적인 기사인 포는 그녀를 구한 후에, 트리스에게 (그리고 독자들에게) 젠더의 기대에 따르지 않을 때의 위험에 대해 가장 분명한 교훈을 제공한다.[121] 공격자들 중 한 명인 알에 대해 말하자면, 트리스의 친구였던 그는 실패를 반복하게 되면서 그녀의 성공에 분노하게 되는데, 포는 트리스가 그보다 강했기 때문에 그녀가 공격을 받았다고 설명한다.

> "그는 네가 애브니게이션에서 작고 조용한 소녀가 되기를 원했어"라고 포는 부드럽게 말한다. "너의 힘이 그를 약하게 느끼게 하기 때문에 널 해친 거야. 다른 이유는 없어". 나는 끄덕이고 그를 믿으려고 애썼다. "다른 사람들은 네가 약점을 보인다면 질투하지 않을 거야. 그게 진짜가 아닐지라도".[122]

캣니스가 자신을 보호하기 위해 '약한' 여성인 것처럼 연기해야 한다는 것을 이해하는 것처럼 트리스도 그녀의 연인이 될 남자에게 의도적으로 자신의 힘을 숨기라는 권유를 듣는다.

트리스와 포의 관계는 비평가들이 논쟁을 일으킨 원인 중 하나이다. 어떤 면에서 그것은 아마도 『헝거 게임』에서 규정하는 관계보다 더 나을 것이다. 대부분의 청소년 디스토피아물들과 달리, 이 시리즈에는 독자들이 이 장르에서 기대하는 고전적인 삼각관계가 없다. 트리스가 몇 차례 포의 도움을 받기도 하지만, 그녀는 상당히 독립심이 강한 데다, 사랑보다 도덕적 선택의 문제로 씨름하기 때문에 서사의 상당 부분이 사랑과는 관계가 없는 것에 할애된다. 캣니스, 피타, 게일이 같은 적과 싸우려고 힘을 합치고 종종 한마음으로 묘사되는 반면, 트리스와 포는 항상 의견이 일치하는 것도 아니고 항상 나란히 싸우는 것도 아니다. 사실 트리스는 계속해서 포가 동의하지 않는 결정을 내린다(궁극적으로는 트와일라잇의 에드워드와 같은 방식이기는 하지만, 왜냐하면 그들이 그녀를 위험에 빠뜨리기 때문에). 하지만 그들의 성적 관계에 대한 묘사는 어느 정도 관심을 끈다.

3부작 중 마지막 작품인 『얼리전트_Allegiant_』에서는 트리스와 포가 성행위를 한다. 이 만남은 달콤하지만 서사를 지배하지 않으며 많은 비평가들이 주목하는 장면은 아니다. 하지만 이러한 결합 이전에, 친밀감에 대한 트리스의 두려움을 묘사하는 장면들이 있다. 정신 집중 훈련의 일환으로, 돈트리스 입회자들은 자신의 개인적인 두려움을 바탕으로 만들어진 위험한 시뮬레이션에 노출된다. 『다이버전트』의 책과 영화 두 버전 모두에서, 포가 트리스의 시뮬레이션에 등장하자 그녀는 극도로 취약한 상황에서 관객 앞에서 두려움을 극복하는 시나리오를 따르게 된다. 책에서 이 장면은 그녀와 포만 침실에 있고 그가 그녀에게 강력하게 키스하는 장면으로 묘사되는데, 그녀는 성적 접촉을 두려워한다. 이는 얌전한 소녀가 되도록 훈육 받은 데서 기인하는 것으로 보인다.[123] 영화에서 이 장면은 상당히 변형되어 거의 강간 장면으로 바뀐다. 카라 햄필_Kara Hemphill_은 그 두 장면을 다음과 같이 비교한다.

그녀가 두려워하며 침실에 있을 때 포가 나타나 계속 키스를 하자 그녀는 무슨 일이 벌어지고 있는지 알게 된다. 심지어 그 장면은 약간 유머러스하게 처리되고 있는데 트리스는 '내가 좋아하는, … 나랑 섹스하고 싶어 하는 남자가 있는데, 이렇게 두렵기만 하니 어쩌지?'라고 생각한다. 반면에 영화의 장면에서는 포가 트리스를 그의 침대로 던지고, 그녀를 제압하고, 그녀가 반복적으로 그에게 '안 돼'라고 말할 때 그녀를 조롱하는 모습을 보여준다. 그녀가 책에서 했던 것처럼 자기 자신의 말로 그와 소통함으로써 통제하는 것이 아니라, 육체적으로 그와 싸워 물리치도록 강요받는다. 그리고 그 시뮬레이션이 끝나자 그녀가 자신의 두려움에 적절히 대처했음을 알려준다.[124]

추가된 강간 장면은 많은 결과를 초래한다. 이는 주로 서사적 긴장감을 만들기 위해 사용된 것이다. 이런 장면들은 트리스가 툭하면 자신을 강간하려는 사람들에게 분연히 맞서는 폭력적인 상황에 처하게 함으로써 그녀를 괴롭힌다. 이런 장면에서는 여성 관객이 데이트 강간의 가능성을 배제할 수 있는 방식으로 성폭력과 함께 로맨스가 고조되는 장면을 병치시킨다. 그러나 햄필이 지적하듯이, 그것은 또한 주로 젊은 여성인 관객에게는 궁극적으로 강간에 대한 두려움이 불가피하다는 메시지를 강화한다. 트리스가 결국 공격을 막아내긴 하지만, 그녀는 또다시 남자 입회자들 중 누구도 예상하지 않는 방식으로 자신의 힘을 증명해야 한다.[125] 결국, 강간 시뮬레이션 장면을 포함하면 로스의 시리즈 자체보다 영화와 TV에서 강간 내러티브가 활용되는 방식에서 더 많은 문제가 드러난다.[126]

흔히 그런 것과는 달리 고맙게도 이 강간 장면은 트리스의 성행위에 대한 처벌로 읽히지 않는다. 캣니스처럼 그녀 역시 결국 다른 행동 때문에 처벌받게 된다. 강하고 여성적인 주인공으로 칭송받아 온 이 여성 주인공들 중 어느 누구도 오랫동안 청소년 문학과 연관된 결말, 그 후 행복하게 살았다는 결말을 맞지 않는다. 아마도 강하고 힘이 넘치는 여성들은 행복하게 사는 것으로 끝나지 않는다는 가장 강력한 메시지를 제공하는 것 같다. 스미스는 다음과 같이 주장한다.

> 캣니스와 트리스의 마지막 운명은 그들 각자의 이야기에 나오는 페미니스트 메시지와 모순된다. 강한 여성 캐릭터의 죽음은 (문자 그대로 또는 비유적으로) 오늘날 우리가 살고 있는 정상적인 시대에 순응의 필요성을 확인시키기 때문이다. 두 인물은 세상으로 되돌려 보내졌고, 슈퍼 걸에서 매우 인간적인 위치로 강등된 채, 다른 종류의 미래에 대한 독자의 희망과 함께 현실로 돌아왔다.[127]

『헝거 게임』 시리즈의 끝에서, 캣니스는 캐피톨을 파괴하지만, 나중에는 피타와 결혼하고(피타는 외상 후 스트레스 장애로 고통 받으며 그의 남은 인생 동안 그녀를 살해하려는 충동과 싸우며 보낼 것이다), 1000페이지에 걸쳐 묘사되었던 그녀의 캐릭터와는 정반대로 집안에서 세 아이를 키우면서 망각의 생활에 안주하게 된다. 결혼하고, 아이들을 갖고, 과거를 떠나 조용한 삶을 살려고 하는 그녀의 선택 그 자체를 비판하는 것은 아니다. 그리고 (그것이 무엇이든) 선택하는 것은 자유이다. 간단히 말해서 이러한 전통적인 결말이 일견 획기적으로 보일수도 있지만 또 다른 독자들에게는 이상한 이야기 구조로 비칠 수도 있다.

스미스의 주장에 따르면, 캣니스가 '교화'되어 전통적인 여성 역할로 변한 것과 달리, 트리스는 디스토피아 사회가 서서히 붕괴할 수 있다는 점을 확실히 알려주기 위해 희생된다. 이타심은 이 책의 시리즈 내내 여성성의 상징으로 자리매김하지 않았던가.[128] 스미스는 "어느 누구도 더 이상은 남성적 자아로 계속 남을 수 없다. … 따라서 그들은 어떻게 해서든 순응해야 한다. [젠더] 전복이란 그것이 유일한 선택 사항일 때만이 가능한 것이라는 메시지를 전하기 위해서 말이다"[129]라고 주장한다.

흐릿한 줄, 번질거리는 표지, 그리고 이상한 동반자: 문학적 극단의 탐색

이 모든 여성 주인공들을 서로 대화의 장으로 끌어들인 목적은 우리가 한 인물이나 텍스트를 다른 것보다 우선시하는 페미니스트 스펙트럼을 만들어내려는 것이 아니다. 그것은 아마도 생산적인 일이 아닐 뿐만 아니라, 사람들이 생각하는 것보다 조금 더 어려울 것이다. ≪애틀랜틱≫에 쓴 도발적인 글에서, 노아 베를라츠키Noah Berlatsky는 왜 그렇게 많은 비평가들이 캣니스를 사랑하지만 벨라를 비난하는지 의문을 제기한다. 대답은 단순해 보인다. 벨라는 약하고, 캣니스는 강하다. 벨라는 사랑에 집중하고, 캣니스는 생존에 집중한다. 벨라는 서투르고 특별한 기술이 없는데, 캣니스는 똑똑하고 재능이 있다. "만약 벨라가 캣니스와 싸운다면 누가 이길 것인가"라는 질문에 대해 베를라츠키는 일찍이 자신의 기사에서 그것은 엄청 쉬운 문제라는 것을 인정했다. 캣니스는 흡혈귀 여주인공의 송곳니를 잘라낼 것이다. 그러고 나서 그는 재빨리 왜 사람들이 그토록 빨리 캣니스를 받아들이고 벨라를 아웃시키는지에 대한 분석으로 옮겨가, 이것이 우리의 문화적 가치에 대해 무엇을 드러내는지를 아주 잘 말해준다. 그는 벨라에 대한 우리의 불편함이 '여성성에 대한 더 큰 불편함'을 반영한다고 주장한다.[130] 베르트라츠키는 독자들에게 "정말 남성다움이 여성다움보다 더 훌륭한 범주이고 더 페미니스트적인가? 정말 우리의 17세 딸들이 출산 예정일까지 아기를 배고 있는 것보다 수십 명을 죽게 하는 것이 나은가?"[131]를 생각해 보라고 묻는다. 그는 두 시리즈의 결말을 가리키며 이렇게 지적한다. "트와일라잇이 끝날 무렵, 벨라는 실제로 권력을 얻는다. 그녀는 온 가족을 죽음에서 구할 수 있는 육체적이고 마법적인 수단을 가진 흡혈귀가 되었다. … 캣니스는 반대로, 그녀가 내내 원했던 것이 그녀의 멋진 구혼자와 오두막집 주위를 뛰어다니는 아이들의 무리와 함께하는 가정의 행복이었다는 것을 알게 된다".[132] 그는 다음과 같은 말로 글을 끝낸다. "벨라와 캣니스가 만난다면 틀림없이 서로 많이 좋아할지는 모르겠다. 하지만 나는 그들이 서로의 욕망과 힘을 이해할 수 있을 거라고 생각한다. 어쨌든 그들이 싸울 것 같지는 않다. 남성성과 여성성은 죽을 때까지 싸우는 결투 상대가 아니다".[133]

그래서 우리는 문제가 되는 청소년물의 마케팅 관행(예를 들어 판에 박힌 표지 디자인을 사용하는 것,[134] 여성을 겨냥한 책들과 작가들이 만들어낸 강한 여성 인물들을 약화하여 할리우드에 적용하도록 만드는 캐스팅 결정[135])을 비판하거나 또는 시장이 새로운 세대의 독서에 영향을 미치는 방식(예를 들어 『헝거 게임』과 같은 책들이 어떻게 소년들로 하여금 여성의 관점을 받아들이게 했는지[136])을 칭찬하는 동안, 우리의 기대와 가치를 둘러싼 문제 있는 메시지를 소녀들에게 보내지 않도록 주의해야 한다. 수백 개의[137] 청소년물 제목들이 페미니즘적인 것으로 분류될 수 있고, 심지어 이 텍스트들 안에서도 충돌하는 메시지들이 가득하다. 아마도 청소년 문학의 캣니스들, 벨라들, 그리고 블레어들이 사춘기 소녀들의 책꽂이에서 서로 붙어 있는 것도 나쁘지 않을 것이다. 그들은 각각 소녀들이 맡게 될 갈등을 일으키는 역할들을 보여준다. 만약 10대 소녀들이 이러한 캐릭터들의 − 더 나아가 10대 소녀들 자신의 − 혼란스러운 행동을 통해 옥석을 가리는 법을 배울 수 있다면, 그들이 책을 통해 얻게 되는 젠더와 성에 대한 교훈적 메시지는 그리 영향력이 없을 것이다. 그리고 그들이 어른이 되었을 때 새로운 텍스트는 그들을 훈련시키기 위해 기꺼이 그들을 다시 기다리고 있을 것이다.

젠더화된 자기계발 영화

데이트할 때 여성이 해도 되는 것과 해서는 안 되는 것을 로맨틱 코미디로 배우기

2015년 6월 22일, ABC 방송의 〈미혼녀〉 출연자가 대본이 작성되어 프로그램의 승인을 받기도 전에 남성 구혼자 중 한 명과 섹스를 했다는 사실이 알려지자 트위터가 폭주했다. 〈미혼녀〉는 미혼 남녀의 데이트 과정 전체를 방송하는 전체 시청 등급 리얼리티 TV 프로그램으로 장수 프로다. 데이트와 환상적인 구애 과정을 거쳐 마지막까지 남은 세 명의 경연자 중 미혼남이나 미혼녀가 누구와 잠을 잘지 또는 세 명 모두와 잠을 잘 건지를 추측하는 내용을 방송 한 회 분량으로 다루는 것으로 잘 알려져 있다. 이 프로그램의 스타인 케이틀린 브리스토Kaitlyn Bristowe와 계속해서 경연자로 나오는 닉 비알Nick Viall이 일대일 온라인 데이트가 끝나갈 즈음에 같이 잔 사실이 방송에서 밝혀졌을 때, 브리스토는 소셜 미디어에서 팬들로부터 엄청난 비난을 받았다. 방송 후 24시간 동안 #미혼녀 해시태그가 붙은 트윗이 7만 건 넘게 쏟아졌고 대다수는 브리스토의 성적 행위를 재단하고 비난하는 욕설로 이루어진 부정적인 내용이었다.[1] 트윗을 한 대다수가 여성이었는데 여성의 성적 난잡함을 말할 때 붙이는 일반적인 꼬리표를 브리스토에게 붙였다. 온건한 트위터에는 "케이틀린은 자신의 몸을 쓰레기처럼 굴리지 않고 고상하게 지키는 법을 배울 필요가

있다 #미혼녀" 같은 비난의 글도 있었다.[2]

신랄한 말들 가운데 물론 브리스토를 변호해 주는 글도 있었다. 예로, 코미디언인 에이미 슈머Amy Schumer는 "아니, 데이트하면서 결혼까지 생각하는 남자와 잠을 잔 겁니다! @kaitlynbristowe(케이틀린 브리스토)에게 사랑을" 이라는 글을 게시했다.[3] 난잡한 여자에게 수치심 주기에 반대하는 글도 트위터 계정을 가득 매우기 시작했다. ABC 프로그램이 수치심을 주는 행위를 부추긴 방법에 대해 책임을 물어 방송 프로듀서들을 해고시키라는 글도 가득했다(예를 들어, 방송사는 이 프로그램을 "케이틀린의 섹스 스캔들"로 홍보했다). 이 사건에 쏟아진 관심은 트위터 계정 안팎으로 생산적인 사회적 비판을 낳는 결과를 가져왔다. 소셜 미디어 사용자와 기자들은 이 프로그램에서 방송된 매우 분명한 이중적 성적 기준에 관심을 쏟았다.[4] 브리스토와 비알 모두 비판에 대해 목소리를 크게 냈다. 방송이 나간 날 밤 브리스토는 "기억하세요, 당신이 나를 판단할 때 당신은 내가 어떤 사람인지를 밝히는 게 아니라 당신 스스로가 어떤 사람인지를 드러낸다는 점을"이라고 트위터에 썼다. 비알도 여러 번의 트윗을 통해서 사람들, 특히 여성이 성적 행동으로 판단 받는 문제적 방식에 관심을 불러 모았다.[5] 비알은 글을 계속 게시하면서 "누군가가 반드시 그녀를 부당하게 판단할 것을 알면서도" 공영 방송에 나와 섹스를 했다고 인정한 용기에 대해, 더 나아가 "섹스는 수치스러운 행위가 아니며 남자와 여자 모두 판단 받지 않고 섹스를 할 권리가 있다"고 주장한 것에 대해 브리스토를 칭찬했다.[6] 돌풍을 몰고 온 리얼리티 TV 방영으로 인해 중요한 논쟁이 이어지는 와중에, 이 방송에 대한 소셜 미디어의 초기 반응은 데이트 시장이 21세기에도 여전히 수십 년 동안 변함없이 지속되어온, 문제가 많은 성에 대한 이중 잣대를 미혼 여성에게 요구하고 있다는 사실을 드러냈다. 프로그램이 방영되는 동안 올라온 실시간 트위터를 한번 보자. "가정주부를 창녀로 만들 수는 있어도, 창녀를 가정주부로 만들 수는 없다".[7] 이런 부정적인 트위터가 증명하듯 아직도 여성의 특정 행위가 그 여성이 좋은 여자 친구나 아내감이 될 수 있는지를 결정한다고 믿는 사람들이 많다. 그런 행위 중 우선적으로 꼽히는 것이 성적인 활동이다.

대부분의 여성이 데이트를 하면서 위와 같은 공개적인 비난을 받지 않는다는 건 다행이다. 그러나 남성의 사랑을 받을 수 있도록 사회적으로 적합한 행위를 하고 있는지에 대해 알려주는 메시지를 개별적으로 받지는 않는다 해도, 여성들은 이런 메시지를 매일 수없이 받고 있다. 광고, 뮤직비디오, TV 프로그램, 그리고 다른 문화적 산물들이 남성이 이상적인 배우자에게 원하는 것이 무엇인지를 여성에게 미묘하게(또한 그리 미묘하지 않게) 교육한다. 이런 문화적 산물 중 특히 여성을 상대로 하는 마케팅은 전통적이고 상투적인 젠더 개념을 이용한다는 점에서 가장 큰 주범인 경우가 많다. 적절한 예가 로맨틱 코미디다. 이 장르는 오랫동안 여성을 대상으로 마케팅을 해왔고 주로 20대 중·후반의 여성이 경험하는 남녀관계를 그린다. 최근에는 20대뿐 아니라 10대 초반을 마케팅 대상으로 잡으려는 욕심에 점점 더 어린 배우들을 캐스팅하고 따라서 영화 관객도 어려지고 있는 추세다.[8] 현재, 문제가 있는 '데이트 입문 how to date' 수업이 인격이 형성되는 단계인 어린 나이에 소비되고 있다. 부분적으로 로맨틱 코미디 장르에 속하는 영화 대부분도 젠더화된 데이트 에티켓을 전달하므로 충분히 분석 대상이 되지만, 여기서는 이런 교육 역할을 새로운 지경에 올려놓아 부각시키면서 이를 오늘날 시각적으로 보여주는 자기계발서에 해당하는 로맨틱 코미디만 살펴볼 것이다.

새로운 자기계발 시대

자기계발이 할리우드에 등장했다는 사실은 놀랍지 않다. 지난 20년간 전통적인 자기계발서의 대중적 인기는 꾸준히 증가했다. 그래서 현 문화적 시점에 미국 소비자들이 왜 자기계발과 규범적 입문서, 그리고 전반적으로 스스로 하기Do-It- Yourself 사고방식에 이렇게 관심을 보이는지 학자들은 의문을 갖게 되었다. 기준을 제시하는 자기계발 교재가 폭발하듯 많아지면서 자기계발적 관점을 취하는 수많은 오락물(소설, 텔레비전, 영화)이 등장했다. 때로는 이런 추세가 매우 노골적이다. 여기서 논의할 영화 중 몇 편은 전통적인 자기계발서에서 비롯된 일종의 준자기계발서·오락의 잡종 산물이다. 이 걸작 영화들은 어떤 종류의 '도움'을 제공하는가? 그야, 남자를 낚는 법이다. 이 영화들은 최종 목적지가 될 자기계발 각축장처럼 결국은 상투적인 젠더 행동 양식을 강조한다. 할리우드 영화가 젠더와 젠더화된 행위를 사회적으로 구성하는 방식에 대한 우려는 어제오늘 일이 아니다. 많은 영화가 전통적인 이성애(異性愛)에 대한 신념 체계를 더욱 지지하는 역할을 한다는 주목 또한 어제오늘 일이 아니다. 어쨌든, 이런 영화를 자기계발서라는 모델을 향해 나아가는 문화적 변화의 일부로 분석하는 것이 자기계발 텍스트가 작용하는 방식과 지속적인 인기를 누리는 이유, 그리고 다른 어떤 면에서 또 문제가 있는지를 설명하는 데 도움이 될 것이다.

자기계발의 엄청난 대중적 인기가 다소 낯설지도 모르지만, 그 용어와 장르는 새롭지 않다. 자기계발은 1859년 출판된 새뮤얼 스마일Samuel Smile의 저서 『자기계발Self-Help』에서 개인의 계발이라는 문맥에서 법률적 용어로 처음 사용되었다.[9] 용어를 새로 만든 것은 분명 스마일이지만, 이 장르는 그보다 한 세기 이상 앞선다. 『슈퍼마켓의 신탁Oracle at the Supermarket』의 저자인 스티븐 스타커Steven Starker는 이 분야의 첫 시작이 코튼 매더Cotton Mather가 1710년에 출간한 『보니파키우스: 선행론Bonifacius: Essays to Do Good』이었다고 말하며 매더에게 공을 돌린다.[10] 매더는 (사회적 진보에 대한 기대 없이) 선한 일 자체를 위해 선한 일을 하는 중요성을 널리 알린 반면, 그와 동시대인인 벤저민 프랭클린Benjamin Franklin은 사회 이동(모든 사람들이 달성할 수 있다고 그가 생각한 가치 있는 목표)으로 이끌 행동을 장려했다.[11] 이 장르는 20세기 초 '신사상New Thought'으로 알려진 철학이 도래하면서 관성을 얻은 것이 분명하다. 이 시기를 기회로 삼은 작가에는 『카네기 인간관계론How to Win Friends and Influence People』(1936)의 저자로서 성공을 위한 실질적인 조언을 해준 데일 카네기Dale Carnegie가 있다.[12] 카네기의 글은 현대 자기계발서의 상투적 특징을 담고 있는 최초의 책에 속한다. 예로, 자신의 조언을 강조하기 위해서 개인적 일화에 의존하는 바가 크다.[13] 이 장르에 영향을 끼친 가장 최근 운동은 '긍정 심리학Positive Psychology'으로서 2009년 아마존닷컴 베스트셀러인 그레첸 루빈Gretchen Rubin의 『무조건 행복할 것The Happiness Project: Or Why I Spent a Year Trying to Sing in the Morning, Clean My Closets, Fight Right, Read Aristotle, and Generally Have More Fun』 같은 책들이 등장한다.[14] 한 논평가가 언급하듯이 이 글은 "자료들로 가득하지만 회상의 틀 안에서 친밀하게 이야기한다. 이 책에는 이 시대 자기계발서의 특징들이 다 들어 있으며 심지어 자기계발이라는 이름표를 부끄러워하는 점까지도 그렇다. … 그러나 이런 모든 현대적 허세에도 불구하고 이 책은 지속적인 베스트셀러들처럼 만성적이고 치유 불가한 미국적 결함인 불행에 집중한다".[15] 세기 전환기가 불행에 대한 치유책을 내놓지 못한 것이 확실하므로 문고판 책 한 권만 사면 이 감정적 유행병에서 영원히 자유로워질 거라는 무언의 약속 아래 이 장르는 계속해서 번성하고 다양해질 것이다.

자신의 저서인 『독서 치료법Reading as Therapy』에서 티머시 오브리Timothy Aubry는 이 장르 전반의 출판 시장에 영향을 미친 치료적 방향 전환이 어떻게 전통적인 자기계발서뿐 아니라 소설에도 영향을 미쳤는지 논한다. 21세기에 "치료가 미국의 사고와 감정을 규정하는 구조가 되어서 개인의 행복이 삶의 근본적인 목표임을 확고히 하고 개인적이고 사적인 것을 공적이며 사회적인 것보다 우선시한다"라고 주장한다.[16] 아마도 우리 모두가 단순한 나르시시스트는 아닐 것이다. 아마도 그저 작은 내적 치유를 찾고 있는 것일 수도 있다. 그런데 우리는 애초에 어떻게 치유가 필요하다는 것을 알게 되었는가? 그야 당연히 자기계발서가 알려준 것이다. 자기계발이라는 이름표도 부분적 책임이 있다. 결국, 이 용어는 스스로를 도울 수 있는 자아를 암시하지만 동시에

도움이 필요한 자아, 다방면으로 무력한 자아상에 암암리에 영합한다.[17]

　최근 자기계발에 대한 열광은 사회가 점점 더 세속화되고 현대 심리치료가 만연해지고 경제적 안정이 이루어진 것 등 다양한 문화적 변화의 탓으로 볼 수 있다.[18] 경제적 안정과 관련해서 중간계층 시민들이 지난 시대에 경험했던 고생을 벗어나 이제는 "그들의 심리적 건강에 강박적으로 신경을 쓸 만한 여유가 생겼는데, 광고 캠페인이 상품 구매와 행복을 연결하며 이런 면을 영악하게 이용하는 바람에 심리적 건강에 대한 관심이 집착이 되었다"고 보는 사람들도 있다.[19] 이런 추세가 직장과 가정의 구조 변화와 상호 관련이 있다는 주장도 있다. 『자기계발 주식회사: 미국의 변신 문화Self-Help, Inc.: Makeover Culture in American Life』의 저자인 미키 맥기Micki McGee는 1970년대 이래로 자기계발 장르의 성장이 노동 시장 및 가정의 불안정성과 병행해 왔다고 한다.[20] 맥기는 평생직장과 평생 결혼생활을 누리는 사람들의 수가 줄어든 것을 지적하면서 "결혼하고 취업을 하는 것으론 충분치 않다. 오히려 결혼할 만한 상태, 고용될 만한 상태를 유지하는 것이 절대적으로 필요하다"는 생각을 한다.[21] 그렇기 때문에 이를 이룰 수 있는 방법을 처방해 주는 책이 필요한 것이다. 이런 추세가 개인의 특정 노력 상승과 연결되어 있는 반면 노력과 노력을 지지하는 것에 대한 사회적 수치심이 줄어들어 이 분야의 산업이 번창할 수 있었던 것이라고 주장하는 사람들이 많다. 예를 들어, 항우울증약 복용과 '12단계 회복 프로그램이 급증'한 것을 보라.[22] 결과적으로, 이 급성장하는 산업이 탄생했고, "오늘날은 자기계발서가 창피한 것이 아니다. 그래서 침대 옆 서랍에 넣어두고 보던 자기계발서가 버젓이 커피 테이블 위로 올라오게 되었다. 평판이 좋지 않은 출판물 범주에서 모든 출판 범주를 휩쓰는 것으로 완전한 탈바꿈을 하고 그 과정에서 대부분의 논픽션은 자기계발의 영감이 넘치는 이미지로 바뀌었다".[23]

　이 장르에 대한 대중 수용이 새로울 수 있지만, 이런 현상을 추진한 정서는 새롭지 않다. 사실, 일부는 미국 내에서 자기계발 장르가 인기를 누리는 것이

해묵은 프로테스탄트 직업윤리의 변형으로 나타난다는 점을 사실로 받아들인다.[24] 민속학자이며 『자기계발서: 미국인들이 지속적으로 열광하는 이유 Self-help Books: Why Americans Keep Reading Them』의 저자인 샌드라 K. 돌비Sandra K. Dolby는 이 새로운 국가적 추세를 미국 건국 조상들의 철학(예를 들어 미국계몽주의 운동이 부추겼던 '행복 추구')과 연결 짓는다.[25]

자기계발 산업이 여전히 특정한 역사적 사건과 문화적 기후에 대한 하나의 반응이라는 주장을 하는 사람들도 있다. 예를 들어, 1960년대 동양의 정신에 매혹되었던 열풍이 선禪사상 실천을 둘러싸고 일어난 자기계발을 촉진시켰다.[26] 그 시대의 고통스러운 사회적 변동 상황 역시 자기계발 문학에 반영되어 나타났다.[27] 어떤 문화적 요인들이 미국 소비자들로 하여금 21세기에 마구 쏟아져 나온 개인 성장에 대한 책들을 받아들이게 했나? 이에 대한 많은 주장들이 있을 수 있겠으나 그중 한 가지는 자기계발 관련 글들이 소비자에게 (자신과 주변에 대한) 통제력을 지니고 있다는 (아마도 잘못된) 생각을 하게 하므로 이런 글들이 미국에서 지속적인 인기를 누리는 이유는 9·11사건 이후의 사회상을 반영하는 것일 수도 있다는 것이다. 이 시기에 사람들은 안전과 그 안전을 보장해 주는 정부 기관이 필요했는데 시기며 상황이 안전뿐 아니라 안전을 보장해 줄 기관도 제시하지 못했다.

자기계발서 출판 추세: 국가적인 강박증 비판

그렇다면 이 산업의 규모는 얼마나 되는가? 크다. 21세기 초에 도서, 세미나, 시청각 제품, 개인 지도를 포함한 '자기계발 산업'은 연간 24억 8000만 달러의 규모였다.[28] 한 리서치 회사의 조사에 따르면 2006년에는 미국의 자기계발 시장의 가치가 90억 달러 이상이었다. 여기에는 정보 광고, 우편 주문 카탈로그, 마사지 기관, 도서, 오디오 카세트, 동기유발을 하는 연사 세미나, 개인 지도 시장과 몸무게 감량과 스트레스 관리 프로그램도 포함된다.[29] 2012년 기사인 "문고판으로 기쁨 찾기: 미국만의 독특한 자기계발서 연정The Paperback Quest for Joy: America's Unique Love Affair with Self-Help Books"에서 로라 밴더캄Laura Banderkam은 자기계발서 출판 산업이 매출 120억 달러를 돌파했고 출판물로는 4만 5000종이 넘는다고 언급했다.

출판물이 쏟아져 나오면 그에 대한 비판 또한 엄청나게 쏟아진다. 예를 들어 스티브 살레르노Steve Salerno의 『가짜: 자기계발 운동으로 어떻게 미국이 무력하게 되었는가SHAM: How the Self-Help Movement Made America Helpless』는 '자기계발Self-Help과 실천 운동Actualization Movement(아이러니하게도 약자가 SHAM(가짜)이라는 의미의 단어가 된다)'을 연구한다. 이전에 라이프스타일 출판자였던 살레르노는 이 산업을 "자격 인증이 거의 되지 않은 사람들이 … 질병을 과장하거나 지어내 근본적으로 정상적인 사람들에게 그 징후가 있다는 진단을 하고 효과가 증명되지 않은 치료책을 시행하는 사업"이라고 설명한다.[30] 살레르노는 이 산업이 어떤 방식으로 기업계와 의료 분야 등 다른 영역으로 스며들어 해로운 영향을 끼쳤는지를 상세히 기록한다.[31] 그가 주장하길 하나의 문화적 현상으로서 이 분야가 '희생자라는 공통된 기치 아래' 미국인들을 결속시키는 문제 있는 추세를 몰고 왔다고 한다.[32] 이 산업이 "닳아빠진 사회적 안전망과 와해되는 공동체로부터 미국인들을 흩어지게 하고" 궁극적으로는 "더 큰 선을 위해 희생하는 것을 꺼리게 만든다"는 비판도 있다.[33] 많은 독자들이 이런 글에 빠져 있다는 점을 고려할 때 이 비판은 매우 중요하다. 그러나 글뿐 아니라 더 은밀히 자기계발서 역할을 하는 오락물에까지 비판을 확대하는 것 또한 중요하다. 로맨틱 코미디가 등장한다.

출판물에서 영화로: 자기계발서가 오락물이 된다

앞에서 언급한 바처럼 모든 로맨틱 코미디가 데이트와 결혼에 대한 규범을 어느 정도 지지한다고 말해도 지나치지 않다. 그러나 최근 영화들은 플롯의 '실용서' 측면을 좀 더 두드러지게 만들었다. 이런 하부 장르의 길을 깔아준 초기 영화에는 전통적인 로맨틱 코미디의 범주에서 살짝 벗어난 1996년 영화인 더그 라이먼Doug Liman의 〈스윙어즈Swingers〉가 있다. 실업자 배우들이 데이트 장면들을 이리저리 배회하는 플롯이다. 트렌트(빈스 본Vince Vaughn)는 LA에 갓 이주한 마이크(존 파브로Jon Favreau)에게 어떻게 하면 여자를 낚을 수 있는지에 대해 조언을 하며 가르쳐준다. 이 영화는 교제와 데이트에 관한 악명 높은 일련의 규칙으로 잘 알려져 있는데 몇몇 규칙들은 해로울 것까지는 없지만 다른 규칙들은 그렇지 않다. 데이트를 남자나 여자를 얻기 위해서 사회적으로 통용되는 대본에 따라 행동해야 하는 인생의 한 시기처럼 묘사함으로써 영화는 데이트 장면의 수행적인 속성에 주목한다. 영화가 제공하는 한 가지 교훈은 상대와 사귀고 싶어 안달이 났다는 것을 드러내지 않는 것 그리고 끊임없이 사람들이 자기를 찾고 바쁜 척하는 것이 매우 중요하다고 한다. 저녁 8시 파티에 몇 시쯤 도착하는 게 좋은지를 주인공들이 논쟁하는 장면에서 결국은 자정에 등장하는 것이 빡빡한 스케줄에도 겨우 파티에 겨우 참석했다는 인상을 줄 거라는 결론을 내린다.

이 영화는 아마도 '3일의 법칙'이라는 교훈을 설명하는 장면이 가장 유명할 것이다. 바에서 방금 전에 만난 여자인 니키의 전화번호를 따낸 후에 마이크는 안달이 나서 언제까지 버티다가 전화를 걸어야 하는지에 대해 친구의 조언을 구한다. 수는 이틀을 기다리라고 하면서 그것이 '업계 기준'이라고 말한다. 트렌트는 '요즘 모두들 이틀은 기다리니' 3일 후에 전화를 걸라고 덧붙인다.[34] 사랑을 게임으로 보는 것에 짜증이 난 나머지 마이크는 지갑 정리를 하다 전화번호를 보게 되었는데 상대의 외모가 어떤지 혹시 같이 잠을 잤었는지를 물으면서 그냥 3주 후에 전화를 하는 건 어떠냐고 비꼬는 투로 되묻는다. 그들은 함께 웃고 말지만 트렌트는 너무 일찍 전화를 하면 "파티에 갈 준비가 된 화끈한 여자를 도리어 두렵게 만들어 쫓을 수도 있다"는 경고를 반복한다.[35]

이런 대화 가운데 친구들의 조언을 비판하는 마이크의 모습을 볼 수 있지만 영화는 곧이어 조언을 무시한 것과 데이트 실패를 연결 지음으로써 그의 비판을 폄하한다. 이 영화에서 가장 유명한 장면은 마이크가 전화번호를 얻은 지 불과 몇 시간 만에 니키에게 전화하기로 결심하고 새벽 2시 반에 전화하는 장면이다. 이 장면이 의도하는 유머는 그가 친구들의 조언을 그냥 무시한 것이 아니라 데이트에 관한 자신의 본능을 따르다가 일을 완전히 망쳤다는 사실에서 비롯된다. 첫 번째 전화가 자동응답기로 연결되고 마이크는 더듬거리며 어색한 메시지를 남기는데 너무 길어서 뒷부분이 잘린다. "안녕, 니키, 마이크예요. 오늘 밤 드레스덴에서 만났죠. 어, 정말 즐거웠고, 당신이 내일 아니면 이틀 후라든가 뭐, 전화를 해줬으면 좋겠다는, 음, 말을 하려고 전화했어요. 내 번호는 213-555-4679예요."[36] 전화번호 끝부분에서 녹음이 끊긴 게 아닌가 걱정스러워 그는 다시 전화를 걸고 똑같이 횡설수설하다 또다시 끊긴다. 이렇게 계속해서 전화를 하고 메시지를 남기는데 상황이 점점 더 우스꽝스러워지면서 드디어 마지막 메시지를 남기게 된다.

> 마이크: 안녕, 니키. 마이크예요. 이게 전달되는지 모르겠네요. 당신 참 굉장하다고 생각해요. 그래도 서로 시간을 갖는 게 좋을 것 같네요. 당신 때문이 아니라, 정말로, 나 때문이에요. 이제 6개월밖에 안 되었긴 한데.
> 니키: (전화기를 든다) 마이크?
> 마이크: 니키! 와우! 지금 막 들어왔어요? 아님, 계속 듣고 있었나요?
> 니키: (차분하게) 다신 전화하지 말아요.
> 마이크: 아, 집에 있었군요.[37]

마이크가 니키와 잘해볼 기회를 놓친 게 시기상조였던 전화 탓이 아니라 초조하고 전전긍긍하는 연속적인 메시지 탓이라 해도, 이 장면이 '3일의 법칙' 조언과 나란히 붙어 나오는 것은 이런 조언이 믿을 만한 것이고 그래서 그것을 거부하면 결과는 부정적일 수밖에 없다는 사실을 함축한다. 그래서 (훨씬 더 문제성이 있는) 데이트 조언이 나오는 모든 장면이 이 장면과 함께 그럴싸해 보이게 된다.

로맨틱 코미디에서 전달하는 데이트 조언이 극도로 젠더화(이성애적인 것은 말할 필요도 없고) 되어 있다는 건 자명하다. 조언은 남녀가 상대에게 바라는 것이 다 똑같고 상대 젠더의 관심을 끌 수 있는 증명된 방법이 있다는 추정에 기반을 둔다. 어쨌든, 〈스윙어즈〉는 이 비유를 극단으로 끌고 간다. 여성혐오자이면서 뻔뻔한 바람둥이로 나오는 트렌트가 하는 조언은 빈번하게 불쾌한 젠더 고정관념에 의존한다. 여러 술집 장면 중에 트렌트가 마이크에게 여자는 존경의 대상이 아니라 추파나 던질 대상이라고 설득하는 장면이 있다. "밖에 나갈 때 여자들의 옷차림 봤지? 주목을 받고 싶은 거라고. 넌 여자들의 수가 먹힌다는 걸 알려주고 있어. 존경심 따원 치워버려라, 애송아. 네가 파티에 가고 싶다는 걸 여자들에게 알려주는 건 잘못이 아냐."[38] 여성을 객체화하라는 트렌트의 조언은 수많은 문제성이 있는 가설에 기반을 둔다. 여성은 남성에게 보이기 위해서 옷을 입는다든가 여성의 옷차림은 그들이 파티에 가고 싶어 한다는 의미라든가 하는 말은 트렌트의 관점에서는 여성은 언제든 섹스할 준비가 되어 있다는 뜻이다. 이 대화는 강간 피해자들이 견뎌야 하는 치욕스러운 말인 강간 피해자들이 옷장에서 옷을 잘못 고른 탓에 피해를 당했다와 매우 유사하다. 다른 장면에서 트렌트는 마이크에게 여자를 낚을 때는 잡담 따위는 삼가라고 충고한다. "여자들은 그 쓰레기 같은 감성 따원 원하지 않는다고. 너는 여자한테 애완견이나 아이스크림 이야기를 하지. 여자들은 네가 뭘 원하는지 훤히 다 알아. 아닌 척하는 건 시간낭비일 뿐이야. 어쨌든 여자를 거기까지 데리고 갈 거잖아. 그것에 대해 사과하지 말라고."[39] 남자는 여자에게 진지하게 말하고 싶어 하는 일은 절대 없을 거고 감성을 보이는 건 여자와 잠자리를 같이 하려는 수작일 뿐이라는 이 말은 매우 문제가 있는 발언이다. 남자는 언제나 궁극적으로는 여자를 '그곳'으로 데려가고 그것에 대해 사과해서는 안 된다는 선언 역시 지극히 문제성이 있다. 이 대화는 데이트하는 남·여의 관계에서 성교가 기정 결론인 것처럼 보이게 할 뿐 아니라 성적 행위를 결정하는 문제에 있어서 남성의 공격성을 인가해 주고 여성에게는 모든 주체적 결정권을 박탈해 버린다.

조언은 남성 인물을 위한 것이지만 여성 관객들에게 전달되는 함축적 의미 역시 생각해 볼 만하다. 남성이 여성에게 끌리는 이유는 육체적인 매력 때문이며 오로지 섹스가 목적이라는 메시지를 암시하는 내러티브를 여성 관객이 지속적으로 듣게 될 경우 이 내용을 내면화하기 쉽다. 그리고 궁극적으로 이런 장면들이 그저 유머러스한 장면을 만들기 위한 것이었다 해도 의도치 않게 남녀 모두에게 잠재의식적 지시를 내릴 수도 있다.

〈스윙어즈〉는 '데이트 방법을 알려주는' 영화 중 그래도 비정상적인 정도가 약한 영화라는 점은 언급해야겠다. 데이트를 잘 이끌어가는 데 도움이 필요한 남성이 등장하는 로맨틱 코미디 대부분은 '자연스러운' 남성적 충동에 따라 행동하지 말라고 남성 인물을 설득하고 대신에 여성을 낚기 위해서는 '자연스럽지 않은' 특정 방식을 따르라고 부추긴다. 다소 전통적인 조언의 방식을 보여주는 영화는 앤디 테넌트Andy Tennant의 2005년 작 〈Mr. 히치〉다. 영화는 여자 꾀는 법을 남자들에게 가르치는 데이트 전문가인 알렉스 '히치' 히친스(윌 스미스Will Smith)를 집중적으로 다룬다(이 허구적인 인물은 실존하는 미국의 데이트 코치이며 데이트 시장에서 남성과 여성에게 지침을 주는 상품을 많이 만들어 낸 데이비드 와이건트David Wygant를 모델로 한다). [40] 내러티브는 낭만적 관계를 맺고 있는 두 쌍, 히치의 고객인 앨버트 브렌먼(케빈 제임스Kevin James)과 유명인인 알레그라 콜(앰버 발레타Amber Valletta)과 히치 자신과 가십 칼럼니스트인 세라 멜라스(에바 멘디스Eva Mendes)의 데이트 경로를 따라가며 이어진다. 세라 멜라스는 히치 모르게 다음 특종기사를 쓰기 위해서 데이트 박사의 진짜 정체를 밝히려고 추적 중이다(히치는 익명으로 활동 중이다).

히치가 고객에게 조언을 하는 첫 장면의 대화로 영화의 어조가 결정되는데 〈스윙어즈〉와는 다르게 데이트 시스템 작동이 훨씬 인간적이다. 그러나 남자가 여자를 꾀기 위해 하는 말에 대한 반응에 이르기까지 모든 여성들에게 공통점이 있다는 근본주의적 메시지가 저변에 깔려 있다.

> 히치: 기본 원칙은 '하나님, 오늘 사랑에 빠지지 않기를 바랍니다!'라고 말하면서 아침에 눈을 뜨는 여자는 하나도 없다는 거야. 이렇게 말할 수도 있겠지. '지금은 나한테 정말 좋지 않은 때야'라든가 내가 개인적으로 제일 좋아하는 말인데, '난 일에 푹 빠졌어'라고. 그 말을 믿니? 그 여자도 안 믿어. 왜인지 알아? 거짓말을 하고 있으니까. … 무슨 말을 하는 거냐면, '어, 나한테서 꺼져,' 아니면, '더 노력해 봐, 멍청아'일 수도. 근데 어느 쪽일까? … 물론 여자가 너한테 거짓말하고 있는 거야. 그 여자는 배려가 있는 거지. 네 감정을 상하게 하고 싶지 않은 거야. 그렇게 말하지 않으면 어떻게 말하겠니? 그 여자는 널 알지도 못해 … 다행히 아직은 예쁜 여자도 자기가 뭘 원하는지 그걸 볼 때까진 모른다니까. 바로 그때 내가 개입하는 거지. 내가 하는 일이 여자의 눈을 뜨게 해주는 거야. 기본 원칙은 무엇이든, 언제든, 누구든 상관없이 … 모든 남자는 어느 여자든 낚아챌 기회가 있다는 거지. 제대로 된 마법의 빗자루만 있다면.[41]

이 말이 반드시 불쾌한 것만은 아니지만 여성이 여성 자신을 아는 것보다 데이트 전문가인 남성이 여성을 더 잘 아는 것처럼 그리고 있다는 점에서 분명히 문제가 있다. 여성이 남성에게 응수하는 말은 진심이 아닐 가능성이 있다는 주장이 문제가 있는 것과 마찬가지로 말이다(남자와의 관계가 아니라 일에만 집중하길 원하는 여자라고? 헉!). '제대로 된 마법의 빗자루'만 있다면 모든 남자는 어느 여자든 낚아챌 수 있다는 해로울 것 같지 않은 낭만적 생각 저변에는 여자는 늘 남자가 쫓아다니는 걸 좋아한다는, 그리고 한술 더 떠 여자의 거절은 항상 거절의 의미는 아니라는 메시지가 깔려 있다.

로맨틱 코미디의 전형적인 플롯 공식에 따라 데이트 장면에 대한 논평이 영화 내내 계속된다. 귀찮게 집적대는 남자에게서 그녀를 구해준 고전적인 매력적 첫 만남에서 히치는 곧 (사랑을) 느끼게 될 세라와 대화를 나눈다. 그는 칩이라는 남자가 애플 마티니 한 잔을 들고 세라에게 다가가 "인정하지 않을 수 없는 게 … 당신은 내 다음 여자 친구와 똑같이 생겼네요"라는 느끼한 작업 멘트를 날리는 것을 지켜본다.42) ('방을 가로질러 와서 난데없이 말을 붙이려면 상당한 용기가 필요했을 것'이라는 걸 이해하고 자신의 거절이 '더 노력해 봐'라는 의미가 절대 아니라고 말하면서) 그 남자가 다가오는 것을 세라가 거절하려고 하는데도 칩은 세라의 말을 무시하고 너무나 뻔한 유혹 멘트를 날려서 히치가 대화에 끼어들 수 있는 완벽한 순간을 만들어준다.43) 칩이 세라에게 "항상 그렇게 몸을 사리고 당신한테 꼭 맞는 남자가 나타나서 당신을 …"이라고 말하자 이때 히치가 끼어들어 "여자로 느끼게 할까 봐 겁이 나나요?"라며 진부한 문장을 완벽하게 마무리하면서 세라의 남자친구인 척한다.44) 이 장면은 여자를 꾀는 식상한 멘트부터 여자가 자기에게 관심이 있는지 제대로 알지도 못하는 것까지 남자가 여자와 처음 대화를 나눌 때 저지르는 온갖 잘못된 행동을 칩을 통해 보여준다.

용감하게 세라를 구해준 후 히치는 그녀와 로맨틱 코미디의 전매특허인 코믹한 농담을 주고받는다. 이 장면이 지속되는 동안, 히치는 세라를 재치 있는 대화에 끌어들인 후 완벽한 순간에 자리를 뜸으로써 그녀의 호기심을 자극하는 데이트 기술을 선보인다.

> 히치: 한편으로는 당신같이 생긴 여자에게 남자가 말을 건다는 건 아주 힘든 일이지요. 그런데 다른 편으로는 그게 당신의 문제 아닌가요?

세라: 그래서 인생은 두루두루 힘든 거지요.

히치: 주의를 기울이지 않으면요. 내 말은, 당신은 온갖 좋은 신호를 보내고 있다
　　는 겁니다. 귀걸이도 안 하고, 2인치도 안 되는 굽에, 머리는 뒤로 넘기고, 독
　　서용 안경을 끼고서 책은 안 보고 그레이 구스 마티니를 마시고 있는 게 끔찍
　　한 한 주를 보냈으니 맥주로는 해결이 안 된다는 의미죠. 뭐, 이게 분명하지
　　않다 하더라도, 당신 이마에 '꺼져'라고 새겨져 있으니.

세라: (웃음)

히치: 왜냐면, 어떤 사람인지 무슨 일을 하는지가 정말 알고 싶은 처음 본 여자
　　옆에 어느 남자가 아무 생각 없이 앉을 수 있겠어요?[45]

　미끼를 덥석 문 세라는 그런 남자가 어떻게 생겼는지도 모른다고 말하고는
히치에게 그런 남자는 어떻게 말하는지를 묻는다. 이 말에 자극을 받은 히치
는 장황한 자기소개를 시작한다. 그들은 이름과 직장 정보를 교환하고, 남자
가 여자를 꾀려고 할 때 할 수 있는 일들에 대해 재밌는 농담을 주고받는다.
대화가 끝날 무렵 세라는 남자들이 유머와 매력과 재치를 이용해 보는 게 어
떻겠냐는 제안을 하는데 실제로 이것들은 모두 히치가 대화 내내 보여줬던 것
이다. 그런데 히치는 여자들이 남자에 대한 선입견이 있어서 소용없을 거라고
우긴다. 세라는 재미있어하며 "그걸 싫어하는군요"라고 하고 이 말에 히치는
"꼭 그렇지는 않아요, 그들은 그들의 운명대로 살아갈 거고 아마도 잘 살 겁니
다. 만나서 반가웠습니다, 세라 멜라스"라고 답한 후 곧 자리를 뜬다.[46] 히치
가 자리를 뜨자마자 웨이트리스가 "금방 나가신 신사분께서 대접하시는 그레
이 구스 마티니 한 잔"을 가져다준다.[47]

　이 대화에서 히치는 여성에게 실제로 먹힐 수 있는 데이트 행동을 보여주
면서 칩의 행동과는 반대의 면모를 보여준다. 그는 대화를 시작하기도 전에
(바텐더에게 세라가 마시는 게 무엇인지 물었고 그 장면의 끝에서 알 수 있듯이 자신
이 자리를 뜨면 술 한 잔을 그녀에게 보내도록 예약함으로써) 그녀에게 확실한 관심

을 표현한다. 칩과는 달리 그는 작업성 멘트를 전혀 하지 않았고 대신에 그런 행동을 비난하는 대화에 그녀를 참여시켜서 자신의 지성과 유머를 강조했다. 그는 재밌고 진실한데, 이는 데이트 시작 단계에서 효과가 있을 거라고 세라가 그 자리에서 언급했던 특성이다. 그리고 히치는 실제로 세라와 기본 정보를 주고받을 수 있었다. 그리고 가장 중요하게는 그녀의 관심을 촉발하고 그녀가 호기심을 갖도록 내버려둔다. 그러나 진정한 로맨틱 코미디의 전형을 따라 그녀를 너무 오래 기다리게 놔두지 않는다. 다음 날 그녀의 사무실로 꽃이 배달되고 두 사람의 연애는 시작된다.

이 장면은 여자와 함께 춤을 출 때 손은 어디에 놓아야 하는가, 여자가 굿나잇 키스를 원하는지를 어떻게 알 수 있는가 등에 대한 질문에 답을 주고 데이트라는 항해를 제대로 하려면 어떻게 해야 하는지 다른 남자들을 지도하는 다른 장면과 더불어 히치를 닳고 닳은 데이트 전문가로 그린다. 그러나 또 다른 장면들은 이런 인상을 깨트린다. 이 영화는 대부분의 다른 로맨틱 코미디와는 달리 실제로 한 사람이 진정으로 데이트 전문가가 될 수 있는지를 이따금 면밀히 살핀다. 히치는 데이트라는 항해를 순조롭게 하도록 자신의 고객들을 도와줄 수 있지만 정작 자신은 세라와의 첫 데이트에서 연속적인 재난을 겪는다(예를 들어, 제트스키를 타면서 세라의 머리를 차고, 식중독에 걸리고, 등등). 영화가 끝날 즈음엔 관객들이 데이트 관련 조언이 실제로 데이트 시장에서 성공하도록 도와줄 수 있는지 질문하게 될 수도 있다.

대부분의 로맨틱 코미디처럼, 짝을 이룬 연인들의 관계는 영원히 행복하게 살았다는 결말에 이르기 전에 위험에 처한다. 이 영화에서도, 세라는 히치의 목적은 남녀의 진짜 데이트가 아니라 남성이 여성과 자도록 돕는 거라고 가정한 후 그 데이트 박사가 히치라는 사실을 자기 기사에서 폭로한다. 히치와 연관이 있다는 이유로 앨버트와 헤어진 알레그라는 이런 불쾌한 목적을 위해 앨버트가 히치에게 조종당했다고 생각하고 히치와 맞붙는다. 알레그라는 결국 자신의 마음을 빼앗은 앨버트가 했던 행동들을 히치에게 줄줄이 말하면서 그

걸 어떻게 알고 앨버트에게 지시를 했는지 물어본다. 그녀가 말하는 앨버트는 어릿광대처럼 춤을 추고, 자기 셔츠에 겨자를 떨어뜨리고, 흡입기를 들이키고는 키스에 집중하느라 그것을 아무렇게나 내던졌다. 하지만 히치는 앨버트의 바보 같은 면이 드러난 이런 일에 자신이 한 역할은 아무것도 없었다고 말하고는 앨버트가 얼마나 자주 자신의 지시와 정반대의 행동을 했는지 생각하며 기막혀 한다. 그는 놀라워서 그녀에게 묻는다. "그래서, 잠깐만 … 그런 행동이 당신에게 통했다고요?"48) 그녀는 그런 행동이 너무 사랑스러웠다고 말하고 둘은 한바탕 웃는다. 그러고 나서 알레그라가 "당신은 무얼 한 건가요?"라고 묻자 히치는 미소를 지으며 "아무것도, 절대 아무것도 안 했어요"라고 답한다.49)

이 영화는 여자의 마음을 사는 정해진 완벽한 방법은 없고 남자가 걸 수 있는 확실한 판돈은 그저 자기 자신의 모습을 보여주는 것이라는 외견상 긍정적 메시지를 전달한다. 이런 결론은 어떤 면에서는 영화가 시작할 때 나오는 이성에게 구혼하는 처방전pre-scripted이 있다는 내용의 독백과 반대되는 것이며 관객들에게 데이트용 자기계발 교재의 실효성을 좀 더 전면적으로 의심하게끔 만든다. 그러나 실효성을 완전히 거부하도록 만드는 것은 아니다. 히치가 앨버트와 알레그라의 관계를 진전시키기 위해 자신이 한 일은 전혀 없다고 주장하지만 그가 기여한 바는 분명히 있다. 그가 지시한 내용들이 앨버트에게 앨버트 자신의 진정한 자아를 보여주기 위해 필요했던 자신감을 갖게 했다. 그렇다면 이 영화의 메시지는 누구든 자기 본연의 모습을 보여줄 때 사랑을 획득할 수 있다는 것. 그러나 그 방법을 알기 위해선 누군가의 도움이 필요하다는 것이다. 히치가 세라와 화해하기 전에 자신의 작업을 변호하는데, 그때 두 번째 메시지가 크고 분명하게 부각된다. "긴장이 되니까 남자도 계획이라는 게 필요하다는 걸 여자들은 생각이나 해봤을까? 당신에게 다가갈 수 있을까, '당신을 좋아해요'라고 말할 때 당신이 어떻게 반응할까가 불확실하단 말이오."50) 어떤 면에서 이 말은 유효한 방식의 가치를 증명해서가 아니라 소비자를 위한 역할의 가치를 증명함으로써 자기계발 장르의 유효성을 인정하는 역할을 한다. 그렇다면, 이 영화는 그것이 파생된 자기계발 장르의 가치를 무심결에 지지하고 있는 것이다.

이쯤에서 분명해지는 것은 데이트를 다루는 대부분의 영화는 데이트에 성공하기 위해 무엇을 해야 하는지만 알려주는 것이 아니라 해서는 안 되는 것도 알려줌으로써 관객들을 교육한다는 것이다. 이점은 도널드 페트리Donald Petrie의 2003년 작인 〈10일 안에 남자친구에게 차이기〉에서 분명해진다.[51] 이 영화에서 잡지 작가인 앤디(케이트 허드슨Kate Hudson)는 의도적으로 남자를 떨어져 나가게 하는 그녀의 경험을 기사로 쓰기로 한다. 그 남자는 벤(매슈 매코너헤이Matthew McConaughey)이고 그녀는 남녀관계 속에서 여성들이 범하는 고전적인 실수를 연발하는 방법을 이용한다. 첫 데이트를 잘 마친 후 앤디는 상대로 하여금 관계를 끝내게 만드는 일들을 서서히 시작한다. 그러나 벤 역시 그녀 모르게 다음번 오피스 파티 때까지 여자가 자신과 사랑에 빠지게 만들겠다는 내기를 회사 동료와 했기 때문에 점점 도가 심해지는 그녀의 행동을 기꺼이 견뎌낸다(오피스 파티 일자가 우연히도 앤디의 기사 제목처럼 열흘 뒤다).

앤디가 소위 여성들이 데이트할 때 범하는 실수를 과장되게 저지르는 장면은 코믹한 효과를 주기 위한 것이다. 이런 실수를 하는 여성이 관계를 발전시키길 원한다면 이 장면은 불편하거나 슬플 수 있겠으나 관객들이 그녀의 의도를 알기 때문에 웃음을 자아낸다. 게다가 재미있기까지 한데, 이유는 그 행동들이 여성이 데이트할 때 하는 전형적인 행동을 과장되게 재현한 것이기 때문이다. 한 주 반 동안 앤디는 서서히 벤을 고문하지만 헛수고로 끝난다. 가령이런 일들이다. 농구 플레이오프 게임이 거의 끝나갈 무렵 앤디는 벤에게 소다를 사다 달라고 부탁하는 바람에 벤은 결승 골을 놓치고 만다. 여성 취향의 영화를 보던 영화관에서는 앤디가 벤에게 다른 남자와 싸우도록 부추겨 벤이 얻어맞게 한다. 이외에도 벤을 지나치게 달콤한 애칭인 베니라고 부르기 시작하고, 동물 인형, 장식용 쿠션, 여자 인형, 그림, 앵그리 걸 CD, 탐폰 등 가장 여성스러운 물건을 벤의 아파트로 옮긴다. 어린 고사리를 사주고 (이 장면에서 그녀는 이 고사리가 그들의 관계처럼 힘없고 부드러운 어린 것이라서 고사리에게 부드러운 사랑이 필요하다고 말한다) 저녁상에서 벤이 체리즙을 바른 양고기를 그녀 앞에 내놓자 앤디는 갑자스레 거짓 눈물을 터뜨리고(이 장면에서는 채식주의자인 척하며 울면서 말한다. "정말 좋아요. 당신도 아름답고. 내가 고기를 먹을 수만 있다면. 메리에게 양이 한 마리 있었다네 … 나 토하기 전에 이거 빨리 치워요.") 식당 웨이터에게는("내 남자친구는 내가 뚱뚱하다고 생각해서 이 사람 앞에서는 음식을 먹을 수가 없어요"라고) 거짓말을 해 낯선 사람 앞에서 벤이 나쁜 사람으로 보이게끔 한다. 또, (벤의 친구들 앞에서는 어이없는 행동을 해서) 남자들의 포커판을 망친다. (뉴욕 닉스 농구 게임에 데리고 가는 것처럼 믿게 해놓고는) 셀린 디옹Celine Dion 콘서트로 끌고 간다. 포토샵을 이용해서 (그들이 함께 사는 삶에 대한 가상 사진첩을 만들기도 하며) 미래의 아이들 모습을 벤에게 보여준다.[52] 관객들이 이런 행동이 다 초기에(혹은 관계의 모든 시점에서) 관계가 시작되는 걸 막기 위해서라는 걸 알고 있기 때문에 다들 웃지만 여전히 이 장면들은 옳고 그른 행동에 대한 처방전이 있다는 사실을 암시한다.

데이트를 주로 다룬 로맨틱 코미디 영화 대부분이 자기계발 장르에 긍정적이라는 사실 또한 흥미롭다. 〈10일 안에 남자친구에게 차이기〉의 여자 주인공 자신이 ≪컴포저 매거진Composure Magazine≫의 방법론 담당으로서 자기계발서 작가이듯이 로버트 루케틱Robert Luketic의 2009년 작인 〈어글리 트루스〉의 주인공인 애비(캐서린 헤이글Katherine Heigl)는 영화 초반부터 자기계발서의 열혈 독자로 그려진다. 다른 영화들처럼 〈어글리 트루스〉도 제목이 보여주듯이 성공적인 남녀 교제를 위해 배워야 할 '진실'이 있음을 암시한다. 이 '진실'의 끝에는 각 젠더에게는 타고난 내적 특성이 있다는 가설이 남는다. 이러한 전반적인 메시지는 이 영화의 홍보용 포스터만 봐도 분명해진다.

포스터에는 두 개의 판지가 있다. 각 판지에는 남녀 화장실 기호처럼 남성과 여성의 신체 윤곽이 그려져 있고 그 위에 빨간 하트가 있다. 여성 그림 위의 하트는 머리에 그려진 반면 남성의 경우는 사타구니에 그려져 있다. 메시지는 분명하다. 여성에게 사랑이란 두뇌가 이끄는 감정적이고 지적인 경험인 반면, 남성에겐 리비도가 이끄는 육체적인 만남이라는 것이다.

이 영화의 플롯은 애비를 중심으로 전개된다. TV 아침방송 프로듀서인 애비는 사랑에 거듭 실패한 후에 냉소적이고 여성을 혐오하는 텔레비전 논평가인 마이크(제럴드 버틀러Gerald Butler)에게 관계에 대한 조언을 마지못해 구하게된다. 애비는 다른 남자인 콜린의 마음을 얻고자 탐색 중에 있지만 결국은 사랑에 대한 인식을 '야수와 미녀'식으로 바꾼 마이크와 사랑에 빠진다. 그러나해피엔딩을 맞이하기 전, 여러 번의 만남에서 마이크는 남자를 확보하기 위해서 여자가 어떻게 행동해야 하는지에 대해 애비에게 가르쳐준다. 그가 해준조언은 전형적으로 여성을 대상으로 남성이 매력을 느끼는 것에 심하게 의존한다. 마이크의 입에서 나온 대부분의 말은 〈스윙어즈〉의 트렌트가 할 법한대사인데 단지 이번엔 상대가 남자가 아니라 여자라는 점이 다르다. 마이크는애비에게 "남자는 매우 시각적"이라서 그녀가 외모를 바꿀 필요가 있다고 한다. 그는 애비가 "접근할 수 없는" 여자이고 그녀의 외모는 "편안함과 효율성"을 소리 높여 외치고 있다고 한다.[53] 애비가 "편안한 게 뭐 잘못이냐"고 묻자마이크는 "글쎄, 잘못된 건 없지, 단지 편안한 사람과 자고 싶어 하는 남자가없다는 게 문제지"라고 한다.[54] 〈스윙어즈〉와 〈어글리 트루스〉 사이에 15년의 시간 차이가 있음에도 메시지는 동일하다. 여성은 남자가 자기와 섹스를하길 원하고 여자가 자기를 꾸미는 방식이 그 메시지를 분명히 전달한다는 것이다. 이 점을 강조하기 위해서 영화는 명확하게 여성의 외모에 집중하는 순간들을 다룬다. 전통적인 변신 장면에서 마이크는 애비가 어떻게 남성에게 더매력적일 수 있는지 그 방법을 가르쳐준다.

마이크: (판매원에게) 칵테일 드레스, 타이트한 청바지, 그리고 내 친구 가슴이
발딱 서서 "안녕"이라고 말하게 해줄 브라가 필요해요.

애비: 내 가슴이 지금은 "안녕" 하고 인사하지 않니? 그럼 내 가슴이 뭐라고 말하는데?

마이크: 드러내놓고 인사를 하는 게 아니라 그냥 고개만 까딱하고 있지 ….

(잠시 후, 이제는 브라가 아니라 드레스 얘기를 하며)

마이크: 길이가 매우 중요해. 허벅지가 좀 보일 만큼은 짧아야 해. 그래도 너무 짧아서 속옷이 보이면 안 돼. 속옷이 보이면 너무 애쓰고 있다는 게 드러나거든.

애비: 그렇게 생각해?[55]

남자와 여자에 대한 마이크의 생각뿐 아니라 그가 하는 말도 터무니없고, 섹스와 데이트를 동의어로 보는 그의 조언은 거의 다 어떻게 남자가 여자와 자고 싶어 하게 만드는지에 맞춰져 있다. 예를 들어, 마이크는 다음과 같이 말하며 선뜻 애비에게 남자와 감정적이거나 지적인 관계를 만들려고 애쓰지 말라고 한다. "네 문제를 남자한테 절대 말하지 마. 남자는 듣거나 신경 쓰는 법이 없거든. 남자들이 안부 인사를 할 때는 '내 거시기를 네 거시기에 집어넣어도 될까'라는 남자들만의 암호일 뿐이야. 아, 콜린은 그런 사람이 아니라고 생각하지. 하지만 내 말을 믿어, 그도 남자야. 그가 너에게 조금이라도 관심이 있다면 필경 네 거시기 생각을 열 번은 넘게 했을걸."[56] 애비는 모든 남자가 다 마이크처럼 변태는 아니라고 말하고 마이크는 남자는 다 틀림없이 그렇다고 주장한다. 남성은 여성의 내면 따윈 상관하지 않고 오로지 섹스에 사로잡힌 존재들이라는 이 대화의 근본적인 메시지는 대부분의 로맨틱 코미디의 공통 주제다. 조언을 하는 노골적인 순간들이 특히 거슬리고 데이트 코치를 하는 내내 (대부분 여성인) 관객들은 마이크를 매우 불쾌하게 느끼면서도 결국 그가 애비의 마음을 얻길 응원한다.

〈스윙어즈〉를 제외한 이 모든 영화들은 모두 평범하고 단순한 여성을 대상으로 한 영화다. 남자가 작품의 중심에서 데이트 시장을 붕붕거리며 날아다니면서 남자에게 여자를 꾀는 법을 알려줄 때도 이 영화들은 데이트할 때 여자가 남자에게 무엇을 원해야 하는지를 교육한다. 여자가 좋은 신호로 받아들여야 하는 남자의 행동을 자세히 설명해 주고 이에 대한 적합한 반응을 제시해 준다. 이 모든 가르침이 상투적인 젠더 개념에 깊게 자리하고 있다는 사실은 영화에선 언급하지 않고 지나간다.

자기계발서 각색 영화: 두 장르의 문제성 있는 결합

이 그룹에서 가장 분석할 가치가 있다고 여기는 영화들은 그 내용과 제목이 실제 데이트 자기계발서에 기반을 둔 것들이다. 2009년에 출시된 켄 콰피스Ken Kwapis의 〈그는 당신에게 반하지 않았다〉는 〈섹스 앤 더 시티Sex and the City〉 작가인 그렉 베렌트Greg Behrendt와 리즈 투칠로Liz Tuccillo가 쓴 동명 소설에 기반을 둔 미국 로맨틱 코미디다. 이 영화엔 벤 애플렉Ben Affleck, 제니퍼 애니스턴Jennifer Aniston, 드루 베리모어Drew Barrumore, 제니퍼 코넬리Jennifer Connelly, 브래들리 쿠퍼Bradley Cooper, 지니퍼 굿윈Ginnifer Goodwin, 저스틴 롱Justin Long, 그리고 스칼릿 조핸슨Scarlett Johansson 등이 나온다. 영화의 플롯은 볼티모어에 살며 다양한 애정 문제와 씨름하는 9명의 20대 젊은 남녀를 중심으로 이뤄진다. 중심 스토리에 지지(지니퍼 굿윈)가 나오는데 그녀는 데이트하는 상대 남자의 행동을 계속해서 오해하고 낭만적인 가능성이 없는 데도 있는 것으로 착각한다. 한 번은 바람을 맞고 나서 동네 바의 바텐더인 알렉스(저스틴 롱)와 친구가 되는데, 알렉스는 지지가 남자들한테 받은 긍정적이라고 상상했던 신호에 대해 지적하면서 결국은 남자들이 여자를 피할 때 쓰는 전략을 그녀에게 가르쳐주게 된다. 이 영화에서 알렉스는 자기계발서 저자들의 생각을 그대로 전달한다. 버렌트와 투칠로가 쓴 책의 배후 메시지는 단순하다. "당신이 데이트하고 있는 남자가 완전히 당신에게 빠지지 않았거나 당신이 그에 대해 '두고 봐야 알겠다'는 생각이 들 때는 제발 그가 당신에게 반하지 않았을 수도 있다는 그런 멋진 생각을 해보십시오. 그런 다음 자유로운 몸이 되어서 당신에게 반할 다른 사람을 찾아보십시오."[57]

책에서는 남자들이 하는 변명에 여자들이 말려들어 간다고 주장하며 이런 변명들을 낱낱이 알려주려고 한다. 저자들은 다음과 같이 쓰고 있다.

> 그가 전화를 안 한다면 그건 당신 생각을 하지 않기 때문이다. 당신이 기대하게 만들어놓고 사소한 일에서 그 기대를 저버린다면 큰일에서도 똑같이 행동할 것이다. 이 점을 기억하라. 그리고 그가 아무 거리낌 없이 당신을 실망시킨다는 사실을 깨달으라. 하겠다고 말해놓고 하지 않는 사람과 함께 하지 마라. 당신 마음을 편하게 해주고 반복되는 싸움을 끝내려고조차 하지 않는다면 그는 당신의 감정이나 필요를 존중하지 않는 것이다. "바빠"는 '개자식'의 다른 말일 뿐이고 '개자식'은 그자를 지칭하는 말이다. 당신은, 제기랄, 전화 한 통 받을 자격이 있다.[58]

지지에게 조언을 하는 여러 순간을 통해 알렉스는 이런 주제 가운데 두 가지를 다루게 된다. 먼저 남자가 왜 자기에게 전화를 안 하는 건지 지지가 문자 알렉스는 실용적인 답을 준다. "남자가 너에게 전화를 안 할 때는, 너에게 전화를 하고 싶지 않은 거야."[59] 지지는 그것보다 훨씬 더 복잡한 이유일 수도 있지 않느냐고 묻는다. "할머니가 돌아가셨거나 내 전화번호를 잃어버렸거나, 출장을 갔거나 택시에 치였을 수도 있잖아."[60] 이 말에 알렉스는 "아님 널 다시 보고 싶지 않거나"라고 응수한다.[61] 알렉스는 명확하게 그리고 확신에 차 자기계발서의 주요 메시지를 따라 한다.

영화는 또 다른 장면에서 "바빠"는 "너한테 관심 없어"와 동일한 말이라는 데이트 지침을 알려준다. 점점 알렉스의 조언과 우정에 의존하게 된 지지는 만나고 있는 남자에 대한 알렉스의 생각을 물으려고 데이트 중에 그에게 전화한다. 자기가 남자랑 서로 껴안고 입 맞추고 있을 때 그 남자가 출장을 가게 될 거고 그러면 당분간 연락을 못 할 거라는 말을 했다고 지지가 설명한다. 알렉스는 출장 때문에 연락이 안 될 거라는 핑계는 말도 안 되는 소리라며 당장 그 자리에서 나오라고 충고한다. 낙담한 지지는 "그래서 지금 뭐야? 날 좋아하지 않는 남자로부터 난 매번 도망쳐야 하는 거야?"라며 한탄한다. 알렉스가 그렇다고 답하자 지지는 "그럼 남는 남자가 없을 거야!"라고 소리친다.[62]

종종 알렉스는 거친 방식으로 조언을 하지만 원래 책의 조언은 (자기계발서 방식으로) 훨씬 더 달달하다. 버렌트와 투칠로는 "훌륭한 여성들이 말도 안 되는 관계에서 고생하는 걸 보는 게 힘들다"라고 말하면서 여성들에게 "자신의 아름다움을 낭비하지 말라고" 충고한다.[63] 그들의 고무적인 글은 여성의 자신감을 세워주기 위한 것이라지만 애칭과 아첨하는 형용사가 어찌나 많은지 페이지 여기저기에 그득하다. 그들이 여성 독자에게 막다른 관계를 쫓는 일을 그만두고 더 높은 기준을 세워보라고 온갖 달콤한 호칭을 남발하는 구절을 한 번 보자.

> 이 통계로 시작합시다. 당신은 달콤해요. 용감해요, 내 귀여운 사람. 외로워질 거란 거 알아요. 상대, 섹스, 그리고 사랑을 너무나 갈망해서 몸이 아플 정도라는 것도 알아요. 더 나은 사람을 찾아내는 유일한 방법은 더 나은 사람이 있다는 걸 믿는 거라고 나는 생각해요. 다른 선택의 여지가 있나요?[64]

달콤하다는 것이 통계적인 사실도 아니고 약간 모멸적이라는 사실을 차치한다면 전반적인 메시지 내용에 꼭 문제가 있다고 볼 수 있는 것은 아니다. 그러나 어조는 분명히 문제가 있다(사실, 뒷장에서 더 자세히 논의하겠지만, 이 점은 독자, 특히 여성 독자를 어린애 취급하는 자기계발서 대부분에 해당하는 내용이다). 누군가에게 용감하라고 말해주고 외로운 감정이 해로운 행동을 유발할 수도 있다는 것을 인정하는 것이 잘못은 아니지만 쓸데없이 '내 귀여운 사람'이라는 호칭을 덧붙임으로써 메시지의 효력은 꽤 상실된다.

지지가 이 텍스트 저자들의 말을 독백을 통해 비교적 힘 있게 전달하는 부분이 영화에 딱 한 번 나온다.

여자애들은 자라면서 많은 것들을 배운다. 남자애가 때리면 그건 그 아이가 너를 좋아하는 거야. 앞머리를 자르려 하지 마, 언젠가 멋진 남자를 만날 거고 해피엔딩을 맞게 될 거야. 보는 영화마다, 듣는 이야기마다 다 우리에게 제3막의 반전, 예기치 못했던 사랑의 고백, 예외적인 경우를 기다리라고 호소한다. 그러나 때론 해피엔딩을 얻는 것에 너무 집중해서 우리는 신호를 읽는 법을 배우지 못한다. 우리를 원하는 사람과 원하지 않는 사람, 우리 곁에 남을 사람과 우릴 떠날 사람을 구별하는 법을. 그리고 아마도 우리의 해피엔딩에는 남자가 빠져 있을 수도 있고, 아마 … 깨진 조각들을 집어 들면서 다시 시작하고, 앞으로 더 나은 것들을 위해 스스로를 자유롭게 해주는 너 자신만이 남을 수도 있고. 그리고 해피엔딩이란 … 그저 … 앞으로 나아가는 것일 수도 있고. 아니면 해피엔딩이란 오지 않는 전화, 상심, 이런 걸 모두 겪은 후에, 실수를 하고 신호를 잘못 읽고 하는 일을 통해, 온갖 고통과 낭패를 겪으면서도 결국은 절대로 희망을 버리지 않는 것일 수도 있다.[65]

영화에서 이 대사의 문제는 "아니면 해피엔딩이란 … 절대로 희망을 버리지 않는 것일 수도 있다"는 마지막 줄의 해석이다. 책에서 저자의 의도는 독자에게 건강한 사랑의 관계를 찾으리라는 희망을 절대로 버리지 말라고 격려하는 것임이 분명하다. 그러나 영화에서는 실수와 실책과 재난에도 지금 그 남자를 절대로 포기하지 말라는 의미인 것처럼 보인다.

사실, 지지가 알렉스(작가의 관점을 대변하는 영화 속 인물)에게 대답하는 말은 책의 전제를 위배한다. 지지는 이렇게 말한다.

내가 사소한 일들도 일일이 분석하고 나 자신을 너무 많이 드러내놓을 수도 있지만 그래도 그건 적어도 난 아직 관심이 있다는 의미야. 아! 여자들이 너에게 소모품에 불과하니까 넌 네가 이겼다고 생각하지. 넌 상처도 안 받고 너 자신을 엉망으로 만들지도 않을 테니. 그런 식으로 넌 사랑에 빠지지도 못할 걸. 넌 이긴 게 아냐. 외톨이인 거지. 내가 온갖 한심한 일을 할지는 모르지만 너보단 내가 훨씬 더 사랑할 기회가 많다고.[66]

이 장면에서 지지는 버렌트와 투칠로의 책에 잘 기록되어 있는 온갖 '한심한 일'들이 실제로 사랑으로 이어진다고 주장한다. 이 말은 저자들의 명제와 정반대다. 영화의 결말은 저자들의 주장이 틀렸음을 더 밝혀준다. 지지와 알렉스를 둘러싼 이야기의 줄기는 전형적인 로맨틱 코미디 공식을 따른다. 바에서의 매력적인 첫 만남, 남녀 간의 재밌는 농담, 우정으로 시작하지만 점차 드러나게 되는 사랑, 손쉬운 결합을 방해하는 장애물, 그리고 이미 정해져 있던 해피엔딩. 영화에서 먼저 사랑을 느끼는 사람은 지지이고 알렉스는 그녀를 거절하고, 지지는 마음을 접지만, 알렉스는 자신의 방식이 잘못되었다는 것을 깨닫고 돌아와서 그녀의 마음을 얻는다. 버렌트와 투칠로였다면 일단 상황이 분명해지고 관계가 일방적이라면 영원한 행복은 물 건너간 것이기 때문에 방향을 틀어야 한다고 말했을 것이 분명한 반면, 영화는 충분히 기다리면 반전 결말을 얻을 것이라는 메시지를 전달한다.

두 번째 줄거리도 버렌트와 투칠로가 전달하려는 메시지를 무효화시킨다. 베스(제니퍼 애니스턴)는 오랜 남자친구인 닐(벤 애플렉)이 프러포즈를 하려 하지 않자 좌절한다. 마침내 그녀는 (그가 자신이 원하는 것을 주지 않을 거라는 걸 인정하고) 그와의 관계를 끝낸다. 그들의 이야기가 여기서 끝났다면 막다른 관계에서 일어나지도 않을 변화를 희망하는 대신 혼자가 되어서 편안함을 찾으라는 버렌트와 투칠로의 충고를 지지하는 내용이 되었을 수도 있을 것이다. 그러나 그들의 이야기는 여기서 끝나지 않는다. 알렉스처럼 닐도 자신의 방식이 잘못되었다는 것을 깨닫고 마지막에 베스에게 되돌아가고, 베스도 닐이 얼마나 좋은 사람인지를 깨닫고는 행복하기 위해서 반드시 프러포즈가 필요한 것은 아니라고 말한다. 그러나 이 영화는 할리우드 영화다. 당연히 베스는 프러포즈를 받고 마지막 장면에는 그들의 결혼식 장면이 펼쳐진다. 사실, 바람을 피우는 두 인물을 제외한 모든 인물이 결말에서 사랑하는 짝과 행복하게 맺어진다(이 부분의 교훈주의를 보라). 자기계발서를 정확하게 반영한 영화였다면 등장인물 대부분이(다는 아니라 해도) '자신의 아름다움을 낭비'하지 않고 정말 그들을 연인으로 얻을 자격이 있는 사람을 기다리며 혼자 있는 것이 더 낫다는 사실에서 위안을 얻으며 짝 없는 결말을 맺었을 것이다.

〈그는 당신에게 반하지 않았다〉는 이런 유의 유일한 영화가 아니다. 2012년에 출시된 유사한 영화로는 팀 스토리Tim Story의 〈내 남자 사용법〉이 있다. 이 영화는 유사 제목의 자기계발서인 코미디언 스티브 하비Steve Harvey의 『여자처럼 행동하고 남자처럼 생각하라: 남자들의 진짜 생각Act Like a Lady, Think Like a Man: What Men Really Think About Love, Relationships, Intimacy, and Commitment』이 주는 조언을 영화의 전제로 삼는다. 영화는 하비의 책에서 다룬 문제를 대표하는 네 커플을 각각 다룬다. 이 영화에 나오는 커플 중 여자는 모두 하비의 자기계발서 독자이고 이 책을 통해 자신의 짝을 조종하려고 한다. 남자들은 이 사실을 알고서 전세를 뒤집어보려 하지만 결국 실패한다.

〈그는 당신에게 반하지 않았다〉처럼 〈내 남자 사용법〉도 그것이 기원한 자기계발서에서 인용한 엄청난 자료들을 한데 통합한다. 〈그는 당신에게 반하지 않았다〉에서 이런 작업을 남녀 관계에 관한 조언을 떠벌리며 아는 체 하는 바텐더의 가면 아래서 했다면 〈내 남자 사용법〉은 직접적으로 하비의 책을 참고하고 그 책을 사고 읽고 인용하는 여성들을 위해 여러 장면을 할애한다. 하비 자신도 주인공들 주변에 있는 텔레비전에 대담 프로그램의 인터뷰를 하는 것으로 출연하며 배경으로 등장하기까지 한다.

하비의 책은 버렌트와 투칠로의 책과는 살짝 다른 목적을 보여준다. 두 책 모두 여성이 남성으로부터 더 좋은 대우를 받게 하도록 여성을 돕고자 한다고 주장한다. 하비는 헌사에서 "그의 소망은 여성이 눈을 크게 뜨고 남성의 마음을 볼 수 있도록 힘을 부어주는 것"이라고 쓰고 있다. 하비의 책이 전하는 관계에 대한 조언 범위는 관계 초기 단계를 넘어간다.[67] 〈그는 당신에게 반하지 않았다〉가 결국은 남자가 여자에게 반하지 않았을 때 그것을 어떻게 알아차리는가에 대해 여성을 교육한다면 『여자처럼 행동하고 남자처럼 생각하라: 남자들의 진짜 생각』은 남자가 여자에게 빠지도록 만드는 방법을 가르친다.

데이트용 자기계발서 전체에 퍼져 있는 대부분의 조언처럼 하비가 주는 지혜의 말은 극히 근본주의적이다. 그는 모두에게 적용되는 남자에 관한 이해의 방법이 있다고 상정한다. 마찬가지로, 모든 여성을 다 동일하게 그리며 최소한 동일한 것을 원하는 것으로, 즉 결혼할 남자를 원하는 것으로 묘사한다. 하비의 책 각 장제목이 이 메시지를 강조한다.

> 남성을 움직이는 것; 우리의 사랑은 당신의 사랑과 다르다; 모든 남성이 필요로 하는 세 가지는 지지, 충성, 그리고 밥; 남자를 숨게 만드는 '얘기 좀 해' 및 다른 표현들; 중요한 게 우선이다: 그는 당신과 자고 싶어 한다; 놀잇감 vs 가정주부: 결혼할 유형과 즐길 유형을 남자는 어떻게 구분하는가; 마마보이; 남자는 왜 바람을 피우나; 남자는 기준을 존중한다—기준 몇 개를 갖춰라; 남자에게 너무 깊이 빠지기 전에 물어봐야 할 질문 다섯 가지; 90일 원칙; 당신이 받아 마땅한 존중을 받아내기; 당신이 그 남자를 '바로 그 사람'으로 결정한 뒤에 그가 다른 여자를 만난다면 이미 너무 늦었다; 강하고, 독립적이고 외로운 여성; 결혼반지를 얻어내는 방법; 당신이 늘 묻고 싶었던 질문에 대한 즉답.[68]

하비의 책을 기반으로 한 이 영화는 하비가 책에서 다루는 주요 문제에 커플들이 전념하도록 하는 방식으로 책의 내용을 그대로 반영한다. 특별히 관객들은 '마마보이(테렌스 젠킨스Terrence Jenkins, 마이클 역)'와 '싱글 맘(레지나 홀

Regina Hall, 캔디스 역)', '약속을 하지 않는 남자(제리 페레라Jerry Ferrara, 제레미 역)'
와 '결혼을 원하는 여자(가브리엘 유니온Gabrielle Union, 크리스틴 역)', '몽상가(마
이클 일리Michael Ealy, 도미닉 역)'와 '남자 같은 여자(타라이 헨슨Taraji Henson, 로렌
역)', '바람둥이(로마니 말코Romany Malco, 지키 역)'와 '90일 원칙을 믿는 여자(미건
군Meagan Goon, 마이아 역)' 사이에 펼쳐지는 관계를 보게 된다. 마지막 커플이
이야기의 중심에 있다. 하룻밤 즐길 대상으로 남자들에게 계속 이용당한 후에
마이아는 '놀잇감'이 아니라 '쉽게 섹스를 허용하지 않는 여자'로 보이는 방법
에 대한 조언을 하비의 책에서 찾는다. 영화에서 그녀는 하비의 조언을 친구
들에게 쉽게 풀어서 전달한다.[69] 마이아는 또 하비의 90일 원칙을 채택하기
로 결정하고 남자가 수습 기간을 성공적으로 통과하고 그의 접근 의도가 진지
하다는 것을 증명할 때까지 섹스를 보류한다. 하비의 말에 따르면 남자가 진
지한 관계를 맺길 원하는지 알려주는 분명한 신호는 여자에게 호칭을 붙이는
것이다. "고백이 열쇠다. 일단 남자가 여자를 자기 것이라고 주장하면 그 사람
이 진지하다는 것을 알게 될 것이다('자기 것으로 주장'이라는 단어 사용은 여성을
남성이 소유할 수 있는 재산으로 보는 것이다)."[70] 하비는 계속 경고한다. "당신을
'친구'로 소개하거나 당신의 이름으로 소개한다면 남자에게 당신은 그냥 그런
사람이다."[71] 영화에서는 남자 인물들이 하비 책에 나온 정보로 무장을 하고
여자를 상대로 정보들을 체계적으로 사용하려 할 때 하비가 준 조언을 생각한
다. 예를 들어서 데이트할 때 다가온 친구들에게 지키가 마이아를 소개해야만
하는 상황이 되었다. 이 장면 간간이 하비가 지역 TV 프로그램에서 이런 문제
에 관해 조언을 주는 인터뷰를 하면서 앵무새처럼 읊조리는 모습이 나온다.
"자 여성분들, 만약에 남자가 당신을 그의 친구라고 소개하면 당신은 그저 그
의 친구라는 사실을 이해하세요. 그 남자가 당신과 미래에 대한 계획이 있다
면 그것을 고백할 겁니다. 당신에게 호칭을 붙일 거고 당신은 그의 여자, 그의
숙녀, 그의 약혼자, 또는 …."[72] TV를 통해 나오는 하비의 말은 지키가 마이아
를 소개하는 "내 여자친구 마이아야"로 이어진다.[73]

이런 로맨틱 코미디는 그것이 유래한 영화 장르와 별반 다를 것이 없다는 주장을 쉽게 할 수 있을 거다. 그런데, 로맨틱 코미디는 그것이 유래한 원래 출처인 책들로 관객들을 인도하는 표지판 노릇을 한다. 원본인 책이 문제성이 있는 내용으로 가득하다면 이런 영화들도 원본인 책과 관련성이 있으므로 유죄다. 하비 텍스트의 영화판은 데이트에서 여성의 행동에 대한 섬세한 지시만을 제공하는 반면, 책은 훨씬 더 명료한 지시를 한다. 하비가 여성이 데이트할 때 해야 하는 행동을 꼬치꼬치 알려주는 구절이 있다.

어디를 가고 싶은지 남자에게 말하지 마세요. 당신이 좋아하는 음식 종류나 분위기만 말해주고 당신 취향에 맞는 장소를 그가 찾아내도록 하세요. 당신이 운전하겠다는 말은 하지 마세요. 당신이 가야 할 곳에 그가 당신을 데려다주도록 해요. 각자 계산하고 싶다는 말은 하지 마세요. 그가 지불하도록 내버려두세요. 같이 자자고 말하지 마세요. 잘 자라는 키스만 해주고 그가 쿠키를 얻으려면 무엇을 해야 하는지 스스로 알아내게 하세요(그러나 90일간의 수습기간이 끝나기 전에는 안 됩니다).[74]

다른 구절에서는 '집 안에 있는 여성'이 되기 위해서 어떻게 해야 하는지를 알려준다.

개수대, 자동차, 변기 내지는 아무 것도 고치지 마세요, 남자가 하게 두세요. 음식물 쓰레기를 버리지 말고, 페인트칠을 하지 말고, 잔디를 깎지 마세요. 그건 남자가 할 일이에요. 무거운 걸 드는 일도 하지 말아요. 남자는 소파나 텔레비전이나 책장 같은 것들을 들어 올리는 데 필요한 근육을 타고났어요. 식사 한두 끼 정도 준비하는 걸 두려워하지 말아요. 부엌은 당신과 남편 모두의 친구니까요. 매일 밤 티셔츠를 입고 잠자리에 들지 마세요. 여성용 속옷을 걸친다고 해서 누구에게도 해가 되지는 않으니까요.[75]

설교조의 이 두 글은 남자가 의사 결정자이고 부양자이며 집 안팎의 잔손질을 보는 사람이라는 점을 분명히 한다. 특히 집 안팎의 잔손질 부분은 남자에겐 타고난 특성(이를테면 "남자는 소파를 옮기는 데 필요한 근육을 타고났다")이 있다는 걸 암시한다. 이런 구절들이 암시하는 바는 여성은 남성에게 수동적이며 식사를 준비하고, 속옷을 입는 짝이라는 사실이다. 하비의 성에 대한 논의(아니면 그가 유창하게 부르는 '쿠키'에 대한 논의)라는 면에서 두 지시 구절을 나란히 읽으면 재미있다. 데이트 초기 과정에서 그는 여성에게 섹스를 보류하고 남자로 하여금 그것을 '힘들여 얻도록' 하라고 조언한다. 그러나 일단 커플이 함께 사는 단계가 되면 섹스는 무한정으로 확보된 것이며 주기적으로 기대하는 것이 된다. 그리고 섹스에는 남성이 지지하는 속옷이 곁들어져야 한다.

『여자처럼 행동하고 남자처럼 생각하라: 남자들의 진짜 생각』은 행동하는 방법을 알려준다. 모든 자기계발서가 거의 틀림없이 이런 일을 한다. 이러한 방법들은 임의로 채택된 상투적인 젠더 개념에 근거한다. 책의 마지막 부분이 명확히 보여주듯이, 젠더에 관한 문제성 있는 가설에 의존하는 것은 '방법론'을 알려주는 이런 순간만이 아니다. 하비는 다음과 같은 질의응답 시간을 마지막 장에 포함시킨다.

질문: 남자들은 성형수술, 인공 가발, 컬러 렌즈, 가짜 손톱 등등에 대해 어떤 느낌을 갖습니까?

답변: 보통 남성들은 당신이 그의 팔에 매달리면서 예쁘게 보이려고 무슨 짓을 하든 상관하지 않습니다.

질문: 남자는 멍청한 여자와도 데이트를 하나요?

답변: 똑똑한 남자라면 멍청한 여자와는 데이트를 할 수 없겠죠. 그러나 멍청한 여자를 이용할 수는 있습니다.

질문: 당신의 아내가 일을 하지 않는다면 어떠시겠어요?

답변: 전혀 상관없습니다.

질문: 결혼 후에 당신의 성을 따르지 않으려는 여성에 대해서는 어떤 생각이 드시나요?

답변: 대부분의 남성은 그 문제에 대해서는 심각해질 겁니다. … 남자는 자기가 자기 집안에 헌신하는 것만큼 자기 아내도 헌신하고 있다는 것을 확인하고 싶어 합니다. 원한다면 남편의 성을 하이픈으로 연결해도 되겠지요. 어쨌든 당신의 성이 자신의 성과 같길 원합니다.[76]

이런 질문과 더불어 여성을 비호의적으로 묘사하는 데 기여하는 질문들이 함께 나온다. "돈을 요구하는 여자에 대해 남성은 어떻게 생각하는가"와 같은 질문들은 돈을 목적으로 남자와 교제하는 여자의 이미지를 되살린다. "운전하는 여자에 대해 남성은 어떻게 생각하는가"는 남녀의 성대결에서 여성성의 결핍을 지적할 때마다 써온 표현을 암시한다. "험담에 대해 남성은 어떻게 생각하는가"라는 질문은 험담과 여성을 연결하는 편견을 강화한다. "여성이 집안을 간수하는 방식에 대해 남성은 어떻게 생각하는가"는 여성의 자리가 집 안임을 뜻한다.[77]

공정하게도 이 책은 남성 역시 상투적으로 그리고 있다. 〈스윙어즈〉와 〈어글리 트루스〉처럼 이 책은 남녀관계에서 남성에게 가장 중요한 부분이 섹스라고 말한다. 책 전체를 통해서 하비는 섹스를 '쿠키'라고 언급한다. 관계에서 남성이 만족하기 위해서 반드시 받아야만 하는 포상이라는 의미다.

쿠키: 쉬운 문제. 남자. 충동. 섹스. 우리는 섹스를 좋아해. 지구상에 섹스만 한 건 없어. 섹스만큼 지속적으로 우리가 원하는 건 없어. 섹스만큼 그것 없이는 우리가 살 수 없는 건 없어. 집을 빼앗고 직장을 뺏어가 봐. 69년도 임팔라를 가져가고, 마지막 남은 한 쌍의 악어를 가져가 봐, 그러나 제발, 제-발- 쿠키를 가져가지는 말아줘 … 우리는 사랑하는 여자, 우리에게 충성하고 우리를 지지해 주는 여자와 육체적으로 관계를 맺어야 해. 우리가 그렇게 하는 방법은 그녀와 육체적

사랑을 나누는 거야. 감정적인 것들, 말하기, 껴안기, 손잡기, 유대를 형성하기, 이런 것들은 모두 다 여자들이 하는 거야. 우리 남자들이 관계를 맺는 방법은 오로지 섹스를 하는 거지. 더 이상 말이 필요 없어. 이런 식으로 우리는 전원에 연결되고, 재충전하고 다시 연결되는 거야. 이것을 필요로 하지 않는 남자를 본 적이 없어. 아무 남자에게나 섹스가 중요하냐고 물어봤을 때 그렇지 않다고 대답하면 그 사람은 거짓말을 하고 있는 거지. 아직까지 그런 남자는 만나보질 못했어. 그런 남자를 만난다면 스미소니언박물관으로 데려가. 그만큼 특별하고 희귀한 사람이니까. 나머지 남자들은? 공기가 필요한 것처럼 섹스가 필요하지.[78]

로맨틱 코미디와 자기계발서의 우선적인 대상은 여성이지만 여성만이 문제가 있는 묘사의 희생자는 아니다. 남성도 상처를 입는다.

자기계발서를 각색해서 영화를 만드는 추세는 끝나지 않았다. 이 영화의 속편인 〈내 남자 사용법 2Think Like a Man Too〉은 2014년에 출시되었고 다른 영역의 자기계발서 역시 영화 친화적이라는 사실이 증명되었다. 제6장에서 논의되는 베스트셀러 임신 설명서인 『임신한 당신이 알아야 할 모든 것』은 2012년에 라이온즈게이트사가 영화로 만들었고 흥행에 성공해 4000만 달러 이상의 수익을 냈다.

자기계발서를 영화 속 이야기로 만드는 것, 혹은 더 정확히 말해서 그런 서적들이 로맨틱 코미디로 돌연변이가 되는 것의 문제점은 서적과 영화가 상충되는 메시지를 전달한다는 것이다. 장르적 요구 사항을 준수하기 위해서 영화들은 로맨틱 코미디를 따라하고 예측 가능한 비유와 인물, 결과에 의존한다. 영화들은 상투적인 역할을 하는 남녀를 그려내고 영원한 행복이라는 결말에 대한 희망을 판매한다(남자가 비열한이라도 여자는 언제든 남자를 바꿀 수 있기 때문에 행복한 결말을 기대할 수 있다). 자기계발서의 제목과 몇 개의 구조적 모티프를 빌려오면서 이 영화들은 실제보다 더 원래의 책에 유사한 것처럼 보이게 하는 거짓 암시를 제공한다. 그래서 쾌피스의 〈그는 당신에게 반하지 않았다〉를 본 관객은 영화 속 행복한 결말을 기억하고 버렌트와 투칠로의 책을 찾을 것이다. 그런데 살 때는 모르겠지만 이 책은 영화와는 매우 다른 메시지를 내포하고 있다. 〈내 남자 사용법〉에서 제시하는 젠더화된 메시지를 모두 내면화하지 않은 관객이라도 하비의 실제 책을 읽게 되면 온갖 젠더화된 메시지의 폭격을 받게 될 것이다. 영화 예능의 구성 방식이 문화적으로 기대되는 행동을 하라고 가르치면서 이미 사이비 자기계발서 역할을 하고 있다는 점이 그 자체로 문제가 된다. 또한 그것들이 점차 확장되는 자기계발 장르와 관련되면서 자기계발 문화가 소비자에게 더 깊이 베어들게 방향을 지시하고 있다는 점도 더 큰 문제다.

무대를 뛰어 넘을 마케팅 메시지

이미 언급했듯이 로맨틱 코미디와 자기계발서 모두 우선적으로 여성을 대상으로 한다. 여성은 이런 텍스트의 이상적인 소비자인 반면 텍스트 생산자 다수는 여성이 아니다. 가장 유명한 자기계발서 관계 전문가는 대부분 남성이다(예를 들어, 치료가이며 『닥터 필*Dr. Phil*』이란 책의 저자 필 맥그로Phil McGraw와 『화성에서 온 남자, 금성에서 온 여자』의 저자인 존 그레이가 있다). 게다가 남성인 관계 전문가는 위에서 분석한 영화 모두에서 강조되는 특징이다. 영화에서 주인공이 남성이든 여성이든 간에 그들에게 데이트 관련 조언을 제공하는 '논리'의 소리는 거의 대부분 남성이다. 〈스윙어즈〉의 빈스 본이 맡은 인물, 〈히치〉의 윌 스미스가 맡은 인물, 〈어글리 트루스〉에서 제럴드 버틀러가 맡은 인물, 〈그는 당신에게 반하지 않았다〉에서 저스틴 롱이 맡은 인물, 그리고 〈10일 만에 남자친구에게 차이기〉의 스티브 하비 자신에 이르기까지 모두 해당된다. 여기서 언급된 영화 중 유일한 예외적 경우는 〈10일 만에 남자친구에게 차이기〉인데 이 영화에서 케이트 허드슨이 맡은 인물이 데이트에서 해야 되는 행위와 해서는 안 되는 행위를 모두 섭렵한 인물로 나온다. 더구나 각색된 두 영화는 (적어도 부분적으로나마) 남성이 쓴 관계에 관한 서적을 바탕으로 제작되었다.

자기계발 산업이 매우 여성화되어 있다는 사실에도 불구하고 이 산업이 항상 시장의 기반을 제대로 대변하는 것은 아니다. 살레르노는 자기계발서와 여성운동에서 여성을 조명하는 상호 모순된 방식을 지적한다. 그는 다음과 같이 적고 있다.

> 한편, 자기계발과 실천 운동SHAM은 명백히 여성을 더 계몽된 젠더로 인정하고 많은 수의 여성을 포괄한다(닥터 필과 존 그레이의 책을 덥석 사는 사람들은 남성이 아니다). 또 다른 한편, SHAM은 여성은 ① 생각하기보다는 느끼고, ② 뛰어난 것보다는 보통을 더 선호하고, ③ 승리하기보다는 항복하려고 한다는 명확한 암시를 준다.[79]

이 업계는 이 장의 초입에서 다뤘던 문제성 있는 상호 순환 속에 여성 독자를 가둬둔다. 여성을 치료책이 없는 질병을 앓고 있는 것으로 자가 진단하게끔 이끌고 효과가 증명되지 않은 상품들을 던져 줌으로써 여성이 도움이 필요한 존재라는 모순된 메시지를 팔아먹는다.

오브리Aubry가 미국의 독서 사례를 연구한 결과, 자기계발서가 소비자에게 치료 가이드 역할을 하는 유일한 제품이 아니라는 것을 알아냈다. 그의 주장은 대부분의 미국인들이 자신의 개인적인 문제를 직면하고, 이해하고, 해결해 나가기 위해서 소설에 의존한다는 것이다.[80] 그렇다면 로맨틱 코미디 관객에게 미치는 영향은 무엇인가? 오브리가 개인들이 이런 책들을 '심미적 만족의 원천보다는 실질적인 조언을 주는 것이나 일종의 치료책'으로 여긴다고 이야기할 때 그는 인쇄된 소설을 콕 찍어 가리키는 것이었으나 이 주장은 대중적인 영화에도 쉽게 적용될 수 있다.[81] 소비자는 허구인 소설이 "심오하고 복잡하고 감정적으로 반응하는 인간으로서의 자신에 대한 인식을 확인해 주면서 그들의 불만과 불안과 고뇌를 인증"해주길 기대한다고 오브리는 주장한다.[82] 이는 완전히 새로운 주장은 아니다. 1938년에 처음 출판된 케네스 버크Kenneth Burke의 『인생의 장비인 문학Literature as Equipment for Living』은 소설이 독자가 일상생활에서 겪게 되는 상황을 헤쳐나가도록 안내하는 데 도움이 될 수 있으며, 이러한 이야기들이 독자들에게 실제 상황을 다루는 데 필요한 전략을 제공할 수 있다고 말한다.[83]

사람들이 로맨틱 코미디를 점점 더 처세의 영역으로 소비한다는 것은 무슨 의미일까? 이는 관객들이 문제에 대한 규범적인 해결책을 찾으려고 이런 텍스트에 무의식적으로 접근할 수 있음을 의미한다. 즉, 인물과 상황을 자신과 동일시하기 위해 소설을 볼 수도 있고 로맨스를 코믹하게 묘사한 것을 실제보다 더 진지하게 받아들이고 영화의 메시지를 내면화해서 데이트에 대한 자신의 신념을 구축하도록 할 수도 있다는 의미다. 더욱이 사람들은 세계에 대한 그들의 신념과 이해에 의문을 제기하기보다는 그것을 재차 확인해 주는 텍스트로 몰려든다는 사실은 잘 알려져 있다. 그래서 이런 영화들이 잘못된 공식과 이성애적 메시지로 빈틈없이 차 있지 않다고 해도 크게 다르지 않은 것은 대부분의 관객들이 자신이 이미 믿고 있는 바만 찾기 때문이다(그들이 믿고 있는 바는 부분적으로 매체에 의해 구성되었을 가능성이 크다).

하지만 이 모든 것이 단지 추측이 아닌가? 결국 로맨틱 코미디는 바보 같은 영화일 뿐이다. 맞는가? 아니, 그렇지 않다. 최근 연구에 따르면 로맨틱 코미디가 시청자에게 쉽게 사라지지 않는 영향을 줄 수 있다고 본다. 스코틀랜드 에든버러의 헤리오트 와트 대학교Heriot Watt University 연구원들은 이런 영화가 관객들에게 낭만적인 관계에 대한 비현실적인 기대를 갖게 한다는 것을 발견했다.[84] 이 프로젝트의 수석 연구원인 비얀 홈즈Bjarne Holmes는 관객은 영화가 현실이 아니라는 것을 이해하고도 남지만, 영화를 보는 것이 관객의 감정적인 삶에 여전히 영향을 미칠 수 있다는 증거가 있다고 설명한다.[85] 또한, 사회인지이론 분야의 연구에 따르면 관객들은 '그들 자신의 관계'에서 어떻게 행동할 수 있는지 또는 행동해야 하는지를 결정하기 위해 '미디어에 묘사된 관계 내에서의 행동을 관찰하려고' 영화를 볼 수도 있다. 그것이 사실이라면, 관객들은 엄청나게 문제가 있는 예를 자신의 낭만적 관계의 모델로 삼게 된다. 확실한 점은, 문제성 있는 성 고정관념을 영속화시키는 것에 관한 한 로맨틱 코미디가 죄를 물을 수 있는 유일한 영화 장르는 아니라는 것이다. 예를 들어 미디어 플랫폼 전체에 걸쳐 성 고정관념에 대한 무수한 연구들이 있었다. 특히 영화 산업의 측면에서, 2012년에 발표된 할리우드 영화에 대한 최근의 분석에 따르면 대다수 영화가 남성 지배를 정상화하고 여성은 대개 수동적으로 묘사했다.[86] 어떤 면에서는 영화 장르 중 저속한 형제임에도 불구하고 로맨틱 코미디는 영화 전반의 서사에 묘한 영향을 미친다. 전형적인 여성 중심 장르인 만큼 로맨틱 코미디는 여성이 진정 원하는 것이 무엇인지를 멋대로 가정한 책임이 있을 수 있다. 다른 장르에 대한 여성 관객 인구를 늘리려는 시도로 할리우드는 관계에서 성 고정관념을 강화하는 방식으로 여성에게 영화를 마케팅하기 시작했다.[87] 여성들이 슈퍼 히어로 영화를 보게 하고 싶은가? 그럼, 여성들의 구미를 당길 낭만적인 서브플롯을 포함시키는 것이 좋다. 오, 그 참에 '고난에 처한 아가씨'라는 옛 주제를 다시 부활시켜라. 이 주제는 질리지 않는다.

모든 사람이 어떻게 살 것인가, 어떻게 더 나은 사람이 될 것인가에 대해 들으려고 안달인 시대에 인기 있는 미디어 상품이 갑자기 신탁으로 변모하는 관행에 의문을 제기해야 한다. 가벼운 오락으로 의도된 작품이 자기계발을 위한 정보의 원천으로 사용(또는 제시)될 때, 그것들을 더 비판적으로 볼 필요가 있다. 왜냐하면 이 텍스트들이 여성에게 전달하는, 인생에 대한 작은 교훈들이 영향을 미치는 게 데이트 단계에서 끝나지 않기 때문이다. 그것들이 강화하는 성 고정관념이 여성이 데이트 다음 단계인 결혼으로 나아갈 때도 지속적으로 영향을 미친다.

제 4 장

결혼식 판촉과 신부 제작

'완벽한 날'로 만들어주는 매체의 묘사들

2014년 9월 배우 조지 클루니George Clooney는 영국 변호사인 아말 알라무딘 Amal Alamuddin과 널리 알려진 결혼식을 거행했다. 웹을 금방 검색해도 아름답 고 낭만적인 도시 베니스에서 거행된 결혼식에 관한 수많은 비디오와 글과 사 진을 볼 수 있다. 아말 알라무딘은 아이보리색 망사 아플리케에 13미터짜리 샹티이 레이스를 달고 보디스에는 구슬과 크리스탈을 손으로 수놓은 오스카 드 라 렌타Oscar de la Renta의 웨딩드레스를 입었다. 드 라 렌타는 "웨딩드레스 는 여성의 인생에서 가장 중요한 드레스이다. 삶의 행로에서 어떤 여성이라 도 그런 특별한 드레스를 꿈꾸고 있고 나는 그녀의 꿈을 실현시켜 주기 위해 노력한다"[1]고 말했다. 클루니의 결혼식 과정은 초대된 손님뿐만 아니라 일반 대중에게도 큰 관심사였다. 스펙터클한 면모가 돋보이는 그런 결혼식이었다. 드 라 렌타는 이날은 모든 여성이 꿈꾸어온 날이며, 드레스와 예식, 스펙터클 한 광경과 힘께 그 꿈이 현실이 된다고 말했다.

많은 어린 소녀들과 젊은 여성들은 아름다운 예식을 계획하면서 마음속에 '신부 입장'을 흥얼대며 결혼식 제단에 설 때까지 오랫동안 이날을 꿈꾸어 온 다. 영화, TV쇼, 잡지, 널리 퍼져 있는 인터넷 영상은 여성의 삶에서 결혼이 가장 중요한 사건이고 그다음 출산이 중요하다고 암시한다. 결혼식은 짧은 예식이지만(긴 예식이라도 한 시간 정도다) 커플에게 삶을 변화시키는 일이고 여성에게는 틀림없이 훨씬 더 그렇다. 그녀는 수년 동안 이날을 상상하며 이 일을 종종 1년 정도는 계획할 것이다. 대부분의 경우 신부는 남편의 성을 따르고 어떤 의미에서는 새로운 사람이 될 것이다.[2] 그러나 이런 하루짜리 이벤트에 왜 관심을 둘까? 나아가 신부가 된다는 것은 여성의 삶에 어떤 자격을 부여하는 것일까? 이 장에서 우리는 이것이 하나의 단계에 불과한 것이 아니라 여성의 인생에 중심축이 되는 단계임을 보여주기 위해 신부와 결혼에 관한 대중문화 상품들에 대해 분석할 것이다. 결혼식은 그녀가 스포트라이트를 받는 순간이다. 즉, 앤디 워홀Andrew Warhol이 말한 15분간의 명성을 갖는 순간이다.

이 획기적인 사건을 여성의 인생에서 별개의 단계로 표시하는 것은 얼핏 보아 타당해 보이지 않지만, 연구에 의하면 여성들이 이 기간에 받은 문화적인 학습이 그들의 삶에 지속적인 영향을 끼친다는 것이다. 예를 들어 최근 연구에 의하면 초대형 결혼 이벤트라는 문화적 열풍을 받아들인 여성들이 실제로 덜 성공적인 결혼생활을 하게 된다는 것이다.[3] 즉, 약혼반지나 결혼 축하연의 가격이 올라갈수록 이혼으로 끝날 가능성이 높다는 것이다. 여성들은 그런 호화로운 행사가 가져온 부정적인 영향을 간과한 채 동화 속의 완벽한 날을 만들어준다는 지침 자료를 게걸스럽게 흡수한다. 그날은 소녀 시절 이후로 왕실 무도회, 공주 드레스, 그리고 영원한 행복의 이야기와 연관된 날이라고 기대해 왔다. 이런 모습은 행복한 결혼에 이르게 하는 데 필요하다고 제안하는 것을 넘어서서 이러한 결혼식을 주제로 삼는 많은 상품들이 문제가 있는 설교식의 메시지를 담고 있다. 수많은 선택을 한다고 느끼는 신부들에게 광고 상품들은 결혼식에 대한 것뿐만 아니라 이성애 부부의 사는 방법에 대해서도 매우 편협한 시각을 제공할 뿐이다. 낡아빠진 성 고정관념에 많이 의존한 서술과 이미지를 이용한 이러한 문화 상품들은, 신부가 되는 단계에서 더 강한 여성성 모델을 제공하는 것을 방해하며 종종 여성들을 가정의 영역에 머물게

하는 전통적인 현상 유지를 강화하기 위해 작용한다.[4]

앞 장에서 논의했듯이, 미국 대중들은 지난 20년 동안 자기계발에 대해 지속적인 관심을 보여왔다. 그리고 시대착오적인 느낌이 있지만 '완벽한 짝'을 찾는 것은 많은 여성들에게 우선적인 과제였다. 많은 사람들은 결혼이 여성에게 더욱 더 완벽해지려는 감정인 자기 성취감을 부여한다고 생각한다. 이 생각 자체도 문제지만 그보다 더 큰 문제는 많은 사람들이 결혼에 도달하는 유일한 길이 먼저 결혼의 소비주의적 문턱의 기대를 채워주는 것이라고 느끼는 식으로 문화적 관행이 변한 것이다. 결혼식은 더 이상 사적인 가정 행사가 아니라 값비싼 공적 행사로 변모되었다. 오락 산업은 소비자에게 잡지, TV쇼, 영화, 문학 등의 여러 상품을 제공함으로써 문화적 관심을 만들어 부추겼고, 이러한 오락 상품들은 여성들이 중요한 이벤트를 계획하며 '신부' 역할을 수행할 때 여성이 원하는 기대와 행동의 형태를 형성하게 되었다. 이 장에서는 결혼식이 최근 역사에서 어떻게 발전해 왔는지 그리고 결혼식이 현대 여성들에게 어떤 영향을 주는지 논의하면서, 예비 신부에게 결혼식을 직·간접적으로 판촉하는 문화적 상품에 대해 살펴볼 것이다. '신부'라는 타이틀은 하루 동안만 주어지는 것이다. 그러나 21세기 여성들은 약혼이 더 길어지고 결혼식 축하연이 더욱 사치스러워지면서, 준비 기간이 길어지고 이 기간 동안 선물 파티, 처녀 파티, 리허설 디너, 환영 파티, 결혼식 다음 날의 브런치 등으로 웨딩 이벤트가 급증했다. 이제 신부가 된다는 것은 많은 여성의 삶에서 구분되는 하나의 발달 단계로 변신했다.

이런 그리고 더 많은 이유로 결혼식은 대중문화에서 중요함에도 대부분 탐구되지 않은 연구영역이라고 지적한 『순백의 결혼식: 대중문화에서 이성애의 낭만화White Weddings: Romancing Heterosexuality in Popular Culture』의 저자 크리스 잉그램Chrys Ingraham의 의견에 동의한다.[5] 잉그램의 주장은 전체적으로, 제목에도 강조했듯이, 결혼이 이성애에 특권으로 작용한다는 것이다. 이 외에도 이 장에서 주요하게 다룬 잉그램의 주장은 어린 시절부터 여성은 결혼에 대한 본

능적인 욕망을 품는다는 미국문화 속 오해에 관한 것이다. 이 내용은 과거에
도 그렇지 않았듯이 오늘날에도 사실은 아니다. 엘런 로스만Ellen Rothman은 미
국인의 구애행동에 관한 역사적인 연구인『손과 마음Hands and Hearts』에서 여
성이 천성적으로 신부가 될 욕구를 지니고 태어난 것이 아니라는 주장을 지지
한다.6) 수년 전으로 거슬러 올라가 미국 식민지 시대의 여성들은 결혼을 인생
의 큰 변화라기보다 삶의 일부라고 생각했다고 로스만은 주장한다. 즉, 대체
로 농사를 짓던 이 시대의 젊은 여성은 단지 아버지의 재산에서 남편의 재산
으로 바뀐 일을 맡게 되었다. 예를 들면 아버지의 외양간에서 우유를 짜는 대
신에 남편의 외양간에서 소젖을 짜게 된 것이다.7) 그러나 인구가 도시로 이동
하면서 결혼식에 대한 여성의 반응뿐만 아니라 가정에서의 책임에도 변화가
일어났다. 부부가 같이 밭에서 일하는 대신, 처음으로 남편과 아내는 가사를
공적인 영역과 사적인 영역이라는 두 개의 영역으로 나누게 되었다. 즉, 여성
은 주로 가정 영역을 맡게 되었고 가정 안에서 그녀의 임무가 이루어졌다8) 산
업혁명 이후 도시가 발전될 가능성이 많아지면서, 여성이 돌볼 집은 더 이상
그녀가 성장한 곳과 같은 지역에 있지 않았다. 여성들은 친정에서 분리되어
남편에게 보호받기 위해 그에게 의존하게 되었다. 동시에 여성들은 가정 영역
에서 새로운 책임을 맡게 되었다.9) 이를 반영하듯 18세기 후반 남성들은 결혼
을 '가정을 **소유하는** 행운'으로 본 반면, 젊은 여성들은 '결혼을 **집으로부터의**
분리10)로 보았다'. 이런 분리 불안 때문에 많은 여성들은 상당 기간 동안 약혼
을 미루려고 했다.11) 그들은 열성적이며 발그레한 볼로 상기된 오늘날 예비
신부와는 전혀 다른 모습이다.

200년 전에도 여성들이 결혼하려고 애쓰지 않았다면 다음과 같은 질문을
해볼 수 있다. "언제부터, 그리고 왜 여성들이 결혼식에 집착하기 시작했는
가?" 혹은 "사회는 언제부터 여성이 남편을 찾고 공들인 결혼식을 하는 것이
어린 시절부터 마음에 심은 목표가 되어야 한다고 결정했는가? 질문에 답하
기 위해 결혼식의 역사를 간략하게 조명해 보자.

미국의 결혼식:
18세기부터 현재까지 평생을 함께 하겠습니까에 "예"라고 답하는 것

18세기 미국의 결혼식은 꽤 사적인 일이었다. 결혼이 종교적인 의례라기보다는 시민의 예식이라는 청교도적 신념 아래 예식은 일반적으로 교회가 아닌 신부나 신랑 부모의 집에서 거행되었다. 유사하게 19세기 초에는 결혼식은 대개 간단한 행사였고, 부부는 계획과 준비에 거의 시간을 쓰지 않았고 종종 결혼식 약 1주일 전에 초대장을 보내곤 했다.[12] 18세기 말 결혼식은 몇몇 부부들이 교회 결혼식을 택하기도 했지만 신부의 집에서 많이 행해졌다. 그러나 19세기 중엽에 결혼식은 더 공들인 행사가 되어갔다. 인쇄된 청첩장을 몇 주 전에 보냈고 몇몇 사람이 아니라 200명 정도까지 초대하게 되었다.[13] 19세기 말에는 큰 교회 결혼식이 주를 이루었고 이런 경향은 현재까지 지속되고 있다.[14] 더 큰 결혼 예식으로 옮겨가면서 웨딩 관련 소비가 증가한 것은 놀랄 일이 아니다. 20세기 말에는 결혼 비용의 증가가 가장 두드러졌다. 예를 들어 1945년에 커플들은 결혼식에 평균 2240달러를 소비했으며,[15] 1984년에는 이 숫자의 배가 되어 거의 4000달러에 육박했다.[16] 40년이라는 기간을 고려하면 높은 상승은 아니지만 다음 10년 후인 1994년에는 결혼 비용이 급격히 상승해 평균 비용이 10년 전보다 거의 4배에 이르는 1만 4000달러로 치솟은 것이다. 그 후 20년 동안은 이 금액이 두 배로 증가했고 이후 안정기에 접어들었다.[17] 2007년의 결혼식 평균 비용은 2만 8730달러였고[18] 비슷하게 2012년에는 2만 8427달러가 되었다.[19]

20세기 말과 21세기 초에 결혼 비용이 늘어난 데는 여러 가지 이유가 있다. 그중 하나는 이 시기에 결혼한 커플 중에서 맞벌이가 더 많아졌다는 것이다. 결과적으로 결혼식에 사용할 수 있는 가처분 소득이 훨씬 많아졌다. 또 다른 이유는 이 기간 동안 신용카드 사용이 증가하여 커플들이 더 많은 돈을 소비하고 빚은 나중에 걱정하기 쉬워졌기 때문이다. 또 다른 이유는 인터넷을 통

해 결혼식 산업이 주요하게 성장하고 수많은 잡지와 웹사이트와 소비 상품과 엔터테인먼트 품목이 잠재적 수용자인 신부들을 겨냥했다는 것이다. 『신데렐라 꿈: 호화로운 결혼식의 매력*Cinderella Dream: The Allure of the Lavish Wedding*』의 저자 엘리자베스 플랙Elizabeth Pleck과 셀레 오튼스Cele Otnes는 '완벽한 결혼식'이란 말이 유행이 된 것이 1920년대라는 것을 지적하고 있다. 그들에 의하면 "완벽의 기준은 … 광고주, 마케터, 결혼 잡지에 의해서 만들어진 것이다. 커플들은 값비싼 예쁜 초대장, 고급 샴페인, 장식된 결혼 케이크, 그리고 완벽한 디자이너 브랜드 드레스를 사라는 권유를 받는다."20) 그들은 이에 대한 근거로 1920년대의 잡지 ≪모던 브라이드*Modern Bride*≫ 1920년 호에 실린 다양한 광고를 제시한다. 예를 들어, 피어 원 임포츠Pier One Imports라는 가구 회사의 광고는 "집을 **완벽하게** 해줄 선물을 신청하세요"라고 말하며, 징기스 정장 예복 Gingiss Formalwear의 광고는 "당신의 날에 **완벽한** 사진을 찍어보세요"라고 하고, J. C. 페니J. C. Penney라는 회사의 신부 혼수용품 광고에서는 "**완벽한** 맞춤"21)이라고 말한다. 놀랍게도 1920년 이후 신부들을 겨냥한 잡지 광고 문구에는 아무 변화가 없었다.

신부용 잡지들: 현상유지를 강화하는 광고

신부들을 위한 첫 번째 잡지는 1934년 가을에 처음 출판된 ≪브라이드 매거진*Bride's Magazine*≫이었다. 22) 『여성 잡지의 해독*Decoding Women's Magazines*』에서 엘렌 맥크래컨Ellen McCracken은 ≪브라이드 매거진≫의 출판사인 콘드 내스트 Conde Nast와 같은 회사들이 결혼식을 계획하는 기간이 여성 소비자에게 광고하기에 좋은 시간임을 알게 되었고 동시에 잡지가 의도하는 '다수의 허위 필수품들'을 선보이고 제안하게 되었다고 지적했다. 이 잡지는 결혼 전 단계에 여성의 소비력을 전략적으로 이용하는 것뿐만 아니라 성별과 결혼에 대한 전통적인 견해를 지지하며 판매했다. ≪브라이드 매거진≫ 같은 출판물에 대한 연구는 이들이 출판된 당시 대중적으로 공유되는 사회적 견해를 강화시켰다는 별로 놀랍지 않은 사실을 증명한다.[23] 예를 들어, 1983년 ≪브라이드 매거진≫ 10월/11월호는 "아내 되기"라는 제목의 기사를 실었는데 여성들이 새로운 역할을 어떻게 수행할 것인지에 대해 여성 독자들에게 당시 지배적인 사회 규범이 명확히 반영된 조언을 해준다.[24] 훈련 목적이 명확하지 않을 때에도 이러한 기사들은 여성을 직간접적으로 돕는다고 약속하는 다양한 제품에 대한 광고가 함께 실렸다. 그러므로 이러한 화려한 잡지들은 언뜻 보기에도 그러하듯, 디자이너 드레스, 초호화 보석 그리고 상류층의 신혼여행 리조트 광고로 가득 차 있다. 맥크래컨이 주목하듯 이러한 잡지들은 은밀히 여성들이 "전통적인 현상 유지를 수용하도록"[25] 가르치고 있으며 또한 성별화된 관계에서 보수적인 이데올로기의 편에 있는 상품을 사도록 훈련시킨다.

≪브라이드 매거진≫ 최신 호에서는 예비 신부들이 가정에서의 전통적인 역할을 맡는 이런 관습이 없어질 거라고 기대할지도 모르지만 불행히도 이런 관습은 지속되었다. 예를 들어, 2013년 10~11월호는 예비 신부에게 한쪽 무릎을 굽히고 프러포즈하는 예비 신랑을 묘사하는 쿠진아트Cuisinart사의 광고를 싣고 있다. 그가 벽에다 "결혼해 주시겠습니까?"라고 쓰자, 그의 약혼자는 전율하며 반응한다. 광고는 다음과 같다.

하나의 훌륭한 프러포즈는 또 다른 프러포즈로 이어지지요! 이제 그가 질문을 했으니, 당신이 꿈꾸던 주방 일을 향해 '예'라고 대답할 시간이에요. 그러니 당신의 혼수 목록을 짤 때 오래 사용할 수 있고 빨리 작동하는 것something fast, 냄비처럼 뜨거워지는 것something hot, 그리고 당신을 위해 막 끓인 것 같은 새로운 것 something new을 고르세요. 쿠진아트와 함께 당신이 꿈꾸던 주방을 현실로 만드세요.[26]

이 광고는 적어도 세 가지 쟁점을 강조한다. 첫째, "이제 그가 질문했으니, 당신이 꿈꾸던 주방 일을 향해 '예'라고 대답할 시간이에요"라는 문장은 결혼의 낭만적인 꿈과 가정을 동일시하는 것이다. 즉, 여성에게 결혼과 가정의 영역을 동일하게 두는 것이다. 또한, '꿈'이라는 단어는 광고에 두 번 등장하는데, 이것은 여성에게 일단 결혼하면 동화 속 세계에서 살게 된다는 관념을 심어주게 된다. 마지막으로 '빌린 것something borrowed', '파란 것something blue'('오래된 것something old'은 친정과의 화목한 관계, '새로운 것something new'은 밝은 미래와 희망, '빌린 것'은 언제든 도움을 줄 수 있음, '파란 것'은 충성심. 이 네 가지를 지니면 행복한 결혼생활을 한다는 전통이 있음 _옮긴이)을 언급하며 운을 맞춘 광고의 노래는 여성을 어린아이로 만들고 여성이 받아들여야 할 동화 같은 결혼식의 성질이 유지되도록 해준다.

같은 호에 실린 메이시Macy's 백화점 광고는 한 젊은 남자가 가정용 가전제품과 타월과 같은 선물들에 둘러싸인 채 소파 위에 앉아 있는 그의 예비 신부와 함께 있는 모습을 담고 있다. 이 광고 또한 가사노동을 미화한다. 미래의 신부는 미래의 왕자를 얻게 될 공주임을 암시하는 보석 왕관을 쓰고 있다. 동시에 그녀는 믹서, 케이크 받침대, 접시, 냄비, 수건들에 둘러싸여 있고 광고 문구는 커플에게 '메이시 백화점 드림 펀드Macy's Dream Fund에 가입하세요'[27]라고 권유한다. 이 광고의 이미지와 문구는 낭만적 사랑과 가사노동이 융합될 수 있음을 암시한다. 두 페이지 광고의 두 번째 페이지에는 꽃이 담긴 화병과 화병 양옆에 실물 크기 청소기 두 대(커플을 나타내는)의 이미지가 있다. 광고의 오른쪽 상단 코너에는 '예'라는 단어가 적혀 있고 다음과 같은 문구가 실려 있다. "당신이 새로운 삶을 함께 시작하듯 깨끗하게 청소해요."[28] 핑크색 꽃과 함께 밝은 핑크색 진공청소기의 광고지에 절묘하게 쓰인 "예"라는 글자는 가사노동에 그녀가 "예"라고 말하는 것과 동시에 그녀의 약혼자에게 "예"라고 말하는 것을 의미한다. 본질적으로 이 광고의 메시지는 예비신부가 다가오는 아내로서의 가사 일과 이 매력적인 역할을 잘 감당하면 공주가 될 수 있다는 것이다. 동화와 신화 세계에는 왕자가 여자를 공주로 삼고 그녀를 고된 삶에서 벗어나게 할 것이라고 믿게 하는데, 이는 물론 아이러니한 것이다. '드림펀드'와 '메이시 백화점의 마법'을 나란히 제시하는 것은 결혼에서 발견될 마법과 신부가 되겠다는 어린 시절의 꿈을 결합시켜야 한다는 것을 예비 신부에게 상기시키기 위한 것이다.[29] 이런 이유로 쿠진아트 광고와 유사하게 메이시 백화점의 광고는 어린 시절 동안 여성이 받는 문화적 학습을 반영하고 있다. 그리고 다음 단계에서 지속적으로 그들을 가정의 영역으로 몰아넣게 될 고정관념을 강화시킨다.

조리 도구에 대한 또 하나의 주목할 만한 광고는 잡지 ≪마사 스튜어트 결혼식*Martha Stewart Weddings*≫ 2014년 겨울 호에 등장한다. 주방 용품 회사인 올클래드All-Clad의 광고는 자신의 몸 앞에 커다란 프라이팬을 들고 있는 어린 예비 신부를 보여주고 그녀 턱 아래로 다음과 같은 문구를 보여준다. '나는 말끔하게 정리되고 튼튼하며 매력적인 것에 푹 빠졌어요. 이제 우리는 평생을 함께할 거예요.'[30] 이 광고 문구는 미래의 신부가 자신의 미래 남편뿐만 아니라 조리 도구와도 사랑에 빠지게 될 것임을 뜻한다. 즉, 여성에게 완벽한 결혼이란 한 남자와 결합하는 것이고 동시에 가정의 임무를 수행하는 새로운 세계와 결합하는 것이다. 두 페이지 광고 중에서 첫 번째 페이지의 광고 문구는 배우자와 요리라는 두 가지 보상을 같이 받게 됨을 강조하는 반면, 여성이 조리 도구를 들고 있는 사실과 그들이 '평생을 함께할 것'이라고 언급하는 광고 문구는 가정의 영역이 여성의 독점적인 영역임을 암시한다. 재미있으라고 만든 광고이기는 하지만 50년 전의 다른 광고처럼 여성에 대한 정형화된 모델을 강화한다.

이곳에서 논의된 세 가지 광고에서 중요한 공통점은 이 광고 속에 (아마도 숨은) 메시지를 알려주기 위해 일반적 호칭이 아닌 2인칭의 직접 호칭을 사용한 점이다. 쿠진아트는 미래의 신부들에게 "**당신**이 꿈꾸는 부엌을 쿠진아트와 함께 실현해 봐요"라고 말하고 메이시 백화점 광고는 "**당신**이 **당신**의 새로운 삶을 시작하듯, 깨끗하게 청소해요"라고 말한다. 그리고 올클래드 광고는 "**당신**이 만든 레시피에 따라 조리된 음식을 식탁에서 즐길 수 있는 성취감을 안겨다 줄 거예요"라고 한다. 여기서 주목할 만한 흥미로운 점은, 광고에 있어서 흔하지만 자기계발서 장르에서는 2인칭 대명사 '당신'을 전략적으로 많이 사용한다는 점이다. 신부 잡지들은 자기계발서 장르에 속하는 것으로 생각되지 않지만 이러한 어린아이 같은 수사, 운율을 맞추는 어조 그리고 2인칭 호칭의 사용은 그것들이 자기계발서 장르에 속할 수 있음을 암시한다. 중요하게도 이러한 세 가지 광고들은 신부가 되는 것이 여성의 삶에 어떻게 중심이 되는 단계인지를 보여준다. 결혼식까지 가는 짧은 기간과 결혼식 행사 동안에 사회가 여성에게 오랫동안 그래야만 한다고 말한 공주 신부가 되어간다. 그러나 결혼 이후에는 여성은 즉시 현실로 돌아와야만 한다는 것이다. 그녀는 아내로서(또한 미래 어머니로서) 새로운 역할을 성취하는 방법에 대해 더 많은 교육을 받는다.

소셜 미디어: 완벽한 그날을 만들기

미래의 아내라는 새로운 역할을 위해 필요한 가정적인 훈련은 종종 간과된다. 결혼식 자체에 초점을 맞춘 광고와 서사들의 맹공격에 의해서 이 점이 가려지기 때문이다. 신부들이 관심을 갖는 잡지 등에는 가정에서 쓰는 물건에 대한 광고가 정기적으로 등장하지만, 여성과 결혼식의 가장 상징적인 이미지인 웨딩드레스 화보에 비하면 수백 배는 적다. 결혼식 비용이 수년간 증가해 왔는데 특히 웨딩드레스 가격도 마찬가지였다. 2012년에 미국의 여성들은 이날 하루 입게 될 드레스에 평균 1200달러를 지불했다.[31] 물론 이 수치는 유명 인사들이 구매한 가운 가격의 일부분에 불과하다. 웨딩플래닝 면에서 유행은 종종 유명인사의 결혼식 사례를 따라간다고 연구자들이 제안하기 때문에 그들의 결혼식 풍경을 주목할 가치가 있는 것은 사실이다. 유명인사와 왕실 결혼에 대한 대대적인 보도는 특별한 결혼식을 원하는 일반 여성들의 욕망을 부채질한다. 흥미롭게도, 이 현상은 우리가 생각하듯 최근의 일이 아니다. 유명인사의 결혼식이 미치는 영향력은 19세기 중반으로 거슬러 올라간다. 예를 들어 1840년 빅토리아 여왕Queen Victoria과 앨버트 공Prince Albert의 결혼식이 순백의 웨딩드레스라는 전통을 만들어낸 것이다. 『결혼, 역사Marriage, a History』에서 스테퍼니 쿤츠Stephanie Coontz는 빅토리아 여왕의 결혼이 어떻게 현대 결혼 의식의 절차를 구성했는지 논한다.

> [빅토리아 여왕은] 전통적인 은색 드레스와 색깔 있는 망토 대신에 순백의 드레스를 입고 반주음악에 맞춰 식장에 입장하면서 하루밤 사이에 '전통'을 부수고 창조했다. 수천 명의 중산층 여성들이 여왕을 따라 그들의 결혼식을 인생의 가장 매혹적인 행사로 만들었고 결혼식은 훌륭한 가정으로 들어가는 공들인 축하 행사가 되었다.[32]

빅토리아 여왕의 결혼식은 결혼식 과정을 바꾸었고, 이 시기 이후로 다른 많은 유명인사의 결혼식도 이를 따라했다. 1956년에 레니에 왕자Prince Rainier와 그레이스 캘리Grace Kelly가 결혼했다. 켈리는 23미터의 실크 테피터와 실크 망사 91미터, 박물관에서 가져온 125년 된 장미 문양 레이스와 수천 개의 진주로 장식된 드레스를 입었다.[33] 다른 주목할 만한 결혼식은 1954년 마릴린 먼로Marilyn Monroe와 조 디마지오Joe Dimaggio의 결혼식이다. 1953년 존 케네디 John F. Kennedy와 재클린 리 부비에Jacqueline Lee Bouvier의 결혼식도 유명하다. 또, 1970년 이전에 태어난 사람이라면 누구라도 기억할 결혼식이 있다. 7억 5000만 명의 시청자에게 TV로 중계된, 1981년 7월 29일 다이애나 스펜서Lady Diana Spencer와 찰스 왕자Prince Charles의 결혼식이다.[34] 가장 최근에 있었던, 많은 사람들의 관심을 끈 상류층 결혼식은 2011년 4월 29일에 치러진 윌리엄 왕자

Prince William와 케이트 미들턴Kate Middleton의 결혼식이다. 전 세계의 텔레비전과 온라인으로 방송된 그들의 결혼식은 지금껏 알려졌던 결혼식 중에서 가장 많은 대중의 소비심리를 자극한 결혼식으로, 약 24억 명의 시청자를 끌어들였다. 미들턴의 드레스 자체도 엄청난 추종자들에게 영감을 준 한 유명인사의 결혼식을 떠올리게 한다. 많은 사람들이 세라 버턴Sarah Burton이 제작한 레이스 달린 아이보리 드레스가 그레이스 켈리의 드레스와 놀라울 정도로 비슷한 것을 알아차렸다.35) 그들의 결혼식은 각각 그해의 이벤트가 되어 스펙터클한 면모로 아주 많은 시청자들의 관심을 모았다. 그들은 무의식적으로 닮고 싶은 열망의 모델로 여겨졌다. 왜냐하면 여성들은 교묘하게도 그러한 유명인사의 결혼식과 왕실 행사를 따라하고 싶어 하도록 배워왔기 때문이다.

성대한 축하 행사와 이와 연관된 오랜 전통을 택할 때의 문제는 긴 역사와 숨은 의미를 우리가 종종 알지 못하는 데 있다. 고전적인 흰색 웨딩드레스를 예로 들어보자. 순결함과 연관된 색깔인 흰색 웨딩드레스를 입는 전통은 한동안 페미니스트들에 의해 논쟁거리가 되었다. 역사적으로 이러한 관습은 여성들이 결혼식 날 밤까지 순결을 유지해야 한다는 문화적 기대를 반영한다.36) 사실 몇몇 학자에 의하면 공들인 결혼식(흰색 드레스와 모든 것)은 결혼식 날까지 처녀성을 유지한 여성들에 대한 일종의 보상이자 남편을 위해 자신의 야망을 버려야 하는 고통을 덜어주는 위로품 역할을 했다.37) 빅토리아 시대 이후로 문화적 기대가 변화했기 때문에 숫처녀가 아니고 직장이 있는 동등한 시민으로서의 여성이 결혼식 제단에 서게 되었다. 그런데도 왜 똑같은 결혼식 전통이 지속되는지에 대한 질문이 뒤따르게 된다. 흰색 드레스 전통에 관한 몇몇 학자들의 주장은 다음과 같다. 그들은 여성들이 "순결보다는 전통의 상징으로 흰색의 의미를 재정의했다. … 여성들의 높아진 학력 및 경제력과 정치적 참여에도 불구하고"38) 현대 여성들은 여전히 호화 결혼식을 요구하고 호화 결혼식을 만드는 데 재정적으로 기여하고 있다. 이 모든 상황은 호화롭든 아니든 결혼식은 더 이상 여성에게 보상이 아님을 말한다. 오히려 결혼식은

'낭만적인 소비문화에 의해 유발된 꿈과 소망, 환상에'[39] 이끌려 시장화된 상품, 즉 문화 상품들에 의해 '일생에 단 한 번'이라는 위치로 격상되어 많은 사람들에게 특히 여성들에게 필수불가결한 것 이상으로 간주되고 있다.

당연하게도 최근의 미국 결혼 관습은 그들이 속해 있는 곳의 문화적인 가치를 드러낸다. 이런 결혼 관습은 결혼식 관련 상품의 구매가 낭만적 사랑의 상징과 연관된 것이라고 배워온 현대 신부들의 소비자 위주의 정신을 반영하는 것을 넘어서서, 결혼식의 모든 것을 기록하려는 최근의 현상이 오늘날 여성들에게 영향을 준 더 큰 사회적 경향의 한 지표가 된다. 셀레 C. 오튼스Cele C. Otens와 엘리자베스 플렉Elizabeth Pleck은 비디오와 컴퓨터 기술의 발전으로 인해 커플들은 유명 인사가 했던 것을 따라할 수 있을 뿐만 아니라 미래에 이 사진들과 비디오를 보고 그들의 특별한 날을 기억할 수 있을 것이라고 말한다.[40]

오늘날 그 이전 어느 때보다도 여성들이 단 하루뿐일지라도 '스타의 지위'를 얻기가 더 쉬워졌다. 소셜 미디어(예를 들어 페이스북 트위터, 유튜브, 스냅챗 등)의 증가로, 그들은 이제 지극히 사소한 삶의 어떤 부분이라도 기록할 수 있다. 결혼식같이 중요한 일은 이전보다 훨씬 더 많은 관심을 받을 것이다. 소셜 미디어로의 이러한 전환은 적어도 두 가지 목적에 기여한다. 먼저, 10년 전의 결혼식이 커플의 인생에서 중요한 행사였다면, 이제는 프러포즈와 결혼 계획 등 결혼식과 관련된 모든 것들이 훨씬 더 공개적인 행사가 되었다는 점에서 결혼식은 더욱 자기도취적 문화가 되었다.[41] 소셜 미디어와 다른 온라인 소비 도구는 커플이(거의 신부들이) 그들의 결혼식 계획과 관계된 아주 사소한 세부 사항들을 보고 따라 하게끔 부추긴다. 예를 들어, 피로연장, 사진사, 비디오 촬영기사는 결혼식 행사 전후로 홍보용 개인 웹사이트를 신랑 신부에게 종종 제공하는데, 물론 대가는 사업체 홍보이다. '인연The Knot'과 같은 웹사이트는 신부와 신랑을 위해 결혼식 계획을 지원해 준다. 이 웹사이트는 결혼식과 관계된 상품들을 끝없이 홍보하는 반면, 커플이 결혼식이라는 즐거운 이벤트를 하기까지 얼마나 많은 달, 날, 분, 초가 남아 있는지 셀 수 있는 아주 편리한 도구를 제공한다. 이를테면 그 웹사이트는 "결혼식 초대를 기억하시나요? 음, 이제 우리는 가족이나 친구들이 큰 행사에 참석하지 못한다고 변명할 수 없도록 이 중요한 날 1년 전에 '이날을 비워주세요'라고 미리 알려요"라고 말해준다. 더 좋은 것은 초대된 친구들이 결혼식 전 수개월 동안 냉장고에 붙인 포토 마그넷에서 커플의 얼굴을 본다는 것이다. 이런 것이 결혼식 날이 오기도 전에 중심 무대에 놓이는 것이다. 이러한 현대 결혼식 관습에 참여하는 것이 자기 기만적인 행위라고 생각할 수도 있겠지만, 그런 사회적 압박을 무시하는 것도 어려운 일이다. 그리고 이러한 관습들이 일반화되었을 때 그것을 단순히 선택하지 않는 것도 어렵기는 마찬가지다. 그래서 만약 충분한 소비 상품과 소셜 미디어가 여성들에게 신부가 되는 단계 동안 그녀가 스타의 지위를 얻게 될 것이라고 말해준다면, 여성들이 유명인사의 행동과 태도를 모방하는 것을 보는 것이 그렇게 놀랄 만한 일일까?

리얼리티 TV의 신부들

유명인사 문화의 영향력이 때때로 특별히 재단한 의복이나 특정한 머리 장신구의 선택을 통해 살짝 나타나는 것 같지만, 몇몇 여성들에게는 그 영향력이 더욱 급속도로 퍼진다. 대다수의 미국 여성들에게 하루 동안 '스타'가 되는 것은 은유적인 개념이다. 이는 단지 자신의 모습을 각색된 사진과 연출이 미리 계획된 비디오카메라로 보게 된다는 것이다. 그러나 어떤 사람들에게는 자신의 낭만적인 동화 속에서 문자 그대로 스타가 된다는 생각은 매우 매혹적이어서 어떤 잠재적인 이용 가치가 된다. 리얼리티 쇼로 들어가 보자.

리얼리티 쇼라는 새로운 장르가 낭만적인 여성을 절망적으로 기만한다는 것을 알게 되기까지는 오래 걸리지 않았다. 그것은 여성들이 결혼식 준비와 낭만적인 구애에 힘쓰는 이런 프로그램에 기꺼이 참여하거나 시청하려 하는 외관상 무한한 공급자가 될 수 있음을 발견했다. 결혼 프러포즈에 이르는 과정을 기록하는 〈미혼녀The Bachelorette〉(ABC 방송국, 2003~2014)이라는 구애 쇼가 있다. 〈드레스에 '예'라고 말해요Say Yes to the Dress〉(TLC, 2007~현재) 그리고 〈나는 드레스를 발견했어요I Found The Gown〉(TLC, 2012~현재)와 같은 웨딩드레스 준비 쇼나 예식 준비 쇼는 궁극적인 웨딩 장신구와 웨딩드레스 탐색을 시간 순서대로 기록한다. 그리고 실제의 웨딩 쇼들도 있다. 처음 만난 이후에 결혼에 이르게 되는 커플에게 초점을 맞춘 〈첫눈에 반해 결혼 했어요Married at First Sight〉(A & E, 2014~현재)와 한 '백인 노동자'의 결혼 계획을 기록한 〈나의 듬직한 백인 노동자 결혼식My Big Redneck Wedding〉(CMT, 2008~2011년)이 있다. 가장 오랫동안 방영된 프로그램이자 이 장에서 면밀히 살펴볼 작품은 〈브라이드질라Bridezillas〉(WE tv, 2004~2012년)와 〈웨딩스토리A Wedding Story〉(1996~현재)이다. 일반인의 소비 욕구를 진작시키는 이 두 쇼에서 평범한 여성들은 그들을 보는 시청자들에게 **가짜** 유명인사가 된다. 〈브라이드질라〉는 매회 두 명의 예비 신부에 관한 이야기를 한다. 이 이야기는 커플이 어떻게 만났고 사랑에 빠지게 되었는지로 시작한다. 그러나 일반적으로 이야기들은 자기중심적이고 감정적으로 약자를 괴롭히는 사람으로 묘사된 '브라이드질라'(bridzilla는 탐욕적이고 이기적인 신부를 뜻하는 신조어 _옮긴이)와 예비 신랑과 그녀의 가족 그리고 그녀의 친구들 사이의 논쟁과 부정적인 상호작용에 초점을 둔다.

"제닌과 로셸Jeanine and Rochelle"이라는 한 에피소드는(시즌 9의 네 번째 에피소드) 제닌과 그녀의 약혼자 토마스와, 18세의 로셸과 그녀의 약혼자 네이션이 나온다. 두 여성은 신경질적이고 이기적이며 자기중심적이며 그들의 약혼자는 자신들의 명령에 잘 따르는 소심한 남자들이다. 항상 쇼의 진행자에 의해 '베이비 질라'로 불리는 로셸은 직업이 무엇이냐는 질문을 받을 때 자신은 어떤 일도 하지 않는다고 자랑스럽게 떠벌린다.[42] 육군에서 복무하는 네이션은 알래스카에 주둔하고 있기 때문에 그들은 장거리 연애를 한다. 로셸은 어머니와 결혼식에 드는 비용을 논의할 때 "내가 원하는 것을 모두 갖고 싶어요"라며 자신의 이기적인 면을 드러낸다. 유사하게 제닌은 시청자에게 토마스가 실수로 망치는 많은 부분이 '있기(원문 그대로임. there're인데 there's로 잘못 말함 _옮긴이)' 때문에 "항상 … 을 통제한다고(하고 싶다고)"[43] 이야기한다. 토마스는 이 신부와 결혼할 준비가 되어 있는 듯하지만 그의 친구들과 가족들이 제닌을 좋아하지 않는 걸 알고 있다. 실제로 그는 가족들이 "100% 제닌을 반대한다"[44]고 말한다.

시청자는 로셀과 네이선의 실제 결혼식을 보지 못하지만 제닌과 토마스의 결혼식을 보게 된다. 결혼식에서 제닌은 "네, 그렇게 하겠습니다"라고 말한 후에도 계속해서 무례하게 행동한다. 자기 친아버지가 집에 가겠다고 해서 시아버지인 조가 데려다 주었다 얘기를 듣자 제닌은 조에게 불같이 화를 내며 당신도 나가라고 했다. 이제서야 토마스는 신부의 본성을 알게 되고 반지를 그녀에게 던져버렸다. 그는 결국 그녀에게 "예의가 없고" "입 닥쳐야 한다"고 말하며 맞섰다.[45] 이 쇼는 당연하게도 결혼식이 중단되었기 때문에 "다행이다"[46]라는 조의 평으로 종결된다.

당연하게도 이 텔레비전 쇼와 이와 같은 다른 쇼들은 이벤트와 호화로움을 재현하는 것은 찬양받을 만한 것이라고 우리 소비자 주도형의 문화에게 말한다. 전통적인 의미에서 분명히 '기분 좋은' 종류의 쇼가 아닌 자아도취적 신부와 줏대 없는 신랑이 나온 프로그램을 보고 난 사람들이 생각할 질문은 다음과 같다. 그렇게 엄청난 팬층을 보유하고 있는 이유는 무엇인가? 버릇없이 행동하는 사람들의 특징을 제작한 리얼리티 TV의 인기 이면의 한 이론은, 남의 불행이나 굴욕에서 사람들이 종종 느끼는 즐거움인 **샤덴프로이데**shadenfreude(남의 불행을 보고 느끼는 쾌감 _옮긴이)의 개념을 따른다는 것이다.[47] 이러한 특정한 쇼의 경우에 시청자는 등장인물과 상황을 바라보고 의기양양하게 자신들은 '그렇지 않다'고 생각할 수 있다. 여성들은 대개 특별히 결혼식 계획에 약간은 열광하고 있지만 〈브라이드질라〉는 이러한 광기를 한 단계 발전시킨다는 점을 인정한다. 이 프로그램에서 주목할 만한 것은 여성 시청자들은 자신들이 조롱하는 이러한 프로그램 속 여성들과 다르다고 주장하지만 프로그램이 묘사하는, 리얼리티 쇼 신부의 이러한 과장된 모습은 시청자의 행동에 실제로 영향을 줄 수 있다. 버릇없는 신부에 대한 이러한 묘사는 여성 시청자들이 스스로를 그러한 행동과 거리가 멀다고 여기게 하거나, **혹은** 실생활에서 일어나는 여성들의 잘못된 행동도 대조적으로 정상적인 것처럼 보이게 할 수도 있다는 것이다. 이러한 두 가지 예에 있어서 〈브라이드질라〉는 신부들에게 그렇게 행동하지 말아야 하는 것을 말해 주거나, 혹은 신부들의 행동이 리얼리티 텔레비전의 신부들보다 더 낫다는 것을 말해 준다는 점에서 교훈적인 서사로서 작용한다. 분명히 TV 쇼는 그것을 보는 시청자에게 영향력을 지닌다. 이를테면 이 프로그램은 '브라이드질라'라는 용어를 문화적인 유행어로 만들어, 현대 신부들이 그 단어 자체(그 단어가 떠올리게 하는 개념이나 행동)를 더욱 자주 떠올리게 한다.

TLC 방송사의 〈웨딩스토리〉는 결혼식 행동양식에 있어서 문화적 영향을 끼칠 수 있는, 신부를 주제로 하는 또 다른 인기 리얼리티 TV 쇼이다. 〈브라이드질라〉보다 거의 10여 년 앞선 이 덜 선정적인 프로그램은 시청자들에게 단지 한 커플의 홈 비디오를 시청하고 있는 것처럼 느끼게 한다. 그러나 모든 리얼리티 텔레비전처럼 이 프로그램은 시청자들에게 '진부한 동화적 결말로 끝이 나는'[48] 공식화된 낭만적인 이야기 줄거리처럼 정교하게 구성된 서사를 제공한다. 『리얼리티 텔레비전의 이해*Understanding Reality Television*』의 저자인 레베카 스티븐스Rebecca Stephens에 의하면, 이러한 동화적 결말들은 그들이 종종 표준화된 젠더 역할과 더 심각한 문제인 '여성의 종속'[49]이라는 이미지를 수반한다는 점에서 문제가 있다. 스티븐스는 특별히 이 점이 강조된 "베키와 조Becky and Joe"(2002)라는 에피소드를 분석한다. 이 에피소드에서 신부와 신랑은 중세·르네상스 시대를 테마로 결혼식을 올린다. 신랑은 자신의 신부를 되찾기 위해서 '악당'과 싸우고 그녀를 자신의 소유물처럼 자기 어깨에 걸쳐 메고 위험으로부터 그녀를 구해내는 상황을 각색한 납치극(이 경우는 환영 파티로 가는 것이지만)으로 끝이 난다.[50] 이런 각색된 극 말고도 실제 에피소드의 편집에는 보석 선물에 초점을 맞춘 클로즈업 장면을 여러 번 넣어 선물을 준 남성을 강조한다.[51] 이러한 요소들이 이미 분석한 가사노동 광고처럼 흥미를 자아내기도 하지만, 여전히 젠더 고정관념을 영속시키고 있다는 것이 문제이다. 특히 여기에서 남자가 주도하는 것이 글자 그대로나(그녀를 끌고 감) 은유적으로나(앞으로 그녀를 보살펴 주겠다는 제안) 좋다는 은유적인 메시지를 여성 시청자가 접하게 된다는 것이다.

『리얼리티의 괴물: 죄스러운 즐거움인 TV에 대한 불편한 진실*Reality Bites: The Troubling Truth about Guilty Pleasure TV*』에서 제니퍼 포즈너Jennifer Pozner는 특별히 여성 시청자들에게 미치는 그런 프로그램의 유해 효과에 대해서 이야기한다. **샤덴프로이데**가 주는 쾌감과 동화적 서사에 의한 여성이 갖는 현실 도피자의 매력(동화 모티브에 반복되어 나오듯)에 주목한다.[52] 이것이 처음에는 시청자의 시선을 끌지만, 그들의 관심을 사로잡알 수는 없다는 것이다. 포즈너에 의하면 이런 쇼가 "여성과 남성, 사랑과 아름다움, 인종과 계급, 소비와 행복에 대해 지속되어 온 사회적 편견을 노리고 강화"[53]하기 때문에 시청자들은 이러한 쇼를 계속 보기 원한다.

리얼리티 TV에서 드러나는 하나의 주요한 사회적 견해는 1장에서 우리가 논의했던 반페미니스트anti-feminist의 반격과 관련되어 있다. 이 메시지가 충분히 이해되도록 강조하는 전략은 굴욕감이다. 〈미혼남/미혼녀〉The Bachelor/Bachelorette와 같은 데이트 쇼나 〈브라이드질라〉와 같은 결혼 상황 쇼의 주인공은 '스타'이다. 여성 리얼리티 쇼 캐릭터의 전략적인 굴욕감은 "숙녀여러분, 독립은 실패와 비참함으로 이어집니다"라는 말로 하지는 않았지만 너무나 분명한 메시지를 여성들에게 전달하기 위해 사용되고 있다.[54]

TV의 리얼리티 데이트 쇼에서 이것은 특히 명확하게 드러난다. 이런 관습은 여성의 낭만적인 구애가 거부되고 충격으로 인해 눈물로 뒤범벅된 얼굴을 카메라가 확대할 때 드러난다. 제작자는 남편 없이는 결코 충족되지 않는 홀쩍이는 노처녀라는 이미지를 강조하기 위해서 그러한 장면을 만들어낸다.[55] 악명 높은 '프랑켄바이팅Frankenbiting(화면상에서 사람들의 말을 전할 때, 그들이 말한 것과 반대되는 말을 한 것으로 편집하는 것)'과 같은 쇼의 전략적인 편집은 부정적인 시각으로 여성을 그린다. 포즈너가 주목하듯 여성들은 리얼리티 TV쇼에서 우둔한 인물로 편집된다. 웃음을 자아내는 자기 회에 빠진 '울보The Weeper'와 자신감이 오만함으로 표현된 '적대자The Antagonizer'와 사람들이 비난하는 성적인 유혹을 전략적으로 사용하는 '매춘부The Slut'로 등장한다. 이 쇼는 참가자들이 허세와 불안을 통해 자신들의 몸과 입이 전달 통로가 되어 반여성주의자의 반격 가치를 강화하고 있음을 보여주는 것이다.[56]

리얼리티 TV쇼들은 전통적인 데이트 안내서처럼 자기계발 영역에 속하지도 않고 또한 신부 잡지들의 경우와 유사한 이유로 소비되지는 않지만, 이런 리얼리티 TV쇼 프로그램은 이와 유사한 맥락에서 작용하고 있다. 리얼리티 프로그램은 항상 여성들에게 신부가 되기 위해서 혹은 신부로서 어떻게 행동해야 하는지 명백하게 이야기하지는 않지만, 피해야 할 행동에 대해 주의를 주는 식으로 그들을 넌지시 가르친다. 이는 다양한 관습을 우선시하고 규범적인 이데올로기를 강화하는 역할을 한 것이다.

대형 스크린 속의 신부들

유명인사의 결혼식이나 '실제' 인물들의 결혼식(리얼리티 TV 쇼의)은 신부가 어떻게 보이거나 행동해야 하는지에 대한 문화적 규칙의 중요한 지표가 되기도 하지만, 신부와 결혼식에 대한 허구적인 묘사이기도 하다. 이런 기준을 확고하게 하는 많은 최신 영화 중에 몇몇 작품은 다음과 같다. 클레어 킬너Clare Kilner의 〈웨딩 데이트The Wedding Date〉(2005), 사나 햄리Sanna Hamri의 〈썸딩 뉴

Something New〉(2006), 앤 플레처Anne Fletcher의 〈27번의 결혼 리허설27 Dresses〉 (2008), 마이클 패트릭 킹Michael Patrick King의 〈섹스 앤 더 시티Sex and the City〉 (2008), 폴 페이그Paul Feig의 〈내 여자친구의 결혼식Bridesmaids〉(2011), 루크 그린필드Luke Greenfield의 〈러브 앤 프렌즈Something Borrowed〉(2011)이다. 티켓 판매의 측면에서 이 목록 중에 가장 성공적인 두 작품을 분석해 본다면 허구에 불과한 할리우드 대흥행작에서조차도 어떻게 이 문화적 훈련이 지속되고 있는지를 알게 될 것이다.

〈섹스 앤 더 시티〉는 영화로 제작되기 전부터도 물론 매우 성공적인 텔레비전 쇼였다. 이 작품은 페미니스트 이슈를 명확하게 탐색하고 있는 TV 프로그램 흐름의 시초라는 점에서 성공적이다. 감독과 몇몇 배우와 제작 구성원들과 함께 TV 시리즈(HOB, 1998~2004)는 방영 기간 동안 수많은 부문에서 수상했다. 예를 들어 2000년, 2001년, 2002년에 최우수 TV 시리즈 부문에서 골든 글로브Golden Globe를 수상했고, 2001년에는 놀라운 코미디 시리즈 부문에서 에미상Emmy Award을 수상했다. 세라 제시카 파커Sarah Jessica Parker는 2000년, 2001년, 2002년, 2004년에 최우수 여배우 부문에서 골든 글로브상을 받았고 몇몇 배우와 제작 관계자도 상을 받았다. 주요 골자를 보면 이 TV 쇼는 연애 시장에서 예의바르게 행동하는 방법에 대해서 여성들에게 가르친 점에서 '연애 쇼dating show'로 분류된다. 영화 〈섹스 앤 더 시티〉는 연애 시장에서 외견상으로 성공한 4명의 친구들의 삶과 사랑을 다뤘던 TV 시리즈가 다루지 않은 부분을 다룬다. 4명의 등장인물은 캐리 브래드쇼(세라 제시카 파커), 사만다 존스(킴 캐트럴Kim Cattrall), 샬럿 요크(크리스틴 데이비스Kristin Davis) 그리고 미란다 홉스(신시아 닉슨Cynthia Nixon)이다. 연애에 초점을 둔 텔레비전 쇼와 달리 영화는 여성 삶의 규범적인 단계에 초점을 두고, 결혼식을 준비할 때 예비 신부가 직면할 많은 문제에 초점을 맞춘다. TV 쇼의 이야기는 많은 20대 여성들처럼 "레이블과 사랑Labels and Love이라는, 'L'로 시작하는 두 단어를 쫓아 뉴욕에 온"[57] '20대' 여성으로서 자신의 과거 삶을 되돌아본 패션 잡지 ≪보그Vogue≫

의 뉴욕시 칼럼리스트인 캐리의 이야기로 시작한다. 영화는 캐리와 그녀의 연인인 미스터 빅(크리스 노스Chris Noth)과 10년간의 연애 후 결혼 결정에 초점을 맞춘다. 캐리의 세 친구 중에서 두 사람은 캐리의 결혼 계획에 들뜨지만, 사만다는 결혼이 내포하고 있는 문제들을 지적한다. 짧은 시간 펼쳐진, 재미있기도 하고 심각하기도 한 어느 장면에서 캐리는 사만다에게 새로운 뉴스가 있다고 이야기한다. 이에 흥분해 사만다는 캐리가 보톡스 시술이라도 결정했겠지라고 예견한다. 그러나 캐리의 실제 소식을 알게 되자 사만다는 결혼에 대한 신랄한 의견을 비꼬는 어조로 냉담하게 답변한다. "음, 잘됐어. … 친구야, 알다시피 난 진심으로 결혼을 믿지 않아. 하지만 보톡스는 언제나 믿을 만하지."58) 이 장면은 희극적 효과를 위해서 이용되지만 이 말에 내재된 사고에는 결혼이 결국에는 두 커플이 희망했던 결과를 가져오지 못한다는 통계적으로 증명된 사실을 밝혀준다.

영화에는 캐리와 그녀의 친구들이 이후로도 영원히 행복하리라는 결론을 제공하지만, 그 과정에는 몇몇 난관이 있다. 미란다는 남편의 부정을 알게 되자 단 기간 별거를 하게 된다. 그러나 캐리와 빅의 결혼식과 연관된 더 큰 이야기의 줄거리는 결혼에 대한 기대와 결혼식 문화 대한 비판을 드러내고 있다. 75명의 하객을 200명으로 늘리고, 저렴하고 소박한 드레스가 화려한 디자이너 드레스로 바뀌고, 알려지지 않은 소박한 행사에서 널리 주목받는 행사로 바뀌며 캐리가 자신의 결혼식에 더 많은 공을 들이자, 캐리의 약혼자는 점차 신경이 날카로워져서 결국에는 결혼식 제단에 그녀를 남겨둔 채 떠나버린다. 결혼식의 호화로움과 유명세는 다음 장면에서도 확인된다. 캐리의 상사인 ≪보그≫의 편집자 이니드 프릭(캔디스 베르겐Candice Bergen)은 캐리에게 수벌의 디자이너 웨딩드레스를 입고 있는 캐리의 사진을 담아 '마지막 미혼녀'라는 제목으로 잡지에 특집 기사를 쓰고 싶다고 캐리에게 이야기할 때이다. 캐리가 "마지막 미혼녀"라는 것을 부인하자, 프릭은 "아니요, 그렇지만 40세는 여자가 다이앤 아버스Diane Arbus(1923~1971. 기형인이나 비정상인을 사진의 주 테마로 다룬 미국의 사진작가_옮긴이) 의도하지 않은 숨은 의미 같은 메아리를 듣지 않고 웨딩드레스 입은 사진을 찍을 수 있는 마지막 나이지요."라고 대답한다. 여자가 하얀 드레스를 입고 결혼하는 데 대중문화가 생각하는 올바른 나이가 있다.59)

빅은 결혼이 그들의 관계에서 모든 면을 망칠 수 있다는 두려움 때문에 결혼식 제단에서 그녀를 남겨놓고 떠났다. 영화의 마지막에 그녀는 빅을 결국 용서하고 "우리는 완전히 행복했고 후에도 그렇게 될 거야"60)라고 말한다. 이것은 결혼식이 이상적인 동화 속의 결혼이라는 대중문화의 개념을 따르고자 시도한다면 정작 커플이 결혼할 이유를 쉽게 잃어버리게 되는지를 강조하는 의미를 담고 있다. 영화가 지나치게 열성적이고 비대한 결혼식 산업을 비판하고, 때로는 광범위한 차원에서 결혼이라는 개념 자체를 비판한 점은 칭찬받을 만하다. 그러나 궁극적으로는 그 영화의 결말은 사회적 비판을 약화시킨다. 작은 저택에서의 결혼이지만 캐리와 빅은 결혼한다. 더욱이 결혼을 둘러싼 히스테리에 대해서 논평하면서 영화는 다른 많은 문화 텍스트들이 했던 것과 같은 패턴에 빠진다. 즉, 이것은 공통의 젠더 신화와 규범적 행동을 영속화시킨다. 예를 들어, 빅이 겁을 먹고 캐리에게 틀에 박힌 돌보는 역할을 하도록 유도함으로써 그가 안정적인 결혼생활에 정착하게 된다고 생각해 보자. 이런 방식으로 영화는 원본인 TV 프로그램과 달리 사회적으로 한 발 앞서 나가는 데 실패했다.

〈27번의 결혼 리허설27 Dresses〉(2008)는 〈섹스 앤 더 시티〉와 같은 해에 첫 상연을 했고 결혼식을 주제로 한 영화로서 전형적인 로맨틱 코미디 장르의 대표작이다. 이 영화 시작 부분의 해설에서 제인 니콜스(캐서린 헤이글Katherine Heigl)는 여덟 살 때 중요한 날 신부를 돕는 인생의 '소명'을 발견했다. 따라서 그녀는 제목에서 알 수 있듯이 27번이 넘는 결혼식에서 그다지 낭만적이지 않은, 전형적인 신부 들러리이자 도우미가 된다. 그러던 어느 날, 한 결혼식에서 그녀는 영화의 결말에서 그녀의 남편이 될 케빈 도일(제임스 마스더James

Marsden)을 만난다. 그러나 둘의 결혼은 로맨틱 코미디에서 빼놓을 수 없는 삼각관계 에피소드가 해결되고 나서야 이뤄진다. 제인은 상당기간 동안 그녀의 상사인 조지(에드워드 번스Edward Burns)를 사랑했지만 그녀의 여동생 테스(말린 애커맨Marlin Akerman)이 나타나자, 조지는 테스에게 빠지고 두 사람은 결혼하기로 결심한다. 그들의 결혼식을 취재하는 리포터인 케빈은 제인이 결혼식에 매료되어 있다는 것을 알게 되고 자신의 승진을 기대하며 '영원한 들러리'라는 필명으로 제인에 대한 기사를 쓰기로 결정한다.

시작부터 시청자는 결혼식에 대한 케빈의 냉소주의를 본다. 그는 제인에게 경솔하게도 결혼식장의 문을 나서고 나면 결혼 성공 확률은 50 대 50이라 점을 생각할 때 결혼식이 너무 과하다는 것을 알게 되었다고 이야기한다. 이후 그는 제인에 대한 그의 특집 기사는 27번 들러리를 섰던 한 여성에 관한 것 이상이 될 것이며, 결혼식이 "중요한 통과의례가 아니라 자금 지출에 불과한 과정임을 살펴보는 예리한 관찰?"[61]이 될 것이라고 그의 상사에게 이야기한다. 케빈은 결혼식이 '중요한 통과의례'일 수 있지만 결혼이 필연적으로 낭만적인 것이라고는 생각하지 않는다. 주간 칼럼에서 결혼식에 관한 화려한 글을 실어왔지만 그는 그에게 돈을 벌어주는 결혼 산업에 대해서는 비판적이다.

반면, 제인은 결혼식에서 로맨스를 본다. 그러나 그녀 또한 결혼식에 참여하는 것을 '친구로서 그곳에 있는 것'[62]이라고 간주한다. 아래 케빈과의 의견 교환 장면이 이를 보여준다. 제인은 "사람들은 내가 우스꽝스러운 드레스를 입고 싶어하는지 아닌지 개의치 않아요. 이날은 그들의 날이지 나의 날이 아니에요"라고 말한다. 케빈이 필요한 것이 있는지 그녀에게 묻자, 제인은 애석한 듯 대답한다. "언젠가, 하나님은 그날을 아시겠지요. 언젠가 그날은 저의 날이 될 거예요. 그때 모든 사람들은 저를 위해 그곳에 있을 거예요."[63] 모든 사람이 우스꽝스러운 드레스와 특별한 '언젠가'의 권리를 가질 수 있다는 제인의 주장은 결혼식에 대한 대중적 감수성에 부합한 것이다. 자신의 결혼식을 마음속에 그려보면서 모든 친구들이 '그녀의 날'에 그녀를 둘러싼 모습을 상상한다는 제인의 말은 애석한 어조를 띨 뿐만 아니라 '언젠가'가 오리라는 다소 화난 기도 소리는 절망적이었다.

절망에 빠진 낭만적인 사람과 로맨스와 거리가 먼 회의주의자는 어떻게 데이트를 할 수 있을까? 몇 잔의 술과 음악이 있고 당연히 깊은 대화가 가능할 때이다. 제인이 케빈에게 결혼식에서 좋아하는 부분이 있는지 물을 때, 케빈은 다음과 같이 대답하며 둘은 낭만적인 공통점을 발견하게 된다. "신부가 식장에 들어와 거대하고 웅장한 입장을 할 때지. 신랑은 노예제도의 법적 형태로 기꺼이 들어가는 어리석은 사람일지라도 항상 정말로 행복해 보이기 때문에 결혼하는 이 가련한 녀석을 한번 힐끗 돌아다보는 것을 좋아해"[64]라고 말한다. 아주 똑같은 형태는 아니지만 제인은 이전 장면에서 "짠, 처음 동의하게 되어 기쁘네요"라며 케빈의 냉소적 표현과 유사한 말을 했다.

〈섹스 앤 더 시티〉와 〈27번의 결혼 리허설〉은 로맨틱 코미디이다. 그런 만큼 시청자는 이 이야기 줄거리를 지나치게 심각하게 받아들이지는 않는다. 그러나 그렇다고 해서 이런 영화들이 여성 시청자들의 마음에 견고한 스테레오타입들을 짜맞추어 성역할을 훈련시키는 데 공헌하는 방법을 영화 평론가들이 지적하는 걸 막는 건 아니다. 영화의 전체적인 메시지에 관해 할 말이 많겠지만 〈27번의 결혼 리허설〉을 둘러싸고 많은 비평가들은 영화로서의 평범한 특성에만 주목했다. 예를 들어 ≪주간 연예Entertainment Weekly≫에서 오웬 글리버맨Owen Gleiberman은 다음과 같이 주장한다.

〈27번의 결혼 리허설〉은 아주 결혼하고 싶은 공주병으로 고조된 영화이다. 이것은 모든 연령대의 소녀들을 위한 흰색 레이스 포르노물이고 **결혼하지 않은** 사람들을 패배자로 느끼게 만들면서 모두가 '결혼식 제단으로 데려가 줘요'라고 말하는 분위기를 만든다. 이것이 영화가 팔리는 점이다. … 심지어 결혼식 산업에 대한 풍자마저도 결혼식 산업을 간접적으로 지지하는 것으로 작용한다.[65]

≪워싱턴 포스트*The Washington Post*≫의 앤 호마데이Ann Homaday는 〈27번의 결혼 리허설〉이 "놀랍거나, 매력적이거나, 사랑스럽게 특별하지 않고", "식상한 상투어구가 아닌 참신한 사고인 것처럼 〈브라이드질라〉를 언급한다는 점에서 개탄할 만하다"고 말한다.[66] 분명히 이 두 비평가들은 몇 가지 중요한 점을 다루고 있다. 첫째, 〈27번의 결혼 리허설〉과 같은 영화는 그래야 한다는 기대 때문에 여성들이 결혼을 선택하는 현상을 유지하게끔 하는 작품이다. 결국, 그러한 영화의 여성 인물들처럼 〈브라이드질라〉의 출연자들은 어린 시절부터 그날을 꿈꾸어왔다. 또한 리얼리티 쇼인 〈브라이드질라〉와 유사하게 〈27번의 결혼 리허설〉은 최종 결혼식까지 간다면 여성들이 신경질적으로 행동할 수 있고, 심지어 그러리라고 기대까지 하는데 그래도 궁극적으로는 그럴 수 있다는 것이다. 그러나 〈브라이드질라〉와 약간 다른 점은 이 영화가 주인공이 결혼식의 어리석은 점들에 대해서 상당히 많이 인식하고 있거나 차차 인식하게 된다는 것을 보여준 점이다. 예를 들어, 제인이 하나하나 차례로 모든 드레스를 입어보는 몽타주 장면은 그녀가 모든 여성들에게 자신이 입었던 들러리 드레스를 입고 그녀의 결혼식에 서도록 하는 영화 결말부의 복선이 된다. 그래서 〈브라이드질라〉와 달리, 이 영화의 주요 인물들은 결국 결혼하는 것에만 광적으로 집착하지 않는다고 볼 수 있다.

영화 〈섹스 앤 더 시티〉는 젠더와 결혼 그리고 결혼식에 관한 견해가 조금 더 복잡하다. 분명히 비평가들은 이 영화를 젠더 고정관념을 지지하는 것으로 읽는다. 그러나 앨리스 위그날Alice Wignall은 "페미니스트들은 진정으로 〈섹스 앤 더 시티〉를 사랑하는가?"라는 제목의 평론에서 TV 쇼와 더불어 영화에 대해서도 유용한 평가를 한다. 제목에 나온 질문에 대한 그녀의 답을 요약하면 "네, 할 수 있어요"이다. 그러나 그녀는 이 TV 쇼가 "페미니즘적 프로그램이라면 꼭 지녀야 하는 자매애를 수용하지" 않는다는 이유로서 "여성들에 관한 쇼가 남성에 대한 두드러진 집착을 보이기"[67] 때문이라고 말한다. 『섹스 앤 더 시티 읽기*Reading Sex and the City*』의 공동 편집자인 자넷 맥케이브Janet McCabe

는 네 명의 여자 주인공들이 남자에게 의존하는 "동화 이야기에 여전히 사로잡혔기 때문에"[68] 이 영화는 남성에 대한 지속적인 집착을 묘사한다고 말한다. 『섹스와 미혼녀로부터 섹스 앤 더 시티까지*From Sex and the Single Girl to Sex and the City*』의 저자 이멜다 웰레한Imelda Whelehan은 많은 다른 영화들과 같이 영화의 결말이 대부분 여성들의 미래는 결혼과 아이를 두는 것이라고 제안하는 전통적인 결말에 의지함으로써 주요한 갈등을 해결한다는 점에 주목한다.[69] 위그날은 〈섹스 앤 더 시티〉 영화에 배어 있는 과시적인 요소들에 대해 비판적이지만, TV 쇼와 영화 모두가 담고 있는 페미니스트적 근거를 강조한다(예를 들어 불임, 편모, 성차별 그리고 이혼과 같은 문제들을 해결하려고 애쓰기 때문이다). 〈섹스 앤 더 시티〉의 페미니즘적 가치에 질문하는 사람들에 대한 대답으로서 위그날은 〈섹스 앤 더 시티〉의 성공에 대해 다음과 같이 말한다.

특히 남자들과의 관계에서 자신의 독립과 성, 사랑, 파트너십에 대한 욕망 사이의 긴장을 활용할 가치가 많이 있다. 이러한 질문은 비이성적으로 다뤄지진 않았다. 같은 여성 목소리가 이런 문제를 논의하는 데 있어 유용한 도구가 된다. 문제에 대한 새로운 대답을 제시하는 데 실패했다고 말하는 것은 결국 이 쇼도 TV 버전의 동화 이야기에 불과하다는 것 때문이다. 솔직히 실제 삶의 페미니즘도 완벽한 모델이 없는데 캐리와 친구들이 해방된 여성성을 위한 완벽한 모델을 제시하지 못했다고 지적하는 것은 무례해 보인다.[70]

〈27번의 결혼 리허설〉와 〈섹스 앤 더 시티〉 사이의 차이는 전자가 결혼식에 대한 동화적 환상의 유지를 강화하지만, 후자는 고정관념에 동참하면서도 적어도 실제 여성들이 어떠한지를 폭로하며, 21세기 여성과 관련된 중요한 주제에 대한 대화에 기여한다는 점이다.

결혼식을 집중적으로 다룬 잡지와 TV 프로그램, 영화는 내용이 종종 해학적이고 즐거움을 준다는 점에서 꼭 부정적인 것만은 아니다. 매체에 묘사된 상품의 소비자들이 비판적인 시선으로 이러한 자료들을 분석하고 읽는 것이 중요하다. 매일 소녀들과 젊은 여성들에게 다양한 젠더화된 행동을 하도록 지시하는 정보가 쇄도한다. 예를 들면, 젊은 여성이 주방 가전제품 옆에 서서 아름다운 웨딩드레스를 입고 있는 것은 그녀에게 결혼과 가정생활이 연관된다는 신호를 보내는 것이다. 혹은 예비 신부가 비이성적으로 행동하지만(혹은 아마 비이성적으로 행동하기 때문에) 완벽한 짝을 얻는 영화 또한 하나의 메시지를 보내는 것이다. 고정관념에 도전하기 위해 이런 문화적인 상품을 면밀히 들여다보는 작업도 중요하다. 또한 삶의 중요한 단계에 관한 대화에 능동적으로 참여하는 것도 중요하다. 능동적으로 참여하지 않는다면 다음 장의 주제인 결혼 단계에서도 여성들은 헛된 기대에 빠질 수밖에 없다.

제5장

사랑, 미국 스타일

미디어에서 재현되는 젠더화된 결혼

2014년 밸런타인데이에 볼티모어 레이븐스Baltimore Ravens 미식축구팀의 전 러닝 백(미식축구 포지션 중 하나로, 공을 잡고 달려서 전진하는 포지션 _옮긴이)인 레이 라이스Ray Rice 선수가 약혼녀(이후 결혼을 해서 아내가 됨) 자나이 파머Janay Palmer를 엘리베이터에서 구타한 후 실신한 그녀를 엘리베이터 밖으로 끌고 나오는 장면이 카메라에 잡혔다. 자나이 라이스Janay Rice가 딱 한 번 당한 일이 라고 주장한 이 사건을 접한 사람들은 가정폭력에 큰 관심을 갖게 되었다. 이 런 문제가 우리사회에 얼마나 광범위하게 퍼져 있는지는 통계 수치가 잘 보여 주고 있다. 예를 들어, 미국에서는 매년 477만 4000명의 여성들이 친밀한 상 대intimate partner로부터 신체적 폭력을 당하는데, 2003년 이후에는 가정폭력을 포함해 불화로 인해 남성에게 살해된 여성은 1만 8000명에 달한다. 신체적 학 대를 받는 여성들의 40~45%가 강간을 당하거나[1] 폭행을 당한다. 라이스 사 건 이후 각종 미디어에는 남성에 의해 여성이 겪는 폭력에 관한 끔찍한 통계 수치를 인용하면서 가정폭력의 위험성을 환기하는 기사가 많이 등장했고 또 한편으로는 그와 같은 상황에서 파머가 취했어야 하는 행동에 관한 독자들의 강력하고도 자발적인 의견이 많이 실렸다. 그 사건을 보도했던 온라인 신문의 게시판에는 그 이후에도 파머가 왜 라이스와 헤어지지 않는지를 이해할 수 없다는 일반 대중들의 의견을 담은 부정적 글들이 수도 없이 게시되었다(이런 부정적인 의견이 계속 개진되면서 온라인 신문의 게시판과 유사한 파급력을 지닌 온라인 대화창에서는 여성들에게 가정폭력에 관해 자신의 속 이야기를 털어놓기를 제안하는 해시태그인 '#내가떠나지않는이유WhyIStayed'가 달리기도 했다). 라이스와 파머의 사건은 단지 오래전부터 있어 왔던 유명 인사들의 결혼생활을 둘러싼 여러 논란 중 가장 최근 것 가운데 하나에 불과하다. 여기서 문제는 한때 대중의 주목을 받던 남성과 여성의 가정불화에 관련해서 일반 대중들이 아무런 제약도 받지 않고 자신들의 의견을 지속적으로 개진할 수 있는 것처럼 보인다는 데 있다.

미디어 또한 유명 인사들의 불륜 사건을 엄청나게 많이 다루고 있다. 유명 인사들의 불륜 사건은 일반 가정 내 학대 사건보다 심각성은 덜하지만 대중들은 (토크쇼나 웹사이트 등등에서) 불륜을 저지른 유명 인사 관해서 자신들의 생각을 표출해야만 할 것 같은 느낌을 계속해서 받는다. 예를 들어, 2009년에는 유명 골프선수 타이거 우즈Tiger Woods가 자신의 아내이자 모델인 엘린 노르데그렌Elin Nordegren을 속이고 수차례 바람을 피운 사실이, 2010년에는 영화배우 샌드라 불럭Sandra Bullock의 남편인 제시 제임스Jesse James가 여러 여성들과 바람을 피운 사실이 폭로되었다. 이 소식을 접한 일반 대중은 이럴 경우 아내가 취해야 할 행동에 대한 의견을 제시하는 동시에 부정을 저지른 남편을 비난한다. 때로는 온라인 게시판에 이런 대중들의 의견을 지지하는 글이 동시에 올라오기도 한다. 즉, ≪US위클리US Weekly≫에 불럭에 관한 기사가 실린 후 온라인 게시판에 "불럭이 그런 남편과 헤어지게 된 건 축복이다"[2]라는 글이 올라왔다. 하지만, 자신의 의견을 제시하는 게시물에는 배우자의 부정을 이겨내는 방법을 조언하는 차원을 넘어 피해자를 비난하는 목소리가 너무나 빈번히 실리곤 한다. "제시 같은 놈하고 결혼한 여자도 바보지, 맞는 말 아니야?"[3] 어떻게 행동해야 하는지를 여성에게 가르칠(게다가 잠재적으로는 가르친 대로 행동하지 않는 여성에게 모욕을 줄) 준비가 이미 되어 있는 여러 문화 텍스트 중에서 온라인 토론장은 여성의 행동에 관해 사회가 어떤 생각을 하는 가를 비공식적으로 배울 수 있는 또 하나의 교육 공간인 셈이다. 파머나 불럭 같은 유명 인사들이 실제로 온라인 게시판과 소셜 미디어에 올라온 교육용 메시지를 읽는다고 할 수는 없지만(혹은 그런 메시지를 심각하게 받아들인다고도 할 수는 없지만), 이와 같은 대중들의 자발적 조언은 이를 접하는 수많은 여성들에게 영향을 미친다. 이런 메시지에는 성인 기혼 여성은 여전히 결혼생활에서 일어나는 문제들을 대처하는 방법을 배울 **필요**가 있다는 것과 여성은 스스로 결정을 내릴 능력이나 그 문제들을 적절하게 처리할 능력이 없다는 내용은 물론, 여성은 사회가 요구하는 방식으로 아내의 역할을 수행하지 않으면 어느 때든 외부의 강제력이 그들에게 가해질 것이라는 점을 여성이 반드시 알고 있어야 한다는 내용이 포함되어 있다. 만일 기혼 남성을 자신들의 왕국의 왕이라고 부를 수 있다면 이는 곧 여성은 단지 전 세계가 지켜보고, 평가하고, 필요하다면 폐위도 시킬 수 있는 과시용 왕비가 된다는 점을 의미한다.

바로 앞 장에서 우리는 여성이 **결혼을 하기까지** 어떤 식으로 교육을 받는지에 관해 논의했다. 여성은 어릴 때부터 올바른 일을 하고, 올바르게 옷을 입고, 행실을 올바르게 하면, 자신들도 동화에서처럼 백마 탄 왕자님Prince Charming을 만날 수 있다고 배운다. 마찬가지로, 여성이 결혼을 하게 되면 그들 앞에는 잡지나 자기계발서, 영화, 텔레비전 쇼 등 결혼생활을 잘 **유지**하도록 교육을 시키는 여러 자료들이 차고 넘친다. 이 장에서 우리는 이런 교육이 그동안 어떻게 발전되어왔는가를(혹은 그렇지 않게 되었는가를) 논의하고 적절한 아내가 되는 방법을 21세기를 살고 있는 여성에게 가르치는 요즘의 대중문화를 분석한다.

인류학자들과 고고학자들은 여러 다양한 사회에서 결혼이 어떤 역할을 하고 있는지를 논의해 왔다. 결혼을 연구하는 학자인 스테퍼니 쿤츠Stephanie Coontz에 의하면 우리가 익히 들어 잘 알고 있듯 결혼의 시작에 관해서는 두 이론이 존재하는데, 첫 번째는 남성이 여성을 보호해 주기 기원하면서 결혼이 시작되었다는 주장이고, 두 번째는 첫 번째 이론과 정반대로 "남성이 여성을 착취"[4]하는 데서 결혼이 시작되었다는 주장이다. 1970년대에 활약했던 페미니스트들과 다른 연구자들은 두 번째 이론을 지지한다.

결혼은 자신을 보호해 줄 수 있거나 부양해 줄 수 있는 남성을 유혹하려는 여성의 노력으로 시작한 것이 아니라 사익을 위해 여성의 가임력과 생식 능력을 통제하려는 남성의 노력으로 시작되었다. 이와 같은 강압적 이론에 의하면 남성은 여성을 납치하거나 집단 강간을 해서 강제적으로 결혼시키거나, 아니면 자신의 의지를 강요하기 위해 아내를 구타하기도 한다. 예를 들면, 아버지들은 젊은 남성에게 자신들의 딸들을 넘겨줌으로써 공동체에서 권력을 얻고, 젊은 남성은 그 대가로 아버지들에게 선물이나 봉사를 제공한다.[5]

오늘날에도 두 번째 이론을 지지하는 학자들이 많이 있지만 두 이론 모두 설득력이 떨어진다. 결혼은 오히려 남녀의 동거를 가능케 하는 방식과 육아와 일상의 일을 구조화하는 방식으로 시작되었을 공산이 더 크다.[6] 남녀가 동거를 하기 위함이 21세기 사람들이 결혼을 하는 주된 이유인데 이는 100년 전 사람들의 결혼 이유와 변한 것이 거의 없다. 하지만 결혼에 대한 인식에는 많은 변화가 있다. 예를 들어, 요즘 부부들은 자신들의 결혼을 꽤나 평등한 결혼이라고 느끼거나 아니면 최소한 평등한 결혼이 중요한 이슈라고 믿으면서 결혼생활을 시작한다는 내용의 기사가 잡지와 신문에 많이 나온다. 그렇지만 － 여성은 될 수 있으면 결혼을 늦게 하려고 하고 결혼을 하더라도 남편의 성을 따르려고도 하지 않는 경우가 있지만 － 문화 텍스트는 '누구 부인Mrs.'이 되는 방법을 여성에게 가르치는 데 여전히 엄청난 양의 시간을 쓰고 있다는 것은 변치 않는 사실이다. 이 장에서 우리는 21세기 문화 텍스트가 가부장적 환경에서 어떤 식으로 이상화된 결혼 관념을 때로는 증폭시키고 때로는 그것에 반격을 가하는지를 보여줄 것이다. 나아가 결혼을 앞둔 여성에게 결혼생활을 잘 유지하는 법을 가르치면 나중에 이 여성이 담당해야 할 아이들의 주 양육자라는 역할도 잘 해낼 것이라고 사회가 믿고 있음을 밝힐 것이다.

결혼의 기원: 사람들이 "예, 그러겠습니다(Yes, I Do)"라고 대답하는 이유

사람들에게 결혼을 하는 이유가 무엇이냐고 묻는다면 남성 여성 할 것 없이 대부분의 사람들은 다음과 같은 뻔한 대답을 할 것이다. "사랑하니까요." 그러나 12세기 안드레아스 카펠라누스Andreas Capellanus는 『궁정식 사랑의 기술 *The Art of Courtly Love*』에서 정반대의 주장을 한다. "남편과 아내 사이에는 사랑이 들어갈 자리가 없다는 것을 모든 사람들은 알고 있다"는 것이 그 내용이다.[7] 결혼에 관해서 수세기 전에는 이런 언급이 있었는데 수세기가 흐른 후에는 왜 완전히 다른 종류의 이야기가 존재하게 된 걸까? 사람들이 사랑 때문에 결혼하기 시작한 것이 언제부터였는가는 분명치 않다. 사랑에 기반한 결혼이 처음 등장한 때를 17, 18세기쯤이라고 주장하는 이들도 있고 '연애결혼' 개념이 처음 등장한 때가 13세기였다고 주장하는 이들도 있다.[8] 그러나 연구 결과에 의하면 결혼에서 사랑이 늘 긍정적인 속성으로 여겨졌던 것은 아니다. 실제로 사랑은

> 사회 질서를 심각하게 위협하는 요인으로 여겨지기도 했다. … 고대 인도에서는 결혼 전에 사랑에 빠지는 것을 거의 반사회적이고 파괴적인 행동으로 봤다. 그리스인들은 상사병을 정신이상 증상의 하나라고 생각했다. … 중세 프랑스인들은 사랑을 정신착란으로 정의한 후 이는 사랑하는 사람이나 다른 상대와의 성행위로만 치유될 수 있다고 생각했다.[9]

쿤츠는 중매결혼과 대비되는 '연애결혼'의 개념이 18세기에 구체화되었다고 말하며 이는 우연히도 유럽의 계몽주의 운동과 동시에 일어났다고 주장한다. 결혼은 이때쯤 들어와 비로소 대규모의 정치적·경제적 동맹 체계와 연결되는 것이라기보다는 두 개인 간의 사적 관계로 여겨지기 시작했다.

사랑과 결혼을 설명할 때 종종 등장하는 용어가 로맨스다. 요즘에는 실제로 로맨스를 사랑과 동의어로 사용하는 사람들도 있다. 하지만 역사학자들은 19세기나 되어서야 로맨스가 결혼과 연결되었다고 주장한다.[10]

21세기에 접어들면 결혼과 연결되는 또 다른 개념이 등장하는데, 친밀감이 바로 그것이다. 『현대인의 사랑: 로맨스, 친밀감, 그리고 결혼 위기*Modern Love: Romance, Intimacy, and the Marriage Crisis*』의 저자 데이비드 섬웨이David Shumway는 로맨스와 친밀감을 구분한다. 로맨스가 "모험, 강렬한 감정, 완벽한 짝을 찾을 수 있는 가능성"을 시사한다면 친밀감은 "속 깊은 소통, 우정, 새롭게 만난 사랑에 대한 열정을 초월해 지속되는 공유"를 시사한다.[11] 간단히 말해 친밀감은 지속적인 관계를 암시하는 반면 로맨스는 이보다는 좀 일시적인 관계를 의미한다.

로맨스와 친밀감(이 둘은 마치 커플이 된 것을 축하할 때 보내는 축하 카드 속 문구처럼 들린다), 이 두 단어는 동반자 관계를 보호하고 유지하는 법을 가르치는 수많은 자기계발서들에 적힌 단어이기도 하다. 우리는 3장에서 자기계발서들이 지속적으로 인기 있는 이유가 9·11 테러 이후 불안정한 세상에서 안정된 삶을 추구하려는 사람들의 욕구 때문이라는 점을 확인했다. 마찬가지로 이 장에서 우리는 과거와 문화와 정서가 많이 바뀐 요즘, 사랑하는 남녀가 소위 '영원토록 행복하게' 살 수 없도록 하는 사회문화 요인이 활개 치는 상황에서 안정감을 회복하거나 유지하기 위해 사람들이 자기계발서를 찾는다는 주장을 펼칠 것이다. 이 장에서 더 논의하겠지만 종종 여성에게는 죽을 때까지 부부관계를 유지해야 하는 '결혼 지킴이' 임무 또한 부여되어 있다. 따라서 이처럼 여성에게 가해지는 사회적 압력 덕을 보는 자기계발서를 분석하는 것이 중요하다. 왜냐하면 여성은 흔히 자신들에게 부여된 임무를 잘해내기 위해서, 더나아가서는 그들에게 제일 중요한 결혼생활을 잘 유지하기 위해서 어떻게 행동해야 하는지를 배우기 위해 이런 문화 상품들을 사용하기 때문이다.

결혼 조언서: 과거부터 현재까지, 아내를 위한 지침서

결혼식 이후 부부들은 신혼의 달콤함이 언젠가는 끝난다는 것을 인식할 때가온다. 그때가 오면 그들은 도움을 필요로 하게 된다. 바로 그때 도움을 주는것이 결혼 조언서다. 결혼 조언서가 그동안 여러 측면에서 많이 변해왔지만놀랍게도 그 내용만큼은 거의 변하지 않았다. 또 한 가지 주목할 점은 결혼조언서에 실린 조언 대부분이 남편들을 대상으로 한 것이 아니라 아내들을 대상으로 한다는 것이다.

14세기부터 16세기에 출간된 조언서들은 중간 중간 벼룩을 없애는 방법을 알려주거나 순결과 정절을 지키라고 남편들에게 조언하는 내용이 포함되어 있지만주로 아내들의 정숙, 순종, 근면, 공경을 강조하는 내용으로 구성되어 있다. 아내가 남편에게 순종하지 않는 것을 생각도 할 수 없도록 하는 것이 목적이었다.[12]

500년 정도 지난 요즘의 결혼 조언서에는 벼룩 없애는 법 같은 내용은 없지만 예상과는 달리 로라 슐레징어가 쓴 ≪뉴욕타임스≫ 선정 베스트셀러『결혼 제대로 관리하기*The Proper Care and Feeding of Marriage*』(그녀의 또 다른 ≪뉴욕타임스≫ 선정 베스트셀러인『남편 제대로 관리하기*The Proper Care and Feeding of Husbands*』의 속편)는 과거의 책들과 매우 유사하다. 책 제목에 여성성을 언급할때 상투적으로 사용하는 '돌보기care'와 '먹이기feeding'라는 단어를 넣은 것만 보더라도 슐레징어는 결혼을 여성 중심의 일로 여기는 듯하다. 2007년에 출간된 이 책에는 이전 장에서 언급된, 존 그레이가 쓴 베스트셀러『화성에서 온 남자, 금성에서 온 여자』와 스티브 하비가 쓴『여자처럼 행동하고 남자처럼 생각하라』에 나오는 정형화된 젠더 개념이 다시 등장한다.

로라 박사Dr. Laura(로라 슐레징어는 책에서 자신을 이렇게 부른다)는 책의 첫 부분에서부터 요즘의 결혼에서 전반적으로 잘못된 점에 관해 논의한다.

> 오늘날의 용감한 신세계는 무시무시하다. … 우리는 결혼을 출산과 의미 있는 친밀감이 이루어지는 공간이 아니라 단지 여가 활동 차원에서 섹스를 하는 공간으로 여기고, 아이를 양육하는 엄마들이 아니라 제도화된 탁아 시설을 떠올린다. 여성이 돈을 받지 않는 창녀처럼 그리고 원하는 고급 차를 살 수 있을 때까지 계속 일을 하는 임금 노동자들처럼 행동할 때 남성은 여성을 섹스의 대상으로 본다. 남성은 여성이 1960년대 이래로 남성에 대한 적개심을 표출해 온 것에 경악했다. 여성에게 저녁을 대접하지 않고도 근사하게 차려입은 여성과 섹스를 할 수 있게 될 때 남성은 처녀성, 정결, 순결을 가치 있다고 여기지 않을 것이다. … 페미니즘이 여성에 대한 기사도 정신을 거의 다 죽여버렸다.13)

이 구절에는 쟁점이 될 만한 내용들이 많이 들어 있다. 우선, 저자는 여성이 아이들과 집에 있고 싶은 마음이 간절하다고 해도 그들이 처한 경제적 상황 때문에 늘 그럴 수 없다는 사실을 간과하고 있다. 또한 '돈을 받지 않는 창녀와 임금 노동자'라는 단어를 한 문장에서 사용했다는 점에 주목해야 한다. 왜냐하면 이렇게 되면 이 두 단어가 동일선상에서 이해되기 때문이다. 즉, 집에 있지 않는 여성은 돈을 받지 않는 창녀이거나 임금 노동자, 둘 중의 하나가 된다. 좀 더 명확하게 말하면, 수도 없이 많은 악의적인 일반화는 별개로 치더라도 저자는 요즘 결혼에서 문제가 되는 것은 전반적으로 페미니즘 때문이라고 말하면서 페미니즘을 비판하고 있는 것이다. 즉, 저자는 페미니즘이 원인이 되어 결혼제도에서 문제가 만들어지고 있고 페미니즘이 존재하지 않았던

1960년대 이전에는 결혼제도에 문제가 없었다고 주장하는 것이다. 마지막으로 짚을 부분은, 14세기의 결혼 조언서처럼 2007년에 나온 저자의 책 역시 순결과 정숙을 칭송하고 있다는 것이다. 여기서 저자가 칭송하는 순결과 정숙은 오로지 여성의 순결과 정숙일 뿐이다.

저자는 우선 독자들에게 매우 단순한 질문을 던진 후 적개심으로 가득 찬 대답을 제시하는 방식으로 페미니즘을 더욱 심하게 비판한다.

어떻게 여성은 수세대 동안 여성성의 가치와 힘의 진가를 알아보지 못했는가? 어떻게 여성은 자신들이 가족, 공동체, 삶 그 자체의 중심이라는 장엄한 지위를 내던져 버리려고 하는가? 답은? 페미니즘 때문이다! 국가, 여성, 아동, 남성, 궁극적으로는 가족과 사회에게 페미니즘은 재앙과 같았다.14)

종말이 임박했음을 예언하는 성경 구절처럼 들리는 로라 박사의 대답은 페미니즘을 극도로 폄훼한다. 이는 다음 구절에서 훨씬 더 분명해진다.

페미니즘이 목표로 하는 진정한 이상이(남성과 여성이 동일한 권리와 기회를 가져야 한다는) 바람직한 시민의 권리라는 것은 분명하다. 그렇지만 작금의 페미니즘은 이렇지 않다. 페미니즘 운동은 전적으로 여성성, 어머니 역할motherhood, 아내 역할wifehood, 그리고 거세된 남성을 제외한 모든 형태의 남성, 이 모두를 경멸하는 어떤 사고방식이 좌지우지해 왔다.15)

저자가 페미니즘을 시민의 권리를 확보하기 위한 운동으로 인정하고 있는 것은 분명하지만 요즘 페미니스트들은 어머니가 되는 것과 아내가 되는 것을 증오하고, 전반적으로 남성을 증오한다는 매우 부정확한 주장을 펼치고 있다. 하지만 이는 사실이 아니다.

저자는 반페미니스트적 감상을 드러내는 개인적 일화들을 책에서 많이 소개하고 있다. 그녀는 자신이 주고받은 이메일, 편지, 전화통화 내용을 기록한 글을 통해 자신의 해박한 견해가 여러 쌍들에게 도움이 되었다고 주장하고 있다. 그녀가 쓴 자기계발서가 원래의 취지대로 여러 사람의 결혼생활에 도움을 줬을 수도 있다. 하지만 그렇다고 해서 페미니즘을 결혼을 위협하는 위험한 세력으로 묘사하는 것이 정당화될 수 있을까? 저자는 다음과 같이 적고 있다.

닭(페미니즘)이 먼저냐 달걀(남성의 이기심과 미성숙)이 먼저냐를 결정하기가 쉽지 않지만 내가 믿기로는 페미니즘이 먼저다. 『여성의 신비The Feminine Mystique』가 서점에 선보인 첫날부터 페미니즘은 동일노동 동일임금 원칙의 시행에 집중하지 않고 결혼, 남편, 남성 전체 그리고 특히 아이가 진정한 여성됨 womanhood의 적들이며 압제자인지를 밝히는 데에만 골몰했다.16)

베티 프리댄Betty Friedan이 쓴 『여성의 신비』가 출판 직후부터 여성 전체보다는 주로 중류 계급과 상류 계급 백인 여성의 문제에만 주목하고 있다는 비판을 수년 동안 받은 것은 사실이지만 이 책으로 인해 사회와 결혼 두 영역에서의 여성의 역할에 관한 논의가 시작되었다는 점에서 이 책의 가치는 크다. 이 책에서는 남편들을 '진정한 여성됨의 적과 압제자들'이라고 비난하고 있지 않다.

『결혼 제대로 관리하기』의 주 관심사는 독자들에게 신화에서나 있을 법한 '그 좋았던 옛날(1960년대 이전)'의 결혼으로 되돌아가라고 충고하는 것이다. 예를 들어, 로라 박사의 책에는 생계를 책임지는 남성을 여성이 여전히 선호하는 경향이 있다는 연구 결과가 나와 있는데, 이 주장을 확장하면 여성은 이런 남성을 지적으로 우월한 존재로 여기고 자신들을 물리적으로 보호할 수 있다고 생각한다는 내용으로 이어진다. 여성은 자신들을 돌볼 수 있는 남성을 더 존경하고 그들에게 성적으로 더 끌리는 경향이 있다.17) 아마도 다른 연구 (비록 그녀의 책에서는 언급되지 않았지만)에서도 동일한 결과를 소개하고 있을 수 있지만 로라 박사의 이런 주장은 과도한 일반화의 결과다. 게다가 생계를 책임지는 사람이자 보호자라는 역할을 남성에게 부여하는 행위는, 심지어 여성이 실제로 보호자이자 생계를 책임지는 남편을 원한다는 점을 인정할 수밖에 없다고 해도, 남성에게 엄청난 스트레스를 주는 일이다. 한편, 돈을 벌거나 중요한 결정을 내리는 것과 같은 일 등에서 남편과 아내가 서로 동등하게 책임을 지는 결혼생활이 훨씬 더 건강하고 행복하게 보인다.

'생계를 책임지는 남편들 대 생계를 책임지는 아내들'에 관한 논의는 상대적으로 다음과 같은 새로운 현상을 언급하지 않으면 종결될 수 없다. 요즘 흔히 말하는 남성성의 위기 현상이 바로 그것이다. 남성성의 위기를 구성하는 요소와 그 안에 자리 잡고 있는 함의를 탐구하는 일은 우리 책의 연구 범위를 넘어서는 것이지만 21세기의 남성성을 둘러싸고 벌어지는 논의를 살펴보는 일은 매우 중요하다. 팀 에드워즈Tim Edwards의 『남성성 문화Cultures of Masculinity』로 논의를 시작해 보자. 에드워즈에 의하면 남성성의 위기는 "남성이 직장, 가정, 교육 기관에서 자신들이 누렸던 권력이나 특권을 이미 상실했거나 현재 상실 중이라고 인식"[18]하면서 시작되는 것이다. 좀 더 정확히 말하면 에드워즈는 이는 "남성성 전반의 위기라기보다는 일부의 남성의 위기라는 경향성이 존재한다"[19]고 주장하고 있다. 하지만 위기가 존재하건 하지 않건 간에 분명한 것이 있다. 그것은 언제나 남성을 '제대로 관리하는' 임무를 부여받는 여성에게 이제는 전속력으로 다가오는 위기의 한 가운데에 있는 남성을 돌보는 임무가 부여되었다는 것이다. 왜냐하면 사회가(슐레징어의 책과 같은 형식으로) 남성성은 이제 더 이상 가치가 없다고 여성에게 말하고 있기 때문이다.

노력 없는 결혼이라는 신화 깨부수기: 결혼은 (여성의) 일이다

슐레징어와 하비와는 다르게 결혼을 좀 더 평등한 방식으로 보는 남성도 있을 것이다. 벤 애플렉Ben Affleck이 2013년 2월에 오스카 최우수 작품상을 수상했을 당시 말했던 수상소감 중 일부분이 이 장면을 시청하고 있던 많은 사람들을 화나게 했다. 자신의 아내와 관련해 애플렉은 다음과 같이 말했다. "여보, 우리가 10번의 크리스마스를 함께 보내는 동안 당신이 우리 결혼에 한 일에 대해 고맙게 생각하고 있소. 결혼은 좋은 것이오. 결혼은 일이기도 하오. 그렇지만 일 중에서 최고로 좋은 일이기에 내겐 당신 말고는 그런 일을 같이하고 싶은 사람은 없소."20) "내겐 당신 말고는 그런 일을 같이하고 싶은 사람은 없소"라는 말에서는 애플렉 자신 역시 결혼을 유지하는 데 책임이 있다고 느끼고 있음이 분명하게 드러난다. 또한 동시에 결혼은 노력을 필요로 한다는 말을 감히 대중 앞에서 공개적으로 한 것 때문에 많은 사람들의 공분을 샀다. 부부들 대부분이 이 말에 흔쾌히 동의하겠지만 여기에 문제가 있다고 생각할 부부들도 꽤 있을 것이다. 애플렉은 결혼의 "부정적인 면에 (초점을) 맞추지 않고 … "여보 사랑해, 당신 정말 완벽해""21)라고만 말했어야 했기 때문이다. 결혼에 노동이 필요하다는 것을 부부들은 물론 잘 알고 있지만 부부들은 이 점을 공개적으로 인정하고 싶어 하지 않는다. 그것도 대중 앞에서는 더더욱 그렇다.22)

사람들이 얘기하는 결혼에서의 '노동'에는(여기서 '노동'의 개념은 쉽게 정의되지 않지만) 몇 가지 상이한 의미들이 포함되어 있다. 레베카 에릭슨Rebecca Erickson은 자신이 명명한 '감정노동emotion work'의 의미를 "누군가에게 용기를 주고, 고마움을 표시하고, 이야기에 귀 기울이고, 감정(비록 내색하지 않아도)에 매일 매일 공감해 주는 행위"23)라고 정의한다. 여기서 감정노동을 '가정 일'과 밀접하게 연결되어 있는 '결혼 노동marriage work'으로 대체하면 결혼 노동은 "매일 매일 아이들과 어른들을 먹이고, 입히고, 잠자리를 봐주고, 보살펴 주는 일상 행위"로 정의할 수 있다. 결혼 노동과 가정 일, 이 둘은 모두 실체가 손에 잡히는 일이 아니기 때문에 일의 양을 계산하기가 쉽지 않다.24) 하지만 연구 결과에 따르면 두 일 모두 압도적으로 여성과 연관되어 있다.

크리스틴 셀렐로Kristin Celello가 쓴 『제대로 된 결혼생활 만들기*Making Marriage Work*』는 결혼을 성공적으로 유지하기 위해 해야 할 일들을 다룬다. 저자는 역사적으로 결혼 노동이 여성의 일로 여겨져 왔다고 전제한 후 20세기의 결혼을 다루는 첫 번째 장에서 산업화와 도시화로 인해 "가정과 사회 일반과의 상호작용"이 "가족 구성원 개개인 간의 감정적 상호작용"[25]으로 옮겨갔던 1900년에서 1940년 사이에 '결혼 노동'이라는 개념이 처음 등장했다고 주장한다.[26]

저자는 이 당시 결혼 관련 이슈에 관해 발언했던 전문가들의 의견을 소개하면서, '전문가'를 매우 느슨한 의미로서, 사회과학을 전공한 엄격한 의미의 학자는 물론이고 전문지식이 아예 없거나 혹은 조금만 있는 사람들도 포함하는 용어로 사용하고 있음을 밝히고 있다. "전문성이란 … 특히 유명 미디어에서 자신들의 견해를 권위 있게 제시하느냐 그렇지 않느냐로 결정되는".[27] 예를 들어, 처음에는 원예가였지만 후에 결혼 전문 상담사가 된 폴 포페노Paul Popenoe와 의심스러운 기관에서 박사학위를 받은 존 그레이[28]가 이런 경우에 해당된다. 또한 코미디언이었다가 작가가 된 스티브 하비도 이런 범주에 속한다고 할 수 있다(석사학위와 박사학위가 있지만 전공이 심리학이 아닌 생리학이라는 이유로 로라 박사를 이런 식으로 판단하는 사람들도 있다). 저자가 인용하는 대부분의 전문가들은 공통적으로 결혼이 위기를 맞고 있다고(아니면 조만간 그렇게 될 확률이 높다고) 믿고 있다. 이들은 결혼으로 (재정적·감정적) 이득을 더 많이 받고 있는 여성에게 결혼과 관련된 조언을 더 많이 해서 결혼을 성공적으로 유지하는 데 여성이 책임을 지도록 해야 한다고 주장한다.[29] 그 결과, 20세기에 결혼은 '여성의 일'로 여겨지게 되었다.[30]

1950년대에 여성의 일인 결혼 노동이라는 개념이 미국 대중의 마음속에 공고히 자리 잡게 되었다. 결혼생활의 관리인이라는 임무를 부여받은 여성은 결혼생활에서 생기는 여러 일들을 처리하고, 갈등을 해결하고, 일상에서 스트레스를 주는 요인들을 관리해야 했다. 여성에게는 관리인 역할을 능숙하게 하라는 사회적 압력이 가해졌다. 이런 상황에서 여성은 때때로 보통의 영역을 벗어난 극단적인 결혼 관련 문제까지도 관리해야 했고 이로 인해 힘들고 불안전한 삶을 살아야 했다. 예를 들어, 1950년대에는 배우자의 학대가 결혼생활에서 가장 큰 문제였다. 당시 전문가로 불렸던 사람들은 남편에게 학대받는 여성을 돕기 위해 연대하기보다는 그런 여성에게 남편에게 학대를 유발한 후 자신에게 가해지는 학대를 즐기는 '피학대 음란증 환자masochist'라는 꼬리표를 붙여버렸다. 심지어는 아내를 때리는 남성을 비난하는 사람들조차 "그런 일이 벌어지지 않도록 미리 적극적으로 예방책을 세우는 것"은 여성의 책임이라고 믿었다.31) 그들이 주장하는 '예방책'에는 "집에서 남편과 논쟁을 피하고, 남편의 기분을 맞춰주고, 남편을 편히 쉬게 하고, 남편의 부담을 덜어주는 것"32) 등이 들어가 있다. 주목할 점은 이런 예방책 그 어디에도 아내를 편히 쉬게 하거나, 아내와의 논쟁을 피하거나, 심지어는 학대가 일어나지 않기 위해서는 남편이 어떻게 해야 하는지에 관해서는 아무런 언급도 없다는 것이다.

1960년대에서 1970년대 사이에는 결혼관이 크게 바뀌었는데, 특히 여성의 결혼관에 엄청난 변화가 생겼다. 이 기간에 2기 페미니즘이 등장했고, 슐레징어가 악마로 묘사했던 베티 프리댄의 책『여성의 신비』가 출판되었으며(1963년), 급진 페미니스트들이 결혼제도의 종식을 주장했고, 미국 사람들의 결혼은 '주인과 노예master-slave' 관계에서처럼 남편이 이득을 더 많이 보는 관계라고 주장하는 조이스 브라더즈Joyce Brothers의 책『해방된 사랑과 결혼을 위한 형제 시스템 *The Brothers System for Liberated Love and Marriage*』이 출판되었다.

이후, 결혼관의 변화에 상응하여 이혼 관련 법도 변하면서 이혼율이 상승하기 시작했다. 결혼과 관련해 이처럼 많은 변화가 생긴 상황에서 미디어가 이혼율의 증가를 페미니즘 탓으로 돌리는 것은 놀랄 일이 아니다. 그러나 문제는 그와 동시에 또 다른 변화가 일어나고 있었다는 것이다. 1973년의 '로 대 웨이드Roe VS Wade 사건'의 판결로 여성에게 낙태를 할 수 있는 권리가 부여되었고, 성 혁명 덕분으로 여성은(물론 남성도) 성적 자유를 갖게 되었으며, 니나

오닐Nena O'Neill과 조지 오닐George O'Neill의 공저 『열린 결혼_Open Marriage_』(1972) 같은 책들로 인해 결혼을 아주 새로운 방식으로 바라볼 수 있게 되었다.33)

이에 대한 반격으로 보수주의자들은 미국인들이 '페미니즘 이전의 결혼'으로 돌아가서 "미국의 결혼을 구해내야"34) 한다고 주장했다. 마라벨 모건Marabel Morgan은 『완전한 여성_The Total Woman_』에서 훌륭한 아내가 되려면 "남편을 인정하고, 찬미하고, 순응하고, 감사"하는 네 가지 태도를 지녀야 한다고 주장한다(그녀의 제안 중 가장 유명한 것은 자신은 아무 때고 섹스를 할 준비가 되어 있음을 남편이 알도록 얼굴에 미소를 머금은 채 몸엔 비닐 랩만 걸치고 퇴근하는 남편을 현관에서 맞이해야 한다는 것이다).35) 남성을 결혼 노동으로 끌어들이려는 노력은 계속되었지만, 결혼생활에서 전통적인 여성과 남성의 역할이 변하는 것에 반대하는 사람들의 숫자는 1990년대와 21세기 초반까지도 줄지 않았다. 문제 해결의 핵심은 소통에 있는 듯하다. 요즘에는 부부가 함께 도움을 구하는 경우가 과거보다 많아졌지만 여전히 남편보다는 아내에게 가정 일과 결혼 노동, 둘 다에 더 큰 책임이 부여되어 있다는 점은 21세기에도 여전히 문제로 남아 있다.36)

누군가의 아내가 되는 법 제대로 배우기:
할리우드는 결혼을 어떻게 그리고 있는가

위에서 살펴봤듯이, 결혼생활 유지의 책임이 아내에게 있음을 여성이 오랜 기간 동안 교육받아 왔다는 것을 밝히는 학술연구는 계속 있어 왔다. 마찬가지로 동일한 노력이 할리우드 영화에서도 진행되어 왔다. 1950년대 10년 동안을 특별히 주목할 필요가 있다. 20세기 전반부에 생긴 결혼에 대한 사회 태도의 변화가 대부분 이 10년 동안에 극명하게 일어났기 때문이다. 1950년대에 여성은 결혼을 일종의 직업처럼 여겼다. 이 직업을 얻기 위해 여성은 "애인을 프러포즈하게 하는 법How to Make Him Propose"류의 기사를 찾아 읽거나 자신들을 남자들이 결혼을 할 만한 여성으로 만들기 위해 미국 가족관계 연구소 American Institute of Family Relations에서 개설하는 '결혼 준비 강좌Marriage Readiness Course'를 수강하기도 했다.37) 말하자면, 1950년대는 결혼생활에서의 문제가 사회 전체에 역병이 돌게 할 정도로 심각한 문제이기 때문에 이를 해결할 제대로 된 교육이 필요하다고 생각한 어니스트 그로브즈Ernest Groves가 '결혼 교육학pedagogy of marriage'이라는 용어를 고안해냈던 시대다.38) 결혼 교육학에 대한 관심이 커져가던 1950년대 말에는 결혼과 가족을 다루는 강좌를 개설하는 대학들이 많아졌다.

2000년대에 제작된, 1950년대를 배경으로 한 영화 한 편에는 실제로 대학에서 여성에게 결혼해 관해 어떻게 교육하는지가 잘 나타나고 있다. 오스카상 수상자인 줄리아 로버츠Julia Roberts39)가 매사추세츠주에 위치한 보수적인 여자대학인 웰슬리대학Wellesely College의 미술사학과 캐서린 왓슨 교수를 연기한 작품 〈모나리자 스마일Mona Lisa Smile〉(2003)이 그 영화다.40) 처음에 왓슨은 웰슬리에서 가르친다는 것 자체로 흥분한다. 하지만 얼마 지나지 않아 학생들이 단순히 교과서 내용만을 암기할 줄 알지 스스로 사고할 줄 모른다는 것을 알고 흥분은 놀라움으로 바뀐다. 더구나 학생들은 일단 약혼을 하면 학문이 아니라 오로지 완벽한 아내가 되고자 하는 욕망만을 좇게 된다는 것을 알게 된다.

정확히 말해서 이 욕망은 다른 곳이 아닌 대학교에서의 교육을 통해 그들에게 주입되고 있었다. 여성이 대학 교육을 받는 최고의 이유는 결혼이어야 된다는 생각이 드러나는 장면에서 학생들에게 에티켓을 가르치고 있던 낸시 애비(마시아 게이 하든Marcia Gay Harden) 교수는 다음과 같이 말한다.

여러분의 남편이 지금 중요한 순간에 서 있어요. 남편은 스미스와 존스, 이 두 사람과의 경쟁에서 이겨야 승진을 할 수 있어요. 이때 여러분은 현명하게도 남편의 직장 상사와 그의 아내를 7시 저녁 식사에 초대하기로 결정합니다. 그런데

6시 15분쯤 남편이 전화를 해서 경쟁자 두 사람도 부부 동반으로 저녁 식사에 참석한다고 말합니다. 여러분은 웰슬리 대학생이니 이 상황을 냉철하게, 이성적으로 판단하실 수 있죠? 남편의 직장 상사가 혹시 여러분의 남편만이 아니라 여러분도 시험하고 있는 것은 아닐지라고 생각해야 합니다. 자, 이제 어떻게 해야 할까요?[41]

자유분방한 학생 지젤이 농담처럼 대답한다. "이혼소송을 제기해야지요."[42] 이 대답에 교수는 화가 나서 모든 학생들에게 일갈한다. "여러분이 이 과목에서 A 학점을 받는 것은 어려운 일이 아닐 거예요. 하지만 인생에서 가장 중요한 학점은 내가 주는 것이 아니라 그 사람이 준다는 점을 명심해야 해요."[43] 이 말의 핵심은 여성은 결혼을 하면 남편(낸시가 지젤에게 말할 때 사용한 '그 사람')으로부터 학점을 받는다고 생각해야 한다는 것이다. 이런 발언은 여성을 어린아이 취급infantilize하는 것인 동시에 1950년대의 결혼생활에 존재하는 부당한 권력 구조를 드러내는 것이다.

요즘 관객들은 대학교에서 이런 교육을 하고 있는 것이 무척이나 터무니없다고 생각하기 때문에 영화에 공감하기 쉽지 않을 것이다. 하지만 수많은 관련 연구가 이를 엄연한 사실로(영화에서처럼 직접적인 방식으로든지 아니면 사회의 지배이데올로기의 하나로서 간접적인 방식으로 작동하든지 간에) 확인하였다. 1950년대 가정주부들에게는 남편의 성공적인 직장생활을 위한 내조가 요구되었고 회사는 종종 채용이나 승진 인사를 할 때 대상자의 아내가 대상자를 어떻게 내조하고 있는지 실제로 고려하기도 했다.[44]

1950년대에는 이와 같이 사회가 요구하는 아내의 모습을 가르치는 문화교육에 저항했던 여성들은 광범위한 사회적 차별을 받아야만 했다. 이런 여성이 비난받는 모습은 〈모나리자 스마일〉에서 사람들이 캐서린에 관한 뒷담화를 하는 장면들에 담겨 있다. 당시가 1950년대이었던 데다가 당시의 기준으로 볼 때 캐서린은 이미 여성의 결혼적령기를 훨씬 넘긴 나이였기 때문에 조안(줄리아 스타일스Julia Stiles), 베티(커스틴 던스트Kirsten Dunst), 지젤(매기 질런홀Maggie Gyllenhaal)은 캐서린이 왜 독신으로 사는지에 관해 토론할 필요가 있다고 느낀다. 조안은 "캐서린 같은 여성은 독신으로 살겠다고 마음먹었기 때문에 결혼을 안 하는 것"이라고 주장한다. 좀 더 보수적인 베티는 이를 도저히 이해할 수 없다고 말한다.[45] "가정을 꾸리지 않는 삶을 선택하는 여성은 이 세상에 한 명도 없다"라는 베티의 말 속에서 1950년대의 결혼관이 그대로 드러난다.[46]

영화에서는 결혼을 직업과 학업보다 더 중요한 것으로 묘사하는 장면이 나오는데, 예를 들어 가장 똑똑한 학생인 조안이 법과대학원에 합격했지만 애인과 사랑의 도피를 감행하기 위해 입학을 포기하는 장면이 그렇다. 또 다른 장면에서는 베티가 부엌을 포함해 자신의 신혼집의 여러 공간을 온갖 정성을 다해 꾸며 놓고 사진을 찍는 모습이 나온다. 베티가 찍은 사진 하나에는 베티는 청소기를 돌리면서 느긋하게 독서를 하고 있고, 베티의 남편은 앉아서 신문을 보고 있는 모습이 담겨 있다. 아내라면 마땅히 해야 할 '바로 그 일'을 했지만 베티의 결혼생활은 남편의 외도로 끝나버린다. 하지만 베티는 모든 것을 잃지 않았다. 남편과 이혼한 후 베티는 법과대학원에 지원한다. 이는 심지어 1950년대에도 이혼은 여성에게 긍정적인 결과를 만들어줄 수도 있고, 또한, 이따금씩 여성이 결혼생활이 제대로 돌아가도록 하는 노력을 중단하고 결혼이라는 배에서 하선하는 것도 괜찮다는 교훈을 주기 위함이다. 베티의 결혼과 이혼 이야기는 여성이 결혼 관리 방법에 관해서 배운 바를 무조건 따라하면 행복한 결혼생활을 유지할 수 있다는 생각이 위험한 것이라고 말하고 있다.

그런데 이런 내용을 다른 사람이 아닌 베티의 이혼을 통해 말하고 있음이 중요하다. 사실 베티의 결혼은 관리가 될 수 없었다. 다른 학생들보다 베티가 캐서린에게 가장 적대적이었다. 베티의 생각으로는 캐서린은 인습을 따르지 않는 여성이었다. 베티는 이처럼 결혼을 중요하게 생각하지 않는 캐서린을 신랄하게 공격하기 위해 사설 한 편을 공들여 써서 학교 신문에 싣는다.

웰슬리 학생들은 결혼 후에도 자신들이 해야 할 일의 균형을 맞추는 일에 능숙하다. 한 손으로는 닭고기에 양념을 바르면서 동시에 다른 손으로는 학교 과제를 할 수 있는 여성이라는 평을 나는 듣는다. 우리들의 어머니들은 자유를 지키기 위해 직업을 가졌지만 가정에서 우리의 위치를 회복하는 것이 우리가 해야 할 임무, 아니, 우리에게 부여된 의무다. 즉, 우리에게는 전통을 계승할 아이들을 출산할 의무가 있다. 이런 점에서 우리는 미술사학과의 캐서린 왓슨 교수가 결혼이라는 성체성사와의 전쟁을 선포한 이유를 주목해야 한다. 그녀는 체제 전복적이고 정치색 짙은 교육을 통해 우리 웰슬리 학생들에게 태어날 때부터 부여된 역할을 거부하라고 부추기고 있다.[47]

이후 캐서린은 '태어날 때부터 부여된' 전통적인 역할을 수행하는 여성을 묘사하는 여러 광고가 담긴 슬라이드를 강의 시간에 보여준다. 캐서린은 슬라이드를 보면서 놀라움을 금치 못하고 있는 학생들에게 질문한다. "미래에 학자들이 지금의 우리를 보고 뭐라고 할 것 같나요?"[48] 캐서린이 보여주는 또다른 슬라이드는 "여러분도 가정주부라는 직업을 가질 수 있을까요?" "올드 더치 클렌저Old Dutch Cleanser(20세기 중반 뛰어난 세척력으로 미국 가정에서 선풍적인 인기를 끌었던 청소용 가루세제 상품명 _옮긴이) 쓰기만 하면 됩니다"라는 문구가 들어 있는 세제 광고를 보여준다. "자 여러분, 완전히 똑같죠? 배운 그대로 따라 하기만 하면 여러분들도 웰슬리를 준최우등magna cum laude으로 졸업할 수 있는 것과 같지 않나요?" 다음 슬라이드는 케첩 광고인데 미소를 머금으면서 저녁상을 차리고 있는 아내와 엄마가 나온다.

캐서린은 다음과 같이 말한다. "자, 물리학 전공인 여러분에게는 미트로프meatloaf(다진 고기에 달걀, 채소 등을 섞어 덩어리 형태로 오븐에서 구운 음식 _옮긴이)의 질량과 부피를 재는 일이야 어렵지 않겠지요?"[49] 캐서린이 열정적으로 비판하는 1950년대의 젠더화된 광고는 이전 장에서 우리가 논의한 21세기의 결혼 잡지에 실리는 광고를 연상시킨다. 이후 시간이 많이 흘렀지만 슬프게도 여성을 계속해서 가정과 연결시켜 묘사하는 문화 교육은 하나도 변하지 않았던 것이다.

1950년대라면 여성이 이런 문화 교육을 받을 수도 있다고 생각할 수 있다. 그러나 요즘 시대를 배경으로 결혼을 주제로 다루는 영화들을 살펴보면 아내의 의무와 관련해서는 여성이 여전히 과거와 같은 교육을 받고 있음을 알 수 있다. 더모트 멀로니Dermot Mulroney가 감독한 영화 〈러브, 웨딩, 매리지Love, Wedding, Marriage〉(2011)는 결혼 상담 뒤에 감춰진 실상에 집중하면서 〈모나리자 스마일〉처럼 결혼생활 속의 '돈 벌어오는 사람/살림하는 사람' 모형을 환기시키는 내용을 다룬다. 우리는 3장에서 데이트 조언서를 영화화하는 방식을 논의했다. 이와 유사하게 이 영화도 할리우드 영화들이 현재의 자기계발 광풍을 무의식적으로 강화하는 방식을 보여준다.

〈러브, 웨딩, 매리지〉는 신혼부부 에바(맨디 무어Mandy Moore)와 찰리(켈런 루츠Kellan Lutz)의 이야기다. 결혼식이 있고 얼마 되지 않아 에바는 아버지 브래들리(제임스 브롤린James Brolin)가 25년 전에 바람을 피운 적이 있다는 사실을 알게 된 어머니 베티(제인 세이모어Jane Seymour)가 이혼을 고민하고 있음을 알게 된다. 결혼 상담사인 에바는 어떻게든 부모의 이혼을 막으려 하고 그녀의 헌신적인 노력으로 부모는 이혼을 하지 않게 된다. 하지만 이번에는 에바의 결혼생활이 위험해진다.

시작 부분에서부터 우리는 이 영화가 젠더 고정관념을 배제하려는 노력을 하고 있음을 분명히 알 수 있다. 예를 들어, 신랑 찰리의 들러리인 거버(마이클 웨스턴Michael Western)가 결혼식장에서 울먹거리자 에바의 여동생이자 신부의 들러리인 쉘비(제시카 조어Jessica Szohr)가 거버의 남자답지 않은 행동에 짜증을 내면서 휴지를 건네는 장면이 나온다. 보통 영화의 결혼식 장면에서 우는 쪽은 대부분 여성으로 나오지만 이 영화에서는 이런 경향을 역행하려는 노력이 드러난다.

지속되지 않을 것처럼 보이는 결혼이 실제로는(불신감을 많이 유예함으로써)

군건한 경우가 있다. 서로 알게 된 지 하루 만에 거버는 영어를 거의 하지 못하는 폴란드 여성 카시아(마르타 즈무다Marta Zmuda)와 결혼한다. 이 매력 넘치는 여성(거버는 이 여성을 '슬라브의 여신'이라 부른다)은 거버를 행복하게 해주는 일에 헌신하는 여성으로 나온다. 그녀의 헌신이 그들의 비인습적인 결혼이 잘 지속되는 이유를 보여주는 듯하다.[50] 이 둘의 결혼 소식을 듣고도 결혼 상담사 에바는 별 반응을 보이지 않는다. 사귄 지 단 하루 만에 내린 결정인 데다가 둘 사이에는 언어 문제가 있어서 현실적이지 않다고 판단하기 때문이다. 그렇지만 에바는 그들의 결혼 결정을 '낭만적'이라고 생각한다.[51] 거버와 카시아의 결혼 결정과 그에 대한 에바의 반응에서 여성이 결혼에 대해 어떤 식으로 교육받는가가 다시 한번 극명하게 드러나는 것이다. 우선, 여성보다는 남성이 배우자의 외모를 중시한다. 그리고 서로의 마음이 통하기만 하면 소통이 필수 조건은 아니다. 하지만 소통의 용이함이라는 문제가 사람들이 연인과 헤어지는 가장 큰 이유로 종종 거론되는 점을 고려하면 거버와 카시아가 같은 언어로 대화를 할 수 없다는 것은 큰 문제라고 생각한다.

영화에서 에바는 그녀 자신의 결혼생활은 물론이고(영화 마지막 부분에서 자신의 결혼생활 방식이 잘못되었음을 깨닫지만 영화 전체를 보면 사실 에바는 자신의 결혼생활에 신경을 쓰지 않았다), 고객들의 결혼생활과 그녀 부모의 결혼생활 등 많은 사람들의 결혼생활의 관리자 역할을 한다. 부모의 문제에 개입하지 말았어야 한다고 주장할 수 있지만 사실 그녀가 중간에서 중재하지 않았으면 그녀의 부모는 진즉에 이혼을 했을 것이다. 영화는 요즘은 흔해진 결혼 상담 장면을 보여줌으로써 결혼을 지속하는 데 남편과 아내 둘 다의 동등한 책임이 있다고 말하려는 듯하다. 그러나 결국 주인공 에바를 결혼생활에서 위기에 처한 사람들의 구원자로 설정한 까닭에 영화의 이런 의도는 제대로 실현되지 못한다.

결혼 일의 어려움과 실상을 여성과 남성 둘 다의 입장에서 매우 잘 보여주는 영화가 있는데 그것은 바로 저드 애퍼타우Judd Apatow가 감독한 〈디스 이즈

40〉(2012년에 나온 〈사고 친 후에Knocked Up〉의 속편)다.[52] 남편 피트(폴 러드Paul Rudd)와 아내 데비(레슬리 만Leslie Mann)는 똑같은 주에 마흔 살 생일을 맞이한다. 마흔 살 생일을 앞두고 피트도 일종의 존재론적 불안감을 느끼고 있지만 분명한 점은 피트보다 데비가 더 걱정이 많다는 것이다.

〈디스 이즈 40〉에서 데비와 피트는 가족 간의 관계와 부부 간의 관계에 신경을 무척 많이 쓰는 부부로 그려진다. 예를 들어, 데비와 피트는 주말 여행지의 호텔 방에서 서로 간의 관계를 재확인하면서 행복한 시간을 보내기 위해 브라우니 속에 숨겨놓았던 마리화나를 꺼내 함께 피우기도 한다. 즐거운 여행을 마치고 집에 돌아오니 막내딸이 귀에 생긴 염증으로 아파한다. 일상의 현실로 되돌아오기는 금방이다. 부부는 딸을 어느 병원으로 데려갈지에 대해서도 생각이 다르다. 데비가 자연 치유를 권하는 의사에게 치료를 받자는 주장을 굽히지 않자 피트는 이를 허락한다. 하지만, 나중에 데비는 딸의 염증이 쉽게 나은 이유가 피트가 자기 몰래 딸에게 항생제를 먹였기 때문이란 것을 알게 된다. 이처럼 별 것 아닌 것처럼 보이는 사건을 두고 우리는 여러 가지 평가를 할 수 있다. 우선, 부모 둘 다 아이의 건강에 동등하게 책임을(자신들이 강력하게 믿는 치료법을 적극적으로 개진해) 다 했다는 것은 좋은 일이다. 이런 식으로 데비와 피트는 남편들과 아내들이 가정생활의 관리인이 될 수 있고 또한 되어야만 한다는 점을 보여준다. 하지만 실제로 딸을 낫게 한 '올바른' 치료법은 피트의 방법이었다는 사실로 인해 이 장면은 일정 부분 긍정적이지 않은 의미가 포함되어 있다고 해석할 여지를 준다. "아버지가 가장 잘 안다"는 속설을 떠올리게 하는 이 장면은 남성이 여성처럼 가정생활의 관리인 역할을 해보겠다는 마음을 먹기만 하면 실제로 수십 년간 그 역할을 담당했던 여성보다 역할을 훨씬 더 많이 그리고 훨씬 더 잘할 수 있다고 평가해야 한다고 주장하는 듯하다.

영화는 또한 부부 간의 성생활이 잘되도록 하려면 남성과 여성 둘 다 노력을 해야 한다는 메시지를 전하고 있다. 영화는 데비와 피트 부부의 섹스 장면으로 시작한다. 피트가 비아그라를 먹고 자신과 섹스를 한다는 것을 알게 된 데비는 그에게 화를 낸다. 성적으로 매력적인 몸을 유지하기 위해 개인 트레이너까지 두고 운동을 하고 있는데 이런 몸을 보고도 남편은 성적으로 흥분되지 않아서 자신과 섹스를 하려면 어쩔 수 없이 비아그라를 먹어야 하는 것으로 판단했기 때문이다. 나이를 먹어가면서 성적 매력이 떨어질 것을 걱정하는 데비의 모습에는 늙어가는 몸에 관해서 여성이 내재화하는 메시지가 드러나는데, 이는 다름 아닌 여성은 자신의 몸을 관리하지 않으면 남성에게서 버림받을 수 있다는 것이다. 데비의 아버지 올리버(존 리스고John Lithgow)와 피트의 아버지 래리(알버트 브룩스Albert Brooks) 둘 다 젊은 여성과 결혼생활을 하고 있다는 사실로 인해 이 메시지는 더 강화된다. 관객들은 이들의 첫 번째 결혼이 어땠었는지를 알 수 없지만 나이든 남성이 젊은 여성과 결혼생활을 유지하고 있는 상황이 여성에게 주는 조언은 자신들이 젊거나 활기 찬 모습을 유지하지 않는다면 남편들은 다른 여성들(아마도 젊은 여성들)을 찾아나설 것이라는 것이다. 하지만 춤추러 클럽에 갔을 때 한 젊은 남성이 자신에게 추파를 던지는 것을 보고 데비는 자신이 아직 성적 매력이 있는 여자라고 확신한다. 데비는 그 남자가 자신과 '섹스를 하고' 싶어 한다는 말을 듣고 겉으로는 무척 당황해하지만 속으로는 기뻐한다. 물론 데비는 자신은 애가 있는 유부녀라는 말로 젊은 남성의 제안을 거부하지만 말이다. 그때(놀라운 일이지만!) 데비는 임신 중이었다. 물론 피트에게는 아직 말을 하지 않은 상태였다.[53] 결국, 이 영화는 가정과 결혼생활을 유지하기 위해서는 남성과 여성 둘 다 똑같이 노력해야 한다는, 상대적으로 긍정적인 메시지를 전하고 있다. 물론, 여성이 자신을 '가꾼다는' 조건하에서지만.

21세기의 결혼 재개념화 하기

우리는 이 장 초반에서 결혼생활을 관리하는 데 미디어가 막대한 영향을 끼친다고 주장했다. 자기계발서, 영화, 텔레비전 쇼, 잡지를 비롯한 모든 미디어들은 결혼을 유지하는 데에는 당사자(남편과 아내) 둘 다에게 책임이 있음을 확인시켜 주는 힘을 갖고 있다. 1950년대에 여성은 말 그대로 아내가 되는 교육을 받았다. 교육 내용은 그들의 결혼생활의 유일한 관리자라는 역할을 어떻게 수행해야 하느냐에 관한 것이었다. 요즘 나오는 대중문화 상품에서도 여전히 과거의 교육 내용이 들어가 있는 것은 사실이지만 그럼에도 불구하고 결혼 개념은 지난 수십 년 동안 엄청나게 진화해 왔고 현재도 계속되고 있는 것은 분명하다. 쿤츠는 다음과 같이 주장한다.

> 세상 어느 곳에서건 결혼은 점점 선택할 수 있는 것, 깨기 쉬운 것으로 되어 가고 있다. 세상 어느 곳에서건 한때는 예상 가능했던 남성과 여성의 관계가 급격히 때로는 충격적으로 변하고 있다. 사실 … 남성과 여성의 관계는 이전 3000년 동안보다 최근 30년 동안에 훨씬 더 많이 변했다.[54]

실제로 오늘날의 결혼은 그리 멀지 않은 과거의 결혼과도 매우 다르다. 게다가 최근의 여러 사건에서 보듯 결혼은 계속 진화하고 있다.

2015년 6월 26일은 미국 역사에서 매우 의미 있는 날이다. 바로 그날 동성결혼이 미국 모든 주에서 합헌이 되었기 때문이다. 이런 결정이 나오기까지에는 분명히 수많은 논란이 있어 왔다. 어떤 이는 기존의 이성애적 결혼 규범을 유지할 목적으로 이성 간 결혼heterosexual marriage이 '전통'이라고 주장했다. 2015년 4월에 열린 동성결혼의 합헌성을 다투는 대법원 재판에서 대법원 판사 루스 베이더 긴즈버그Ruth Bader Ginsburg는 '전통'이 항상 좋은 것만이 아닌 이유를 설명했다. 결혼의 개념은 여러 가지로 정의할 수 있고 거기에는 문제가 있을 수도 있다. 이런 결혼의 개념을 한 번 다른 식으로 정의해 보려는 노력에 과거의 판결이 많은 영향을 끼쳤다. 긴즈버그는 다음과 같이 주장한다.

과거의 결혼은 지배하는 남성과 종속되는 여성 간의 관계였다. 1982년 바로 이 법정이 루이지애나주가 유지하고 있던 '가장과 주인 법Head and Master Rule'[55]을 위헌으로 판결함으로써 그 관계는 종식되었다. 미국의 여러 주에서 (여전히) 이런 법을 유지하는 것을 허용할 수 있는가? 과거 방식의 결혼을 고수하는 게 맞는 일인가?[56]

긴즈버그의 질문을 이번 장의 내용에 맞게 재구성해 보자. 대중문화 텍스트가 젠더화된 조언을 계속 우려먹으면서 '과거 방식의 결혼을 고수하는 것'은 진정 괜찮은 일인가? 이 장에서는 이성 간 결혼만을 논의했지만 '전통'에 관련한 긴즈버그의 진술은 큰 의미를 갖는다. 그녀가 한물간 과거의 법(비록 33년 밖에 안 된 법이지만)을 언급한 이유는 결혼 제도가 대중의 요구에 맞게 진화해 왔으며 또한 반드시 계속되어야 한다고 주장하기 위해서다. 새로운 결혼 개념이 대중문화 텍스트에 얼마나 빨리 반영되느냐를 지켜보는 것과 이러한 새로운 개념들이 실제로 여성에게 아내로서 그리고 잠재적 어머니(이에 관해서는 다음 장에서 논의할 예정이다)로서 기대되는 행동에 관해서 여성이 받는 젠더화된 교육에 어떤 영향을 끼칠 것인가를 지켜보는 것은 흥미로운 일이다.

제 6 장

아홉 달 동안의 공포와 평생 동안의 편집증

임신 설명서, 육아 상품 그리고 그 외의 것들에 감춰진 효과

마트 계산대에서 줄 서 있는데 유명 인사들의 스캔들을 다루는 잡지와 선정적인 타블로이드 신문이 꽂힌 가판대가 당신을 빙 둘러싸고 있다고 상상해 보자. 아무리 애를 써도 최소한 유명인사의 임신 관련(이를테면 영국 왕실에 새로 태어날 아기에 대한 특집기사나, 임신한 배를 감추고 있다고 추측하게 하는, 해변에서 휴가를 보내고 있는 유명인사를 몰래 찍은 사진, 혹은 아무리 노력해도 모든 사람이 갈망하는 임신이 되지 않는 한 여성의 사연을 전하는 기사 등) 기사 제목 하나와는 반드시 마주칠 것이다. 예를 들어, 전 남편 브레드 피트의 친자식이나 입양한 아이 뉴스가 나올 때마다 제니퍼 애니스턴Jennifer Aniston이 느꼈을 불안감에 관한 추측성 보도가 수없이 나오던 중에 최근 임신을 숨기기 위한 것이라는 착각을 불러일으킨 레드카펫 사진 한 장 때문에 다시 언론의 주목을 받았다. 그녀가 임신한 사실을 감추려고 하고 있다는 말이 이 사진을 본 사람들 사이에서 돌았다. 임신을 했다는 소문이 계속 돌자 그녀는 마침내 다음과 같이 말했다. "저의 할 일 목록에는 이런 일은 들어 있지 않습니다. 더군다나 … 혹시 '했음'으로 표시가 되어 있지 않다면 일정 부분 제 방식의 페미니즘, 혹은 여자로서 마땅히 해야 할 일을 행하지 않은 것이고, 아니면 여자로서의 제 가치가 하락한 것입니다. 왜냐하면 제가 아이를 낳지 않은 것은 분명한 사실이거든요."[1] 여성에 대한 이런 모든 관심(혹은 감시)은 임신한 여성들이 우리 사회에서 영예로운 공간을 차지하고 있음을 나타낸다고 잘못 읽힐 수 있다. 진실은, 애니스턴의 반응에서 알 수 있듯 미디어의 기사 저변을 잘 살펴보면 이것들처럼 우리를 경악케 하는 메시지가 여성들에게 보내지고 있다는 사실을 확인하게 된다는 것이다. 그 메시지는 다름 아닌, 여성들의 인생의 궁극적인 목표는 무슨 일이 있어도 반드시 임신이어야 한다는 것이다. 그리고 임신을 했으면 사회가 여성들을 지켜보고 있으므로 여성들이 할 수 있는 최선의 일은 출산(출산 이후에는 사회가 인정하는 방식으로 아이를 양육)이라는 것을 명심하라는 것이다.

지금까지 논의해 온 생애주기 마다 여성들에게 권해온 대부분의 행위들은 일정 정도 공포에 기반을 둔 행위들이었다. 여기서 공포는 자신을 사회의 기대에 맞추지 못하면 어떡하나 하는 공포를 의미한다. '엄마 단계'보다 감정적 조작에 과도하게 의존하는 단계는 없다. 어린 여성들이 종종 이른 나이 때부터 사회의 미적 기준에 이르지 못하는 것은 두려운 일이라고, 성인 여성들이 결혼 시장에 진입하지 못하고 노처녀로 삶을 마치는 것에 공포를 느끼도록 교육을 받아왔고, 결혼을 앞둔 신부들이 결혼을 계획하는 과정에서 다양한 '소비자 주도 불안'을 겪는다고 한다면, 임신은 실제 여성의 생에서의 첫 번째 단계이며 이는 여성의 생명을 위협하는(즉, 임신한 여성이나 태아를 위험에 빠뜨리는) 것으로 간주된다.

공포를 이용해 특정 사람들을 통제하는 일은 전혀 새로운 일이 아니다. 예를 들어, 여러 다양한 문화권에서는 구성원들이 따르고 있는 관행에 영향을 주기 위해 종교 교리(예를 들면, 지옥에서 영원토록 고통을 받는 것)를 사용해 왔다. 특히 여성이 종종 이 같은 감정 조작의 대상이 되어왔다. 심지어 오늘날 그간의 여성운동이 이뤄낸 발전에도 불구하고 여성들은 여전히 공포를 불러일으키는 정치와 언론 의제의 대상이다. 이미 1장에서 논의했듯 수전 팔루디가 쓴 『반격: 미국의 여성을 향한 선전포고 없는 전쟁』(1991)은 20세기 말 여성에게 가하는 문화적 공포를 논의하고 있다. 1980년대에 미디어는 페미니즘이 온 나라에 역병을 퍼트리고 있다는 이유를 대며 페미니스트들을 비난했다. 미디어의 관심은 소위 불임 유행병과 남성이 부족한 현상보다는 공포를 불러 일으키려는 데에 있었다. 당시의 보수층 대변자들은 여성운동이 가정보다 일을 앞세우라고 여성들을 부추기고 있고 사회는 이에 맞춰왔다고 주장했다. 팔루디는 어떻게 이런 신화 같은 관념들이 페미니스트 운동에 대한 부정적 반응이 만연하던 반격의 기간 동안 문화 논의에 깊이 배게 되었는지를 설명하고 있다. 여성들은 '전부 다' 가질 수 없었다. 만일 전부 다 가지려 한다면 응당 대가를 지불해야 할 것이라는 것이 당시의 기본 생각이었다. 비록 지침이 딱 부러지게 상술되지는 않았지만 여성들은 이때부터 일과 가정 중에서 하나를 선택해야만 한다는 메시지를 받기 시작했다. 물론 보수주의자들은 분명히 가정을 선택하는 것이 가장 올바른 선택이라고 말할 것이다. 이러한 분위기 속에서는 가정을 선택하지 않으면 불임 유행병이라는 대재앙이 닥칠 것이기 때문이다. 하지만 그와 같은 위험은 실제 존재하지 않았다. 공포를 조장하는 행위는 1982년에 잡지 ≪뉴잉글랜드 의학*New England Journal of Medicine*≫에 게재된 논문 한 편으로 시작되었다. 이 논문은 30세가 넘으면 여성의 임신 가능성이 현저히 저하된다는 내용을 전하고 있는데 이는 지극히 잘못된 것이었다. 이 논문은 결론에서 여성들은 무엇이 자신들의 삶에서 최우선이 되어야 하는가를 다시 생각해 봐야 한다고 충고하고 있다.[2] 이 연구는 충격적이었다. 이전 연구 대부분에서는 여성들의 가임률 저하는 '30대 후반'이나 '40대 초반'이 되어서야 시작된다고 되어 있었기 때문이다.[3] 이러한 '생체시계' 공포는 실제 직장 여성들을 망신 주어 여성들이 직장을 그만두고 그들이 마땅히 있어야 할 장소인 집에 있으면서 아이를 갖는 것을 옹호하는 미디어 공세였다. 이것이 공포 전략이든 아니든 간에 이러한 미디어의 수사가 21세기에도 여전히 유효한 것은 임신과 육아 관련 서사 주위를 에워싸고 있는 공포 문화가 수많은 여성들에게 매우 신속하게(그리고 무비판적으로) 주입되고 있다는 사실로 입증되고 있다.

이 장에서는 미국 사회가 임신한(그리고 출산 후의) 여성의 몸을 공포로 가장하는 방식을 분석해 보고자 한다. 핵심 내용부터 명확하게 말하자면 임신 기간 동안 산모와 태아의 건강을 유지하는 것은 당연히 매우 중요한 일이지만 태아를 잃을 수 있다는 공포가 공고하게 자리 잡고 있는 환경에 여성들을 지속적으로 놓는 것도 건강한 일은 아니며, 여성들을 대상으로 하는 수많은 문화 텍스트들이 임신을 하자마자 여성들의 행위를 통제하려고 하는 것도 정당한 일이 아니다. 요즘 호평을 많이 받고 있는『임신한 당신이 알아야 할 모든 것』과 같은 임신 안내서들을 연구해 보면 이런 종류의 책들은 임신을 한 여성들을 통제하기 위해 공포를 교묘하게 사용하고 있음을 알게 된다.『임신한 당신이 알아야 할 모든 것』은 시중에 나와 있는 임신 관련 책 중에서 그 영향력이 가장 막강하다. 이미 1400만 권 이상이 팔렸는데 이 판매 부수는 현재 서점에서 팔리고 있는 임신 관련 책 중에서 최고를 달리고 있어 "임신 바이블"이라고 과대 선전되고 있다. 이 책은 또한 ≪뉴욕타임스≫ 선정 베스트셀러 자리를 오랫동안 유지해 왔고 ≪USA 투데이≫는 이 책을 지난 25년 동안 출간된 책 중에서 가장 영향력이 큰 25개의 책 중 하나로 선정하기도 했다.[4] 출판계의 거물이 된 이 책은 출산(그리고 자녀 양육)을 공포와 연결시키고 있는 문제가 있는 의학 서적 출판의 역사에서 단지 한 권에 불과할 뿐이다. 이 책을 연구하면서 우리는 이 책이 잠재적 소비자들에게 어떤 영향을 끼칠 것인가뿐 아니라 독자들에게 미칠 실제적인 영향에 관심을 두었다. 이를 위해 우리는 이런 책들이 현재의 엄마들과 장차 곧 엄마가 될 여성들의 역할에 대한 사회의 견해에 어떤 영향을 미치는지를 알아보기 위해 온라인 구매평을 살펴보았다.

분명히 말해 오직 임신 기간만이 공포라는 암흑의 구름 아래에 서성이고 있는 것은 아니다. 산모가 막 된 여성들을 겨냥한 문화 상품에도 임신 기간에서부터 시작된 동일한 경향이 계속된다. 페미니즘 이론가들인 수전 더글러스와 메러디스 마이클스Meredith Michaels는 이런 현상을 '신모성애주의new momism'라고 명명했다. 이들의 공저『엄마라는 신화: 여성을 희생시킨 모성성의 이상화The Mommy Myth: The Idealization of Motherhood and How It Has Undermined All Women』는 미국 사회가 여성들에게 자식들의 삶에 전지전능한 인물이 되라고 가르치는 방식을 분석한다. 즉 사회는 엄마들이 교육전문가, 상품 안전관리 전문가, 의학 전문가 등 양육과 관련된 전 분야에서 전문가가 되길 요구한다. 우리는 더 나아가 이와 같은 문화 상품들은 산모들이 임신 기간 동안 건강을 유지하기 위해(그리하여 건강한 아이를 출산하기 위해)서는 반드시 최소의 공포 상태에 늘 있어야 한다고 암시하고 있다고 주장하고자 한다.[5] 더구나 이런 텍스트들은 출산 후 성공적인 엄마가 되기 위해서는 누구든지 자녀 양육이라는 집단 편집증에 맞추어 살아야 한다는(그리하여 한 개인의 영속적인 공포를 무한정 확대하는) 점을 암시한다.

역사화된 문제들: 과거에 나온 상품으로서의 오늘날의 신모성애주의

임신을 공포와 연결 짓는 일은 드물지 않을뿐더러 새롭지도 않다. 임신 기간 동안 비명을 지르고, 고함을 치고, 약을 달라고 요구하고, 배우자의 품위를 손상시키는 행위를 하는 모습으로 임산부를 묘사하는 수많은 문화 텍스트를 예로 들어보자. 「소녀처럼 출산하기Giving Birth Like a Girl」란 제목의 논문에서 카린 마틴Karin A. Martin은 〈ER〉, 〈시카고 호프Chicago Hope〉, 〈프렌즈Friends〉, 〈머피 브라운Murphy Brown〉, 그리고 〈결혼 이야기Mad About You〉 같은 프로그램에서 실제 제시되고 있는 예를 여러 개(코믹한 것과 심각한 것 가리지 않고) 열거했다.[6]

하지만 임신 관련 서사만 여성에게 양육 공포를 주입하는 것은 아니다. 문화 텍스트들도 역시 산고와 분만 후 강보에 싸인 아이를 안아 드는 기쁨을 누

리기 시작해도 오랫동안은 몸조심을 해야 한다고 훈련시킨다. 더글러스와 마이클스는 다음과 같이 설명하고 있다.

아침에 눈을 떠서 밤에 잠자리에 드는 순간까지 미디어는 계속 우리 옆에 있다. 때론 고함을 지르면서 우리를 부른다. "저기요, 당신! 정말로 아이를 올바르게 양육하고 있습니까?" ≪레드북*Redbook*≫이나 ≪페어런츠*Parents*≫지의 표지는 "당신은 세심한 엄마입니까?" "아이들을 충분히 먹이고 있습니까?" "아이는 정상입니까?"라는 질문을 하고 있다. … 혹은 저녁 뉴스 시간에는 아이를 잃어버릴 수 있다고 경고하는 보도나 … 혹은 일주일에 네 시간 일하는 가난한 엄마에게 아이를 방임하고 있다고 하는 로라 박사의 말처럼 유혹과 비난을 동시에 하는 세이렌*Seiren*의 노래가 존재한다.[7]

계속해서 더글러스와 마이클스는 "엄마들은 어떻게 하면 동네에서, 심지어 나라 전체에서 가장 완벽하고 존경받는 엄마가 될 수 있는지에 관해서 사회가 쏟아 붓는 더없이 행복해하는 이미지, 낭만적인 판타지, 뻔한 내용의 설교, 심리적인 경고, … 그리고 완전하게 비현실적인 조언을 속절없이 수용할 수밖에 없게 된다고 주장한다."[8] 무엇인가 적절한 조치를 강구하려는 의도로 책을 쓴 더글러스와 마이클스는 엄마의 역할은 틀림없이 영원토록 보람 있는 일이고, 여성들의 삶에서 이룰 수 있는 가장 중요한 업적이고, 사회에는 사회가 승인한 엄마 역할이란 것이 엄연히 존재하며, 마지막으로 정상적인 여성들이라면 엄마 역할을 하는 매순간을 즐겨야만 한다는 미디어가 만들어 놓은 신화에 격노하고 있다고 설명한다.[9] 그들은 엄마 역할이 여성 개인이 이룰 수 있는 성취의 핵심이며 선천적으로 여성들은 가장 핵심적인 자녀 양육자이고 무릇 훌륭한 엄마라면 휴일도 없이 매일 24시간을 물리적으로, 심리적으로, 감정적으로, 지적으로 자녀에게 헌신해야 한다고 주장하는 문화 서사에 반대한다는 의사를 분명하게 전한다.[10] 더글러스와 마이클스는 요즘의 여성들에게 전달되는 메시지가 겉으로는 엄마 역할을 축하해 주는 것처럼 보이지만 실제로는 도달할 수 없는 이상적인 영역에 도달하려는 노력을 부추기고 있다고 주장한다.[11] 그들의 견해에 따르면 이러한 새로운 방식의 사고는 단순히 1960년대 베티 프리댄의 명명으로 유명해진 여성의 신비의 최신 변형체이고, 여기에 우리식으로 몇 마디 덧붙이자면, 그것은 오래 지나지 않아 일어난 포스트페미니즘적 반격으로 생긴 하나의 돌연변이다.[12] 더글러스와 마이클스는 여성을 재가정화redomesticate 하려는 시도로 포스트페미니즘과 신모성주의가 함께 작동하는 방식을 논의한다.

우린 이만큼 진전을 이뤘다. 페미니즘은 승리했고 여러분들은 이제 모든 것을 다 가질 수 있게 되었다. 당연히 여러분들은 자녀를 원할 것이다. 자녀 양육은 아버지들보다는 엄마들이 더 잘한다. 물론 여러분들에게는 우선순위에서 자녀들이 제일 먼저일 것이고 여러분들이 제일 마지막일 것이다. 오늘날 자녀들은 꾸준한 관심, 양육, 칭찬을 필요로 한다. 그렇지 않으면 자녀들은 실패자가 될 것이고 여러분들을 죽을 때까지 증오하게 될 것이다. 여러분들도 실패자가 되고 싶지 않을 것이다. 아빠들이 직장과 꿈을 포기하는 것보다 엄마들이 포기하는 것이 더 쉽다. 여러분은 직장과 꿈 모두를 더 이상 원하지 않게 될 것이다(그것 모두를 다 가질 수 없기 때문에 여러분들에게는 이것이 더 나은 일이다). 평등 따위가 무슨 상관인가? 당신은 너무 지쳐 있다. 어머나, 우리는 지금 1954년에 살고 있어요.[13]

여성들에게 전달된 이런 메시지들은 시간이 지나면서 오히려 더 늘었다(이 중 상당수는 수십 년 동안 하나도 변하지 않았다). 이런 메시지 대부분이 여성들에게 엄청난 무게로 다가왔다. 임신을 한 것에 흥분한 여성들은 도움을 받기 위해 임신 안내서를 펼쳐 든다. 이내, 여성들은 엄마 되기라는 공포의 문화에 잠기면서 엄마가 되었다는 흥분은 공포로 바뀐다. 정확히 말하자면 여성들에게 전달된 메시지가 전혀 새롭지 않듯 공포와 엄마 되기, 혹은 죄책감과 엄마 되기를 짝짓는 관행 역시 새롭지 않다. 의학 텍스트와 자기계발서를 검토해 보면 알 수 있듯 이런 짝짓기는 여성을 대상으로 한 텍스트에 수세기 동안 존재해 왔다.

읽으면서 걱정하기: 임신과 자기계발 통로

실제 임신과 엄마 역할에 관한 최근의 텍스트를 비판할 수도 있지만 역사 기록물을 보면 과거의 텍스트들도 똑같이 문제가 많다는 점을 확인할 수 있다. 『집단 히스테리: 의학, 문화, 그리고 어머니의 몸*Mass Hysteria: Medicine, Culture, and Mothers' Bodies*』에서 레베카 쿠클라Rebecca Kukla는 여성의 신체에 대한 해부학적 지식이 하나도 없었던 17세기의 의학 텍스트에서는 임신과 출산에 관해 어떤 조언을 하고 있는지를 연구한다. 당시의 의학 '전문가'들은 임신 중에 나타나는 성욕 혹은 성적 흥분과 같은 현상을 여성 신경증의 증상으로 설명했고 난산이나 병약한 아기 출산을 산모의 도덕적 결함으로 보았다. 심지어 최근 20세기에 출간된 의학 텍스트에도 이와 같은 여성혐오 담화는 여전히 존재한다. 예를 들어 1900년대 중반에 등장한 '태아 심리학prenatal psychology'을 보자. 지그문트 프로이트Sigmund Freud와 당시 학자들의 이론에 영향을 받았던 심리학자들은 임신으로 인해 신생아의 선천성 이상이나 유산을 유발하는 '여성들의 선천적인 신경증적 기질'이 증가한다고 주장했다.[14] 이들과 같은 당시 전문가들은 심지어 메스꺼움처럼 임신 중에 나타나는 정상적인 증상을 산모와 그리고 더 중요하게는 태아를 위험에 빠뜨릴 수 있는 신경증이 잠복되어 있다가 표출되는 현상이라고까지 여겼다.[15]

이런 주장을 터무니없는 것으로 여기게 될 정도로 심리학은 그동안 발전을 거듭해 왔지만 임신과 출산이 여성의 심리 상태에 영향을 준다는 사실은 여전히 고려할 가치가 있다. 오늘날 여성들에게는 많은 것들이 요구된다. 모성을 '심리적 통제 상태'로 보는 요즘 미디어에서는 엄마들은 "자녀들의 요구가 있고 난 후 거기에 그저 응대만 할 것이 아니라 후디니Houdini(헝가리 출생의 미국 마술사 탈출 마술과 스턴트로 유명 _옮긴이)처럼 텔레파시로 미리 상황을 정확하게 예측하고 있어야 한다"는 내용을 다루고 있다.16) 임신/육아 조언서를 살펴보자.

이십여 년 전 사회학자 바버라 카츠 로드먼Barbara Kats Rothman은 출산을 앞두고 있는 많은 산모들이 임신을 일종의 '읽기 숙제'로 여기고 있다고 주장했다.17) 20세기 후반에 출간된 수많은 임신 자기계발서들도 로드먼의 주장을 지지하고 있다. 1970년과 2000년 사이에 육아를 주제로 하는 800권 이상의 책들이 출판되었다. 그런데 1970년과 1980년 사이에 출판된 책은 단지 27권에 불과하다. 이는 육아 관련 책들 대부분이 20세기에서 21세기로 넘어가던 지난 20년 동안 집중적으로 출판되었음을 의미한다.18) 더글러스와 마이클스는 이런 현상이 나타나게 된 요인을 분석했는데, 그들은 특히 1970년대에 페미니스트 학자들이 스포크 박사Dr. Spock를 비판했던 사실에 주목했다. 페미니스트 학자들은 1960년대와 1970년대 여성잡지를 주름잡았던 스포크 박사의 조언에는 여성혐오적 내용이 많이 포함되어 있었다고 비판했다. 스포크 박사가 1946년에 출간한 『육아 지침서The Common Sense Book of Baby and Child Cares』는 역사상 성경 다음으로 가장 많이 팔린 책이다.19)

세월이 흘러 스포크 박사가 역사의 뒤안길로 사라져가는 동안 1900년대까지 여성잡지에 실렸던 "수면장애, 튼 입술, 음식 알레르기, 머릿니 등을 처리하는 완전히 올바른 방법과 완전히 잘못된 방법"과 같은 제목의 정기 연재 칼럼과 같은 다른 형태의 조언서들이 두각을 나타내기 시작했다.20) 예를 들어 1990년 ≪맥콜스McCall's≫ 같은 여성잡지에는 "박사 엄마에게 물어보세요", "엄마의 페이지" 같은 칼럼이 게재되었고 다음과 같은 기사가 실리기도 했다.

"마흔 살이라고요? 아기를 갖기에 아직 늙지 않았어요", "산후 우울증을 넘어서", "건강한 아기 출산을 위한 계획", "당신의 직장이 당신의 아기를 위험에 빠뜨리고 있지 않나요?" 1992년까지 ≪레드북≫은 한 섹션 전체를 "당신과 당신의 아기"라고 제목을 붙이고 4~6개의 기사를 실었다. ≪페어런팅≫지는 1990년대에 안전을 주제로 하는 별지 섹션 기사를 매달 게재했는데 여기에는 "독풀 조심: 별지로 구성한 안전 정보", "아이들을 익사로부터 보호하기", "아이들을 안전하게 키우는 연령대별 안내서", "숨겨진 위험: 당신의 가정은 얼마나 안전한가?", "아이의 생명을 지키는 간단한 여덟 가지 단계" 등등이 실렸다.21)

출산을 둘러싼 공포 수사를 비평하는 페미니스트들의 연구 결과물은 엄청나게 많지만 일단 여성들이 공포 클럽에 입회하게 되면 찾게 되는 문화 자기계발 텍스트를 구체적으로 연구한 결과물은 거의 없다.

페미니스트들은 출산을 치료가 필요한 위험한 질환으로 보고 여성의 신체를 통제가 필요한 대상으로 보는 의학 자기계발서를 피상적으로만 분석해 왔다.22) 예를 들어, 쿠클라나 로렌 버랜트Lauren Berlant 같은 학자들은 "시민적 관심사인 태아 완벽주의fetal perfectionism"23)를 논의한다. 여기에는, 임신이 된 순간부터 출산 때까지 올바르게 섭식과 운동을 하고, 정해진 일정에 따라 체중을 늘리고, 태아 검사를 받고, 건강한 음악을 듣고, 적절한 식이보충제를 먹고, 섹스는 특정 체위로 특정 날에만 하고, 꼭 먹어야 하는 약이라도 혹시나 태아의 건강에 좋지 않다 싶으면 삼가고, 술은 완전히 끊는 등 임신한 여성이 책임지고 지켜야 할 사항들이 열거되고 있다.24) 다시 말하건대, 이는 여성들에게 운동을 올바르게 해선 안 된다거나 태아의 건강에 나쁠 수 있는 약을 먹으면 안 된다고 말하기 위한 것은 아니다. 그러나 동시에 산모의 신체를 만일 (위에서 열거한 것들과 같은) 예방조치들을 엄격하게 따르지 않는다면 "곧 어떤 사건이 일어나게 되어 있는 재앙 영화로 새롭게 정의할" 필요는 없다.25)

임신 조언서가 시중에 차고 넘쳐나지만 그 많은 책들의 내용을 분석한 연구 결과는 거의 없다. 얼추 여성들의 1/3 정도가 임신과 출산에 관련된 정보는 그런 책에서 얻고 있다는 연구 결과를 고려해 보면 이는 놀라운 일이다.[26] 이런 현실에서 앞서 이미 언급한 육아용 상품의 변화 양상을 추적 분석한 더글러스와 마이클스의 연구, 홀리 파월 케네디Holly Powell Kennedy, 카트리나 나디니Katrina Nardini, 레베카 매클라우드-왈도Rebecca McLeod-Waldo, 린다 에니스 Linda Ennis가 2007년에 가장 많이 팔린 출산 조언서 10종 속의 담화를 분석한 연구는 예외로 칠 수 있다. 여러 학자들이 공동으로 참여한 두 번째 연구는 담화 분석에 집중했는데 분석 영역 중 하나는 이 장과 마찬가지로 임신한 여성에게 위험과 공포가 어떻게 전달되는지를 핵심적으로 다루고 있다. 저자들은 책에서 사용하고 있는 언어가 위험과 부정적인 결과에 초점을 맞추고 있는지, 혹은 공포를 조장하는 언어를 최소한으로 사용해 대부분의 결과는 긍정적일 것이라는 느낌을 독자들에게 갖게 하는지를 확인하고자 했다.[27] 공포를 불러 일으키려고 사용한 것으로 판단되는 많은 문장들은 효과적으로 사용되고 있다. 예를 들어, 어느 임신 조언서는 출산을 돼지 도축에 비유했다. 또 어떤 책은 출산 과정을 눈에 보이듯 매우 생생하게 묘사하기도 했다.[28] 앤 더글러스 Ann Douglas가 쓴 『모든 임신 안내서 중의 어머니: 임신에서 출산까지의 최종판 The Mother of All Pregnancy Books: The Ultimate Guide to Conception, Birth and Everything in Between』의 일부분을 보자. "태아의 머리가 보이기 시작하면 그곳이 화끈거릴 수 있다고 알려주고 있는 책이 있나요? 자, 저를 믿으세요. 부드러운 느낌은 물론 아니지요. 오히려 저 빌어먹을 용접용 불꽃이 그곳에 닿는 느낌이라는 게 더 정확한 표현일 겁니다."[29] 최근에 이 같은 의학 텍스트들이 어떻게 공포 (임신 기간 내내 도움이 부족해서 생기는 공포건, 아니면 실제 출산의 고통 때문에 생기는 공포건 간에)를 조장하는지에 대한 관심이 늘었다. 하지만 대부분의 학자들은 이와는 전적으로 상이한 공포에 연구의 초점을 맞춰왔다. 그 공포란 이상화된 엄마의 모습에 자신을 맞추지 못하면 어떻게 될까 고민하는 예비 엄마들의 공포를 의미한다.

불완전에 대한 공포: 한 번에 하나씩 문화적 교훈으로 엄마를 기죽이기

앞의 논의에서 확인했듯 엄마들은 반드시 거의 완벽해야 하고 아이들의 일상적 요구를 충족시켜 줘야 한다는 관념을 형성하는 데 미디어가 중요한 역할을한다. 게다가 엄마는 신체도 완벽해야 한다. 산모의 신체를 미화하고 성적 대상화를 하는 행위는 최근 수십 년 동안 점점 흔한 일이 되고 있긴 하지만 현재까지는 상대적으로 새롭게 나타나는 현상이다. 많은 사람들은 영화배우 데미무어Demi Moore가 임신 9개월 때인 1991년에 잡지 ≪배너티 페어≫에 자신의나체사진을 실은 것을 시작으로 유명인사가 대중에게 자신이 임신한 모습을보여주는 행위는 그 인물의 화려한 삶을 자랑하는 것으로 이해하는 시대가 열렸다. 이후 임신한 여성의 몸을 전문적으로 찍는 사진작가의 시장이 생겼고패션 스타일리스트들의 '임신 스타일'이 패션 업계에서 유행하기 시작했다.30)이런 시장의 추세와 문화적 강박이 그와 같은 모습에 노출된 여성들에게 역효과가 없는 것은 아니었다. 이와 관련해서 더글러스와 마이클스는 이에 관해다음처럼 익살맞게 평을 하고 있다.

여성잡지의 광적인 출산 장려hypernatalism는 … 모두 다 '아기 욕심'을 충족시키기 위해 아이를 출산했거나, 입양을 했거나, 정자 은행을 이용했거나, 나중을 위해 난자를 동결시켰거나, 동결한 난자를 부화시켰거나, 아이를 더 많이 낳았거나, 소규모 티베트 마을을 입양한 완벽하고 '섹시'한 유명인사 엄마들을 여성잡지가 끊임없이 줄줄이 보도하는 것만으로도 여러분이 불임수술을 하도록 만들기에 충분하다.31)

여성잡지 분석에서 저자들은 단지 '진정한' 엄마들에게 죄책감만을 유발시키는 방식을 사용해서 종종 '진정한' 엄마들을 유명인사 엄마들로 비유하는 문제 많은 기사를 발견했다. 예를 들어, ≪피플*People*≫에 실린 "새로운 섹시한 엄마들The New Sexy Moms"라는 제목의 기사는 산후 우울증이 휘트니 휴스턴Whitney Houston, 마돈나Madonna 그리고 슈퍼 모델인 니키 테일러Nicki Taylor 같은 유명인사 엄마들에게는 해당 사항이 아니기 때문에 이런 심리 질환은 선택적인 것이고 다른(이들보다 못한) 엄마들이 자유롭게 선택할 수 있는 것이라고 주장한다.32) 미디어가 유명인사 엄마를 묘사한 글의 영향을 대학의 학자들만 주의 깊게 지켜본 것은 아니었다. 여성의 건강을 다루는 '에피지Epigee'라는 웹사이트에 실린 글 중 임신을 주로 다루고 있는 글을 살펴보자.

> 우리의 삶은 사회가 정해놓은 기준에 영향을 받을 수밖에 없다. 우리는 임신 기간 동안에도 사회의 기대에 의해 조종당한다. 과거 여성들은 자신들이 임신한 사실을 드러내서는 안 되었다. 임산부들은 집 안에 있어야 했고 풍선 같은 옷을 입어야 했고 행동에 많은 제약이 있었다. 점차 임신한 여성도 사람으로 인정해 주게 되었지만 사회는 여전히 임신한 여성들에게 너무나 많은 것들을 기대하고 있다. 미디어는 오랫동안 우리의 몸이 어떻게 보이는가를 결정해 왔다. 최근 미디어는 임신을 더 미화하기 시작했는데 불행히도 이런 일에 부작용이 생기지 않을 수는 없는 법이다. 임신한 배우들의 몸이 꾸준히 공개되면서 임산부의 신체는 점점 비현실적인 모습을 띠게 되었다. 장래가 촉망되는 젊은 할리우드 여배우 임산부들은 가장 멋진 의상을 입고 있으며, 가장 화려한 화장을 하고, 가장 자연스럽고도 완벽한 몸을 갖고 있다. 그 결과, 많은 여성들은 자신들의 몸이 이들의 '이상적인' 몸과 다르다는 엄연한 사실을 받아들일 수 없게 된다.33)

미디어는 여성들에게 겁을 주어 자신들의 임신한 몸에 대한 강박에 사로잡히게 할 수 있다. 게다가 새로운 모습으로 변한 그들의 몸이 요구하는 (임부복, 임산부용 온천 패키지 상품, 등등) 상품을 파는 시장에 들르라고 여성들을 의도적으로 쿡 찌를 수 있다.

8장에서 자세히 논의할 테지만 이런 경향은 출산 후에도 계속된다. 최근에는 출산을 한 지 얼마 지나지 않아 임신 전 몸매를 회복한 유명인사 여성을 가리키는 용어인 '아주 섹시한 미녀 엄마momshell'가 상당히 자주 쓰인다.34) 이런 신종의 모습을 다루는 미디어의 보도는 출산 전 상태로 자신의 몸을 회복하려고 애쓰는 보통 여성들에게는 이롭지 않은 영향을 미친다. 애석하게도 화면에서 보는 유명인사들처럼 임신 중 찐 살을 출산 후에 기록적으로 빠른 시간 안에 빼려고 안달인 여성들을 노리는 건강 관련 시장이 존재한다. 또한 임신 전의 모습으로 돌아가지 못할 수 있다는 두려움은 크기는 하지만 이것이 전략적으로 엄마들이 갖는 공포를 소비 지상주의 이윤과 연결하는 유일한 것들은 아니다.

돈으로 공포에서 벗어나기(그리고 엄마가 되기)

한 해에 12세 이하의 아이들에게 쓴 돈이 2000~5000억 달러라는 연구 결과가 20세기가 끝나갈 때쯤 발표되었다.35) 이런 지출 대부분은 부모들의 공포에서 기인한다. 예를 들어, 2002년 ≪USA 투데이≫는 40% 이상의 부모가 똑똑한 아이로 키우기 위해서는 교육용 장난감을 많이 사야만 한다는 압박감에 시달리고 있다고 보도한 적이 있다.36) 이런 상품들이 슈퍼맘 역할(즉, 천재 아이를 키워내는 역할)을 해내지 못할 수 있다는 공포와 연결되어 있다고 해도 다른 상품들은 부모들이 신경을 좀 더 많이 쓰게 되는 영역과 뗄 수 없게 되어 있다. 이들 중 가장 눈에 띄는 상품 또는 웹사이트는 DomesticSpy.com인데 시계 기능이 있는 라디오 또는 비디오카세트 레코드처럼 생긴 감시 카메라를 이용해 (부모들이) 보모, 유모, 가정부 등 집에서 일하는 사람들을 몰래 감시할 수 있다.37) 확실히 이런 상품들이 많이 팔리게 된 데에는 20세기 말 쯤에 아동학대와 아동 성추행 관련 보도가 늘어난 영향이 크다. 부모가 갖는 공포에 의존하고 있는 상품 대부분은 영아 돌연사 증후군Sudden Infant Death Syndrome의 위험을 낮춰준다고 광고하는 여러 다양한 상품들처럼 영아 사망 방지 목적으로 판매되고 있다.[38] 본질적으로 아이의 안전을 더 많이 담보하고 부모의 마음을 편하게 해줄 물품을 확보하는 일은 잘못된 것이 아니다. 다만 문제가 되는 것은 몇몇 상품들의 극단적 속성이다. 육아 상품과 부모 편집증적 관점에서 보면 극단적 속성은 더글러스와 마이클스가 노골적으로 조롱하고 있는 특정 한 가지 상품 안에서 모두 확인할 수 있다.

그래도 걱정이 된다면 전자 기기를 사용해 아직 배 속에 있는 아기를 관찰할 수 있다. 유산을 하거나 미숙아를 출산할 위험이 있는 산모는 재택 태아심음측정기 Doppler로 태아의 심박 수를 확인할 수 있다. 요즘에는 한 달 임대료로 30달러에서 49달러만 내면 누구나 사용할 수 있다.[39]

부모들이 원하는 것들(부모들의 공포를 덜어줄 상품들)을 업체들이 제공하고 있는 듯 보이지만 속성상 이런 상품들과 이런 상품들을 생기게 하는 문화적 관심 간의 관계는 생각보다 훨씬 더 호혜적이다. 업체들이 판매하는 상품들은 부모들을 최악의 공포로부터 벗어나게 해주지만 동시에 업체들은 그런 제품들을 지속적으로 광고하고, 기사에 등장시키고, 웹 사이트에 소개하는 행위를 통해 이미 만연한 부모들의 편집증을 한층 더 극적으로 증폭시킨다.[40]

엄마를 아이로 만들기와 공포심 심기

이런 상품들과 조언서가 문제가 되는 것은 그 상품들이 그것들을 구입하는 부모보다 그들의 아이에 대해 더 잘 알고 있다고 주장하고 있기 때문이다. 특히 엄마들을 대상으로 하는 상품들은 상품 안에 여성들에게 "~하시오"라고 지시만 하는 상품 설명서와 의학 문구를 포함하는 것이 여성 소비자들에게 얼마나 효과가 있는지 의심하게 만드는 판매 전략을 사용하고 있다. 거의 대부분의 조언서에서는 문화 훈련의 첫 단계에 있는 어린 소녀들이 질리도록 들어온 동화는 부모로서 해야 할 '정확한' 행동에 대한 도덕적인 가르침에 깊게 뿌리박혀 그들이 상상할 수 있는 가장 끔찍하면서도 최악인 경우를 상정하는 시나리오를 제시하는 동시에 임신과 육아를 유토피아적인 삶으로 묘사하는 방식으로 재현된다. 동화가 본래 아이들에게 겁을 주어 올바른 행동을 가르치기 위해 존재해 왔듯, 임신·양육 조언서 역시 제멋대로 행동하는 엄마들을 통제하기 위해 존재해 왔다. 이런 점에서 보면 임신·양육 조언서의 서술 방식은 매우 적절해 보인다. 대개 이런 자기계발서가 아이들이 읽는 동화에서처럼 누군가를 가르치려는 어투를 사용하고 있다는 사실은 놀라운 일이 아니다. 이쯤에서 우리는 임신 자기계발서가 어떻게 엄마를 아기처럼 만들고 동시에 그들에게 공포심을 심어주는지를 확인하기 위해 『임신한 당신이 알아야 할 모든 것』 몇 구절을 골라 분석할 필요가 있다.

『임신한 당신이 알아야 할 모든 것』 분석:
두려움을 유발한 후 "~하시오"라고 시키는 입장으로

『임신한 당신이 알아야 할 모든 것』은 지속적으로 반복되는 공포 모티프에 맞춰 구성되어 있다. 9개월의 임신 기간에 대한 설명으로 책 전체의 내용을 구성하고 있는데 각 장에서 출산과 관련한 걱정을 강조하고 있다.[41] "임신한 당신이 두려워하지 않아야 할 모든 것What Not to Fear When You Are Expecting"이라는 제목의 기사에 따르면 이 책은 여성들이 알아채지 못하게 '매복하고 있는 살인자'에 초점을 맞추고 있다.[42] 이 책의 처음 몇 장에서는 '임신 기간을 통틀어 임산부가 매일 겪어야 하는 위험'을 주로 설명하고 있다.[43] 책에서 제시하는 여러 예를 보면 저자들은 배 속의 아이를 '위험에 완전히 노출된' 존재로,

'산모를 아이가 위험에 처해 있음을 알아야 하는 책임이 있는 존재'로 인식하고 있다.[44] 그러나 역설적이게도 이 책의 제4판에서는 이 책의 이전 판이 강조해 왔던 최악의 시나리오를 감추려고 한다(이전 판에 쏟아진 비판을 의식한 결과인지 모른다). 이 책의 제4판 제1장, '임신하기 전'의 내용을 살펴보자.

자, 당신은 드디어 아기를 갖기로 결심하셨네요(아기 한 명을 더 낳기로 결심했을 수도 있겠네요). 무척이나 흥분되는 첫 단계입니다만 정자와 난자가 만나 당신이 꿈꿔온 아이를 임신하고 있는 기간을 건강하게 보내기 위해서는(그리고 건강한 아이를 출산하기 위해서는) 임신을 하기 전에 다음과 같이 준비를 하셔야 해요. 이 장은 당신이 (그리고 예비 아빠가) 임신에 가장 적합한 몸을 만드는 것을 도와줄 것이고, 수정이 잘 되게 하는 법을 알려줄 것이고, 이렇게 모든 준비가 갖춰지면 당신을 임신의 문턱으로 안내할 것입니다. 혹시나 지금 임신이 되지 않았다 하더라도 마음을 편히 먹고 계속 노력해 보세요. (그리고 노력을 하면서도 마음은 늘 즐거워야 한다는 것 잊지 마세요.) 이미 임신이 됐어도(책의 설명을 따르지 않고 임신을 했더라도) 걱정하실 필요 없습니다. 가끔씩은 준비를 안 하고도 임신을 하기도 해서 임신 전 조언이 완전히 의미가 없어지게 될 때도 많지요. 임신진단검사에서 임신이라는 결과가 나왔다면 곧장 2장부터 읽으시면 됩니다. 마지막으로, 출산 때까지 최선을 다하는 것 잊지 마세요.[45]

저자들은 책 처음 부분에서는 임신 초기 몇 주 동안 조심해야 할 행동들을 구체적으로 강조하고 있지 않지만 책의 나머지 부분에서는 임신 기간 중 매 3개월 마다 여성들이 해야 하는 행동과 해서는 안 되는 행동을 조목조목 설명하고 있다. 1장의 내용 자체는 그다지 당황스럽지 않지만 그 내용을 전달하는 어조는 우리를 많이 당황하게 한다. 저자들은 문장에서 자기계발서에서 흔히 사용하는 과도하게 열정적으로 2인칭 대명사를 사용하는 것은 물론이고 유치한 상투적 표현과 책의 권위를 강조하는 훈계성 대화체 어조를 많이 사용한다. 예비 부모에게 '임신에 가장 적합한 몸을' 유지하거나 '수정이 잘되게 하는 법'을 안내한다거나 '모든 준비가 갖춰지면' '임신의 문턱'에 서도록 한다는 표현이 이런 단어 사용의 예들이다.[46] 게다가 부부들에게 임신이 안 되어도 마음을 편히 먹고 계속 노력하라는 조언은 의학 서적 분위기가 나는 자기계발서에서가 아니라 여성잡지에서나 볼 수 있는 내용이다.

제4장 '당신의 임신 라이프스타일'은 임신한 여성이 매일매일 신경 써야 하는 걱정거리들을 열거하며 엄청난 공포심을 심어주고 있다. 비록 저자들은 마치 자신들이 제기하는 문제들 중 몇몇을 별것 아닌 것으로 보는 것처럼 말하지만 이런 문제 하나하나를 포함시키는 것 자체가 공포심을 야기하는 행위로 여겨질 수 있다. 다음 구절을 살펴보자.

물론 임신 중인 당신은 일상생활을 임신에 맞게 조정하려고 하겠지만(이를테면 짧은 티셔츠는 더 이상 입지 않고 "배 속에 아기가 있어요"라고 적힌 티셔츠를 입기 시작하면서) 당신은 지금 두 사람을 위해 살고 있기 때문에 당신의 라이프스타일을 얼마나 많이 바꿔야 할 것인지에 대해 궁금해 할 수 있다. 평소 좋아하던 식전 칵테일은 계속 마셔도 되나? 아니면 출산 후까지 참아야만 할 것인가? 운동을 하고 나서 늘 하던 뜨거운 물 목욕은 어떻게 되나? 더 이상 못하는 것일까? 세면대를 냄새가 지독한(하지만 효과는 만점인) 화학 살균제로 청소해도 되나? 고양이 똥은 또 어떡하지? 임신을 하고 나면 정말로 그전에는 단 1초도 생각해 본 적이 없는 모든 일들을(친한 친구가 거실에서 담배를 피우도록 내버려둔 것에서부터 저녁을 냉동식품으로 해결하는 일까지) 두 번 생각해야 하나? 이 물음에 소수의 임산부는 단호하게 "그렇습니다"라고 대답한다("제겐 와인 안 주셔도 됩니다"). 그러나 많은 경우 임신한 당신의 자아는 조금만 조심하면 평소처럼 계속해서 일도 하고 놀기도 할 수 있다. ("여보, 앞으로 9개월 동안 고양이 똥은 당신이 치워줘!")[47]

10대들에게나 어울릴 문장으로 공포를 전달하는 이 책의 방식에는 문제가 상당히 많다. 저자들은 유아적인 언어로 여성 독자에게 "~하시오"라는 말투로 지시를 하고 있기 때문이다. 예비 엄마들의 지적 수준에 견주면 이런 언어는 모욕적이기까지 하다. 임신을 과도하게 미화하는 것 역시 문제다. 1장에서 발췌한 구절 "정자가 난자를 만나 당신이 꿈꿔 오던 아기를 만든다"를 보면 저자들이 어떤 방식으로를 기술하는지 알 수 있다.[48] 6장 "첫 번째 달"에서 저자 하이디 머코프Heidi Murkoff와 샤론 메이즐Sharon Mazel은 심지어 정자와 난자를 의인화하여 청소년용 도서에나 어울릴 문체를 사용하여 다음과 같이 기술하고 있다.

제2주. 아기는 아직 안 만들어졌어요. 하지만 당신의 몸은 이번 주에도 일을 계속하고 있어요. 사실, 그 위대한 배란을 준비하고 있으니 일을 열심히 하는 게 맞지요. 자궁내막은 더 두꺼워지고 있고 … 난포가 성장해 그 중 하나가 강력해지면 … 배란이라는 운명적인 사건이 일어나게 되죠. 강력해진 난포 안에서 터져 나와, 건강한 남자아이나 여자아이가 되는 여행을 시작할 준비가 되어 있는 난자 하나(혹시나 이란성 쌍둥이를 임신하게 된다면 두 개)가 대기하고 있지요. 그 난자 안에서 아기의 성별은 이미 결정되어 있지요. 어쨌든 '이상적인 남성'을 찾으러 난관 아래로의 긴 여행을 해야 합니다. 그러다가 운 좋은 정자를 만나면 거사가 완성되지요.[49]

이 부분에서 난자는 자신의 '이상적인 남성(거사를 완성시키는 정자)'을 간절히 찾아 헤매고 다니는 여성으로 묘사되고 있다. 이 과정에서 '거사를 완성하다'와 같은 관용적 표현이 과도하게 사용되듯 가부장적 언어 또한 과도하게 사용되고 있다. 여성의 몸을 '그 위대한 배란을 준비하고 있는' 것과 같은 미성숙한 묘사는 싸구려 같은, 그래서 전혀 재미있지 않은, 이중적 의미를 갖는 어구로 인해 그 책이 임신 과정을 의학적으로 설명하고 있다기보다는 그저 성행위(오르가즘)만을 연상시키고 있다는 인상을 독자들에게 줄 뿐이다. 운명과 이상적인 남성과 연관된 낭만적인 방백 또한 이 책을 건강 관련 책이 아니라 이미 앞서 언급한 대로 창작동화 분야의 여느 책 정도로 여기게끔 한다.

아기 부모들이 직접 하는 말: 아마존닷컴에 실린 독자 평 분석

이 연구를 시작할 시점에 우리는 약간 냉소적이었다. 우리는 시작부터 『임신한 당신이 알아야 할 모든 것』 같은 임신 조언서를 조목조목 비판할 마음을 먹고 있었다. 따라서 혹시 우리들이 겪고 있는 문화적 좌절을 많은 사람들이 읽은 이 책에 투사하고 있는 것은 아닌지 확인해 보기 위해 아마존닷컴 Amazon.com에 올라와 있는 독자 평을 분석해 보기로 결정했다. 우리가 이런 마음을 먹은 이유는 육아·임신 설명서를 대상으로 한 수많은 연구 중 어느 것 하나도 독자들이 이런 종류의 책에 어떤 반응을 보이는지를 특정해서 분석해 본 적이 없기 때문이다.

우리가 최초로 연구를 시작할 때[50] 아마존닷컴에는 『임신한 당신이 알아야 할 모든 것』에 대해서 250개의 평이 올라가 있었다. 평균 평점은 별 다섯 개 만점에 3.6개였고 만족하지 않은 56명의 독자는 별 1개를 줬는데 별 1개는 아마존닷컴에서 가장 낮은 평점이다(〈표 6.1〉에는 이 책의 문제 중 하나로 언급되고 있는 어투에 관한 독자 평이 나와 있다).

36명의 독자들은 실제로 자신들이 직접 쓴 독자 평에서 이 책에는 무서운 내용이 들어가 있다고 언급하고 있을 뿐만 아니라 가끔씩 독자 평의 제목에 이런 점이 언급되어 있다. 독자 평의 제목들도 실로 다양하다. "임신을 하셨으면 이 책 절대로 읽지 마세요!!!!!!!", "이 책의 목적은 오로지 당신을 겁주기 위한 것뿐입니다!", "삶을 완전히 망치고 싶으면 이 책을 읽으세요", "겁주기 전략", "이 책에서 무엇을 기대할 수 있을까? 오로지 공포만 기대할 수 있을 뿐",

"공포로 가득한 임신·출산을 원하세요? 그렇다면 이 책을 읽으세요", "부정확하고, 잘못된 정보를 주고, 무시무시한 내용으로 가득한", "처음 엄마가 되는 여성들에게는 무시무시한", "임신했을 때 두려워해야 할 모든 것", "임신한 엄마들은 접근 금지", "임신했을 때 생길 모든 문제들", "심기증 환자를 위한 위대한 책, 다른 사람들은 접근 금지", "괜한 걱정을 하게 만드는 책", "거들먹거리면서도 끔찍한", "겁주기 위해 기획된", "이 책을 절대 혼자 읽지 마세요", "임신 중에 늘 겁을 먹을 수 있는 방법", "최악의 공포를 퍼트리는", "임신했을 때 일어나지도 않을 공포를 만들어내는 모든 것", "당신은 그녀의 신체를 증오하는 과대망상 별종인가요? 그렇다면 이 책은 바로 당신을 위한 것입니다", "엄마들의 걱정을 과도하게 야기하는" 등이 그것이다(이와 같이 공포에 기반을 둔 고객 평 전문은 〈표 6.2〉에 있다).

이 책을 연구하는 학자들은 잘 알다시피 고객 평의 제목만 분석하는 것으로 연구를 끝내지 않았다. 어느 한 게시물에는 다음과 같은 내용이 들어 있다. "내가 보기에 이 책은 우리 문화가 의학적 차원에서 임신과 출산에 관한 쓸데없는 걱정을 만들어내고 있다는 점을 감안하고 보더라도 최악이다." 다른 게시물의 내용도 별반 다르지 않다. "이 책은 임신한 여성이 절대로 읽어서는 안 될 책 중에서 최악이다. 하지만 이 책은 불행하게도 최근 출산 주변을 떠도는 공포 문화의 자양분이 되고 있다." 몇몇 장문의 게시물(그 중 하나는 〈표 6.3〉에 제시되고 있다)은 좀 더 구체적으로 비판하고 있다. 흥미롭게도 가장 비판적인 게시물을 올린 사람은 이 책이 겨냥한 독자들인 임신한 여성이 아니라 임신한 여성의 남편51)이다.

좀 더 최근의 고객 평을 살펴봐도 독자들은 여전히 이 책의 공포 유발 전략에 주목하고 있다. "미국에서 1위의 임신 안내서가 될 자격이 정말로 없는가"라는 제목의 2014년 5월 5일 자 게시물에서 독자는 이 책에 별 하나 평점을 부여하고 이 책 속의 여러 오류들을 열거했다. 그중 몇 개를 언급해 보면, 이 책은 학문적 연구 결과를 하나도 제시하지 못하고 있을 뿐만 아니라 이에 대한 대안도 제시하지 못하고 있으며, 임신을 의학 차원에서 관리하도록 권하는 방식에도 많은 문제가 있다는 것이다. 마지막 오류와 관련해서 평자는 저자들은 임신 기간 내내 임산부에게 일어날 수 있는 위험을 세세하게 정리한 목록을 제시한 후 뜬금없이 임산부가 어느 상황에 처했든 무조건 의사의 말을 믿어야 된다고 말하고 있음을 지적하고 있다.

저자는 반복적으로 걱정하지 말라고 말하고 있으면서도 자신들의 충고를 정확하게 따르지 않을 때 혹시나 잘못될 수 있는 수만 가지 경우를 나열하고 있다. 여러 다양한 임신합병증을 인식하고 있는 것은 잘못된 것이 절대 아닌데도 이 책은 은근히 "담당 의사가 말하는 모든 것을 빠짐없이 실천하기만 하면 아기에게는 아무 문제도 생기지 않을 것"이라고 말하고 있다. "의사에게 물어보세요"란에 실린 질문 하나하나에 모두 답하고 있다. 책 앞쪽에 마음에 들고 존경하는 의사를 선택했는지를 확인하는 부분이 있지만 기본적으로 잘 지낼 수 있는 의사라면 그런 의사의 말은 믿어도 된다. 충분한 학술적 연구결과와 증거를 가지고 임신과 출산처럼 매우 중요한 일을 설명하기를 원하는 여성들이 점점 더 많아지고 있다. 의학 전문가가 하는 말이니 무조건 믿으라고 하는 방식은 더 이상 규범이 아니다. 이 책은 위험하고 관련 지식이 충분치 않았던 과거의 잔재물이다. 임신한 모든 여성에게 이런 책을 읽게 하는 것은 그저 고문을 지속하는 일일 뿐이다.

전체적으로 보면 이처럼 부정적인 평들을 열정적으로 게시하는 행위 속에는 학자들이 이런 유의 자기계발서들을 비판하는 것이 잘못된 일은 아니라는 생각이 깔려 있다. 하지만, 이처럼 『임신한 당신이 알아야 할 모든 것』을 강력하게 비판하는 여러 게시물에도 불구하고 연구가 시작될 시점의 전체 평점이 3.6(약 5년이 지난 후 다시 측정했을 때 이 수치는 4.1로 올라간다)으로 나오는 것으로 보아 대부분의 평점과 게시물은 좀 더 중립적이거나 긍정적인 평가가 많았던 것으로 판단된다. 이는 그 자체로 상당한 의미가 있다. 많은 독자들이 공포

<표 6-1> 아마존닷컴에 실린 『임신한 당신이 알아야 할 모든 것』에 관한 부정적인 독자 평

독자 평점: 1.0	게시일: 2009.3.21	제목: 너무나 이래라저래라 하는

이 책은 임산부를 천치라고 전제한 후 천치들에게 하듯 임산부들을 대한다. 이 책에는 귀엽게 보이려는 단어, 말장난, 언어적 틱 증상이 가득해서 영문학을 전공한 나는 미칠 것 같았다. 내용 측면에서 이 책은 우리 문화의 '나중에 후회하는 것보다 미리 조심하는 것이 더 낫다'라는 태도에 딱 어울린다. 아무리 하찮은 것들이라도 아이와 임산부를 불안하게 만드는 것들로부터 보호해야 한다고 책은 말한다. 이 책은 그들의 조언이 어떤 학술적인 연구 결과에 기초한 것인지 밝히지 않는다. 이 책은 임산부는 모르는 게 너무 많고 절제력도 많이 부족하다고 전제하고 있다. 자신에 관해서 무엇인가를 결정해야 할 때 제대로 알고 결정하는 것이 아니라 게시판에 나와 있는, 그것도 과학적인 근거가 전혀 없는 조언에만 의존하는 멍청한 존재인 임산부들에게는 과학이고, 연구 결과고, 학술적 접근이 아무 의미 없다고 여기기 때문이다. 또한 실제로 유산을 하지 않았다면 '유산' 부분을 읽지 말라고 임산부에게 경고하고 있는 유산 부분이 나는 몹시 마음에 들지 않는다. 임산부가 유산을 할 수 있다는 것을 알게 되는 것 자체로 임산부에게는 헤어나기 힘든 큰 충격이기 때문이다. 내가 직접 자료를 찾아본 결과 그들의 주장은 상당 부분 부정확하고 불필요했다. 그러고 나니 나는 이 책을 더 이상 신뢰할 수 없게 되었다. 다른 사람들에게 이 책을 추천하지 않을 것이다.

<표 6-2> 독자들이 아마존닷컴에 쓴 『임신한 당신이 알아야 할 모든 것』의 공포 전략에 관한 글

독자 평점: 1.0	게시일: 2008.11.7	제목: 삶을 완전히 망치고 싶다면 이 책을 읽으세요

간단히 말해 120쪽 정도 읽고 나서 나는 울다시피 하며 내 친한 친구에게 전화를 걸었다. 친구에게 이 책을 읽고 있는 중이라고 말하면서 책 내용을 좀 더 자세히 설명하려던 순간 친구는 "오 제발 그 책 읽지 마! 그 책에는 하지 말라는 말과 잘못될 수 있다는 말만 있어"라고 말했다. 다른 친구 세 명과도 얘기를 했는데 그들도 똑같이 읽지 말라고 했다. 이 책은 (안 그래도 이미 메스꺼움으로 고생하고 있을) 임산부를 훨씬 더 비참하게 만드는 재주가 있다.

독자 평점: 1.0	게시일: 2008.11.13	제목: 『임신했을 때 일어날 수 있는 모든 문제들』

이 책을 읽고 나서 나는 성공적이고 건강한 임신이 있을 수 있다는 것을 알고 무척 놀랐다. 이 책에 들어 있는 합병증 월간 목록을 보고 나는 임신 기간 내내 불안해했다. 임산부가 손쓸 수 없는 합병증 소개는 최소한으로 하고 대신 건강한 임신 기간을 보내는 방법을 더 많이 소개했으면 분명히 더 좋았을 것이다!!!

독자 평점: 1.0	게시일: 2008.12.20	제목: 으악!!! 이 책은 피해야 해

임신 3개월 동안 읽었던 책 중에서 이 책은 정말 최악이다. 나는 평소 불안해하는 사람은 아니지만 이 책을 읽고 나니 많은 것에 불안을 느끼게 되었다. 임신 중에 잘못될 수 있는 것(그 확률이 아무리 희박하다고 해도) 하나하나를 알기 원하는 사람이라면 좋아할 책이다. 이 책과 같은 시리즈로 나온 다른 책들의 내용도 엇비슷하고 어떤 책에는 정확치 않은 정보가 들어가 있다.

독자 평점: 2.0	게시일: 2009.2.13	제목: 이 책 혼자서는 읽지 마세요

너무 놀라 간이 떨어질 뻔했다. 임산부의 '바이블'이라는 이 책은 임신을 하고 내가 처음 산 책이었다. 읽기 시작한 첫날 밤은 완전 난장판이었다. 어찌 되었든 난 내가 잘못해서 아기에게 영구적인 손상을 끼친 것 같은 느낌이 들었다. 혹시 먹어서는 안 될 것을 먹고 있는 것은 아닌가, 당분을 너무 많이 섭취하고 있는 것은 아닌가, 잘못된 방향으로 가고 있는 것은 아닌가 하는 걱정으로 나는 먹고 자는 것을 중단했다. 급기야 남편이 이 책을 숨겼다. 남편은 내 몸과 내 느낌을 믿으라고 내게 말했다. 놀랍게도 남편 말이 옳았다.

<表 6-3> 남성 독자들이 아마존닷컴에 올린 『임신한 당신이 알아야 할 모든 것』 평

독자 평점: 1.0	게시일: 2008.5.31	제목: 예비 아버지들에게

남성들이여 지금부터 내가 하는 말을 잘 새겨들으세요. 이 책은 당신의 아내가 읽고 아홉 달 동안 당신의 삶을 완전히 비참하게 만들 책 중에서 최악의 책이다. 이 책 제3판을 읽은 지도 4년이 되었건만 나는 여전히 이 책을 바라볼 수 없다. 의도는 조언서였지만 이 책은 겁을 주는 말투와 독자를 무시하는 듯한 태도로 상상할 수 있는 것 중 최악의 바이블이다. 당신의 아내, 애인, 아니면 그 누가 되었든 이 책을 몇 시간 동안 꼼꼼히 읽는 사람은 감정이 과민해지고, 강박적이 되어서 별것도 아닌 단순 통증, 진통, 염증을 혀가 갈라지거나 머리가 3개인 아기가 태어날 신호로 여기게 된다. 이 책에서 당신의 배우자에게 먹으라고 하는 것들은 살아 있는 보통 사람들이라면 먹을 수 없는 것들이다. 이 책은 당신의 배우자에게 보통 사람들이 먹는 음식처럼 보이는 모든 것들을 모두 피하라고 할 것이다. 저자를 조사해 보니 이 자는 의학적 지식이 하나도 없는 사람이었다. 이점에 나는 몹시 분개했다. 임신에 관련된 조언을 구할 때면 전문가(예를 들어 전문학위가 있는)와 상담해야 하지 않겠는가? 머코프가 나보다 더 전문가라고 할 수 없다. 솔직히 말해 이 책은 생전 처음 임신한 여성들에게는 엄청나게 인기 있는 선물인 것은 분명하다. 나는 아무런 노력도 하지 않고 세 권을 수중에 넣을 수 있었다. 나는 이 상태로 머물러 있지 않을 것이고 더 훌륭한 정보를 줄 정보원을 알고 있다는 척도 하지 않을 것이다. 왜냐하면 나는(오, 잘 모르겠지만 의사 외에는) 모르기 때문이다. 내가 아는 모든 것은 이 책이 임신에 관한 책 중에서 가장 권위 있는 책이라고 한다면 그저 하느님이 우리를 도와주길 바란다는 것뿐이다. 나는 당신 배우자의 지인 누군가가 당신의 배우자에게 이 책을 선물할 것이라고 장담한다. 당신이 할 일은 "그 책을 잃어버리는 것"이다. 혹시 이미 너무 빠져들어 이 책을 숨기거나 태워버릴 수 없다면 가능하다면 최소한 다양한 관점으로 책의 내용을 완화시키는 데 최선의 노력을 해야 한다. 친구들이여 위험에 대비하고 제산제를 준비하라. 아홉 달은 긴 시간이기에.

를 야기하고, 독자들에게 이래라저래라 하는 책에 부정적인 반응을 보이지 않는다는 점은 일정 정도 이런 태도가 이 책에서처럼 '임신 조언서 바이블'의 규범이 되었다는 점을 보여준다. 이는 또한 이런 글들을 소비하는 독자들이 늘 비판적으로 행동하지는 않는다는 점도 말해주고 있다. 하지만 이런 수치 역시 약간의 오해를 만들 수 있다. 굿리즈Goodreads 같은 독자 평 사이트들과는 달리 아마존닷컴은 게시판을 면밀하게 모니터링하고 있다가 저속한 단어나 역겨운 내용을 담고 있는 게시물이 있으면 이들을 즉각 삭제한다. 또한, 물품 판매가 주 관심사인 아마존닷컴 같은 사이트는 될 수 있으면 부정적인 평이 게시판 글에 올라오지 않도록 하여 고객들이 물품을 구입할 확률을 올려야 그들에게 가장 이득이 된다.

엄마만의 공간을 만들라:

임신 너머로(그리고 바라건대 공포 너머로도) 이동하기

이 책에서 계속 논의해 온 것처럼, 팔루디의 책이 출간된 지 30여 년이 되었지만 그 책이 쓰인 문화적 배경은 소름 끼칠 정도로 그대로다. '반격backlash'은 원래 1980년대 페미니스트 운동에 대한 특정 미디어의 반응을 연구하는 과정에서 만들어진 용어지만 반격 시대가 완전히 끝난 것은 결코 아니라고 주장하는 것은 어려운 일이 아니다. 사실, 반격은 미디어를 통한 직접적이고 신랄한 공격에서 좀 더 미묘한 소비자 포장으로 은밀히 변신한 것처럼 보인다. 후자가 훨씬 더 공포스러워 보인다. 『임신한 당신이 알아야 할 모든 것』 같은 책이 많이 읽히고 있다는 것은 반격이 여전히 진행되고 있고 매우 비밀스러운 방식으로, 비록 문제는 많지만, 나라 전역에서 여성들에게 가해지고 있음을 말해주고 있는 것이다. 팔루디의 연구에서 명확히 입증되듯, 공포와 결합한 잘못된 정보의 힘은 무척 유해하다. 이 같은 결합과 동일한 결합이 나라 전역에서 여성들이 읽는 책에도 존재한다면 계속해서 이 같은 장르가 결합된 부모 조언서를 장기간 동안 그것들이 어떤 영향을 끼치는가를 눈을 부릅뜨고 계속해서 비판을 하는 것은 중요한 일일 것이다. 다음 장에서 좀 더 논의하겠지만 예비 엄마(처음 엄마가 되는)들은 엄마가 되어가는 단계 내내 이런 책들과 같은 문화 산물을 접하면서 내면화된 가르침이 여성들의 감정을 조작하고 있음을 여성들 자신들이 인식하는 것 또한 중요하다.

제 7 장

여성의 역할 영역 또는 글 읽기 영역의 변화

유머러스한 육아 텍스트를 통한 모성성의 재개념화

―――――――

≪스타*Star*≫ 잡지 2012년 6월 호는 아기를 안고 있는 모습이 몰래 찍힌 여성 유명 인사들로 표지 사진을 장식했고, "스타 잡지 보고서: 최상의 엄마, 최악의 엄마!"[1]라는 제목을 달았다. 그리고 유명 인사 엄마들의 평가 결과를 궁금해하는 독자들에게 잡지를 팔기 위해 제목 밑에는 이런 질문을 달았다. "아기를 재우는 대신 술을 택하는 사람은 누구인가? 애들이 담배를 피우게 그냥 놔두는 사람은 누구인가? 몇 달간 아들을 못 본 사람은 누구인가?"

더 심각한 것은 매 사진 옆에 엄마에게 부여한 점수가 붙어 있다는 점이었고, 가장 심한 경우는 평가에 대한 여담도 달려 있었다. 샌드라 불럭의 경우는 A+를 받았기에 언짢은 평가를 피할 수 있었지만, 다른 세 명의 엄마들, 제니퍼 로페즈, 크리스티나 아길레라, 안젤리나 졸리는 그렇지 못했다. 열려 있는 간식 가방 사진이 화살표로 지적된 안젤리나의 경우에는 아이에게 치토스를 먹게 하는 엄마로 지적되었다. 더 심할 때는 아이들 사진에 말풍선을 달아 그것이 마치 아이의 이야기인 것처럼 보이게 했다. 로페즈의 아이 사진 옆에는 "유모가 필요해요!"라는 문구를 넣었고, 크리스티나의 아이에게는 얼굴의 멍 자국에 화살표를 붙이고는 "아야!"라는 문구를 넣었다. 앞 장에서도 언급했듯이, 잡지들은 너무 쉽게 어머니들을 평가한다. 보고서 양식을 표방한 ≪스타≫ 잡지 표지는 말 그대로 육아 실력을 평가하는 관행을 여실히 보여주고 있다. 임신 자기계발서들이 그렇듯이, 여성 인사들의 성적을 매기는 관행 역시 마치 초등학생 평가 보고서식으로 여성들에게 성적을 매김으로써 이들을 취급하려는 사회적 현상을 보여준다. 표지에 실린 이런 여성들의 성적 평가는 육아 시기나 그 이후 단계의 여성의 삶에 영향을 미치며 여성 간의 경쟁을 더욱 부채질하는 결과를 가져온다. ≪스타≫가 ≪타임*TIME*≫지만큼 영향력을 지닌 잡지는 아니지만 매주 610만 명의 독자가 있는 것²⁾은 사실이며, 아무리 철없는 기사라 해도 수많은 독자가 이런 글을 접한다는 것은 문제의 소지가 있다.

앞 장에서 논의했듯이, 여성 독자를 겨냥한 텍스트들은 종종 믿을 수 없을 정도로 문제 많은 내용을 담고 있다. 전통적으로 여성 독자를 겨냥한 자기계발서는 임신과 육아 문제에 동반되는 불안감을 이용해 왔으며, 임신 육아 단계에 진입하는 여성들에게 소위 '전문가'식 조언을 제공하는 수많은 책들을 양산해 왔다. 이러한 책들은 육아의 '올바른' 방식에 대한 지침과 노하우를 가르쳐준다고 하면서 여성들에게 육아 공포심을 심어준다. 최근에는 '모두에게 해당하는' 전문가적 처방 글에 맞서는 엄마가 직접 쓴 책 또는 익살스러운 육아 서적이라는 새로운 물결이 등장하기 시작했다. 이 장은 어머니가 직접 쓴 (그리고 종종 코믹한) 자기계발서와 함께, 육아 관련 수기, 육아 관련 소설, 그리고 이전 서적을 패러디한 육아 서적들을 분석할 것이다. 또한 이런 최근의 서적들이 육아 개념을 어떻게 재정의하는지, 그리고 육아와 관련한 이데올로기적 개념에 어떻게 대응하는지 보여줄 것이다.

책꽂이의 무서운 친구들: 전문가가 쓴 자기계발서가 가져온 결과

앞 장에서 우리는 전문가가 쓴 자기계발서와 기타 육아 서적이 보이는 문제점으로 마치 자신들이 독자층인 부모보다 육아에 대해 더 많이 알고 있다고 가정한다는 것을 지적했다. 게다가 여성 구매자의 육아 능력을 의심하면서, 육아 지침서나 짐짓 진지한 의학 문구까지 삽입해 책을 팔기도 했다. 어머니 독자층을 대상으로 하는 임신 지침서가 그랬듯이, 이러한 육아 서적들은 마치 여성들이 제 역할을 하지 못한다는 공포감을 계속해서 주입해 왔다. 이런 점을 지적한 책들이 출판되었다. 앞 장에서 자세히 다루었던 수전 더글러스와 메러디스 마이클스가 공동저자로 참여한 『엄마라는 신화: 여성을 희생시킨 모성성의 이상화』, 그리고 제목 자체가 이러한 주제를 분명히 보여주는 주디스 워너Judith Warner의 『완전한 광기: 불안한 시대의 엄마 되기*Perfect Madness: Motherhood in the Age of Anxiety*』가 대표적인 예다. 워너는 오늘날 미국 여성의 모성성을 말살하는 죄의식과 불안감, 그리고 원한과 후회가 뒤섞여 숨도 못 쉬게 만드는 만연한 현상3)에 대해 논한다. 워너는 베티 프리댄이 1963년에 출판한 『여성의 신비』의 관점에 동의하면서 중산층 여성에게 확산되는 이러한 새로운 감정을 두고 "엄마의 신비The Mommy Mystique"라고 부르면서, 이것이 작동하는 방식을 다음과 같이 설명한다.

> 모성을 둘러싼 신비감은 이 세상에서 가장 운 좋은 사람이 우리들 여성이라고 말한다. 다양하게 선택할 수 있고, 앞날도 전망하면서, 최상의 행운과 최고의 부를 지닌 가장 자유로운 사람이라는 것이다. 이 신비감은 여성들이 아이들 삶의 모든 과정을 성공적으로 이끌 수 있는 '박식한 결정'을 내릴 수 있는 지식과 노하우를 지닌다고 본다. 잘못된 결정을 내리면, 아이들이 마약에 중독되거나, 유괴당하거나, 아니면 삼류 대학에 입학하거나 하는 끝없는 위험에 처하게 된다고 말한다. 그렇기에 아이들이 행복이나 성공에서 멀어지거나 하면 우리 탓이 되

고 만다. 그 책임을 사회에 돌리면 '개인적인 책임'을 회피한다고 본다. 우리가 모든 걸 다 할 수 있는 게 아니라고 한다거나 보다 큰 체계적 수준의 도움이 필요하다고 하면 이는 자신의 실패를 인정하는 꼴이 된다. 모성을 둘러싼 신비감에 위안을 받은 우리 역시 모든 우리의 결정과 하는 일들이 **정말 중요하다**4)고 믿게 된다.

워너는 이러한 죄의식을 특유의 미국적인 현상이라고 본다. 미국과 프랑스에서 겪었던 육아 경험에 대한 자전적 설명에서 그녀는 두 나라에서 보이는 어머니에 대한 문화적인 기대감이 서로 다르며 이러한 상이한 사회적 기대감 때문에 어머니들이 감성적으로 느끼는 행복감이 다르다는 것을 강조한다.5) 미국의 어머니가 느끼는 압박감은 분명히 외부적 요인에서 기인한다는 페미니즘 학자들의 주장과는 달리, 워너는 그 원인이 분명치 않다고 말한다.

이것은 미디어 매체의 '잘못'도 아니다. 우파 기독교인의 책임도, 조지 부시 대통령이나 필리스 슐래플리Phillis Schlafly(1924~2016. 미국 보수 헌법학자로 반페미니즘을 주장한 학자로 유명함 _옮긴이), 로라 슐레징어(1947~현재. 보수적 견해로 유명한 미국의 라디오 토크 쇼 호스트 _옮긴이) 또는 다웃파이어 부인Mrs. Doubtfire(동명의 코믹 영화에 등장하는 인물 _옮긴이)의 책임도 아니다. 이것은 다름 아닌 **우리들**, 이 시대 어머니들의 책임이다. 이것이 이 시대 문화가 우리를 길들이고 맞이한 방식이다. 정치에 어울리지 않는 기대감을 섞고, 페미니즘에다가 '가족 가치관'을 섞고, 과학과 종교를 섞고, 그리고 무엇보다도 완전한 광기에 다름없는 이 폭발적인 혼합물에 **공포감**을 섞은 것이다.6)

워너가 지적한 것 중 눈에 띄는 대목은 모성과 관련한 이러한 문화가 "많은 불만을 키워오긴 했지만, 변화 추구를 위한 여성들의 집합적인 움직임도 없었고 오히려 미디어가 부추긴 엄마 전쟁에 개입해 여성끼리 서로 다투는 경향을 보였다"[7]는 점이다. 문제 해결책으로 워너는 정부 지원 방식이나 체계적인 변화 등의 폭넓은 방법을 제시하지만, 변화에 대한 응답은 출판 시장 같은 전혀 낯선 곳에서 올지도 모른다. 우리가 논의할 어머니들이 직접 쓴 글과 풍자식의 익살스러운 육아 글들이 이런 문화를 단번에 변화시킬 정도로 혁신적인 변화를 가져오지는 않겠지만, 올바른 방향으로 가는 첫 단추는 될 수 있을 것이다.

우리는 앞 장에서 언급했던, 공포감을 조성하는 자기계발서에 맞서는 어머니들이 직접 쓴 책들을 읽으며 이 책들이 전혀 다른 어조, 양식, 내용으로 색다르게 작동하기를 기대했다. 하지만 이들의 글이 분명 이전 육아 책들과는 구분되는 바람직한 글이 되었음에도, 우리는 두 종류의 글이 한 눈으로 확인할 수 있을 정도로 유사점이 많다는 것을 보았다. 어머니들이 쓴 책이 어머니 스스로가 직접 육아 방식을 정해야 한다고 말하며 육아에 대한 좀 더 솔직한 모습을 제공하는 방식으로 기존의 육아 서적들을 비판한 것은 분명 사실이다. 어머니가 직접 쓴 책에 이러한 칭찬할 점이 있는 건 사실이지만, 그들의 글도 이따금 공포감을 조성했던 기존 육아 책들의 실수, 즉 저자가 선호하는 육아 방식만을 선전한다거나 여성들에게는 공통적인 경험이 있다거나 하는 식의 구시대적 발상에 기댐으로써 스스로 함정에 빠지곤 한다. 우리는 이 책들이 지닌 긍정적 모티프를 살펴보고 기존 육아 서적들에 반하는 이들 방식의 장점을 논해볼 것이다. 그런 다음 이들의 경쟁 대상으로 등장한 패러디풍의 새로운 육아 서적과 비교해 볼 것이다.

육아 서적의 새로운 물결은 분명 웹 2.0 기술 때문에 가능해진 정보 교환과 출판 방식의 결과이다. 이 장에서 논하고 있는 많은 저자들은 블로그 영역에서 먼저 작업을 시작했다. '엄마 블로거'[8]의 증가 현상을 다룬 많은 연구가 진행되었고, 학자들 또한 '엄마'라는 단어가 제목에 쓰인 글[9]에 대해 논하면서, 온라인에 자신의 경험을 올리는 방식이 과연 강력한 효과를 갖는지를 연구했다. 연구의 한 가지 예로, 돈 디프린스Dawn DiPrince는 전체적으로 볼 때 '엄마 블로그'가 모성성을 새롭게 기록하려는 자신들의 역량에 걸맞게 운영되지는 못한다고 보았다.

이 블로그들은 여성의 삶을 제한하는 구조적인 문제들, 예를 들어 우수한 육아 시설의 부족, 모유수유에 대한 차별, 비급여 출산 휴가, 여성, 일하는 어머니, 유색인종 어머니에 대한 임금 차별 등의 문제에 대해 적극적으로 대항하는 것이 아니라, 온라인 투사들처럼 대담하면서도 가끔은 모욕적인 방식으로 모범적 육아 이야기를 다루면서 오히려 이를 사물화할 뿐이다. 엄마 블로그는 일부 성인이 노동력에서 이탈해야만 작동되는 자본주의의 본질적인 작동 방식에 맞게 여성의 자발적인 재택근무를 강조한다. 이들은 낮은 임금과 육아 시설 부족 등의 이유로 노동시장에서 떠밀려 나가는 여성에게 오히려 집에 있는 것이 더 낫다고 생각하게끔 이야기를 구성한다.[10]

전체적으로 볼 때, 엄마 블로그가 여성의 경험을 향상시키기 위한 집단적인 참여를 독려하는 구조적인 변화를 가져오지 못하는 것이 사실이지만, 이러한 블로그를 운영하는 것이 여성에게 긍정적으로 작용한다고 주장하는 학자도 있다. 한 예로, 에이미 모리슨Aimee Morrison은 이러한 블로그가 "육아가 지닌 감성적, 육체적, 지적 노동"[11]의 가치를 중시하는 공동체를 조성한다고 주장한다. 페미니즘 학자인 레베카 파월Rebecca Powell은『좋은 어머니, 나쁜 어머니, 그리고 엄마 블로거Good Mothers, Bad Mothers and Mommy Bloggers』에서 이 블로그들이 모성을 고정된 것이 아닌 유동적인 것이라고 보면서 독자로 하여금 '협상이 가능한 모성의 모습을 볼 수 있게' 한 점을 높게 산다.[12] 이와 마찬가지로,『엄마 블로그와 변화하는 모성의 모습Mommyblogs and the Changing Face of Motherhood』의 저자인 메이 프리드먼May Friedman은 '엄마 영역mamasphere'에 참여한다는 것은 소위 착한 어머니들이 해야 하는 일에 대한 획일적인 처방보다는 육아에 대한 다양한 어머니들의 목소리를 듣고자 하는 이 시대 어머니들의

열망을 보여준다고 해석한다.[13]

결과적으로, 대다수의 '엄마 블로그'는 오늘날 사회가 어머니들에게 부여하는, 불가능한 기준에 도달하라는 압박을 전적으로 거부한다. 인터넷상에 떠도는 모성에 대한 우스꽝스러운 모습과 이를 확산하는 동영상에 맞서기 위해 많은 블로거들이 유머와 풍자에 기대 자신들의 문화적 견해를 전달하는 것은 어쩌면 당연하다고 하겠다. 오늘날에는 제목만 봐도 웃음이 절로 나오는 재미있는 엄마 블로그를 쉽게 볼 수 있다. '살림 여신의 성스러운 비밀들Divine Secrets of a Domestic Diva', '조잡한 그림으로 보는 육아Parenting: Illustrated with Crappy Pictures', '당신 가정에서도 이런 일이 벌어진다You Know It Happens in Your House Too' 등이다. 이런 현상은 미국적인 것만이 아니다. 『곤란한 엄마Up Mommy Creek』, 『엄마들의 휴식시간Time-Out 4 Mom』, 『실패자나 잠드는 거야Sleeping is for Losers』, 『혼돈 이론Chaos Theory』 등 캐나다에서 책으로 나온 저명한 엄마 블로그의 이야기도 이와 마찬가지다. 그리고 영국에는 많은 팔로워를 가진 인기 있는 엄마 블로그들 '정신 병원Madhouse', '너절한 미혼모들Slummy Single Mummy', '지친 엄마들Tired Mummy', '미니미들과 나Mini Mes and Me' 등이 있다. 호주의 경우 '엉성한 엄마The Imperfect Mum', '아이 안전에 몰두하는 엄마Crash Test Mummy', '뒤죽박죽 엄마Muddled Up Mumma', '정신 나간 엄마My Mummy Daze' 등이 있다.[14]

대부분의 엄마 블로그는 개인이 운영하는 소규모 사이트이지만 인기 있는 블로그 다수는 지원을 받거나 공동 운영을 하는 형태로 서서히 바뀌고 있다. '겁나는 엄마Scary Mommy'는 2008년 개인 블로그로 시작했다가 다양한 작가가 참여하는 공동 작업으로 바뀌었다. 이후 한 미디어 회사가 이 블로그를 매입했다. 앞에서도 언급했지만 어떤 블로그의 경우는 잘 팔리는 책의 형태로 나오기도 한다. 2008년 페이스북에서 등장한 '술 먹고 욕하는 엄마Moms Who Drink and Swear'는 지금까지 운영되는 인기 있는 블로그인데 2013년 펭귄북스의 베스트셀러가 되었다. 스테퍼니 와일더-테일러Stefanie Wilder-Taylor의 블로그인 '베이비 온 보어드Baby on Bored'는 베스트셀러인 『빨대 달린 컵은 와인용이 아닙니다』, 『낮잠 시간이 최고 행복해요*Naptime is the New Happy Hour*』, 『과일 캔
디는 유기농일 필요 없어요*Gummy Bears Should Not Be Organic*』로 출판되었고, 운
영자인 와일더-테일러는 닉 주니어Nick Jr.의 코미디 쇼인 〈부모의 재량권
Parental Discretion〉의 사회자가 되었다.

대중에게 맞서기: 공포감을 버리고 불가능한 기대감을 거부하자

모든 엄마 블로그가 유머러스한 어조를 띠는 것은 아니다. 진지하면서도 종
종 종교적인 어조를 띤 블로그도 많다. 하지만 코믹한 내용을 담은 블로그는
하나의 공통적인 목적을 갖는 듯 보인다. 이들은 윤리적인 내용을 설파하는
매체에 맞서기 위해 이들과 정반대되는 견해를 올린다. 그 결과 블로그 형태
로 출발하든 아니든 간에 어머니가 직접 쓴 출판물들은 육아에 대한 공포감을
극복하고 현시대 어머니들에게 부과되는 불가능한 사회적 기대감을 거부하
는 방식으로 이전 육아 서적에 맞서게 된다. 『게으름뱅이 엄마의 고백』에서
머피 미드-페로Muffy Mead-Ferro는 정보가 넘치고 기대 이상의 성과를 원하는 시
대를 살아가는 엄마나 미래 엄마들은 마치 여성을 보호라도 해야 하듯 광고하
는 많은 육아 관련 상품 때문에 자신들이 모두의 공동 소유가 된 것 같고, 마
치 지적장애를 앓는 사람처럼 국가적 보호 대상자가 된 듯한 느낌을 받는다고
본다.[15] 그뿐 아니다. 정보의 과잉은 진정 심각한 문제다. 구글에 '육아에 대
한 조언'을 검색하면, 백만 건 이상의 정보가 뜬다.[16] 이런 정보는 어머니들
을 안심시키기보다 불안하게 만들고 혼란스럽게 만든다. 미드-페로가 언급하
듯이, 이런 정보는 도움이 아니라 해를 끼친다.

육아 잡지나 입문서를 꼼꼼히 읽다 보면 과연 우리가 자신과 자녀들을 믿고 있는
건지, 그리고 자녀들에게 무언가 하나라도 제대로 할 기회를 주고나 있는 건지

의구심이 든다. 또한 가장 특별한 아이를 키우려고 남들과 경쟁하는 덫에 걸려들면서, 우리가 과연 제대로 가고 있는 건지, 아니면 길을 잘못 든 건 아닌지, 의문이 든다.[17]

인터넷이 사라지길 정말로 바라는 육아 서적 작가는 아무도 없겠지만 지금처럼 육아와 관련한 끝없는 선택이나 멋진 육아 용품이 없이도 홍보성 육아 상품에 함몰되지 않았던 지난 시절을 그리워하는 작가는 제법 많다.

이전 세대 어머니들은 어찌 보면 아이들 키우기가 더 쉬웠다. 지금은 가장 똑똑한 엄마조차 버거울 정도로 마주해야 할 육아 관련 기사나 서적, 용품이 어지러울 만큼 과잉으로 공급되기 때문이다. 하지만 제일 큰 문제는 혼란스러움의 문제라기보다 현혹되느냐의 문제이다. 과잉 공급 속에서 우리는 우리 중 누군가는 아이들과 부모에게 성공을 보장할 수 있는 그런 비밀스러운 방법을 갖고 있다고 믿게 된다.[18]

정보의 과잉은 광범위한 만큼 서로 모순된다는 문제가 있다.[19] 『빨대 달린 컵은 와인용이 아닙니다: 초보 엄마로서 내가 배워야 할 것들』을 쓴 와일더-테일러는 임신 사실을 안 후, 이런 육아 서적에 의지했던 자신의 경험을 이렇게 말한다. "정보 과잉으로 편한 게 아니라 오히려 힘들었다. 정답이 없는 듯 보였고, 오히려 모든 책들에 정답이 있는 듯 보였다."[20] 물론 이런 서적에 담긴 상충하는 견해들이 초보 엄마를 편하게 해준다고도 볼 수 있지만, 정보를 찾는 많은 엄마들은 테스트 결과가 모두 진실이라고 말하는 많은 견해 가운데 하나를 선택해야 한다는 당혹감을 느낀다.

익살스러운 가짜 육아 서적pseudo-parenting books들 가운데 어떤 책들은 기존의 육아 서적을 멀리하라고 부모들에게 분명하게 조언한다. 캐나다 작가인 번미 라디탄Bunmi Laditan의 블로그에서 비롯된 『솔직한 아기가 보는 육아 가이드

The Honest Toddler: A Child's Guide to Parenting』는 한 장 전체를 이 문제에 할애했다. 제목이 말하듯, 이 책은 엄마들이 아이를 달래는 최상의 방법을 설명하면서 세 살짜리 아이가 성인 독자에게 말하는 형식을 취한다. 이 장 서두에서 화자는 인기 있는 육아 서적인 『호랑이 어머니의 전쟁 노래Battle Hymn of the Tiger Mother』를 비난한다.

최근에 나는 『호랑이 어머니의 전쟁 노래』라는 끔찍한 책에 대해 알게 되었다. 무서워서 울다가, 울음을 멈춘 후 동네 도서관에서 그 책을 찾아 포도 주스에 담갔다. 좀 더 나은 내용으로 바뀔 것으로 믿었기 때문이다. 공원에서 우리는 호랑이 엄마 아이들을 쉽게 볼 수 있다. 이 아이들은 미끄럼틀을 타기보다 제대로 풀 먹인 랄프 로렌 점퍼의 모양에 영향을 미칠 미끄럼틀의 기울기를 계산하려 한다. 이 애들은 학습관에서 오후를 보내기에, 사실상 공원에 가지도 않는다. 과자를 나눠 주려고 애들을 귀찮게 하지 마라. 밤마다 몸무게를 재기 때문이다.[21]

『프랑스 육아법의 지혜를 발견한 미국 어머니의 애 키우기Bringing up Bébé: One American Mother Discovers the Wisdom of French Parenting』와 『아이들의 수면 문제를 해결해 드립니다Solve Your Child's Sleep Problems』라는 책 역시 세 살짜리 해설자에게 이런 코믹한 비난을 받는다.

나는 파리 아이들에게 아무런 불만이 없지만, 그 엄마들의 거짓말은 문제라고 본다. 짐바브웨에서 왔건 뉴저지에서 왔건 아이들은 주기적으로 화를 내고 소리지르게 마련이다. 화는 우리들 삶의 일부일 뿐이다. 진짜로 아이들이 땅콩버터를 기대했는데 파테(파이 반죽에 고기, 채소 등을 갈아 만든 소를 넣고 구운 프랑스 요리 _옮긴이)를 받고도 아무런 소란도 피우지 않는다고? 정말?[22]

'퍼버라이즈ferberize'라는 용어를 만들어 낸 수면 훈련 책에 대해서도 이 솔직한 아기는 이렇게 말한다.

> 퍼버 의사 선생님은 캘리포니아주 베이커스필드에 있는 외딴 마구간에서 뱀 106 마리와 함께 산다. 그는 어느 날, 애들의 요구를 들어주지 않은 채 밤새 잠재우는 방식에 대한 말도 안 되는 책을 쓰기로 생각한다. … '이런 잠 훈련을 받은' 아이들은 문제 많은 혼란스러운 아이로 성장하게 된다. … 밤새 울며 큰 아이 중 십중팔구는 고등학생이 되어도 사과와 오렌지를 구분하지 못한다. 또한 악기도 연주하지 못한다. 그래서 지금 이 순간에도 수많은 아이들의 위험 때문에 퍼버 씨는 보호 감호를 받고 있다.[23]

이런 비난이 사실에 근거한 것은 아니지만, 이 글이 실린 장에 부친, '마음에서 우러나온 육아법: 외부 영향을 무시하자Parenting from the Heart: Ignoring Outside Influences'라는 제법 진지한 제목에서도 알 수 있듯이 진정성이 엿보인다.

전문가가 쓴 자기계발 육아서적의 영향 대한 연구는 진지한 투의 육아 기록이나 소설식 육아 텍스트에서도 보인다. 수잰 피나모어Suzanne Finnamore의 『난세포 연대기The Zygote Chronicles』는 가상 회고록 형식의 소설로 아직 태어나지 않은 아기에게 쓰는 엄마의 일기 형태로 되어 있다. 허구 이야기이기 하지만 피나모어는 자기계발식 책들이 그러하듯이 태어날 아이에게 이인칭 어조로 이런저런 충고를 한다. 화자는 육아 서적에 대한 자신의 경험을 이렇게 들려준다.

> 다 헤진 버클리 대학 티셔츠와 네 아빠의 박스형 속옷 차림으로 내가 성서처럼 여기는 책들에 둘러싸여 침대에 누워 있단다. 그 책들은 『메이요 클리닉 명품 임신 출산 가이드The Mayo Clinic Complete Book of Pregnancy』, 『컬럼비아 대학교 의과대학 내외과 의사의 임신 가이드The Columbian University College of Physician and Surgeons' Guide to Pregnancy』, 『예비 어머니를 위한 완벽 출산 가이드A Complete

Guide for the Mother-to-Be』, 『임신한 당신이 알아야 할 모든 것』, 『임신과 출산 전집 *The Complete Book of Pregnancy and Childbirth*』, 『여자 친구의 임신 가이드 *The Girlfriends' Guide to Pregnancy*』 그리고 『아기의 탄생 *A Child is Born*』 등으로 대개 사진집들이다. 궁금한 것이 있을 때마다 이 모든 책을 뒤져보지만, 서로 간에 정반대의 정보와 완전히 다른 사실을 담고 있단다. 결국 내가 제일 좋아하는 답에만 귀를 기울이게 되는 셈이다.24)

이 화자는 자신이 선호하는 답을 고르며 '성서'들 사이를 잘 누비고 다니긴 하지만, 출산 직전이 되자 이 책들이 더욱 혼란스럽다는 사실을 알게 된다.

부모를 위한 책들은 결국 실망스럽기만 하다. 그 책들은 출산 이후 결혼생활은 힘들어질 것이며 종종 실패로 끝날 것이고, 또 이후의 삶은 이전과는 다른, 여전히 좋지만 완전히 다른 삶이 될 것이라는 등 혼란스럽고 실망스러운 말만 한다. 엄마는 이게 사실 같지도 않은데, 대체 왜 이런 내용을 책으로 낼까 하는 의문이 든다.25)

캐런 매즌 밀러 Karen Maezen Miller 의 『육아라는 험한 길을 가는 마마 젠 *Momma Zen: Walking the Crooked Path of Motherhood*』은 회고록을 흉내 낸 책이다. 정확히 말하자면 회고하면서 조언을 주는 책이다. 임신, 출산, 딸의 첫해를 단계적으로 거치면서 겪은 경험과 자신의 정신적 훈련에 바탕을 둔 조언이다. 밀러는 자신이 육아 서적에서 배운 가치를 언급하면서 결국은 육아 서적의 큰 필요성을 느끼지 못하게 되었다고 설명한다.

어느 순간 모르는 것 찾기를 포기한 채 육아 서적 읽기를 그만둘 때가 온다. 우리가 모든 것을 깨닫게 되는 것도 바로 이런 방식을 통해서 온다. 한밤중에 들리는 외마디 기침 소리에 24시간 이내에 감기가 찾아올 것이란 것을 알게 된다.

누가 말해주지 않아도 우리는 이것을 알고 있다. 아기가 이가 아프다고 하면 엄마들은 즉시 귀 염증을 의심하게 된다. 관련이 없는 듯 보이지만 우리는 이를 알고 있다.[26]

책 뒷부분에서 밀러는 이렇게 다시 말한다.

점차 책을 덜 읽게 된다. 육아 지침서는 임신 초창기에는 분명 필요한 동반자가 맞다. 시기마다 알아야 할 것이 많기 때문이다. 그러나 얼마 전 옷장 선반 위에서 먼지를 뒤집어쓰고 있는 이 책들을 흘깃 봤는데 거의 대부분 손도 대지 않았다는 것을 알게 되었다. 친절한 충고들을 그냥 지나친 셈이다. 여기서 답을 찾은 지도 오래되었다. 하지만 아무 상관없다. 이 많은 책들이 내게 주었던 놀랄 만한 내용의 본질을 알기 때문이다. 그것은 열이 나고 발진이 생기고, 젖니가 나고 짜증을 내고 하는 과정을 주시하고 눈여겨보면서 아이의 상태를 직관적으로 알아야 한다는 것이었고, 걱정을 하지 말고 기다리라는 것이었다. 그리고 아이를 먼저 믿고 자신을 믿으라는 것이었다. 나도 너에게 아무것도 해준 것이 없기만을 바랄 뿐이다.[27]

밀러의 책은 어머니가 쓴 서적 가운데 육아 조언 책이 갖는 가장 긍정적인 모습을 보여준다. 게다가 조언식의 책이면서도, 독자들에게는 이런 육아 지침서에 담긴 조언에 너무 예속되지 말고, 자신의 본능을 따르라고 권한다.

이전의 육아 서적에 대해 직접 언급하는 차원을 넘어, 엄마가 쓴 육아책의 작가 대부분은 그런 책들이 출판될 정도로 육아에 대한 두려움을 양산한 분위기에 대한 실망감을 표시한다. 미드-페로는 이렇게 말한다. "육아 문제로 수반되는 현대적 신경증에 걸렸다고 느낄 때, 나는 차라리 모유수유 상담 전문가도 없고 아이 건강 교실에 접근할 수도 없는 알라스카의 외딴곳으로 우리 아이를 데려가면 어떨까 하고 생각한다."[28] 와일더-테일러는 "아기 갖기 전부터 조심해야 할 것을 말도 안 될 정도로 떠들어대기 좋아하는 사람들을 참을 수 없다. 이들은 마치 결혼 후 아기를 갖게 되면, 자유도 잃고, 남편과 둘이 지낼 시간도 없어지고, 성적 욕망과도 작별하게 되는 등[29] 많은 문제가 생긴다고 떠들어대면서, 삶 자체가 힘들어진다고 생각하는 사람들"이라면서 분통을 터뜨린다. 『난세포 연대기』에 등장하는 임산부 역시 이와 유사한 생각을 피력한다.

아이 양육은 여자의 몫으로 여겨진다. 아기를 낳는 순간 사람들은 어두운 전망, 스트레스 그리고 전반적인 불안감을 주는 갖은 정보를 갖고 당신에게 다가온다. 나를 화나게 하는 것은 마흔 살이 다 된 나에게 항상 자기들이 나보다 더 많이 알고 있다고 떠드는 거다. 그들은 나를 처음으로 임신을 한 시골뜨기 바보처럼 여긴다. 만약 누구라도 내게 다가와, "이렇게 하세요. 이번이 **마지막 기회에요**"라고 지나치게 불길하고 부정적인 톤으로 말한다면, 나는 악을 쓰며 덤빌 거다. 아가야, 만약 내가 너라면 아주 화가 나서 아이스크림 막대기로 만든 피켓이라도 들고 '**미디어는 아기들에게 불공정하다**'라며 항의했을 거다.[30]

엄마가 쓴 육아 텍스트는 관련된 실제 상황을 보여줌으로써 임신, 육아와 관련한 두려움을 상쇄시키거나 독자들로 하여금 이런 근거 없는 공포감에 더 이상 휩싸이지 않게 도와준다. 한 가지 예로, 앤 라모트Anne Lamott의 육아 기록인 『사용 설명서Operating Instructions』의 한 문구를 보자. 그녀는 아기를 차에 태워 병원에서 집으로 처음 데려오는 경험을 이렇게 이야기한다. "도로가 파손된 곳을 덜컹거리며 지나가자 나는 끝났구나 생각했지요. 아기의 목이 부러져 사지 마비 증세가 생길 거라고 생각한 겁니다. 하지만 결국 아기는 무사히 집에 도착했어요."[31]

이런 많은 글들처럼, 육아와 관련한 대개의 공포심은 부모에게, 아니 특히 어머니에게 부과되는 비현실적인 사회적 기대감에서 비롯된다. 이런 문제를 다룬 어머니가 쓴 자기계발서 중 하나인 앤 더네월드의 『준 클리버도 주스 박스를 깜빡할 수 있어요: 과도한 육아 전쟁에서 여유를 가집시다. 멋진 아이로 키워낼게요』(준 클리버는 미국 시트콤에 등장한 인물로 1950년대의 전형적인 완벽한 미국 주부를 대변한다 _옮긴이)에서도 이 문제를 다룬다. 육아 서적 가운데 가장 학구적인 글로 볼 수 있는 이 책은 책 표지에도 저자가 의사라는 점을 홍보했고, 육아 분야의 자기계발서이면서 '엄마의 광기를 해결해 줄 방법'을 알려주는 책으로 판매되었다. 그녀는 모든 극단적인 육아법의 문제를 '지나친 완전함overperfecting, 지나친 보호overprotecting, 지나친 생산overproducing의 세 가지 'O'로 요약했다.[32] 트리샤 애쉬워스와 에이미 노빌이 쓴 『아이를 갖기 전에는 나도 완벽한 엄마였다』도 이런 부류의 육아 서적이다. 이 책에는 미국 전역의 여성 100명과 나눈 인터뷰 등 작가들이 직접 탐구한 글이 담겨 있다. 첫 장인 "가짜 컵케이크 문제: 왜 이 책을 써야 하는가?"는 어머니에게 부과되는 비현실적인 기대감, 예를 들어 학교 행사에 왜 집에서 직접 구운 케이크를 가져가야 하는가의 문제를 다룬다. 이 책은 앨리슨 피어슨Allison Pearson의 소설인 『하이힐을 신고 달리는 여자』의 첫 구절을 연상시킨다. 남성 지배적 직업인 펀드매니저이자 두 아이의 어머니인 케이트 레디Kate Reddy의 삶을 다룬 이 소설은 2011년 할리우드 영화로 재탄생했다. 소설은 이런 장면으로 시작한다.

새벽 1시 37분이다. 대체 부엌까지 어떻게 온 거지? 누군가 제발 대답해 줘요. 부엌에 온 것 말고 아직껏 살아온 것에 대해 말예요. 아침에는 학교의 성탄 노래 콘서트가 있고 나는 민스파이를 구워야 합니다. 아니, 좀 더 솔직해집시다. 오다가 산 민스파이를 괴롭히는 일을 해야 합니다. 정말 힘들고 절묘한 과정이 필요한 작업이에요.[33]

주인공은, 가게에서 산 파이를 가지고 마치 방금 구워낸 것처럼 보이게 할 작정이다. 가게에서 산 파이를 마치 집에서 구운 파이처럼 보이게 하려고 조금은 촌스럽게 다듬는다는 것이다. 학교 모임에 감히 기성 디저트 제품을 가져왔다는 다른 어머니들의 비판을 피하기 위해서다.

가짜 컵케이크나 가짜 파이 현상은 어머니로 하여금 사회가 요구하는 대로 따라야 하는 압박감을 보여줄 뿐 아니라, 이러한 지침이 얼마나 성차별적인가를 보여준다. 윗 장면이 보여주는 메시지는 분명하다. 좋은 어머니는 아이를 위해 파이나 케이크를 직접 만든다는 것이다. 시간이 지나도 이러한 문화적 메시지는 놀랄 정도로 지속되고, 이를 거부하는 여자는 비판을 받는다. 한 예로, 남편의 대통령 유세 기간 힐러리 클린턴이 실제 직면했던 상황을 보기로 하자. 수개월 간 자신의 법조인 경력이 남편의 정치 경력과 충돌하지 않느냐는 기자들의 질문을 잘 받아넘긴 그녀는 유명한 답변을 남겼다. 남편이 아칸소 주지사 일을 하는데, 어떻게 집에 남아 쿠키를 구울 수 있겠느냐고 둘러대면서, 자신은 대신 법조인 일을 계속한다고 답했다. 기자들은 그녀의 일이 당연히 남편을 내조하는 일과 충동할 것이라고 생각했고 있었다. 그녀의 답변은 정치인의 아내가 속한 유일한 곳이 가정이라는 케케묵은 생각에 얼마나 문제가 있는 것인지 사람들이 관심을 보여주길 바란 것이지만, 그녀를 비난하던 자들은 결국 그녀의 견해가 가정주부를 폄하한 것이라고 해석했다. 논쟁이 잦아들기 바라던 그녀는 결국 영부인 바버라 부시 여사와 빵 굽기 대회를 하는 것에 동의했다. 이들의 쿠키 요리법은 ≪한 가족Family Circle≫이라는 잡지에 나란히 실렸다. 힐러리 클린턴은 여성들이 직면하는 문제 많은 성차별적 기대감을 어젠다로 형성하려 했지만, 사회는 '그녀로 하여금 행주치마를 입게 함으로써 그녀를 단죄했고' 결국 그녀는 사회의 기대감에 자신을 맞추고 말았다.34) 20년 후, 미 상원의원이자 국무장관이 된 그녀가 대통령 유세에 나설 때도 그녀는 다시금 이러한 감시의 눈길을 받았다. 대중 매체 전문가들은 그녀가 할머니가 된다는 사실이 그녀의 정치 경력에 영향을 주지 않느냐고 물었다. 그녀에게 나이 차별과 성차별이 동시에 작동하고 있다는 것은 불 보듯 뻔했다. 미트 롬니Mitt Romney는 2012년 대통령 선거에서 자신의 손주 12명을 여러 번에 걸쳐 대중들에게 공개해 여론의 칭찬을 받았다. 20년이 지난 지금도 마찬가지이다. 착한 어머니와 할머니는 집에 남아 쿠키를 구워야 한다는 것이다.

페미니즘(또는 포스트페미니즘, 또는 안티페미니즘) 메시지 분석하기: 엄마들의 선택권과 엄마 공동체

어머니가 저자인 책들은 각자 나름대로 앞에서 지적된 메시지들에 맞서 싸워보려고 노력한다. 이런 책들을 그냥 '페미니즘' 텍스트라고 부르기는 쉽지 않지만, 이 분야의 많은 책들이 페미니즘적 관심 사항을 언급한 것은 사실이다. 그중 하나는 어머니들 간 평가의 문제다. 미디어가 어머니들로 하여금 서로 경쟁하게 만드는 '엄마 전쟁'을 부추기며 어머니들이 서로를 평가하게 될 때 피해가 발생한다는 내용이다. 그 한 가지 예는 일하는 어머니와 전업주부 어머니 간의 경쟁이다. '공원 정치Park Politics'라는 장에서 와일더-테일러는 지역의 어머니 모임을 끼리끼리 모이는 고등학교 여학생 모임에 비교한다. 그녀는 다소 문제가 있지만 유머러스한 방식으로 다양한 엄마 '유형'을 기술하고는 각각의 정의를 내린다. 대장 맘 Alpha Mom, 수다스러운 맘Gossipy Mom, 드라마 맘Drama Mom, 못된 맘Bitchy Mom, 돈 많은 맘Rich Mom, 학생회 맘Student Council Mom, 순찰 맘Safety Patrol Mom, 자연주의식 맘Crunch Mom, 무기력 맘Burnout Mom, 초보 맘Freshman Mom, 인기인 맘Popular Mom[35] 등이다. 그녀가 이런 식의 엄마 유형 구축에 주목하는 이유는 여성들이 이러한 유형별로 나누어지고 이에 맞게끔 행동할 수 있게 된다는 것을 보여주기 위해서였다. 하지만 각각의 유형에 대해 군소리를 하는 바람에 이러한 비판 의식이 삭감된 결과를 낳았다. 그녀는 각 유형의 정의를 내리고는, 유형별로 보편적 특징이 있다고 강조한 후, 각 유형의 엄마가 주의해야 할 사항과 이에 대한 조언과 함께 어떤 유형과 교감하고 어떤 유형을 피해야 하는지도 기술한다. 하지만 어머니가 쓴 육아 책 대부분은 이러한 유형화를 피하고 절대 다른 엄마를 평가하거나 비난하지 말라고 당부한다.36) 『혼자 쉬하고 싶어요*I Just Want to Pee Alone*』는 '겁 없는 엄마 블로거'들이 쓴 글모음으로 여러 장에 걸쳐 이런 주제를 다룬다. '촌스러운 소녀의 고백Confessions of a Corn Fed Girl'이라는 블로그를 운영하는 조히 코욘-와그너Johi Kokjohn-Wagner는 "당신도 당신이 조롱한 사람처럼 된다What You Mock, You Become"라는 글에서 이렇게 기술한다.

> 내가 비난했던 그런 부모들의 이야기부터 시작해 볼까요. 공공장소에서 애들을 날뛰게 놔두고 찐득찐득한 손과 씻지도 않은 얼굴로 가게 옷 진열대를 마구 기어 올라가게 놔두는 개념 없는 부모들, 웩! 단순한 전화 약속도 못 지키면서 아이들과 〈도라도라 영어나라Dora the Explorer(미국 TV에 방영된 교육용 만화에 등장하는 인물 _옮긴이)〉와 이상한 배낭에 대해 얘기하며 당신을 지겹게 만드는 정신 나간 엄마들. 초대받지 않은 자식들을 파티에 줄줄 끌고 와서는 애들이 공포의 폭탄처럼 손님들을 괴롭히고 있을 때 자신은 수다 떨며 술만 마시는 아빠들. 이런 사람들 때문에 화가 났었지요. 그들을 비난하고 소리를 질러댔어요. 그러다가 나도 남자아이 둘을 갖게 되었어요. 그리고는 내 정체성을 잃어버리고 전업주부가 된 거지요. **이제 나도 그런 사람 중 하나가 되었습니다.**37)

『아이를 갖기 전에는 나도 좋은 엄마였다』에 실린 한 인터뷰는 엄마가 된 다음, 아니 특히 그 이후부터 엄마들 간에 서로를 평가하는 행동이 더 흔하게 이루어진다는 점을 지적한다.

> 내가 실제로 다른 엄마들을 평가하고 있다는 것을 알게 되었다. 집에서 애들을 교육하는 여동생을 항상 뒷전에서 비난하곤 했다. 이런 사실을 안 후, 이런 일이 나를 더 우울하게 만든다는 것을 깨달았다. 이제는 평가 대신 이렇게 생각해 본

다. "그런 일이 효과가 있다니, 대단하네. 아마 내가 모르는 걸 그들이 알고 있기 때문일 거야." 이제는 누군가 남을 비난하는 말을 들으면 소리치며 지적하는 나 자신을 보게 된다. 스트레스받기에는 육아 자체가 너무 힘든 일이라는 것을 알기 때문이다.38)

≪뉴욕타임스≫가 선정한 베스트셀러였던 『우리 아기만 별난 걸까요?*I Heart My Little A-Hole*』의 저자 겸 블로그 '아기 구레나룻Baby Sideburns' 운영자인 캐런 앨퍼트Karen Alpert는 엄마들을 위한 새로운 규칙을 제시한다. '엄마들 비참하게 만들지 않기'39)라는 규칙은 자랑하지 말기, 자기 아이에게 사주지 않을 장난감을 다른 아이에게 사주지 않기, 출산 후에도 임신복을 입는 엄마를 비난하지 말기, 코감기나 기침 증세가 있는 아이를 아이 모임에 데려가 달라고 부탁하지 말기 등이다.40) 그녀는 어머니들에게 자신의 페이스북에 올리는 '행복해 보이는 웃는 아이'에 걸맞은 그런 사실적인 아이의 모습을 블로그에 올리라고 격려한다. 마지막으로 그녀는 이런 규칙을 제시한다. "이제부터 여러분은 다른 엄마들과 꼭! 꼭! 꼭! 협조해야 합니다. 우리는 경쟁 상대가 아니라 같은 팀입니다. 그리고 이상하게 들릴지 몰라도, 우리가 맡은 이 어려운 일들이 더 나아질 수 있게끔 이제부터 서로 격려해줍시다."41)

『솔직한 아기』의 저자인 라디탄은 『아이들은 망나니예요. 그건 당신 책임이 아닙니다*Toddlers are A**holes: It's Not Your Fault*』에서 서술 관점을 바꿔 한 엄마가 다른 엄마에게 말을 거는 방식으로 기술한다. 이 익살스러운 책은 다른 엄마들로 하여금 열등감을 느끼게 만드는 그런 엄마를 두고 '신성한 부모Sanctiparents'라고 여러 번 언급한다. 그녀는 책 서두에서 이런 그룹의 엄마에게 이렇게 말한다.

제발 입 닥쳐요. 유럽 디자이너가 만든 300달러나 되는 옷을 입고 금색 똥이나 싸는 그런 아이들 다루는 방법을 누가 듣고 싶겠어요. 당신의 놀랄 만한 훈육 기술이 필요하다고 생각되면 우리가 부를게요. 당신은 가서 당신 가족이 먹는 무화과, 현미, 모유 렌틸 수프와 당신 뒷마당에서 뛰노는 염소젖으로 만든 염소 치즈 식사 장면을 인스타그램에 올리세요. 하지만 태어난 지 4분 됐을 때부터 우리 아이는 밤새 통잠을 잔다고 은근히 자랑하려고 하면 가만 안 있을 겁니다. 추신 페이스북상에서 계속 완벽한 부모인 척하는 건 좋지만, 우리 가운데 당신의 실제 모습을 아는 사람이 있다는 걸 기억하세요.[42]

익살을 더해 가는 와중에 그녀는 책 후반부에서 신성한 엄마에게서 들음직한 말과 이에 대한 자신의 답변을 이렇게 쓴다. '신성한 부모': "짜증이 난다는 것은 당신이 아이들과 조율이 안 된다는 표시지요. 당신의 아이에겐 감성적 치료가 필요해요. 혹시 제왕절개로 애를 낳았나요?" 대답: "내가 방금 당신 차를 열쇠로 주욱 긁어놨어요."[43]

익살스러운 어조든 진지한 어조든 이런 육아 책들은 궁극적으로 여성 간의 긍정적인 협조 체계를 이끌어낸다. 『육아라는 험한 길을 가는 마마 젠』에서 밀러는 어머니 간의 우정을 일종의 연대 의식으로 본다.

딸이 태어난 지 몇 달 후, 동네 골목에서 다른 엄마를 만났다. 우리 둘 다 아기를 안은 채 아침 산보 중이었다. 퀭한 눈에 헝클어진 머리는 우리가 같은 부류(**지난 한 달간 잠도 못 자고 한 주간 목욕도 못 했어요**)라는 것을 보여주는 비밀 신호였다. 우리는 그날 같이 산책했고, 며칠 후에도 같이 산책했다. … 육아에 대해 서로 모르는 것과 알게 된 것, 불만 등에 대해 이야기했고, 가슴 아픈 일들에 대해 소곤대며 이야기를 나눴다. 우리가 느끼는 우정의 근간에는 우리 말고는 모두 날씬하고 말쑥한 차림에 능력 있고 자신감이 넘치는 그런 엄마들이라는 느낌, 또는 그런 두려움이 자리하고 있었다. 이 엄마들은 아이들 식사나 수면, 변기 사용 훈련, 유아원에서 친구 사귀는 문제, 젖니 나고 말할 때의 문제, 종이를 쓸 건지 비닐을 쓸 건지 등 매번 우리를 불안하게 했던 문제를 다 해결한 사람들이며, 아이들 역시 행복하고 모범적이며, 타고난 재능을 지닌 것으로 보였다. … 이 엄마들은 아침 식사 전에 샤워와 머리 손질을 하고 임신 전에 입던 예쁜 옷을 입는 사람들이다. 다리털도 제모하고 남편과 성관계도 즐기는 사람들이다. … 우리는 이들 슈퍼맘의 세계를 상상하면서 멀리서 이들을 동경했지만 내심으로 이들을 경멸했다. 육아가 너무 힘든 일이라는 생각이 우리를 눈멀게 했다.[44]

자기계발 및 회고록 형태가 혼합된 안드레아 뷰캐넌Andrea Buchanan의 『어머니 충격Mother Shock』도 이와 유사한 이야기를 담고 있다. 그녀는 동네 공원에서 어떤 낯선 여자가 자기에게 다가와 육아의 어려움에 대해 말한 경험을 기록했다.

"저기 보이는 여자애 있지요?" 그녀는 자기 딸처럼 보이는 애를 가리키며 내게 말했다. "내 손녀예요. 그 애 손을 잡고 있는 이가 내 아들이에요. 서른여덟 살인데 제겐 아직 아기예요." 나는 그녀가 서른여덟 살이나 먹은 사람의 엄마로 보이지 않고 여자아이의 어머니로 보인다고 말했다. 그녀는 고개를 저으며 내게 웃음을 보여줬지만, 순간 눈가가 촉촉해지면서 내 손을 꼭 잡은 채 속삭였다. "꼭 말하고 싶었어요. 나아지고 있어요. 지금보다 훨씬 나아질 거예요." 상황이 나아질 때 나는 그녀를 많이 떠올린다. 내게 그런 말이 필요하다고 생각해 준 그녀는 얼마나 용기 있고 또 사려 깊은 분인지! 물론 그녀는 내가 훌륭한 어머니라고 확인해 줄 누군가를 절실하게 기다리고 있었다는 사실을 몰랐을 것이다. … 그녀가 내게 이 사실을 확인시켜 준 셈이다. 나는 "지금보다 훨씬 나아질 거예요"라고 말해주었던 그녀 이야기를 내가 만나는 갓 어머니가 된 여성들에게 전해준다. 그녀 말이 옳았다.[45]

뷰캐넌은 출판된 책을 통해서든 아니면 갓 어머니가 된 여성들과의 허물없는 대화를 통해서든, 이런 이야기를 나누면서 서로 협력하는 모범적인 여성들의 모습을 보여준다.

기록 형태나 가짜 기록 형태의 글에서도 여성 연대의 주제가 확연하게 보인다. 『난세포 연대기』의 주인공은 같이 임신을 한 친구와 함께 임신 기간을 보냈다고 기술한다. 이들은 '새천년 시대의 자격 미달 어머니UMM: Unfit Mothers of the new Millennium'라는 모임을 결성한 후 출산 후의 좌우명으로 '무통주사여 영원하라', '선의의 방관은 … 효과가 있다' 등을 만들었다.46) 라모트는 회고록식 이야기인 『사용 설명서』에서 이 문제를 더 진지하게 다룬다. 이 책은 이따금 여성 연대 회고록으로 읽혀지기도 한다. 돌이 될 때까지 자기 애를 돌봐주던 친구, 그리고 그 친구가 불치병에 걸린 과정을 함께 기록한 이 책은 다음과 같은 말로 끝을 맺는다. "패멀라 머레이, 1992년 11월 2일 캘리포니아 밀밸리의 집에서 서거. 당시 나이 37세."47) 꼼꼼하게 책을 읽은 독자는 이날이 회고록에 기록된 마지막 날짜보다 겨우 몇 달 후라는 사실을 알게 된다.

여성 연대와 공동체 문제는 페미니스트의 관심사이기도 하지만, 여성이 직장에 남기로 했을 때 겪는 일과 이들의 선택 문제를 다룰 때, 육아 서적들은 좀 더 전통적인 페미니즘의 입장을 취한다. 선택의 문제, 아니 너무 많은 선택의 문제를 가지고 씨름하는 책이 바로 애쉬워스와 노빌이 엮은 대담 모음집이다. 이들이 전하는 불만의 소리는 가끔은 포스트페미니즘에 속하는 것처럼 보인다. "모든 걸 할 수 있지만, 한 번에 다 할 수는 없어요: 당신의 선택과 타협하세요You Can Have It All, Just Not All at Once: Make Peace with Your Choice"라는 대담 제목은 실용적이고 사실적으로 보이긴 하지만, '모든 것을' 할 수 있고, 그렇게 해야만 한다고 보는 페미니즘식 사고방식과 충돌하는 듯 보인다. 애쉬워스와 노빌은 실상 여성을 불편하게 하는 것은 여성이 취할 수 있는 선택이 넘친다는 데 있다고 결론짓는다.

처음에 여성들은 어머니가 된다는 것이 정말 힘들다는 사실에 당혹해한다. **이유가 뭘까?** 말 그대로 여성이 이 일을 계속 도맡아왔기 때문이다. 그런데 이제 일회용 기저귀, 디지털 비디오 녹화기TiVo, 빨대 달린 컵, 피임, 남성과의 동등한 권리 등의 혜택이 주어졌다. 구세주가 출현한 셈이다. **문제는 선택할 것이 넘쳐 난다는 데 있다.**[48)]

여성에게 너무 많은 선택권이 주어지자 결정은 더 어려워졌고, 한번 결정 한 것에도 여성들은 만족하지 못하게 된 것이다.[49)] 이들의 연구에 의하면, 다 양한 선택권은 여성에게 더 많은 능력을 부여해 주고 이를 잘 조절하게 할 의 도로 생겨났음에도 결국 여성들에게 마비 현상을 가져왔다고 본다.[50)] 이는 언뜻 읽으면 여성들에게 선택권이 없던 앞 시대를 그리워하는 것처럼 들리지 만, 실은 모든 문제가 선택에 대한 책임감에서 비롯된다는 사실과 대부분의 가정에서 결정을 내리고 이에 대한 책임을 지는 '최종 결정자'는 결국 여성이 라는 점을 지적하는 것이다.[51)]

육아 서적에서 가장 많이 거론되는 선택의 문제는 놀랍게도 가사와 일 간 의 선택 문제다. 선택권이라고 말할 때 자칫 오해받을 소지가 있는데, 이는 많 은 여성에게 일에 대한 선택은 실상 선택이라기보다 재정적인 이유로 해야만 하는 것이기 때문이다. 많은 책들이 이 점을 놓친다. 한 예로, 2012년 갤럽 여 론 조사는 저소득 전업주부 어머니의 총 가계 수입이 2만 5000달러라고 보고 한다. 이는 고등학교 졸업 이상의 학력이 없는 어머니 대부분이 직장에서 일 하기 위해 필요한 보육 비용을 감당할 수 있는 일을 얻기가 어렵다는 것을 의 미한다.[52)] 엄마 블로그를 바탕으로 출판된 많은 육아 책 역시 어머니 간에 존 재하는 이러한 경제적 차이를 무시해 버리는 경향이 있다. 이는 선택 문제를 논할 때, 대개 작가 자신이 속한 중상층 여자에게 가능한 선택에 대해 논하기 때문이다.

하지만 엄마 작가들은 힘든 직장 생활과 육아 간의 갈등뿐 아니라 혜택에 대해서도 분명하게 언급한다. 미드-페로의 경우, 이 문제를 보다 긍정적인 입 장에서 접근한다. 그녀는 아이들은 자신이 좋아하는 것을 할 수 없다고 생각하면서 꿈도 실현 못 하고 죄의식에 빠진 엄마보다는, 자신 스스로를 관리하는 엄마에게서 무언가를 얻는다고 주장하면서, 육아와 직장 경력이 서로를 희생시키는 것이 아니라고 본다.[53] 소설 형식인 『난세포 연대기』는 육아와 직장 일을 둘러싼 현실 상황을 장황하게 다룬다. 출산을 앞둔 엄마는 일기장에 다음과 같이 적는다.

> 너를 키우려고 내가 직장을 관두면 나는 개발 이사직을 유지할 수 없고, 부회장이 될 수도 없어. 열심히 온몸을 던져 얻어낸 내 지위도 바닥으로 떨어지고 말 거고, 난 마치 벌거벗은 느낌을 받을 거야. "여자는 일을 함으로써 여자가 된다"고 글로리아 스타이넘Gloria Steinem(미국의 여성운동가·정치운동가·편집인_옮긴이)이 말했지. 나중에 직장으로 돌아간다 해도 아마 직장 사람들에게 별 대접을 못받게 될 거고, 나를 길들여진 가정주부, 아니 그보다 더 왜소한 사람으로 볼 거야. 아무것도 아닌 사람이 될까 봐 걱정이 된다. 정확히 말하자면, 그저 엄마가될까 봐 걱정되는 거란다. 엄마가 된다는 것은 훌륭한 일이긴 하지만 동시에 끔찍한 일이기도 해. 누구에게도 마찬가지야. 엄마는 돌아올 수 없는 곳으로 빨려들어가기보다 한 인간으로 남기로 마음먹었단다. 그곳은 많은 여자들이 한번 가면 더 이상 돌아오지 못하는 곳이야. 나를 위해서가 아니라 너를 위해서 이 일을하는 거야. 엄마는 그저 어머니라는 그런 피가 네 손에 묻지 않게 할 거다.[54]

피어슨의 소설에 등장하는 주인공 케이트는 이런 기조를 이어받아, 어머니가 된 여성이 직장에서 푸대접을 받는다는 점을 지적한다.

> 딱 세 부류의 여성이 있다. … '아가, 엄마, 그리고 할머니.' … 남녀평등 기회법안? 좋아지는 건 없다. 다만 여성혐오를 숨길 뿐 … 내가 보는 방식은 이렇다. 도시에서 일하는 여자는 마치 1세대 이민자 같다. 이민선에서 내려 눈을 내리깔고 죽도록 일한다. 본토 원주민들은 이들이 얼굴도 다르게 생겼고 몸에서 냄새도

난다고 하면서 언젠가는 자기의 직장마저 빼앗을 거라고 생각한다. 우리는 본토 원주민들의 비아냥거림을 무시하면서 최선을 다할 뿐이다. 사실 우린 그 자리를 빼앗고 싶단다. 우리가 사는 동안에 상황이 그렇게 나아지질 않을 것이라는 건 알아. 하지만 우리도 우리의 자리를 차지해야 한다는 사실과 생리대 자판기가 직장 화장실에 비치되게 해야 한다는 사실을 알지. 우리는 이런 것들이 분명 다음 세대 여자들을 편하게 해줄 거라고 믿는단다.[55]

직장에서 남녀에 적용하는 이중 잣대에 대한 관심은 이 소설 전반에 등장한다. 케이트는 친구에게 보낸 이메일에 이렇게 쓴다.

기분 전환으로 잠시 아이를 보러 간다고 사무실을 나간 남자는 이타적일 뿐 아니라 아이들을 진정 사랑하는 그런 아버지 역할 모델로 인정받는다. 아픈 아이 때문에 사무실을 떠난 여자는 산만하고 무책임한 엄마이자, 자기 일에 전력투구도 못 하는 사람으로 낙인찍힌다. 자기가 아이 아버지라고 과시할 때는 이를 강함의 표시로 받아들이지만, 자신을 어머니라고 티내는 여자는 끔찍하게 공격받을 소지가 많다. 남녀평등, 정말 예쁜 말이지?[56]

소설 형태의 육아서는 일화 형식으로 이런 문제를 다루기에 전통적인 자기계발서가 할 수 없던 방식으로 육아 문제가 여성의 경력에 나쁜 영향을 준다는 점을 더 사실적으로 드러내 보여준다. 『타임푸어: 항상 시간에 쫓기는 현대인을 위한 일, 가사, 휴식 균형 잡기Overwhelmed: Work, Love, Play When No One Has the Time』에서 브리지드 슐트Brigid Schulte는 충격적인 직장 인식에 대해 논한다.[57] 연구에 의하면 임신한 여성은 직장에서 "자신의 실제 업적에도 불구하고 권위도 없고 불합리한 사람"으로 평가되고, 어머니들은 "종종 아기 없는 여자보다 자신의 일에 전념하지 못한다"고 여겨진다는 것이다.[58] 이보다 더한 것은 소위 '어머니 페널티'라고 불리는 골치 아픈 현상으로, 남성과 여성이 가족에게 몰두할 때 어머니에게는 '페널티'가 부과된다면 아버지에게는 오히려 같은 이유로 칭찬을 받는 '아버지 보너스'가 생긴다는 것이다.[59] 또한 연구에 따르면, "실제로 아이가 있는 남성이 아이 없는 남성보다 경영 훈련에 더 적합한 사람으로 여겨진다"[60]고 한다. 이런 이중 잣대를 육아 및 가족 간호 휴가와 관련된 시스템 문제와 연계해서 보면 직장에서 여성들이 왜 아직 남녀평등과 거리가 먼지 이해하게 된다. 면담과 회고록, 그리고 육아 관련 소설에 공통적으로 담긴 이야기는 '직장 이탈 혁명', 즉 교육받은 전문 경력 여성들이 전업주부 어머니가 되기 위해 잘 나가던 직장을 자발적으로 떠났다고 하는 현상이 매체들이 퍼뜨린 허구였다는 것이 서서히 드러난다. 앞서 논의했듯이, 이런 '직장 이탈 혁명'이라는 허구 뒤에 숨은 실제 모습은 분명하지도 확실하지도 않다. 『직장 이탈이라고? 여성들이 직장을 떠나 집으로 향하는 진짜 이유 *Opting Out? Why Women Really Quit Careers and Head Home*』의 저자인 패멀라 스톤 Pamela Stone은 육아를 위해 스스로 직장을 관둔 여성 50여 명을 면담했다.[61] 이들이 내린 많은 결정에는 피나모어와 피어슨의 책에 거론된 사건들이 숨겨져 있다. 많은 여성들은 주당 60시간이라는 근무 시간과 유연성 없는 근무 일정 때문에 직장을 떠난다. 근무 시간을 줄이고 유연한 일정을 만든 여성은 대신 중요한 업무를 빼앗긴 채 주변부로 밀려나고 직장에서 낙인찍힌 듯한 느낌을 받게 된다.[62] ≪애틀랜틱≫지의 논평이 지적하듯이, "엄마들 스스로 이탈하는 것이 아니다. 실상 밀려나는 것이다."[63]

육아서가 보이는 구조적 강점: 어조와 내용, 그리고 유머와 솔직함

어머니가 쓴 육아서가 선택한 문체는 오늘날 어머니들이 직면한 중요한 문제에 대해 구미 당기는 논쟁을 이끌어냈다. 사실을 기록하건 허구를 기록하건 간에 이 육아서들은 소위 전문가가 집필한 전통적인 육아 자기계발서와 구분되는 두 가지 문체적 특징을 보이는데, 이는 대단한 솔직함과 유머다. 이들은 임신한 여성이나 막 어머니가 된 여성이 실제로 직면하는 장면들을 포착한 후, 이들이 어떻게 이 어려움을 헤쳐 나가는지를 독자의 입맛에 맞추려고 하기보다는 사실 그대로 대단히 솔직하게 묘사한다. 한 예로, 소설 앞부분에서 배 속의 태아를 두고 자신의 영양분을 빨아 먹고 사는 기생물[64]이라고 불렀던 피나모어의 책 속 인물은 딸을 기대했던 여자가 아들을 낳을 것이라는 소식에 반응하는 모습을 사실적으로 보여준다.

> 이제 솔직히 인정해야겠구나. 지난 며칠간 나는 두렵고도 창피한 감정과 씨름하고 있었다. 네게 아무런 문제가 없다는 말에 기뻤고 안심이 되었지만, 곧이어 이런 마음이 들었단다. 있잖아, 너는 우리의 하나뿐인 아이야. 나는 항상 딸을 원했단다. 모든 훌륭한 이름을 다 뽑아놓고는 마치 보석으로 장식된 바통을 넘겨주거나 하듯이, 네게 줄 여성 관련 정보도 다 다운받아 두었단다. … 너를 내 모습처럼 키울 작정이었지. … 그날 밤 네가 아들이라는 사실을 알고는 나는 펑펑 울었단다. 서른여덟 살인 내가 이젠 딸을 낳을 수 없다는 사실을 알기 때문이지. 다섯 살 때부터 나는 딸에 대한 소중한 꿈을 키워왔어. 내가 울자 네 아버지는 동정심을 보이기는커녕 나보고 정신 나갔다고 하더구나. 자기도 남자인데 내가 자기의 감정에 상처를 주었다는 거야.[65]

또한 그녀는 자신이 아들에게 합당한 이상적인 어머니, "완벽하고, 젊고, 발랄한 어머니, 흠 한 점 없는 보호막"이 되지 못한다는 사실에 불안해한다.[66] 배 속의 아기에게 그녀는 이렇게 말한다.

> 나는 세 번 해고당했고 뉴저지에서는 4시간 동안 감옥에 수감된 적도 있고, 22명이나 되는 애인이 있었지. 벌써 흰 머리카락이 보여 맥도날드 가게에 주차한 차 안에서 관자놀이에 보이는 흰 머리를 뽑고 있단다. 좀 더 젊었을 때 너를 낳았어

야 하는 건데. 참, 이런 말을 해선 안 되지. 꼭 참았어야만 하는 건데. 하지만 나
는 이제 그럴 힘이 없단다. 예전엔 그랬지만 이제는 아니야. 임신이 내 껍데기,
날 보호해 주던 허물까지 다 벗겨버렸어. 내 영혼을 깍지 채 벗겨버렸단다.[67]

『하이힐을 신고 달리는 여자』에서 가장 솔직한 순간은 케이트가 아이들을
사랑하긴 하지만 아이들 때문에 종종 불안하기도 하고, 감정적인 갈등을 느낀
다고 고백할 때다. 케이트는 친구에게 크리스마스 여행에 대해 언급하는 이메
일을 보낸다.

사랑하는 친구, 너는 어땠어? 모든 전통적인 영국식 크리스마스의 모든 것이 다
있어. 소시지롤과 캐롤, 그리고 약간의 불만. … 내가 항상 아이들과 있고 싶다고
했지? 그래 정말 아이들과 같이 있고 싶어. 에밀리가 잘 시간 지나서 늦게 집에
오는 날은 세탁 바구니에서 **애들 옷 냄새를 맡기도 해.** 애들이 너무 보고 싶은 거
야. 아무에게도 이 말은 안 했어. 그런데 지금처럼 애들과 같이 있을 때는, 애들
이 요구하는 게 너무 많아. 마치 모든 연애사가 이 휴가 기간에 다 들어가 있는
느낌이지. 열정, 키스, 쓰라린 눈물, 사랑해요, 떠나지 마세요, 술 한 잔 주세요,
나보다 그 남자를 더 좋아하네요, 침대로 가요, 머릿결이 예쁘네요, 안아주세요,
미워요. 녹초가 된 채 정신이 나갈 때가 되면, 이제는 오히려 쉬고 싶어 직장에
가고 싶다니까. 자기 아이들을 무서워하는 부모는 대체 뭘까?[68]

너무 솔직해진 나머지 그녀는 결국 이메일을 끝내지 못한다. "이제 보내기
Send를 누르려 하다가, 대신 삭제Delete를 누르고 말지. 친한 친구에게 고백할
말이 너무 많은 게 문제야. 내 자신에게도 물론이고."[69]
이렇듯 소설 형식은 육아에 대한 고백을 그대로 기록할 필요가 없기에 솔
직한 이야기를 담기가 용이하다. 하지만 논픽션 책에 이따금 등장하는 솔직한
이야기는 이보다 더 놀랍고 인상적일 수밖에 없다. 자신에 대한 회고록에서

라모트는 출산 후 품었던 힘들었던 많은 생각들을 독자들과 나눈다. 젖 짜기에서부터 애들이 우는 것까지가 얼마나 싫었는지, 칫솔질할 시간조차 없는 날에 대한 이야기, 유아세례 받을 때 제일 예쁜 아기처럼 보이게 하려고 해열제인 타이레놀을 조금 먹인 이야기 등등.[70)]

뷰캐넌의 『어머니 충격』 또한 육아와 관련한 부정적인 생각들을 자세하게 기록한다.

잠이 안 오던 어느 날 나는 누워서 어떻게 탈출할 것인지 계획을 세웠다. 조그만 가방을 싸고는 새벽 3시에 집을 빠져나간다. 아무런 메모도 남기지 않은 채 그냥 나간다. 현금 인출기에서 돈을 다 빼서 11번가 마켓 거리에 있는 버스 정류장으로 간다. 그리고 가장 멀리 가는 버스를 탄다. 남편이 나를 찾아 나설게 빤한 그런 곳, 뉴욕, 뉴저지, 보스턴, 캘리포니아로 같은 곳으로 가선 안 된다. 아무도 모르는 곳으로 가 이름도 없는 조그만 마을에서 익명의 인간으로 새로 시작한다. 웨이트리스 일을 하면서 모텔에 거주하고, 굶어 죽지 않을 정도의 돈만 되면 무엇이든 할 것이며, 밤엔 무조건 푹 잘 것이다. 온전한 내 시간을 가질 것이다. 이러다가 결국 탈출의 환상에 젖어 잠들고 만다. 아침에 깨어나 얼토당토않은 탈출 계획에 스스로 웃으면서, 남편에게 어젯밤의 계획을 털어놓는다. 조금은 놀랐으려니 하고 기대했는데 내 말이 끝나자마자 그가 내게 묻는다. "그런데 당신 혼자 가려 했어, 아니면 아기하고 같이 가려 했어?"[71)]

'매 순간 사랑하기'라는 책 부제목이 말해주듯이, 뷰캐넌은 어머니들에게 적어도 가끔은 육아의 **매 순간**을 사랑한다는 것을 인정하라고 격려하면서 이를 자신의 이야기를 통해 보여주고 있는 것이다. 전문가가 쓴 책과는 달리, 어머니들이 어머니를 위해 직접 쓴 이야기들은 육아에 대해 이렇게 느끼는 어머니가 있다면 적어도 자신이 괜찮은 어머니라는 사실을 깨달아야 한다고 말한다.

많은 엄마 블로그와 이를 책으로 펴낸 출판물들은 완벽한 육아라는 허상을 깨기 위해 솔직함을 무기로 쓴다. 한 예로, 알퍼트의 책에는 '학교 2일 째'라는 문구를 들고 있는 딸의 모습을 싣고 밑에 "음, 제가 수준 이하지요. 올해 첫 등교 날 사진을 깜빡 한 사람을 맞춰보세요. 제기랄, 안녕"이라는 문구를 넣었다.[72] 또한 "내가 왜 더 나쁜 엄마인지 아시나요?"라는 제목으로 목록을 작성하고는, 다음과 같은 고백을 실었다. "바쁜 와중에 애가 우유를 흘려 휴지를 가져올 틈도 없을 때, 나는 소매로 닦거나, 양말을 신고 있을 때는 그냥 발로 문지르지요", "나중에라도 우리 애 엉덩이가 너무 보고 싶을까 봐 가끔 사진도 찍어놓는답니다", "만약 누군가 이 사진을 내 컴퓨터에 올려놓으면 자칫 아동 성애자로 구속될 수도 있어요", "애가 안 볼 때 저는 애 그림을 쓰레기통에 버리지요. 특히 한 줄 긋고선, '엄마, 이거 뱀이에요'라고 할 때 저는 '아냐, 이건 그냥 선을 그린 거야' 하고 싶답니다", "애가 먹는 음식을 한 입 먹고 싶을 때, 저는 거짓말로 혹시 독이 있나 보자고 하면서 한 입 먹는답니다", "애를 간호할 때, 술 한 잔 먹으면 애가 잘 자지 않을까 하고 생각하지요", "슈퍼마켓에서 애의 관심을 끌기 위해 아무거나 집어주고는 애가 지겨워할 즈음이면 아무 데나 버리고는 새로 다른 것을 집어 듭니다".[73] 알퍼트의 글은 솔직한 육아 이야기가 아이들에게 도움이 될 뿐 아니라 아이를 키우는 어머니에게도 도움이 될 수 있다는 것을 보여준다.

알퍼트는 책 중간 즈음에 한 쌍의 에세이, "미래의 딸에게 쓴 편지, 허접한 인터넷 신문에서 보는 그런 쓰레기는 절대 아님"이라는 글과 "이 책 때문에 나와 의절하게 되지만 않는다면, 미래의 내 아들이 될 그 녀석에게 쓴 편지"를 넣었다. 배 속 아기가 열여덟 살이 된 상황을 상상하면서 알퍼트는 청소년에게 도움이 되는 흥미롭고 사실적인 충고를 아기에게 전한다. 두 편지 내용에는 안전한 성생활에 대해 조언하는 부분이 있다. 딸에게는 이렇게 쓴다.

술에 취했을 때 이런 짓은 절대 하지 마라. 혼자 집에 걸어가기, 음주운전하기,

남자와 자기. 특히 그 애가 엄청나게 화끈한 친구라 해도 절대 안 된다. 술 깬 다음에 그놈이 정말 별 볼 일 없는 놈이라는 것을 알게 될까 봐 반대하는 것이 아니다. 그렇게 멋진 놈이라면 대체 그놈에게 끌리는 것이 또 뭐가 있을까도 생각해보렴. 헤르페스, 바이러스성 성병, 사면발니 등일 거다. 술에 취해도 집에 가면 다음날 아침에 괜찮겠지만, 네 거시기에 사면발니 같은 쓰레기가 기어 다니게 해선 절대 안 된다.[74]

알퍼트는 미래의 아들에게도 이와 유사한 장광설을 전하며 이렇게 쓴다.

그리고 네가 콘돔을 쓰지 않을 경우 얻게 되는 게 있단다. 아기를 얻게 되지. 똥싸고, 울고, 오줌 싸고, 밤새 잠도 안 자고, 엄마에게 들러붙지. 맹세컨대 넌 이런 걸 원치 않을 거야. 아기가 얼마나 귀찮은 존재인지 너는 모를 거다. 물론 너는 제외지만. 근데, 실은 너도 정말 힘든 애였단다.[75]

피나모어 소설에 등장하는 화자와 태어나지 않은 아기 간의 내적 독백만큼 감상적이진 않지만, 소위 코미디나 충격적인 글에서 사용하는 농담이나 세련되지 못한 언어 뒤에는 나중에 어머니 없이 살아가야 할 세계에 대비해 아이들을 보호하려는 진정한 모성애적 열망이 담겨 있다.

엄마들의 텍스트가 항상 이렇게 모든 것을 담아내는 이야기 형태인 것만은 아니다. 자기계발을 목적으로 하는 엄마 텍스트에는 완전한 엄마라는 환상을 깨는 데 일조하는 우스꽝스럽고 놀랄 만한 문구도 담겨 있다. 이런 글들은 어머니들이 감염되기 쉬운 그런 망상에 빠진 모습을 다룬다. 태어난 아기와 유대감 형성에 실패한 경우, 산후 우울증에 빠진 경우, 아기에 대한 남편의 과도한 관심에 질투심을 느낀 경우, 모유수유가 안 되는 경우 등등이다. 또한 '고백의 순간'을 담은 글도 많다. 정신과 의사인 더네월드는 치료 중 접한 나쁜 엄마가 품는 아홉 가지 생각을 모아놓았다. "살기 싫어요. 육아 때문에 잠 못

잔다는 게 믿기지 않아요", "우리 애는 정말 귀찮아요", "바비 인형 놀이를 참을 수 없어요", "『잘자요, 달님』을 읽어주기도 싫고, 레고 게임도 못 참겠어요", "왜 엄마들이 벽에다 애를 메치고 싶은 마음을 품는지 알겠어요", "애가 내 삶과 내 몸, 내 결혼생활을 망쳤어요", "혼자 탈출하고 싶어요", "저 녀석이 울음을 멈추지 않으면 정신병원에 가버릴 거예요", "애랑 있느니 바쁜 때의 직장이 낫겠어요".76) 애쉬워스와 노빌의 책 역시 대담 자료에서 끌어온 "지저분한 작은 비밀들"이라는 익명의 글을 실었다. 이 가운데 가장 황당한 이야기는 육아와 관련한 한 여성의 이야기다. 과외 수업 때문에 끊임없이 아이들을 태워 날라야 하는 상황에 처한 그녀는 이렇게 말한다. "너무 바빠서 거의 차 안에서 사는 정도랍니다. 말하기 창피하지만 어떤 때는 오줌 눌 시간도 없어서 어른용 기저귀를 찬답니다."77)

엄마가 쓴 서적이 보이는 대부분의 유머는 기존의 자기계발 책에 실린 내용들을 조롱할 때 드러나기는 하지만, 솔직한 육아의 순간들이 익살스러운 방식으로 전달되는 게 사실이다. 이런 예는 크리스티 멜러Christie Mellor가 쓴 『놀면서 애 보기: 행복한 육아를 위한 실제 지침 The Three-Martini Playdate: A Practical Guide to Happy Parenting』의 내용 가운데 "어린이 보호 가정: 지나친 보호를 판단하는 방법 The Childproof House: How to Know When You've Gone Too Far" 부분에서 볼 수 있다. 멜로는 한 사교 모임에서 친구가 설치한 아이 안전장치 때문에 화장실을 쓸 수 없는 상황을 두고 이렇게 말한다.

수많은 유아가 미국 화장실에서 실제로 익사한다는 말이 가능하기는 한 걸까? 두 살배기 아이에게 절대로 화장실 변기에 머리를 처박지 말라고 설명하는 것이 낫지 않을까? 차라리 화장실 문에 고리를 채우는 것이 마구 번지는 아동 보호병에 대한 대답이 되는 것은 아닐까? 아이의 안전이 걱정되어 소위 집을 '아동 보호용'으로 바꾸려는 신종 엄마들 때문에 아동 보호라는 거대한 사업이 등장하게 된 것이다.78)

책 후반부에서 멜로는 육아 지침서에 담긴 아동 보호 방안을 비웃는다.

모든 육아 관련 책에서 우리는 새로 엄마가 된 여성에게 도움이 되는 정보를 찾을 수 있다. 아기의 눈높이에서 집을 관찰하기 위해 엄마들이 마루를 기어 다니는 것이 좋다고 이런 책은 조언한다. 배우자와 같이하면 더 재미있는 일이 될 것이다. 둘이서 같이 위험한 전기 콘센트도 찾고 벗겨진 전선도 찾고 하다가, 종종 서로 올라타기도 하면서 부부 간의 은밀한 사랑놀이도 될 것이기 때문이다.[79]

이러한 출판물이 보여주는 유머 감각 대부분은 다루는 소재의 내용보다는 기존의 자기계발 책을 전략적으로 풍자하는 방식에서 오는 편이라고 볼 수 있다. 재미있는 예들이 있다. "모자간의 긴밀한 유대감을 키우는 데 도움 되는 것들" 목록에는 '아버지가 누군지 모르기', '심한 배앓이', '소아과 의사의 독한 입 냄새'[80] 등이 있다. 재미있는 도표로는, 애가 할 수 있는 것과 실제로 하는 것을 비교한 것이 있다.[81] 또한 익살스럽게 애를 치과에 맡기면 혼자 즐길 수 있는 시간이 될 것인지를 묻는 내용도 있다.[82] 이런 식으로 자기계발 장르를 풍자한 내용과 더불어, 무작위로 제공하는 정보나 웃기는 조언 등도 실려 있다['초보엄마 꼬시는 말', '남편에게 묻지 말아야 할 질문들', '서른 살이 될 때까지 애를 처녀로 남을 수 있게 해주는 이름 짓기', '자기계발용 학교 심화학습 프로그램 내용'(예를 들어, '재미나는 제초 작업', '초보엄마용 에티켓', '재정 관리와 나만의 묘수')]. 그리고 당신을 평가하는 기분 나쁜 말에 대한 대응 목록, 그리고 가장 냉소적인 것으로는 우리 아이를 위한 마티니 칵테일 제조법 등이 있다.[83]

두 명의 페미니스트 학자와 관련된 우려와 비판

이러한 서적들이 재미있고, 훈계조의 전문가 작가 출판물보다 나아진 것이라고 해도, 아직 몇 가지 지적해야 할 문제가 남아 있다. 이들 엄마 작가 출판물들은 종종 베티 프리댄이 쓴 『여성의 신비』의 냉소적인 현대판으로 읽히곤 하는데, 다름 아닌 두 번째 물결의 페미니즘에 기반을 둔 잘못된 개념, 즉 여성 또는 엄마에게는 보편적인 경험이 있다는 개념에 의지한다. 이 출판물들은 인종, 계급의 차이가 한 여성의 육아 결정, 정확히 말해 주어진 육아 선택권에 영향을 준다는 사실을 인식하지 못한다. 대부분 서적은 가정주부 어머니나 전문직 어머니로 구성된 백인, 중상층 독자를 염두에 두고 쓴 글이다. 700달러짜리 유모차에 관한 일화를 담은 "유모차 전쟁" 장과 다른 어머니들과 사귀는 상황을 고등학생의 동아리 찾기에 비교한 "공원 정치학" 장은 이런 문제점을 그대로 보여준다. 많이 읽히는 여성용 도서와 자기계발 지침서가 현대적 페미니즘 사고와 어울리지 못한다는 것은 주목할 만한 점이다.

　허구적인 글이건 사실적인 글이건 이들 텍스트에 존재하는 또 다른 문제는 이들이 성별 고정관념을 지속시킨다는 점이다. 특히 남편과 아버지를 묘사하는 부분에서 이런 면이 두드러진다. 이런저런 농담이나 불평의 대상이 남성인 경우가 수없이 많은데, 그 가운데 남녀의 육아 습관이 서로 다르다고 설명하는 부분은 1990년대에 존 그레이가 쓴 문제 많은 대중 심리학 서적 『화성에서 온 남자, 금성에서 온 여자』를 떠올릴 정도다. 앞 장에서 분석한 대부분의 문화 텍스트처럼 엄마가 쓴 육아서 역시 자신도 모르게 또는 노골적으로 어머니 역할을 하는 법을 가르치려 들 뿐 아니라, 이러한 가르침을 여성과 남성의 차이에 대한 불확실한 가정에 근거해 전개한다는 점이다. 결국 이 글들은 출산 전후의 어머니들에게 동지가 될 뿐 아니라 적이 되는 셈이다. '전문가' 작가의 육아 텍스트에 대항하지만, 자신들이 되받아치려고 한 텍스트에서 받아온 듯한 그런 단점들을 그대로 보여주기 때문이다.

웃음으로 헤쳐나가는 육아 문제:
사회의 육아 지침에 맞서 유머로 대항하기

이러한 단점에도 불구하고 어머니가 쓴 육아서들은 어머니들이 육아 과정에서 받는 문화적인 훈육에 대항하는 전략으로 유머 감각을 활용한다. 이 책들은 재치 넘치는 반박과 조롱, 그리고 과장된 유머를 통해 육아 과제의 해결을 위해 어머니스스로 기준을 세울 수 있다고 주장하는 동시에, 그 밑에 숨은 분노를 은근하게 표출한다. 그리고 분명한 것은, 육아 과정의 어려움을 웃음으로 극복하며 편안함을 찾아가는 것이 여성만이 아니라는 점을 지적한다.

유머가 넘치는 육아서들과 함께, 최근에는 여성뿐 아니라 남성이 만들어낸 패러디성 육아 서적이 시장에 넘치고 있다. 그중 가장 주목받는 장르는 부모를 위해 만든 유아용 도서. 이런 부류에서 가장 유명한 것은 아마도 애덤 맨스바크Adam Mansbach가 쓴 『재워야 한다, 젠장 재워야 한다Go the F**k to Sleep』일 것이다. 이 책은 전략적으로 아기 잠재우기를 시도하다가 결국 실패하고 마는 짜증난 아빠의 모습을 그린다. 이 책은 전자 카피본이 유출되어 퍼져나가기 전인 2011년까지 아마존 사이트의 베스트셀러였다. 새뮤얼 잭슨Samuel L. Jackson이 낭독한 오디오판 역시 온라인상에 떠다니며 대중의 인기를 끌었다. 『재워야 한다, 젠장 재워야 한다』의 속편인 『그저 처먹기나 해라You Have to F**king Eat』는 2014년에 출판되었다. 아동 도서에서 볼 수 있는 리듬과 운율, 멋진 삽화가 별난 아기에게 온갖 욕을 퍼부으며 소리치는 아빠의 모습과 대조적으로 나타나면서 우스꽝스러운 조화를 이루어낸다.

하늘을 나는 독수리도 이제 잠을 처 잔다. 기어 다니는 것들도 이제 다들 기어들어 갔다. 네가 목마르다는 것 다 거짓인 거 내가 다 안다. 누워만 있지 말고, 이제 제발 잠이나 처 자거라, 이놈아. … 보육원에서 돌아온 애들 모두 잠들었단다. 개구리도 이제 쉬고 있어. 화장실에도 절대 못 간다. 네가 갈 곳이 어딘지 알지? 빌

어먹을 꿈나라밖에 없어.[84]

아동 도서가 그렇듯이 이 글도 후렴구가 다양하게 반복되면서 즐거움을 더해준다. 맨스바크의 두 번째 책 역시 후렴구는 변하지만 같은 효과를 낸다. "해 뜨는 모습은 영롱하고 사랑스럽다. 새들은 지지배배 울어댄다. 넌 나를 깨워 먹을 것을 달라고 한다. 그런데 빌어먹을 왜 안 처먹는 거니?"[85] 그리고 작품 마무리에 첫 작품을 슬쩍 언급하면서 독자들을 웃게 만든다. "네가 영양부족일 것이라고 나는 확신한다. 그리고 괴혈병에 걸렸을 거다. 난 완전히 망했다. 하지만 좋게 보면 바로 오늘이 네가 잠을 처자는 날이 될 거다."[86] 평론가들은 이런 책들이 매우 우스꽝스럽기는 하지만 실상 대중의 인기를 얻게 된 것에는 이 시대 육아 문제에 대해 많은 것을 이야기해 주는 부분이 있기 때문이라고 본다. ≪슬레이트≫에 실린 글에서 케이티 로이피Katie Roiphe는 "『재워야 한다, 젠장 재워야 한다』가 도시에 사는 전문직 부부를 뜻하는 여피족Young Urban Professional: YUPPIE의 섹스 없는 생활, 자기 연민, 그리고 억눌린 분노를 표출하고 있다"고 평한다.[87] 그녀는 이 시대의 너무 문명화된, 너무 짜증나게 하는, 그리고 지나치게 예민해진 육아 관행이 인구의 일정 부분을 광기로 몰아가고 있는 건 아닌지 묻는다.[88] 대부분의 부모들은 이런 내용이 사실이고 이러한 패러디 글에 등장하는 아빠들의 괴로운 마음을 십분 이해할 수 있을 것이다. 하지만 "육아일에 관한 한, 완벽해야 한다고 배운 엄마들의 사고방식을 고려한다면, 이 글을 여성 작가가 썼을 경우 과연 이런 성공을 거둘 수 있었을까?"[89] 하고 에미 코마다Emmy Komada는 반문한다. 맨스바크의 두 작품과 비교해 여성 작가들의 패러디가 힘을 잃어 보이는 것은 아마 이런 이유 때문일 것이다.

부모를 위해 만든 아동 도서의 대부분은 창작이라기보다 고전적인 베드타임 스토리를 패러디한 것들이다. 로라 누메로프Laura Numeroff의 『쥐에게 과자를 준다면If You Give a Mouse a Cookie』 시리즈물은 부모를 대상으로 하는 다양한 후속 작품을 만들어냈다. ≪아이의 두뇌: 생각하는 어머니를 위한 잡지*Brain, Child: The Magazine for Thinking Mothers*≫에는 캐서린 앨미Katherine Almy가 쓴 "엄마에게 낮잠 잘 시간을 준다면If You Give a Mom a Nap"이라는 글이 실렸는데, 이 글은 누메로프의 노래 스타일과 인과관계를 강조하는 구조를 흉내 냈다. "엄마에게 낮잠 잘 시간을 준다면, 엄마는 상쾌하고 기분 좋게 깨어날 거야. 그러면 엄마가 일어나 네가 침대에서 뛰놀도록 해줄 거고. 침대에서 일어나 너와 숨바꼭질할 거야. 숨바꼭질 하다 보면 더워질 게 뻔하고 그러면 너랑 산책 나가고 싶겠지. "90) 누메로프의 이야기는 어머니에 초점을 맞춘 블로그 이야기로 다시 만들어졌다. '만약 엄마에게 한 잔의 커피와 하루 휴가를 준다면If You Give a Mom a Cup of Coffee and a Day Off'91)과 개인이 출판한 『엄마에게 마가리타 한 잔을 준다면If You Give a Mom a Margarita』92)라는 글을 만들어냈다. 2011년 세인트 마틴 출판사St. Martin's Press는 이를 다시 변형해 『과자 주면, 애가 입을 닥칠까?If You Give a Kid a Cookie: Will He Shut the F**k Up?』93)를 만들어 냈는데, 이 작품 역시 맨스바크의 작품과 맥을 같이 한다. 2014년 펭귄 출판사는 『만약 쥐에게 아이폰을 준다면If You give a Mouse an iPhone』94)을 펴냈다. 이 글은 부모와 아이 간의 교감보다는 사회의 관행에 대해 언급했다.

이렇듯 다양한 용도로 재활용된 경우는 누메로프만이 아니다. 앤 드로이드 Ann Droyd는 마거릿 와이스 브라운Margaret Wise Brown의 『잘 자라 달님*Good Night Moon*』을 패러디한 『잘 자라 아이패드*Good Night iPad*』를 썼다. 드로이드는 원본 작품의 리듬과 운율을 흉내 냈지만 궁극적으로는 문화 비판적 내용을 삽입했다. 첫 부분을 보기로 하자. "윙윙대는 소리가 나는 불 켜진 방 안에/ 아이패드가 있네/ 둠 게임을 하는 아이가 있고/ 화면보호기가 있네/ 새 한 마리가 달을 넘어 날아가네."95) 사회적인 비판을 담음으로써 원본과 구분되는 드로이드의 글은 아이들을 과학 기술에서 분리시키자고 주장하는 내용으로 라임을 맞춘다. "잘 자라 윙윙 소리/ 잘 자라 삐 소리/ 잠들어야 할 모든 사람들 잘 자요/ 팝 스타들 잘 자요/ 맥북 에어도 잘 자요/ 모든 도구들도 잘 자요."96)

이러한 출판물 외에도, 기존 아동 도서의 특징 일부를 활용해 유머러스한 방식으로 결정타를 먹이는 모방 작품이 많다. 대부분은 익숙한 장면이나 시구를 활용해 변칙적인 농담[97]을 만들지만, 일부의 경우 육아 역할에 관해 언급하기도 한다. 셸 실버스타인Shel Silverstein의 고전적인 아동 문학 작품인『아낌없이 주는 나무*The Giving Tree*』를 밈meme(모방에 의해 전파되는 문화 정보의 단위 _ 옮긴이)화한 예[98])를 보자.[99]) 이 작품은 보통 자식과 어버이 관계에 대한 비유로 읽혀지곤 한다. 아이가 성인으로 성장하는 과정에서 어린 시절에 심은 나무의 열매, 가지, 줄기를 가지고 물질적인 이득도 취하고 보호막으로 쓰기도 하는 이야기다. 이 글은 아이와 나무 간의 일방적 관계에도 불구하고 둘의 만남은 매번 "그리고 나무는 행복했습니다"라는 말로 끝난다. 하지만 밈으로 만든 것에서는 마지막 문장을 변칙적으로 바꾼다. 다 뺏긴 채 밑동만 남게 된 나무가 자신이 처한 상황에 걸맞게 "젠장!"이라고 대꾸하는 것이다. 이는 아이를 위해 평생 희생하며 사는 것에 만족할 것을 강요하는 문화에 대항해 싸울 공간을 마련해 주는 밈의 사례가 된다.

한번 엄마였다면 영원히(그리고 그 이상인) 엄마로 남기:
육아 단계 이후에도 여성의 삶에 지속적으로 남아 있는 교훈

이 책에서 분석한 여성의 생애주기 가운데 육아 단계가 가장 오래가고 여성의 정체성에도 가장 지속적인 영향을 미친다. 어린 시절과 10대를 지나 특별한 경험, 즉 연애와 결혼 그리고 임신 준비 등과 관련된 시기가 빠르게 지나가면, 이제 오래 지속되는 육아 단계가 오는데, 때로는 이 시기가 결혼 기간보다 더 오래 지속되기도 한다. 여성들에게 자신의 정체성을 말해주는 표현을 나열하라고 하면 여성이 제시하는 표현 가운데 처음 떠오르는 표현이 육아라고 한다. 여성이 자신을 모습을 만들어 가는 데 가장 중요한 요인으로 작동하는 것

이 육아 상황이라는 것이다. 그렇기에 여성의 삶에서 정체성을 형성해 주는 이 시기에 사회적 강요와 지침에 대항하는 비판 의식을 갖게 해주는 것은 여성에게 진정한 도움이 된다. 마지막 두 장에서 우리는 여성 삶의 후기 단계, 또는 아이들이 성장한 다음 겪게 되는 단계인 중년기와 황혼기에 대해 알아볼 것이다.

제 8 장

세상에! 퓨마, 쿠거, 밀프*

나이 든 여자와 젊은 남자 간 로맨스와 성적 접촉에 관한 대중적 묘사

제니퍼 로페즈Jennifer Lopez가 롭 코언Rob Cohen의 에로틱 스릴러 〈옆집 소년The Boy Next Door〉(중년의 고등학교 여교사가 남학생과 잠을 잔다는 영화)의 주연을 맡았을 때 미디어 평론가들은 아이러니를 감지하지 못했다. 마돈나, 마리아 캐리, 샤론 스톤, 샌드라 불럭, 쿠릭, 캐시 그리핀, 이바나 트럼프와 함께 로페즈의 이름은 젊은 남성과 연루된 '가장 악명 높고', '섹시하며', '인기 있는' 여성 유명인의 명단에 종종 오른다.[1] 비록 〈옆집 소년〉은 평론가의 찬사를 받지 못했지만, 미국 안에서만 3550만 달러의 총수입을 올렸다.[2] 메리 케이 레투어노Mary Kay Letourneau(열두 살 학생과 잠자리를 해 수감되었다가 보석으로 풀려나 출산 후 학생이 법적인 나이가 되자 결혼까지 한 교사)의 실제 추문이 있은 후 거의 20년이 흐르자 교사와 학생 간 성적 접촉이 포함된 스토리라인은 대개 진부한 것이 되어버렸다. 늙은 여자와 젊은 남자 간 연애 무용담의 구체적인 묘사에 치중하는 수많은 그런 관계는 더 이상 비정상적인 것으로 여겨지지 않는다. 맞는가? 아니 틀렸다.

영화전문가가 아니더라도 〈옆집 소년〉이 내포한 서서히 파급되는 도덕적 메시지를 포착하는 건 어렵지 않다. 이 작품 이전에도 여성의 섹슈얼리티에 관해 넘쳐나는 내러티브처럼, 이 영화는 남자 주인공과 그녀가 사랑하는 사람들이 그녀의 성적 밀회로 인해 대가를 치른다. 익숙한 이야기가 아닌가? 그럴 만하다. 수십 년 치의 영화를 찾아보면 할리우드 박스오피스에서 큰돈을 번 유사한 예를 어렵지 않게 찾아볼 수 있다. 예를 들면, 리처드 기어Richard Gere와 다이안 레인Diane Lane이 주연으로 나온 애드리언 라인Adrian Lyne 감독의 〈언페이스풀Unfaithful〉(2002)이 있다. 목록에 오른 예는 모두 유명인 커플에 관한 것인가? 제목에는 긍정적(비록 대상화하고 있지만) 형용사를 사용하고 있으나, 각각의 관계를 살펴보면, 여자와 남자의 정확한 나이를 밝히고, 여섯 살 나이 차이에 주목하며, 나이 차이가 두 자리 숫자일 경우에는 감탄사를 붙인다. 어떤 목록은 젊은 남자와 연애하는 여자 유명인의 내력을 연대기별로 기록하기도 한다. 어떤 여자들이 자신들보다 젊은 남자와 데이트를 하려는 기질이 그들 자신이 얼마나 '악명 높은'지를 명확히 보여주는 척도로 사용되기도 한다.

이제는 두말할 것도 없이 분명한 점은 남자와 여자용 사회적 규범이 이중 잣대로 가득하다는 것이다. 그리고 역사적으로 눈에 띄게 자명한 규범 중 하나는, 남성과 여성 섹슈얼리티와 관련해 여전히 존재하는 이중 잣대이다. 예를 들어, 그리 오래전은 아니지만 미혼 남자는 '자격 있는 미혼남'으로서 중립적 혹은 심지어 기분 좋게 말로 묘사되었던 반면에, 여자는 '노처녀'라는 경멸적 단어로 묘사되었다. 2장에서 ABC방송사의 〈미혼녀〉 프로그램과 관련해 분석했던 바와 같이, 사회는 오늘날 여전히 혼전에 활발하게 성생활을 하는 젊은 남자를 지지하면서도(혹은 적어도 비난하지는 않는다) 이러한 혼전 성생활에 관해서 미안하다고 생각하지 않는 젊은 미혼녀를 못마땅하게 여긴다. 그리고 최근까지도 늙은 남자는 비난을 감수하거나 타블로이드판 신문에 자신의 이름이 밝혀지더라도 젊은 여자와 데이트를 할 수 있었던 반면에, 젊은 남자와 데이트를 했던 늙은 여자는 경멸을 당했다.[3] 21세기인데 왜 아직도 남자에게 또는 여자에게 적합한 성적 낭만적 행위가 있다는 시대에 뒤떨어진 인식을 유지하고 있는가? 왜 오늘날에도 남자와 여자한테 과거 수십 년 혹은 수세기 동안 존재했던 동일한 문제가 되는 이중 잣대를 들이대는 것일까? 아마도 이런 이중 잣대가 오랫동안 지속된 이유는, 이것을 문제 삼지 못한 채 점점 새로워지기만 하는 대중문화 속 묘사에 의해 강화되기 때문일 것이다.

이번 장에서는 여자가 중년에 접어들면서 하지 말아야 할 행동에 관해 여성이 사회로부터 받는 메시지, 더 구체적으로는 성행위와 관련된 메시지에 관심을 두고자 한다. 중년 이전 삶의 단계와는 달리, 여자가 중년으로 진입한다는 것은 어떤 큰 변화(예를 들면, 청혼 혹은 출산)를 꼭 수반하는 것은 아니다. 하지만 이전의 삶을 바꾸는 요소 중 일부(예를 들면, 때로는 파경이나 자녀들이 집을 떠나는 일)가 여자의 정체성을 덜 짓누르게 되는 바로 그 시기다. 중년 여자의 정체성이 부인 혹은 엄마로서의 역할에 더 이상 명확히 묶이지 않는다면, 그녀에게 남아 있는 다른 규칙은 무엇인가? 대중문화는 이런 불량한 인물을 어떻게 묘사할까? 당연하게도 훈계조로 성욕 과잉이라고 묘사할 것이다!

유명한 인사든 아니든, 늙은 여자가 젊은 남자와 데이트를 하는 추세가 늘어나는 것에 고무되어 미디어는 재빨리 이런 현상[4]에 관한 현실 세계의 기사와 허구의 이야기를 제공해 왔다. 당연히 이러한 현상과 관련해 여성에게 쉽게 꼬리표를 달 수 있는 신조어가 생겨났다. 젊은 남자와 데이트 하는 40대 이상의 여자는 '쿠거'로, 30대 여자들은 '퓨마'로 불리게 되었다.

외견상 이런 용어는 전혀 해가 되지 않는다. 그저 단어일 뿐이다. 사실 많은 여자들은 이 용어가 힘과 권력을 상기시키는 탓에 이 용어로 인해 권한을 부여받는다고 느낀다. 예를 들면, 어떤 여성은 스스로 쿠거라고 주장하면서 자신보다 나이든 남자와 데이트를 해야만 하거나 어쨌든 자신의 섹슈얼리티가 통제되어야만 한다는 생각에 반발하는 것일 수 있다. 그러나 이런 용어의 부정적인 측면을 간과할 수 없다. 이 용어가 젊은 남성과 연애하는 여성을 비인간화시킨다는 사실과는 별개로, 이런 용어는 자신보다 나이 많은 여성과 연애하는 남성이 수동적 희생자임을 암시하고 여성을 공격자로 묘사한다. 이런 용어는 여성을 성적 먹잇감을 찾아 헤매는 포식자로 그린다. 그리하여 나이든 여성과 젊은 남성으로 이루어진 관계는 평등과 공유된 욕망에 기초한 것이 전혀 아닌 것처럼 보이게 한다.

우리가 남녀관계를 이해하는 데 영향을 끼친 다른 용어처럼, 쿠거와 퓨마 같은 용어는 문제가 되는 이분법을 복구시키고, 여자를 정적인 범주에 위치시킨다. 예를 들면, 학자들은 오래전부터 여성들이 성모(마돈나) 아니면 창녀의 범주로 구분되었다고 주장해 왔다. 만약 성모라면, 그녀는 선하고 순수하며 결국 결혼과 어머니가 되는 길을 따라가는 반면에, 창녀라면 결혼이나 자녀에 대한 욕망이 없고 오히려 자신의 성적 만족을 찾아나서는 것이다. 쿠거나 퓨마가 여성에게 가하는 이분법 중 어느 쪽에 속하는 것인지는 너무나도 분명하다.

이런 용어는 어떻게 만들어지고, 누구한테 이득이 되는가? 6장에서 우리는 '생물학적 시계', '남자 부족' 같은 문구가 사용되는 방식을 논의했다. 같은 관점에서, 여성에게 두려움을 조장하고 출산보다 직업적 성공을 우선적으로 추구하지 못하게 방해하는 반격의 도구로서 쿠거와 퓨마 같은 용어가 사용된다. 즉, 여자가 아이를 갖는 것을 거부하고 대신 이 경우에는 (가족의 축복 혹은 승진보다는) 방탕한 삶을 선택할 것이라는 사회적 두려움을 부활시키는 방식으로 비슷하게 사용될 수 있다.

이런 용어는 여성을 범주화하는 것뿐만 아니라 다른 이유로도 잠재적으로 해가 된다. 쿠거로서의 삶을 '남자들이 늘 하던 것(말하자면, 성적 쾌락만을 찾는)'을 하는 수단으로 받아들이는 여성들은 종종 이 문제적 이분법을 간단히 뒤집는다. 즉, 남자가 공격자가 되는 대신에 여성이 공격자라는 생각을 촉진시킨다. 하지만 성적인 힘의 형상화를 재구성하는 것은 얼핏 보면 여성에게 권한을 부여하는 것 같지만 사실은 이러한 종속자와 지배자의 역할 조작은 진짜 성적 평등을 향해 작동하지 않는다. 쿠거·퓨마의 역할을 적극적으로 행하는 여성은 남성에게만 허용되었던 관계에서 통제감을 즐길 수 있지만, 그것은 여전히 관계를 적극적인 쪽과 수동적인 참가자로 이분화하는 문화적 허구를 영속화시킨다.

쿠거와 퓨마라는 용어는 자녀가 있든 없든, 미혼이든 기혼이든 상관없이 모든 여성에게 적용될 수 있다. 하지만 특별히 어머니를 성적애화 하는 또 다른 용어가 있다. '내가 섹스하고 싶은 엄마mom I'd like to fuck'를 의미하는 약어 밀프MILF는 몇 가지 이유만으로도 주목할 만하다. 한편으로 '밀프'는 선함과 순결의 상징으로서 어머니를 종종 성적 매력이 없는 대신에 성스러운 권한을 가진 인물로 여기는 통념에 의문을 제기할 수 있다. 이제까지는 여성이 어머니가 되면, 그녀의 몸은 성적 관심사에서 종종 멀어지고, 태아를 보관하는 장소로서 또는 영아의 영양 공급지로서 존중받는다. 어머니와 섹슈얼리티와 병치시키는 이 용어는 이런 사고 유형을 수정해 어머니를 성의 구별이 없는 무성으로 묘사하는 것에 의문을 제기하게끔 한다.

다른 한편으로 이 용어는 품격을 떨어뜨린다. 잠시 이 용어의 동사와 목적어를 따져보지 않고 표현의 구성을 면밀히 분석해 보자. '엄마'란 단어는 주체의 입장에 있지 않다. 오히려 그것은 '~와 섹스하다fuck'라는 동사의 대상이다. 이 문구는 이 용어가 지칭하는 여성에게서 힘의 작용을 제거한다. 결국 이 표현이 뜻하는 것은 '~와 성교하고 싶은 엄마'가 아닌 것이다. 내포 화자인 '나' 혹은 주체는 남성이고 거의 틀림없이 젊은 남성으로 추정된다. 그러므로 표현 그 자체는 페미니스트 학자인 로라 멀비Laura Mulvey가 말한 '남성적 응시the male gaze'라는 용어의 성적 대상화가 되는 것을 말한다.[5] 소년이 그런 용어를 사용하는 것을 사회가 용인한다면, 사회는 또한 더 나아가 소년이 성인이 될 때까지 여전히 여성을 대상화하는 것을 용인할 것이다. 생의 모든 국면에서 일어나는 남성과 여성의 상호작용에 영향을 끼칠 수 있는 하나의 미미한 용어이자 하나의 강력한 교훈이다.

어원 조사: 대중문화 속 세 용어들의 모습을 추적한다

≪퍼레이드*Parade*≫에 실린 2010년 기사에 따르면, '쿠거'란 용어는 밴쿠버에서 열린 캐넉스 하키 경기에서 1980년 후반에 생겨났다. 팀은 '원숙한 성인 모임을 묘사하기 위해' 이 용어를 만들었다.[6] 2009년 ≪폭스 뉴스*Fox News*≫에 게재된 글은 이 단어를 '본래 밤이 샐 쯤 술자리에서 맨 마지막으로 남은 사람과 함께 집으로 가는 술집에서 만난 여자를 지칭하는 경멸적인 단어'라는 점을 사실로 가정한다. 기자는 오늘날 이 용어가 아주 매력적이며 빼어난 미모를 지니고, 운동으로 건강을 유지하며, 잘 교육받은 코스모폴리턴에다가 특히 섹슈얼리티에 관해서는 자신감이 넘치고 기가 충만한 사십이 넘은 여자를 지칭한다고 주장한다.[7] 하지만 이런 긍정적이고 편향된 설명은 이제는 널리 사용되고 정의되는 용어를 온전히 개념화하지는 못한다.

대중문화 용어를 대상으로 속어와 관용어 관련 400만 개가 넘는 정의를 수록한 웹기반 인터넷 사전 '어반딕셔너리*urbandictionary.com*'를 살펴보면 이 용어에 대한 많은 다양한 해석을 볼 수 있다. 몇 가지 소개하자면 '쿠거' 관련 검색 결과 76개 중에서 최초 시점인 2003년 1월 4일까지 거슬러 올라가 보면, 젊은 남자를 '쫓아다니는' / '데이트하는' 늙은 여자가 생겨나는 현상을 지칭한다. 이들 중 몇몇은 이 용어를 긍정적 관점에서 정의하고 있는데, 어떤 글에서는 쿠거*cougar*를 머릿글자로 "귀엽고*cute*, 늙은*older*, 결혼하지 않은*unmarried*, 여자로gal 공격적으로*aggressively* 남자를 물색한다*recruiting*"고 정의한다. 다른 사람들은 쿠거를 "필사적이고 매력이 없는 40대의 술집 단골손님"으로 정의하면서 경멸적인 시선으로 바라본다.

또한 '쿠거' 관련 문학 작품에서는 이 용어의 정의를 굳히려는 시도를 계속한다. 실은 쿠거가 되는(혹은 되어가는) 법을 여자한테 가르치는 데 몰두하는 조언서 작은 틈새시장이 있다. 2008년 발레리 깁슨*Valerie Gibson*은 『쿠거: 젊은 남자들과 데이트하는 늙은 여자들을 위한 지침서*Cougar: A Guide for Older Women*

Dating Younger Men』를 출간했고,[8] 그 후로 다른 책이 뒤를 이었다. 신디 타르고 츠Cyndi Targosz의『젊은 남자와 데이트하기: 모든 여성의 가장 달콤한 탐닉을 위한 완벽 가이드*Dating the Younger Man: A Complete Guide to Every Woman's Real Gougar Woman Handbook*』[9] 그리고 린다 프랭클린Linda Franklin의『나를 절대 마담이라 부르지 마: 진짜 쿠거 여성 안내서*Don't Ever Call Me Ma'am: The Real Cougar Woman Handbook*』가[10] 출판되었다. 그리고 '쿠거 데이트 조언'[11] 같은 블로그와 '쿠거 라이프'[12] 같은 웹사이트가 별안간 나타나기 시작했다.

오랫동안 지속되어온 '디어 애비Dear Abby' 칼럼 같은 전통적인 자기계발의 장에서도 이에 합세해 해설을 내놓았다. 2009년 '디어 애비'의 칼럼니스트는 남성 독자를 초대해 '쿠거'한테 낚일 가능성에 관해 이야기를 나누었다. 한 독자가 이 이슈에 관해 자신의 입장을 이렇게 내놓았다.

애비, 쿠거는 새로운 게 아닙니다. 갇혀 있던 곳에서 나왔을 뿐이죠. 남자가 젊은 여자를 희롱하면 '추잡한 늙은 남자'로 불리죠. 하지만 여자는 수년간 젊은 남자 와 은밀하게 관련되어 있었습니다. 여자가 회사에서나 개인적으로 점점 성공하 게 되자, 이들은 개인 생활에서 좀 더 대담해진 겁니다. 58세 남자인 저한테는 베 이비붐 세대 성 혁명의 자연스러운 진전으로 보입니다. … 저는 '쿠거'를 포식자 로 여기지 않습니다. 제 주위 다른 남자와 여자도 그럴 겁니다. 우리 세상은 변화 하고 진화하고 있으며, 이것은 단지 새로운 단계일 뿐입니다.[13]

이 시점에 디어 애비가 쿠거 관련 연속 칼럼을 게재하는 이유는 정확히 무 엇이고, 언제부터 이 단어(혹은 사람)가 그렇게 오랫동안 유행하게 되었나? 왜 냐하면 여러 매체에서 쿠거 관련 칼럼이 등장한 2009년 가을 무렵을 '쿠거 시 즌'이라 부를 수 있기 때문이다. 같은 시기에 ABC 방송사의 시트콤 〈러브 앤 프랜즈Cougar Town〉이 시작되었고 최초의 '쿠거 크루즈 여행선'이 진수식을 가 졌다.

2009년 12월 4일이었다. '최초의 국제 쿠거 크루즈'라고 광고한 카니발 배 '일레이션Elation'이 출항했다. 광고 시기, ≪시카고선타임스≫는 크루즈에 관해 이렇게 글을 썼다. "비록 쿠거는 40대 이상이지만 … 크루즈는 모든 연령층의 기혼 여성Mrs Robinsons과 연상 여인의 젊은 남자친구toy boys에게 개방되었다. '쿠거와 풋내기'는 물론 일반 크루즈 손님까지 약 2000명을 수용할 수 있으며, 승선 중 칵테일 파티나 디너 및 다양한 활동을 체험할 수 있을 것이다."14) 첫 출항에는 2009년 가을 캘리포니아 팔로알토에서 열린 첫 번째 싱글 쿠거 대회에서 승리한) 미스 쿠거 아메리카가 승선했다.15)

좀 더 성숙한 상대인 쿠거와 달리, 퓨마는 쿠거만큼 많이 알려지진 않았다. 쿠거보다 좀 더 젊은 이 **팜므파탈**femme fatale에 초점을 맞춘 조언형 칼럼이나, 시트콤 또는 크루즈 광고가 더 있으면 좋겠지만 그것이 없어도 퓨마는 논의할 가치가 분명하다. 본질적으로 퓨마는 훈련 중인 쿠거이다. 2009년 5월 ≪코스모폴리탄Cosmopolitan≫은 퓨마 특집 기사를 실었다. 제목은 "가장 섹시한 신종 여자"였다. 기사는 퓨마의 정의를 이렇게 확장하는 것으로 시작한다.

아시다시피, 쿠거가 최근에 많은 주목을 받아왔다. 그러나 이제 다른 유형의 늙은 여자가 점점 조명을 받고 있다. 퓨마다. 퓨마는 40대나 50대가 아닌 30대 여성이다. 쿠거와 마찬가지로 그녀는 화끈하고 자신의 삶을 영위하고, 통제력이 있으며, 젊은 친구들을 좋아한다. 쿠거는 자신들이 다시 젊어지는 느낌을 갖기 위해 종종 젊은이들과 데이트를 하지만 퓨마는 지금 당장 자신들의 삶에서 우연히 일어나는 방식으로 젊은이들과 데이트를 한다.16)

이 기사는 다른 30대 여성과 달리 퓨마는 결혼해서 정착하는 데 관심이 없다고 말한다. 이들은 재정적인 독립과 경력을 쌓는 데 더 집중하며, 이 두 가지가 자리를 잡을 때까지 관계를 미룬다.17) 그래서 자신들처럼 진지한 관계를 찾지 않는 젊은 남자를 찾는다. 일에 덜 진지하고, 밖으로 나가서 놀고 싶어 하고, 여자를 우선적으로 배려하는 남자와 함께하면 그녀들은 심리적 이득을 얻는다.[18] 《코스모폴리탄》이 퓨마를 매력적인 여성으로 묘사하는 것은 사실이다. 하지만 쿠거라는 용어처럼 퓨마는 종종 여러 방식으로 정의된다. 어떨 때는 긍정적으로 어떨 때는 부정적으로 그리고 때로는 중립적으로 정의된다. '어반딕셔너리'에 수록된 최초의 정의는 2003년 2월 19일까지 거슬러 올라간다. 여기에 실린 상대적으로 중립적인 정의는 다음과 같은 핵심을 담고 있다. "퓨마: 쿠거로 불릴 만큼 늙지 않은 여자, 젊은 남자와 데이트를 하거나 사귀고 싶어 하는 여자."

최근 들어 나이와 관련한 젠더적 용어가 헤드라인으로 등장했지만, 다음으로 소개할 세 번째 용어 밀프는 사실상 제일 먼저 미디어의 주목을 받았다. 밀프가 처음 대중에게 알려진 것은 폴 와이츠Paul Weltz와 크리스 와이츠Chris Weltz의 1990년 영화 〈아메리칸 파이American Pie〉에서다. 불과 23초에 걸쳐 나오는, 한 무리의 고등학교 소년들이 친구 스티플러의 엄마 사진 앞에 모인(제니퍼 쿨리지Jennifer Coolidge가 스티플러의 엄마 역할을 맡았다) 인상적인 장면에서 이 대중문화의 용어가 생겨났다.

쿠거·퓨마, 밀프 사이의 큰 차이는 밀프는 구체적으로 어머니를 지칭한다는 점이다. 대중문화 내에서 이 용어가 지닌 힘이 대단했던 이유는 이것에 집착하는 유명 연예인들과 크게 연관이 있다. 데미 무어 같은 할리우드 스타들에게는 이따금 상호 호환이 가능한 쿠거나 밀프라는 명칭이 허용되었다. 전 부통령 후보자인 세라 페일린Sarah Oalin처럼 가장 뜻밖의 유사 유명인조차도 섹시한 축구 맘 혹은 '밀프'로서 명성을 얻었다.[19] 지난 10년 내내 어머니를 성욕화하는 데 관심이 집중되어왔기에, 사람들이 이런 점증하는 추세를 이론화하기 시작했다는 것은 그리 놀랄 만한 일이 아니다.[20]

〈아메리칸 파이〉에서 이 용어가 생겨난 후(혹은 많은 사람들이 〈아메리칸 파이〉를 이 용어의 탄생 배경으로 여긴 후) 밀프에 대한 다양한 해석들이 '어반딕셔너리'에 불쑥 등장했다. 리뷰를 해보면, 2003년 1월, 최초의 정의가 게시된 시점부터 총 133개의 뜻이 등장한다. 긍정적 반응을 얻은 대다수의 정의는 2003년 12월부터 시작되었다. 그중 일부를 소개하자면 다음과 같다. "남성 개인이 성교하기에 충분할 만큼 육체적으로 매력적이라 여기는 어머니들."

이 용어의 문제는 앞의 정의(육체적으로 충분히 매력적인)가 암시하듯, 우선 여성의 외모가 성적 욕망의 척도에서 고려해야 할 가장 중요한 측면이 되고 있다는 점이다. 둘째, 여자를 다른 사람과 연관 지어 정의한다. 아주 오래전부터 여자는 남자와 연관 지어 정의되어 왔다(예를 들면, 여자는 결혼 후 종종 남편의 성을 따른다). 그런 다음 아이들과 연관 지어 정의된다. 그리고 훨씬 불쾌한 일은 이 경우처럼 젊은 소년이 그녀들을 성적으로 바라보는 관점에서 정의되는 것이다. '밀프' 관련 세 번째 이슈는 밀프가 여자를 엄마 혹은 성적으로 매력적인 여자 두 가지로 범주화한다는 점이다. '엄마'와 '성교'라는 두 단어가 병치되어 있다는 사실은, 현실에서는 이 두 용어가 좀처럼 상호 연결되어 있지 않다는 점을 말해준다(그렇지 않다면 '엄마'를 단순히 '여자'로 대체하는 게 더 편하지 않겠는가?)

단언하건대 여자를 대상화하는 책임이 소년과 남자한테만 있는 것은 아니다. 미디어와 여성 자신에게도 마찬가지로 책임이 있다. 영국에서는 한때 매년마다 '영국 최고 야미 마미yummy mummy'을 선정하는 행사가 있었다(케이트 윈슬렛 2005년에, 빅토리아 베컴이 2006년에 각각 수상했다). '야미 마미'라는 영국식 용어는, 미국의 '밀프'에 해당한다. 비록 그것의 대응물인 '야미 마미'가 성적으로 명시적인 함의를 띠진 못하지만 스테파나 오도노호Stephanie O'Donohoe에 따르면 "(야미) 마미는 단단한 복근에, 손가락에는 매니큐어를 바르고 머리카락을 강하게 탈색한다. 야미 마미는 굽이 높은 위험한 하이힐을 신고, 골반에 걸친 청바지를 입고, 디자이너의 기저귀 가방을 맨다. 야미 마미의 자녀는 장식품으로 여겨질 수도 있고 아닐 수도 있는데, 아이들은 오리나 토끼 모양 옷보다 버버리 체크무늬 옷을 입을 가능성이 높다".[21] 이런 정의 속 함의에는 젊은 남자가 그녀를 성적으로 매력적으로 여긴다는 배경이 들어 있다.

오도노호는 또한 마케팅 관점에서도 이 현상을 고찰한다. 이 어머니 세대, 즉 상당수가 직업과 소비의 차원에서 권한을 부여받은 야미 마미는, 집안의 허드렛일에 몰두한 낡은 … 모성의 모델과는 거리를 두는 수단으로 받아들인다.[22] 혹은 또한 오도노호는 계속 이렇게 추궁한다. 이와는 대조적으로 다른 한편으로 어머니는 매력도 있어야 하는데, 천박하고 이기적인지라 … 제한된 어머니 역할로 인해 미디어가 어머니는 다른 개인적, 정치적 활동을 할 여력이 없다고 비난하는 것은 어머니가 본래 지닌 권한을 빼앗는 것이 아니겠는가?[23] ≪머더스 앤드 모어*Mothers & More*≫에서 키스틴 매쉬카Kristin Maschka가 언급하듯이, "우리가 자신에 관심을 기울이고 섹시하면, 좋은 엄마가 될 수 없는 세상을 만들었다. … 이것은 정말 웃기는 일이다. 우리에게 둘 중 하나를 선택하게 하고 고정관념에 찬 눈으로 '어머니'를 보게 한다."[24]

여성들의 섹슈얼리티 과시가 어떻게 모성과 조화를 이루는지를 보여주는 극단적이고 분명한 예는 아마도 킴 카다시안이 자기 홍보용 연기와 관련해 진행한 문화적 대담에서이다. 카다시안이 ≪페이퍼*Paper*≫지와 찍은 사진이 온라인에 게재된 후 #인터넷망뚫기BreaktheInternet 접속 시도에 대해 충분히 부정적인 관심을 받았다. 첫 사진은 카다시안이 '검정색 제시카 래빗 스타일 긴 드레스를 입고 자신의 엉덩이 위에 잔을 올려놓고 샴페인 병을 터뜨려 거품을 붓는 사진이다.[25] 두 번째 사진은 오일을 흠뻑 바른 두드러진 엉덩이가 완전히 노출된 밝게 빛나는 누드 샷이다. 그녀는 예상대로 흔히 받는 비난을 받았지만, 더 중요하게는 이런 맥락의 관점에서, 어머니이기 때문에 이런 식으로 포즈를 취한 것에 대해 그녀는 (동료 유명 연예인들과 대중들을 비롯한 주로 여자들한테서) 비난을 받았다. 한 문화비평가는 사진 촬영으로 인해 카다시안이 받은 반발을 비판하면서 이렇게 물었다. "그녀가 자궁에 힘을 줘서 살아 있는 인간을 낳자마자 갑자기 성적인 권리가 부인되는가?"[26] 이런 예와 다른 많은 예는, 종종 자신들을 규정하지만, 여성을 너무 단순하게 규정하는 방식을 문제시한다. 양자택일의 철학이 여기서 다시금 명백히 드러나며, 여자 자신도 종종 '좋은' 그리고 '나쁜' 양육(mothering은 어머니가 유아에게 행하는 애정 있는 접촉 행동을 일컫는다 _옮긴이)이라는 것을 인정하는 데 가담한다는 사실은 중요하다.

영화와 음악에서 밀프, 쿠거, 퓨마의 허구적 재현

만일 쿠거, 퓨마, 그리고 밀프에 관한 대화가 조언형 칼럼과 특집 기사면에 한정된다면, 이런 세 가지 유형은 아마도 오늘날까지 유행하지는 않을 것이다. 하지만 이들 모습이 흥행에서 대성공을 거둔 영화와 유행가 속으로 들어가 보면 지속적 힘은 여전히 견고하다. 앞서 언급한 바처럼, 대중문화에 맨 처음 데뷔를 한 것은 밀프였다. 이 용어는 앞서 언급한 것처럼 1999년에 개봉한 10대 영화인 〈아메리칸 파이〉에서 생겨났다. 이 영화는 네 명의 10대 소년들이 졸업 파티 때 총각 딱지를 떼기로 약속하는 내용이다. 영화는 스티플러 엄마의 청동 프레임 초상화를 근접 촬영한 신으로 시작한다. 초상화 속 그녀는 요염한 포즈로 욕정이 가득한 눈으로 곁눈질을 하며 관객(그녀를 대상화하는 사춘기 남성과 카메라 자체)을 향해 나아간다. 카메라가 남성을 찍을 때 관객은 다음과 같은 대사를 듣는다.

> 저 사진 스티플러 엄마?
>
> 맞아.
>
> 빌어먹을, 저렇게 멋진 여자가 스티플러를 낳다니. 믿을 수 없어.
>
> 인마, 저 여자는 밀프야.
>
> 대체 그게 뭐지?
>
> M-I-L-F, 내가 섹스하고 싶은 엄마.[27]

이 어원 설명이 끝나자 영화는 곧 벌어질 성적 일탈 장면으로 이어질 우연한 만남에 대한 기대감으로 가득 차 기뻐하며 웃는 젊은이에 집중한다. 영화산업이 이 새로운 용어와 '섹시맘'에 어울리는 매혹을 이용하기 시작한 유일한 것은 아니다.

2003년 미국의 밴드 파운튼스 앤 웨인Fountains & Wayne은 「스테이시 맘Stacy's Mom」이란 히트 싱글을 공개했다. 발매 후 밀프 숭배가 음악 산업에 재빨리 자리 잡았다. 뮤직비디오는 학교 건널목에서 시작해, 처음부터 노래 속 사춘기 화자의 관점을 부각시킨다. 도입부는 노래를 부르는 코러스가 그러하듯 제목을 연상시키며 조만간 인기를 누리게 될 노래를 시작한다. 코러스가 먼저 도입부에서 "스테이시 엄마는 참 매력적이야"라고 시작하면, 카메라는 학교 버스정류장에서 '스테이시 맘'의 역을 맡은 모델 레이철 헌터Rachel Hunter를 촬영한다.[28] 노래가사만 노래의 성적 초점을 보여주는 게 아니라, 스테이시 맘이 짧은 흰 테니스 스커트를 입고, 빨간색 컨버터블형 차에서 뛰어내려, 갈색 허벅지를 자랑하는 순간의 근접 촬영도 메시지를 전달한다. 비디오의 기본 전제는 간단하다. 즉, 10대 소년이, 친구 스테이시의 매력적인 엄마에게 접근할 기회를 얻기 위해 스테이시와 우정을 이용한다는 것이다.

비디오는 어머니를 야한 성적 대상으로 만드는 것이 분명하다. 특히 비디오의 1분 정도에 등장하는 한 장면에서는, 몇 발 치 떨어진 거리에서 창문 블라인드를 통해 스테이시 엄마가 옷을 벗는 걸 지켜본 후 소년이 스테이시의 풀장에서 튜브 의자에 앉아 떠있는 모습을 비디오는 보여준다. "난 예전의 어린 애가 아니라고/ 난 이제 성인이라니까/ 보면 모르겠어?"라는 노래 가사를 부를 때, 소년은 스테이시가 막 건네준 탄산음료 병을 딴다.[29] 스테이시 맘은 브래지어 끈을 풀고, 전략적으로 소년의 무릎에 놓인 탄산음료 병에서 소년 자신의 성적 욕망의 분명한 증거처럼 탄산이 솟구친다. 후렴구는 이렇게 시작한다. 코러스가 지속된다. "스테이시 맘이 날 흥분시키네. 그녀는 내가 아는 전부이고, 난 그녀를 너무 오래 기다려왔거든". "스테이시, 내가 너의 남자가 아니라는 걸 보면 모르겠어? 옳지 않다는 걸 알지만, 난 스테이시 맘한테 사랑에 빠졌어".[30] 이 불필요한 시퀀스는 3분 30초 동안 지속된다. 주방 바닥의 지저분한 것을 말끔히 치우려고 허리를 구부리는 스테이시 맘을 찍은 가슴골을 강조한 샷에서 스테이시의 맘이 뒤뜰에서 수건만 걸친 채 마사지를 받는 샷까지[31] 비디오는 스테이시 맘을 성적 대상으로 만들기 위한 두 개의 판타지 장면으로 끝난다. 응접실 마루 한가운데서 스트리퍼의 봉 춤을 추고, 그물 망사 스타킹과 힐을 신은 채 검은색 란제리를 입고 주방 식탁을 기어 다니는 장면이다.[32] 또 다른 판타지 장면은 몸매를 아름답게 드러내는 빨간색 비키니를 입은 채 풀장에서 나와 빗속을 걸어오며 소년 앞에서 옷을 벗는 샷이다.[33] 이 장면은 스테이시네 화장실에서 주인공이 자위하면서 하는 상상이었는데, 스테이시가 문을 여는 바람에 중단되었고, 스테이시는 이 행동이 그녀의 엄마가 아니라 자기를 향한 욕망에서 나온 것이라고 오해한다.

캐나다 출신 팝 록 밴드인 헤들리Hedley는 2009년 「낯선 사람하고 얘기하지 마Don't Talk to Strangers」란 곡을 발표하면서 파운트스 앤 웨인의 발자취를 따랐다. 「스테이시 맘」에서 행위자가 청소년인 '훔쳐보는 톰Peeping Tom'이었다면, 헤드리의 노래는 대가를 치러야 하는 밀프·쿠거를 행위자로 내세운다. 결국 노래의 화자는 악마화되고, 젊은(그리고 외관상 꺼리는) 남성을 공격적으로 격하게 쫓는 여자로 묘사된다. 이 곡은 여성의 외모에 치중한 가사로 시작한다. 첫 두 줄이 지나기도 전에 그녀에게 '쿠거'라는 딱지가 붙는다. "그녀는 병 모양 몸매에 금발 미녀, 7 사이즈를 입고, 이제 생각해 보니 그녀는 배회하는 쿠거."[34] 그녀의 나이를 강조한 후 즉시 그녀에 대한 성적 대상화가 시작된다. "지옥보다 더 뜨겁고/ 날 마법에 걸리게 하는/ 요가를 하는 저 엉덩이 좀 봐/ 늙었어도 신경 안 써."[35] 여기까지도 이미 문제가 많은데 그들의 성적 행위를 묘사한 후("우리는 침대를 뜨겁게 달구었지"), 남자 가수는 여자의 나이를 헐뜯는 말을 불쑥 내뱉는다("그녀 얼굴에 아침 햇살이 비치고/ 매기 메이는 자기 나이를 드러내네"). 이는 노래 뒤에 변형되어 다시 전달된다("바카디와 보톡스가 가

득한 그녀는 40대이며 섹시하다/ 햇살이 비쳐 그녀가 다르게 보이네).[36)]

　나이를 차별하는 멘트에도 불구하고 전체적인 가사는 남성 가수의 관점에서 욕망을 드러낸다. 하지만 비디오는 단지 욕정보다는 폭력에 초점을 둔 이야기를 묘사한다. 비디오는 한 40대 여성이 낡은 미니밴에서 장본 것을 꺼내 들고 전형적인 교외 주택으로 들어가서, 옷장 속에 묶여 있는 10대 소년에게 코트를 던지는 장면으로 시작한다.[37)] 노래가 진행되면서 집 안 구석구석에 젊은 남자 죄수가 여럿 보이고, 여자가 이들을 육체적으로 학대하는 여러 장면이 나온다. 한 소년이 입이 틀어 막힌 채 거실 의자에 묶여 있고, 다른 소년은 창고에 묶여 있고, 또 다른 소년은 그녀 침대의 머리 쪽에, 또 다른 소년은 샤워실에 인질로 잡혀 있다.[38)] 후렴구가 진행되는 동안 이 포로·고문 모티프를 더욱 발전시킨 설정에서 노래하고 악기를 연주하는 밴드 단원들로 장면이 전환된다. 영상에서 리드 싱어는 실종자를 찾는 우유 팩 광고 사진 안에서 연주하며, 쇠사슬에 묶여 있는 지하실에서 밴드 전체가 연주하는 장면도 여럿 등장한다.[39)] 다음과 같은 가사가 흘러나올 때, 이러한 장면의 비디오 몽타주가 펼쳐진다. "그녀는 멋진 젊은이를 좋아하지/ 그녀는 신선하고 굶주린 그들을 좋아하거든/ 그녀의 눈은 욕망의 불길로 타오르고/ 그녀에게 맞는 사이즈를 입혀봐. 새로운 걸 가르치기 위해 한두 가지 재주를 보여 봐."[40)] 이런 가사는 성적으로 대담한 여자의 모습뿐 아니라 그녀의 먹잇감이 지닌 젊음과 미숙함을 강조한다.

　그녀의 집에서 펼쳐지는 남성과의 학대·호색적 접촉 장면 중에서 마지막으로 나오는, 침대 머리맡에 묶인 소년과의 장면이 가장 폭력적이다. 그녀가 침실로 들어가 스웨터와 청바지를 섹시한 검은색 실내복으로 갈아입고(노래 앞부분에서 소년 포로들 중 한 명은 '학교에서 그녀 아들을 알고 있다'[41)] 그 다음 침실 탁상에서 고기를 자르는 큰 식칼을 쥐고 침대로 가서 어루만진다. 다른 장면에서 그녀는 배터리 충전용 케이블을 들고 젊은이한테 몸을 기댄다. 그리고 세 번째 장면에서 과감하게 그의 셔츠를 확 찢는다. 이런 장면들이 진행되는 동안 반복되는 가사는 화면 위에 나타나는 비디오 이미지들과 기이하게 대조를 이룬다. 비디오는 어쩔 도리가 없는 남자에게 모든 힘을 행사하는 오만한 여자를 묘사하는 반면에, 가사는 남성의 성적 욕망과 그녀의 나이에 다시 초점을 맞춘다. 이렇게. "이봐요, 아름다운 여인이여. 내가 미쳤지. 당신이 나보다 나이가 두 배나 많아요. 난 무대에서 몸을 흔들 듯이 당신 몸 위에서 춤추고 싶어."[42] "(그녀의) 몸 위에서 춤추고" 싶다는 그의 욕망은, 늙은 여자를 통제하고 싶다는 욕망을 보이기 때문에 각별히 주목할 만하다. 그러나 이 지점은 비디오 속 이야기에서는 드러나지 않는다.

포로가 된 사춘기 소년을 연속적으로 보여주는 비디오는 이 젊은이로만 끝나지 않는다. 비디오는 그녀를 다시 미니밴으로 데려가 트렁크를 열고 두 명의 10대 남성의 시신이 스포츠 장비 아래에 포개어 있는 모습을 보여주면서 완결된다.[43] 비디오 전편에 걸쳐 섹스와 폭력의 결합이 잘 제시되지만, 이 마지막 장면은 그녀를 무서운 약탈적 동물로 묘사하면서 밀프의 모습을 비방하는 데 기여한다. 비디오는 결국 여자의 동물적 본성, 좀 더 일반적으로는 여성의 섹슈얼리티에 관한 아주 오래된 사회적 두려움을 불러일으키고, 젊은 남자들에 끌리는 여자는(분명히 이 시나리오에서는 나이 차이가 문제가 되지만) 위험하다는 의심스러운 메시지를 전한다.

밀프를 가장 긍정적으로 묘사하는 음악적 암시가 여성 가수에게서 나온 것은 말해주는 바가 있다. 위 두 예들은 남성 밴드가 부른 곡들이다. 친구의 엄마한테 성적으로 끌린다는 걸 알려주는 가사임에도 불구하고, 둘 다 인기 있는 약어인 밀프를 사용하지는 않는다. 밀프란 단어를 사용한 좀 더 최근에 나온 노래로는 토리 에이머스Tori Amos가 2007년에 발표한 「빅 휠Big Wheel」이 있다.[44] 이 곡은 이 단어를 포함하고 있다는 이유로 여러 라디오 방송국에서 방송금지를 당했다. 앞의 두 예와는 달리, 이 곡은 이 단어를 긍정적인 시각으로 다룬다. 에이모스의 곡들 중 다수가 그러하듯, 가사의 내용은 모호하다. "자기는 날 소유물로 생각하지만 … 난 자기의 현금이 필요하진 않아. 이제 마마가 모두 손에 쥐고 있으니까"라는 가사는 여성 화자의 독립심과 자신감을 암시한다.[45] 화자의 말은 (경제적 그리고 그 이외의) 독립 및 자기 통제 혹은 권한의 부여를 암시한다. '나·나·나는 밀프다/ 잊지 마'라는 반복구 또한 이 용어가 지닌 고의적인 주장을 암시한다. 그 이유는 그녀 스스로가 자신을 밀프라고 부르길 선택하고, '나'라는 단어의 반복은 더 나아가 그녀가 행위자임을 암시한다. 이 용어 자체가 의심스럽다 할지라도, 이 곡은 그것의 의미를 다시 구성하려 시도한다. 아마도 이 곡은 성적으로 활발한 중년 여자, 특히 이런 용어를 다시 전유하기로 선택한 사람들에 관해 좀 더 긍정적인 메시지를 담은 것으로 보일 수 있다.

텔레비전과 무대에서 쿠거 관찰

텔레비전은 21세기에 접어들어 초반 몇 년 동안 밀프와 쿠거의 모습을 자주 이용하기 시작했다. 많은 경우, 시트콤 〈내가 그녀를 만났을 때How I Met Your Mother〉의 다음과 같은 예에서 볼 수 있듯이, 쿠거를 중심으로 전개되는 스토리라인은 코믹한 기분전환을 목적으로 이용되었다. 이 프로그램에서 바니(닐 패트릭 해리스Neil Patrick Harris)는 성적 능력으로 유명한 인물이고, "앨드린의 정의"라는 화에서는 마샬(제이슨 세걸Jason Segel)을 위해 중년 여성인 법대 교수를 '만족시키려는' 시도를 하는 인물로 출연했다. 그가 침실을 정복하는 장면은 이 프로그램에서 종종 유머를 자아내는 주요 장면이지만, 이 일화는 그의 성적인 실패에 초점을 맞춤으로써 이런 모티브에 변주를 가한다. 그를 적극적이고 왕성한 역할에서 수동적이며 종속적인 역할로 전환하면서 유머를 만드는 것이다. 하지만 웃음의 상당 부분이 바니가 성적으로 실패한 대가를 치르는 데서 생겨나는 것이라 할지라도, 시청자들 역시 그가 만족시키는 데 실패한 여자를 과장되게 묘사하는 것을 명확히 비웃어야만 했다. 바니는 최근에 이혼한 여교수 루이스가 마샬의 과제를 채점하기 전에 기분을 좋게 해주려고 그녀의 뒤를 쫓기 시작한다. 루이스 교수(제인 세이무어Jane Seymour)가 등장한 첫 장면에 나타난 과도한 상징성을 놓칠 순 없다. 바니와 마샬이 연구실 밖에 숨어서, 사파리 음악을 배경으로 장식용 화초의 녹색 잎 사이로 그녀의 모습을 지켜볼 때, 그녀가 연구실에서 일하는 모습이 찍힌다. 카메라가 그녀의 모습을 확대할 때 바니가 다큐멘터리 스타일로 말하는 목소리가 들린다.

아, 그래. 괜찮아. 쿠거야. 최고의 표본이지. 자, 넌 몇 가지 주된 특징만으로 쿠거를 식별할 수 있어. 머리부터 보자. 쿠거는 보호색으로 현재의 헤어스타일을 유지하지. 속수무책인 먹잇감은 그녀의 소굴 속으로 질질 끌려와서야 자신이 쿠거에게 잡혔다는 걸 알게 될 거야. 자, 이제 그녀의 블라우스를 보자. 쿠거는 자신의 먹잇감을 포획하기 위해 블라우스의 틈새를 가능한 최대로 벌리거든. 발톱 보이지? 여성 경쟁자를 물리칠 수 있는 날카로운 발톱 말이야. … 먹잇감이 튀어 오르는 것을 쳐다보고 있으면 그녀가 덮칠 거야. 그리고는 별거 수당 지급 수표책을 열어보지. 이야~ 이건 정말 멋진 여자네. 좋아. 사냥을 시작해 보지.[46)

자신의 헌법 전공 교수를 '헌팅'하는 바니에 불편함을 느낀 마샬이 항의를 하자 바니는 이렇게 응수한다. "넌 누가 네 과제를 평가해 주길 바라니? 정글의 식인 맹수 아니면 야옹거리며 만족하는 새끼 고양이 중에서 말이다."[47) 마샬은 이렇게 응답한다. "저 쿠거에 올라타서 잘 먹여봐."[48)

분명 관객들은 이 장면을 재미있다고 생각할 것이다. 쇼 프로그램 속에 내장된 웃음 장치는 바니가 웃기는 이야기를 할 때마다 작동된다(예를 들면, 별거 수당 수표책을 열어본 것에 대한 그의 방백이 있은 후). 웃음이 신호를 주는 한편으로 쿠거에 대한 의도적인 놀림 혹은 사냥 관련 전문 용어, 즉 '보호색', '소굴', '먹잇감', '발톱', '갑자기 덤벼들다' 같은 것들이 킬킬거리는 웃음을 자아낸다. 또한, 교수의 잠재적 기질을 설명하기 위해 바니가 제시한 두 개의 묘사('야만적인 정글 식인 맹수', '야옹거리며 만족하는 새끼 고양이')는 추가로 웃음을 유발한다. 이런 지나친 단어 사용은 쇼의 유머러스한 의도를 부각시키기 위해 사용되었지만, 우리는 여전히 이 장면을 의심스럽게 여긴다. 예를 들면, '저 쿠거에 올라타서 잘 먹여봐'라는 마셜의 최종 지시는 이런 성적인 시나리오에서 우월한 남성성을 거듭 주장하는 데 기여한다.

나중에 일화의 재미는 루이스 교수가 권위적 인물을 맡는 것으로 살짝 옮겨간다. 그리고 결과적으로 또 다른 흔한 남성 판타지, 즉 학생과 선생의 밀회를 암시한다. 침대 이후 장면에서 바니는 교수와 함께 침대에 누워 있다(쿠거 무늬 이불을 휘감고). 그리고 결국 그녀는 그의 성 행위 실력에 점수 C를 주면서 그의 기를 죽인다. 바니는 '밤샘 작업'을 했다고 항의하지만, 교수는 이렇게 대답한다. "넌 시간 관리를 잘못했어. 넌 가장 중요한 요점 상당수를 얼버무렸어. 평가의 일부인 구두 발표는 날림이었고 결론도 흐지부지였어.49) 이런 경우 교수의 말은 시험과 성적인 상황을 동시에 떠올리게 하는 중의성 때문에 웃음을 자아낸다.

일화가 전개되고 바니가 성행위 실력으로 여교수한테 인상을 남기고자 계속 시도하면서, 그의 바람둥이로서의 페르소나가 깨져 그는 점점 좌절하게 된다. 이런 도전의 어려움에 관해 버니가 마셜에게 불평하는 동안, 그가 내뱉는 말은 쿠거들이 종종 노골적으로 그려지는 방식을 통찰하게끔 해준다. "이보게, 내가 오판했어. 난 그녀가 대다수의 쿠거처럼 늙고 연약할 것으로 생각했거든. 그런데 새끼 고양이는 발톱이 있더라고. 걱정 마. 오늘 밤 이후로 쿠거는 내 애완동물이 될 것이고, 내가 그 주인이 될 걸 약속하지."50) 이 장면은 교수의 아파트에서의 성교 후 장면과 즉시 병치된다.

바니: 당신과 사랑에 빠진 것 같아.

루이스 교수: 맙소사, 이번이 처음은 아니겠지, 그렇지? 그런 말이 많은 걸 설명해 주긴 하겠지만.

바니: 뭐라고요? 아니, 우린 어제 섹스를 했잖아요.

루이스 교수: 그렇지. 그건 네가 섹스를 했다는 것이고. 난 다음 봄 학기용 강의
계획서를 수정했고.[51]

이 장면에서 기대했던 것과 실제 일어난 것 사이의 선명한 대조에 의해 유
머가 생겨난다. 바니는 쿠거를 정복하겠다고, 자신의 '애완동물'로 만들고 자
신은 '**그것**의 주인'이 되겠다고 약속한다. 이런 비인간적인 언어는, 그녀를 사
랑하겠다고 맹세한 것과 성과 부족으로 비웃음을 당하는 뒤따르는 장면과 완
전히 모순된다.

이 일화는 유사하게 연결된 두 개의 장면들로 끝난다. 첫 번째 장면에서 마
셜은 상황을 더 악화시킨 데 대해 이렇게 꾸짖는다. "이 녀석아, 너 때문에 죽
겠다. 너는 쿠거를 길들이기는커녕 더 화나게 했잖아."[52] 바니는 그녀의 집으
로 다시 가겠다고 응답하고 이렇게 빈정댄다. "오늘 밤 마치 존 멜렌캠프처럼
난 기필코 '쿠거'를 처치할 거야."[53] 마지막 장면에서 바니는 사지가 묶인 채
병원 침대에 누워 있다. 그의 친구들이 서둘러 들어와 무슨 일이 있었는지를
묻자, 그곳에 그와 함께 있던 교수는 바니가 엉덩이 골절상을 입었다고 알려
준다. 입원실을 나가기 전에 그녀는 마셜에게 기말고사 성적에서 B+를 받게
되었다고 말한다. 그리고 이렇게 일화의 마지막 대화가 이어진다.

바니: 마셜, B+이라고? 8주 동안 물리치료를 받고나서 A를 받게 해볼게.

마셜: 그만둬. 그녀는 야생이야. 넌 자긍심을 지녀야 해. 쿠거와 싸워서 살아남았
으니까.

바니: 놀라운 사냥이었어. 너희들에게 슬라이드를 보여주고 싶어 죽겠네.[54]

이 마지막 장면은 유머와 테크닉을 모두 결합한 것으로 웃음을 자아낼 목
적으로 고안된 대중문화 암시(존 쿠거 메켄캠프)와 나이 통념 뒤집기(고관절이

탈골된 젊은 인물역에는 바니)를 포함한다. 〈내가 그녀를 만났을 때〉는 쉽게 웃기는 말을 만들어내기 위해 쿠거 주제를 사용하면서도 결국에는 쿠거 인물을 늙은 여자와 젊은 남자 간 성적 역학 내에서 권한을 부여받은 자로 제시했다.

이로부터 4년 후 텔레비전은 쿠거를 중심으로 전개되는 스토리라인으로 넘쳐났다. 2009년 CBS연속극 〈더 볼드 앤 더 뷰티풀The Bold and the Beautiful〉은 시청자들에게 두 인물, 즉 디자인 회사의 막강한 소유주 겸 CEO인 재키 마론(레즐리 앤 다운Lesley-Anne Down)과 그녀의 성인 아들과 비슷한 나이의 남자 오웬 나이트(브랜돈 비머Brandon Beemer) 사이의 전형적인 쿠거 스토리라인을 제공했다. 이 관계는 2009년 7월 3일 결혼으로 귀결되었다. 〈내가 그녀를 만났을 때〉와 유사하게, 〈더 볼드 앤 더 뷰티풀〉은 쿠거 모티프와 의도적인 관계에 관심을 끌기 위해 설정과 의상을 활용했다. 예를 들면, 재키는 사냥꾼 복장으로(표범 무늬 브래지어와 스카프를 포함해) 오웬은 박스형 팬티에 상의를 벗은 채, 가죽 장식된 옷깃과 모피 수갑을 차고 사진에 등장한다 . 한 사진에서는 재키가 오웬의 목줄을 잡고 거만한 포즈로 서 있다. 다른 사진에서는 오웬이 우리 속에 갇혀 있는 반면에, 재키는 아이스크림을 혀로 핥으며 그 위에 누워 있다.[55]

2009년 ABC방송사가 첫 방송을 내보낸 〈러브 앤 프렌즈Cougar Town〉는 시청자에게 황금시간대에 쿠거 코미디를 선사했다. 쇼의 본래 의도는 예고편에 주인공 목소리로 삽입된 말에서 가장 잘 포착된다.

여자의 인생에서 거울 속에 비친 자신의 모습을 오랫동안 유심히 들여다보고 이렇게 자문하는 때가 온다. 제기랄, 이 몰골 좀 보라고?[56] 나한테도 이런 때가 닥쳤구나. … 최근에 이혼했고, … 아주 성공적인 직장생활에, 잘 적응한 10대 아들도 있고. … 그런데 내 사랑은 … 현실을 직면하자. 그런 것은 존재하지 않아. 최근 들어 난 시들어 죽을 것 같은 느낌이 들거든. 벗어나서 다른 일을 시작하지 않는다면 말이야. 그리고 데이트? 날 놀려? 나는 내 또래 남자와 데이트를 했지만,

그들은 모두 젊은 여자애하고만 데이트를 하러 나가거든. 난 가망이 없어. 내 친구들의 권유로 … 약간의 유혹으로 … 그리고 엄청난 용기로 … 마침내 나는 뛰어들기로 했어.[57]

예고편은 '조심하세요. 밖은 정글입니다'라고 말하는 남성 화자의 목소리로 끝난다.[58] 동물, 추정하건대 쿠거의 포효 소리와 함께, 대문자로 표기된 '조심하시오'란 단어들이 스크린을 채운다.

프로그램은 제목이 약속한 주제로 가볍게 이동하지 않는다. 파일럿 에피소드(텔레비전 네트워크에 쇼 판매용 텔레비전 시리즈 _옮긴이)의 끝 무렵, 주인공 줄스가 다시 '그곳으로 나오고,' 20대 남자와 처음으로 '뛰어들기'로 했다. 일화가 끝나갈 즈음에 줄스와 그녀의 젊은 연인이 풀장에 앉아 있고, 쿠거로서 첫 성적 접촉이 끝난다. 시청자가 땅콩버터와 크래커를(줄스는 자기의 10대 아들 친구들을 위해 만든 것이라고 무심코 말한다) 우적우적 씹어 그를 엿볼 때 코미디적 요소가 발동한다. 그녀가 다음과 같이 신나게 대화를 계속 진행할 때에도 그는 행복하게 먹고 있다. "난 다시 나의 본색을 알게 된 느낌이야. … 네가 중간에 잠을 자거나 알약을 쓰지 않고도 세 번이나 섹스를 했어. 그게 얼마나 재미있는 일인지."[59] 에피소드는 그녀 아들과 전남편이 걸어 들어올 때, 그녀가 그한테 오럴섹스를 하는 장면으로 이어진다.[60]

비록 이 에피소드는 늙은 여성과 젊은 남성 간 성행위가 부끄러운 것이라는 것을 암시하면서 당황하는 쿠거의 모습으로 끝이 난다. 하지만 적어도 그런 관계가 남녀가 성적 전성기에 도달하는 나이에 관해 허구 정보에 노출되어 온 중년 여자에게 호소력이 있는가에 대해 통찰의 순간을 제공한다. 웃음을 유발하기 위한 선잠과 알약과 관련해, 젊은 남자의 성적 에너지를 중년 남자와 비교함으로써, 텔레비전 프로그램은 남자는 사춘기 끝 무렵에 성적 전성기에 이르는 반면, 여성은 중년에야 성적 전성기에 이른다는 널리 확산된 믿음을 강화시킨다.[61] 그러나 최근 조사에 따르면, 사실은 정반대일 수 있으며, 남

자는 여자보다 몇 년 늦게 성적 전성기에 이를 수 있다(대략 남자는 32세, 여자는 26세).[62]

대중문화에서 쿠거뿐만 아니라 밀프를 묘사하는 걸 보면 모두 동일한 허구에 기반을 두고 있음을 알 수 있다. 쿠거와 밀프가 받는 관심을 이용해 앤디 샘버그Andy Samberg와 저스틴 팀버레이크Justin Timberlake는, 2009년 〈새터데이 나이트 라이브Saturday Night Live〉의 '엄마 애인Mother Love'이라는 짧은 비디오에서 그런 관계를 익살스럽게 연출했다. 이 어머니날 특집 방송은 1년 전 인기 있었던 비디오 '선물 상자 속 거시기Dick in A Box'의 후속편으로, 수전 서랜던Susan Sarandon과 퍼트리샤 클라크슨Patricia Clarkson이 그들의 엄마역을 맡았다. 샘버그와 팀버레이크는 1990년대 복장으로 등장해 어머니날 선물을 사는 것을 깜박 해서 창의적인 해결 방안을 고민하는 내용의 랩 노래를 시작한다. 노래를 부르는 두 사람은, 아버지가 집을 떠났거나 돌아가셨기에 엄마의 외로움을 알아차린다. 두 사람은 가사 속에서 엄마의 정서적 행복뿐만 아니라 나이를 강조한다(예를 들면, "우리 엄마는 너무 슬프고 백발이야").[63] 그런 다음 비디오는 자신들의 엄마의 질병을 치유할 방안을 설명하는 합창을 시작한다.

두 사람: 잠깐만.

앤디 샘버그: 내가 무슨 생각을 하는지 알아?

저스틴 팀버레이크: 깜짝 반전이 필요한 때야.

두 사람: 내가 엄마의 애인이기 때문에. 네가 엄마의 애인이구나.

　그럼 우리는 서로의 엄마들과 섹스를 해야 하는 거네.[64]

웃음을 자아낼 의도로 분명히 〈새터데이 나이트 라이브〉식으로 제작된 이 비디오는 밀프와 쿠거라는 용어들을 사용하지 않고도 이 두 용어의 개념을 끌어낸다. 하지만 "내가 너의 계부가 되는 것이 영광이거든" 혹은 "네 엄마와 있을 땐 콘돔을 사용하지 않을게"[65]라는 가사 때문에 저속한 내용물이란 비난을 피하지는 못한다.

지나친 가사와 이에 걸맞은 비디오 이미지 때문에 이 작은 코미디에서는 두 용어를 진지하게 받아들인 것이 아니라는 점을 시사한다. 그러나 그래야만 했을까? 정반대의 역할(두 젊은 여자가 서로의 아버지와 잠자리를 할 계획을 논의하는)을 다룬대도 즉흥적인 장면이라면 똑같은 정도의 반응을 얻을까? 아마도 가장 중요한 것은, 토막극 "엄마 애인" 이면에 깔린 재미있는 의도에도 불구하고, 혹은 좀 더 일반적인 이런 용어에도 불구하고 이러한 대중문화 속 묘사는 시청자가 실생활에서 그것을 따라할 때도 웃음을 유발시키는가? 혹은 이런 단순한 희극 공식이 암시하는 것보다는 좀 더 복잡한가?

쿠거, 퓨마, 밀프에 해당하는 인물의 대중문화 묘사는 2009년이 전성기였다. 하지만 그런 묘사가 그 이후 끝난 것은 아니다. 몇몇 장수 티비 프로그램은 쿠거에 초점을 맞춘 에피소드들을 제공했다. 2013년, 시트콤 〈두 남자와 1/2TV and a Half Men〉 역시 "문신하고, 피어싱하고, 틀어막다Paint It. Pierce It. Plug It"라는 화를 방송했다. 이 화는 제이크(앵거스 존스Angus T. Jones)가 두 배나 나이가 많은 여자(제이미 프레슬리Jaime Pressly)와 데이트를 하는, 쿠거의 줄거리를 다룬 것이었다. 2015년에는 〈닥터 필Dr. Phil〉(심리학자인 닥터 필 맥그로Dr. Phil McGraw가 출연하여 인생 전략을 조언하는 미국의 토크쇼 _옮긴이)[66] 같은 제목의 일화에서 '쿠거 논쟁'을 탐구한다. 이 화 전체가 이처럼 성애화된 모습을 중심으로 만들어졌다. 〈미혼남〉의 제작자들은 단기간 데이트를 하는 리얼리티 프로그램 〈쿠거The Cougar〉(TV Land, 2009)를 시작했다.[67] 이 프로그램에서 한 쿠거 여성은 스무 명의 젊은 남자들, 즉 풋내기들 중에서 자신의 상대를 선택한다. 2012년 TLC는 〈극단적인 쿠거 부인들Extreme Cougar Wives〉이란 다큐멘터리 프로그램의 첫선을 보였다. 이 프로그램은 '이루어질 수 없는' 사랑보다는 '수십 년 차이 나는' 연인들에 초점을 두었다.[68]

2010년 또 다른 미디어 시장, 즉 광고에서도 이런 인물을 이용하기 시작했다. 호니토Hornito's사의 데킬라(멕시코산 증류주)가 20대 남자가 주방에 서서 이야기를 하는 광고를 시작했다. 한 명이 지난밤 만난 섹시한 쿠거한테 전화할 생각이라면서 전화를 걸 때, 다른 남자가 "와~, 내 가족이 여기 와 있어"라고 하면서 전화를 방해하려고 한다.[69] 갑자기 주방 식탁에 놓인 휴대폰이 울리자 대화가 끊기고 집주인이 '엄마 폰'이라고 외치자, 두 남자는 믿을 수 없다는 표정을 주고받는다.[70] 밀러Miller사의 라이트 맥주도 '쿠거' 광고를 시작했다. 광고는 남자를 통념보다 덜 남자답게 그려내서 웃음을 자아내려고 노력한다. 예를 들면, 한 젊은이는 고양이처럼 차려입고서(얼굴에 페인팅을 하고 꼬리 등을 붙여) 동네 스포츠 팀을 응원한다. 상업 광고는 판매대 너머로 그에게 눈길을 주는 늙은 여자(동물무늬 재킷을 입은)를 보여주는 것으로 끝난다. 그리고 나서 이 남자는 자신의 남자 동료들을 향해 광고의 핵심 멘트를 전한다. "쿠거는 고양이를 사랑해." 광고계에서 맨 처음 쿠거·밀프 인물을 광고에 포함시킨 분야가 오랫동안 여성을 성적 대상화해 온 주류 산업이었다는 점은 당연히 눈여겨 볼 만하다.

성적으로 왕성하고 조금 늙은 여자한테 새로이 집착하는 맞춤형 서비스를 해온 것이 맥주 광고, 토크쇼, 리얼리티 쇼 같은 대중문화뿐이라고 생각하는가? 그렇다면 재고해 보라. 2012년에 〈쿠거: 뮤지컬Cougar: The Musical〉이 브로드웨이에서 막을 올렸다. 이 쇼의 판촉물은 이런 설명을 담고 있다.

〈쿠거: 뮤지컬〉은 섹시한 젊은 남자를 맛보고 싶어 하는, 멋지지만 연애에 환멸을 느끼는 세 명의 여자를 선보인다. 이들은 내면의 쿠거 본능으로 포효하고 가르랑거리는데, 사건이 진행되면서 자기애와 권한을 부여받았음을 알게 된다. 40대가 넘은 섹시하고 사나운 세 명의 환상적인 여배우와 한 명의 다재다능한 젊은 연인이 노래하고 춤춘다. … 여자는 나이를 먹는 것에 대해, 신뢰와 우정에 대해, 그리고 사랑에는 나이가 없다는 걸 증명하는 것에 대해 '예'라고 긍정하는 법을 배운다.[71]

이 쇼는 쿠거가 젊은 남자와 잠자리를 하는 단지 늙은 여자 이상임을 주장하지만, 언어유희로 가득한 이 묘사는 나이, 성, 그리고 권력('젊은 연인'으로서 남성 주인공의 묘사로 강조된다)에 집중한다. 대중문화에서 널리 쓰이는 쿠거, 퓨마, 밀프에 관한 이런 묘사에도 불구하고 우리는 이렇듯 흔히 들어본 용어(흔히 본 이미지)가 사람들에게 뻔한 반응을 야기할지 혹은 사람들의 반응을 형성할 수 있는 다른 변수가 있는지를 알고 싶었다. 그 결과 우리는 이런 묘사에 관한 사회적 반응을 측정하기 위해 여론조사를 실시하기로 했다.

설문조사 결과: 몇몇 인기 있는 용어에 대한 다양한 반응

우리는 특정 하위 집단이 이런 용어에 서로 다르게 반응하는 방식을 살펴보기 위해 정교하게 설문지를 만들었다. 일 년 동안[72] 235개 설문지를 배포했다. 우리 데이터는 이메일 요청과 여러 대학 캠퍼스와 여성 중심 행사(각기 다른 대도시권에서 열린 직장 여성 엑스포와 신부 엑스포) 현장에서 대면조사를 통해 수집되었다.

설문 조사에서 폐쇄형 질문('예. 아니오' 또는 미리 정해진 답 중 하나를 고르게 하는 질문 방식 _옮긴이)은 이 세 용어에 대한 반응에 초점을 두었으며, 참여자가 과연 이 용어가 여자를 경멸·비하한다고 느끼는지 아니면 칭찬이라고 느끼는지 물었다. 다른 질문은 여자가 일정한 나이에 이르거나 어머니가 된 후 성적으로 덜 매력적인지(또는 스스로 그렇게 생각하는지) 여부에 대해서이다. 그리고 또 다른 질문에서는 미디어에서 여성의 섹슈얼리티 재현에 초점을 두었다. 예들 들면, 참여자에게 아래와 같은 세 가지의 진술을 주고 이에 강하게 동의하는지, 동의하는지, 강하게 동의하지 않는지, 동의하지 않는지, 중립적인지를 물어보는 식이었다.

● 대중문화(미디어, 영화, 음악)의 대다수가 엄마를 청순하게/ 처녀답게 묘사한다.

● 현재 대중문화의 하위 항목은 '섹시한 맘'이란 금기에 주목해 왔다.

● 현재 대중문화의 많은 하위 장르(영화, TV 등)는 30대 이상의 여자에 관심을 두어왔다.

마지막 질문인 하위 장르에 대한 대답은 압도적인 의견 일치를 보였다. 엄마와 중년 여성의 섹슈얼리티에 쏟아진 관심과 관련해 대다수 응답자는 이런 추세가 증가하고 있다는 점에 동의했다. 응답자 중 75.8%는 대중문화가 '섹시한 맘' 금기에 관심을 갖게 했다고 느끼는 반면에, 7.3%만이 이에 동의하지 않았고, 15.7%가 중립적 견해를 표했다. 참여자들의 80.4%는 대중문화가 30세 이상 여성이 섹슈얼리티에 관심을 갖게 했다고 믿었고, 4.3%가 동의하지 않았고, 11.1%가 중립을 취했다. 하지만 이 세 번째 문항의 응답은 가장 의외였다. 지난 수십 년간 목격되었던 경향, 즉 대중문화가 어머니를 청순하게/처녀답게 묘사하는지를 물었을 때, 67.9%가 이에 동의하지 않은 반면에, 20.2%만이 동의했고, 21.9%가 중립을 취했다. 이런 숫자는 대중문화가 중년 여성/어머니를 청순한 동시에 호색적으로 묘사하기는 어렵기 때문에 어느 정도 예상된 것이었다. 하지만 과거 수십 년 전부터 시작된 이런 변화에는 주목할 가치가 있다. 미디어에서 쿠거, 퓨마, 밀프의 이미지가 자주 등장하면서 엄마를 청순하거나 성에 무관심한 존재로 위치시키는 오랜 전통을 뒤집는 데 기여했기 때문이다.

절대적으로 동의가 많았던 다른 질문 두 가지는, 모성이 여성의 성적 매력을 감소시키는지 여부에 관한 것이었다. 응답자의 72.9%는 여자들이 나이를 먹으면서 성적 매력이 떨어진다는 점에 동의하지 않았다. 15.9%는 이에 동의했고, 15.8%는 중립이었다. 이와 유사하게, 응답자들의 75.2%는 모성이 여성의 성적 매력을 감소시킨다는 점에 동의하지 않았고, 11.5%가 동의했으며,

13.3%는 중립을 표했다. 이런 여러 질문에 관해 의견의 합의가 이루어진 것은 기분 좋은 의외였다. 여성의 섹슈얼리티가 나이나 모성을 근거로 더 이상 평가절하 되지 않는, 그 자체로 긍정적인 것으로 인식되는 것일 수 있기 때문이다. 이런 결과에 대한 낙관적인 해설은 대중문화에서 여자들의 허구적인 묘사와 실제 삶에서의 여성 관련 의견이 상호적 관계를 지닌다는 점이다. 미디어에서 이런 이미지가 늘어나면 늙은 여성·어머니의 섹슈얼리티 관련 대중적 의견은 수정되고, 그에 힘입어 여성의 성적 매력과 성생활에 관한 의견을 다시 만들어낼 때 대중문화에서 여성을 좀 더 다양하게 묘사할 수 있게 된다. 하지만, 우리 설문 조사에서 모든 질문에 명료한 결론을 도출한 것은 아니다.

젠더화된 응시를 통해서: 성적인 용어에 관한 남성과 여성의 의견

우리는 참석자에게 약간의 배경 정보를 제공해 줄 것을 부탁하면서, 실은 세 가지 변수, 젠더, 나이, 모성 이 세 용어 전체에 대한 느낌에 영향을 줄 것이라고 가정했다. 그리고 젠더가 이 세 용어에 대한 반응에 영향을 끼치는지를 알아보는 것이 중요하다고 생각했고 우리는 여성들의 반응에 좀 더 관심을 기울였다. 여성이 이런 범주의 초점이며, 자신들에 따라붙는 사회적 가르침의 수혜자이기 때문이다. 이 사실과 남성 시청자보다는 여성 시청자를 겨냥한 여러 행사에서 모은 데이터라는 점 때문에, 우리가 모든 데이터의 대다수는 여성 응답자한테서 온 것이다. 여성 196명 대 남자 38명이 설문에 응답했다. 젠더 따른 응답 차이는 우리 예상보다 현저하지 않았다. 데이터가 좀 더 컸더라면 결과가 분명하게 드러났을지도 모른다. 추출된 남성 표본이 작기는 해도 차이가 나타났는데 밀프에 대해, 여성 응답자의 과반수(52.9%)가 이 용어를 여성을 경멸·비하하는 것으로 받아들였지만, 남성은 상당히 의견이 갈렸다 (39.5%는 경멸한다고, 47.4%는 그렇지 않다고 느꼈다).73) 정반대의 질문을 받았을

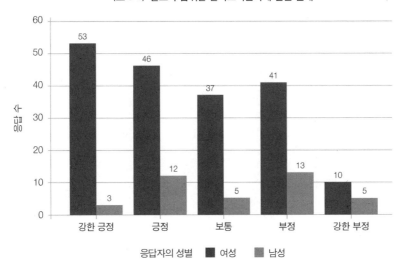

〈표 8-1〉 밀프가 품위를 떨어뜨리는가에 관한 견해

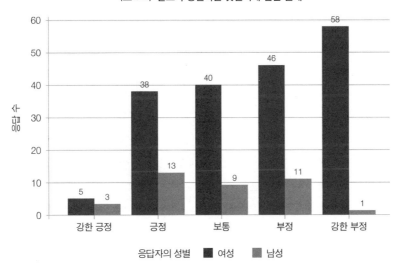

〈표 8-2〉 밀프가 칭찬하는 것인지에 관한 견해

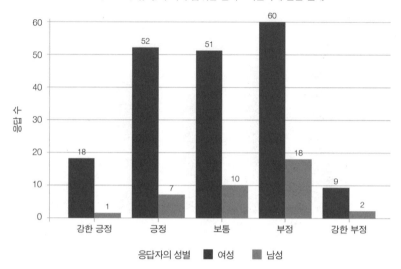

〈표 8-3〉 퓨마/ 쿠거가 품위를 떨어뜨리는가에 관한 견해

응답자의 성별　■ 여성　■ 남성

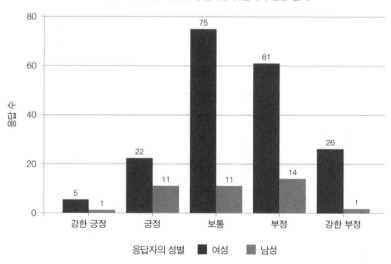

〈표 8-4〉 퓨마/ 쿠거가 칭찬하는 것인지에 관한 견해

응답자의 성별　■ 여성　■ 남성

때, 즉 밀프란 용어가 여성들을 칭찬하는 것인가라는 질문에 대해선 55.6%
여성이 그렇지 않다고 응답했고, 43.2%는 그렇다고 응답했다(〈표 8-1〉과 〈표
8-2〉를 보라).

질문의 초점을 나이로 옮겼을 때, 응답은 약간 달라졌다. 퓨마와 쿠거라는
용어에 여성을 경멸·비하하는 속성이 있는가에 대한 질문에, 여성은 전체적
으로 이 사안에 대해 의견이 나뉘었다(36.9%가 동의했고, 36.1%는 동의하지 않았
으며, 26.8%는 중립이었다). 하지만 남자의 반응을 덜 다양했다(21%만이 동의를
한 반면에, 52.7%가 동의하지 않았고, 26.3%가 중립이었다). 질문을 뒤집어서 참여
자한테 이런 용어가 여성을 칭찬하는 것인지 물었더니 대다수 여성이 동의하
지 않았다(46.1%). 다만 이번에는 남자의 반응이 나뉘었다(31.5%는 동의했고,
39.4%가 동의하지 않았다. 그리고 28.9%가 중립이었다. 〈표 8-3〉과 〈표 8-4〉를 보라).

연령별 밀프, 쿠거, 퓨마에 대한 반응

젠더 관점에서 우리의 조사 자료는 여성 쪽으로 쏠려 있지만, 나이 측면에서
자료는 아주 균등하게 퍼져 있다. 참여자의 54.9%는 35세 이하였고, 54.1%
는 36세 이상이었다. 이 구분은 사실 이 특정 연구에 아주 잘 들어맞는다. 35
세와 그 미만의 연령층은 이 연구가 진행될 당시에는 밀프 같은 용어가 주류
가 된 시기에(그리고 이것은 1999년 처음 개봉된 〈아메리칸 파이〉를 보았을 나이의
인구 통계적 집단이다) 10대와 20대 초반이었다는 점을 고려한다면 말이다. 반
면에 36세와 그 이상 범주의 사람들은 이런 용어에 초점을 맞춘 대중적 문화
콘텐츠의 초기 변화에 의해 영향을 덜 받았을 것이다.

35세 이하의 사람들(특히 0~25세 연령에 속하는 사람들)이 세 용어를 좀 더 쉽
게 받아들일 것이다. 반면에 36세 이상의 사람들은 이런 용어를 부정적으로
받아들일 확률이 크다. 우리의 예측이 정확히 검증되지 않았다. 35세 미만의

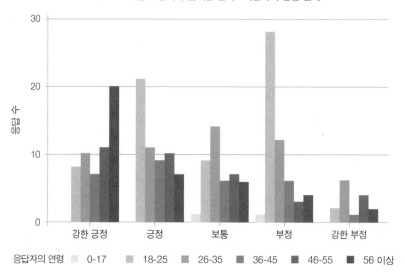

〈표 8-5〉 밀프 용어가 품위를 떨어뜨리는가에 관한 견해

응답자의 연령 0-17 18-25 26-35 36-45 46-55 56 이상

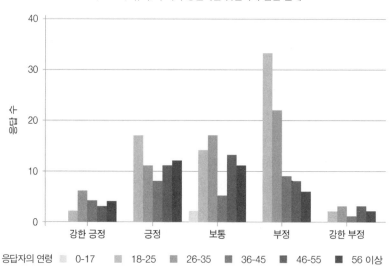

〈표 8-6〉 퓨마/ 쿠거가 칭찬하는 것인지에 관한 견해

응답자의 연령 0-17 18-25 26-35 36-45 46-55 56 이상

사람들은 이 용어에 대해 엇갈리는 반응을 보였고, 이 세 용어가 여성들에게 경멸·비하하는 느낌인가 칭찬하는 느낌인가에 관한 모든 질문에 대해서 의견이 나뉘었다.[74] 홍미로운 점은, 이런 용어와 관련해 젊은 세대들이 지니는 양가성에도 불구하고, 연령이 높아질수록 이런 용어에 부정적인 응답자의 비율이 증가했다는 것이다. 예를 들면, 18~25세 구간의 27.9%와 26~35세 구간의 28.8%, 36~45세 구간의 35.4%, 46~55세 구간의 38.8%, 56세 이상 구간의 45.7%는 쿠거와 퓨마 용어를 불쾌하게 여겼다. 18~25세 구간의 42.7%, 26~35세 구간의 39.7%, 36~45세 구간의 51.5%, 46~55세 구간의 60%, 56세 이상 구간의 69.2%는 밀프 용어를 불쾌하게 여겼다. 질문을 반대로 했을 때도 유사한 경향이 나타났다. 35세 미만의 연령층에서는 이 세 용어가 여성을 칭찬하는 것인지에 대해 의견이 나뉘었지만, 연령대가 증가할수록 응답자가 이 용어를 긍정적인 관점에서 볼 가능성이 적게 나타났다. 예를 들면, 36~45세 구간의 참여자의 62%, 46~55세 구간의 70.6%, 그리고 56세 이상 구간의 74.3%는 이런 용어를 칭찬으로 느끼지 않았다(〈표 8-5〉와 〈표 8-6〉을 보라).

부모인가 아닌가가 대중문화 묘사에 대한 반응에 끼치는 영향

이 조사에서 반영한 연령대가 균등하게 분포된 것처럼, 부모와 그렇지 않은 사람의 숫자도 비슷했다. 51.8%가 부모가 아니라고 했고, 48.2%가 부모라고 응답했다. 특히 밀프 관련 질문들과 관련해 두 하위 집단의 응답이 분명한 차이가 있을 것이라고 기대했지만 사실이 아니었다. 예를 들면, 전반적으로 어느 집단도 이 용어가 여성을 칭찬한다고 여기지 않았다. 놀랍게도 응답의 결과는 아주 유사했다. 부모가 아닌 45.9%는 이 용어를 부정적으로 여겼고, 부모인 54%도 그랬다(〈표 8-7〉과 〈표 8-8〉을 보라). 부모가 아닌 쪽이 35%로 부모들 26%보다 이 용어가 여성을 무시하는 것이 아니라고 했다.

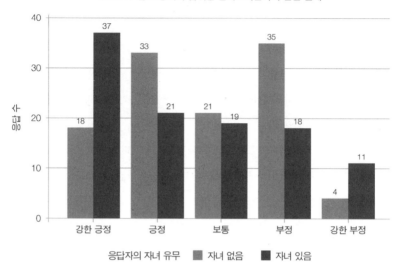

〈표 8-7〉 밀프 용어가 품위를 떨어뜨리는가에 관한 견해

응답자의 자녀 유무 ■ 자녀 없음 ■ 자녀 있음

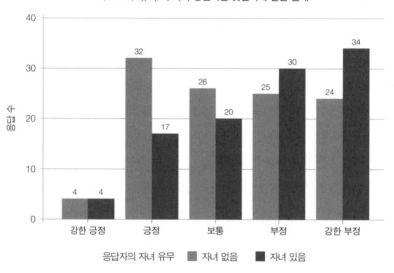

〈표 8-8〉 퓨마/ 쿠거가 칭찬하는 것인지에 관한 견해

응답자의 자녀 유무 ■ 자녀 없음 ■ 자녀 있음

공감적 시각 질문들: 젠더, 나이, 그리고 부모 여부에 의한 결과

이 조사 데이터에 근거한 가장 주목할 만한 몇 가지 결과가 어느 한 인구 통계적 집단에 한정된 것이 아니다. 여성의 자기-개념화를 반영하는 질문 두 가지가 참여자에게 주어졌다. 하나는 어머니가 된다는 것이 여성 스스로를 타인에게 성적으로 덜 매력적으로 보이게 만드는지를 묻는 것이었고 다른 하나는, 나이를 먹는 것이 여성들이 자신을 타인한테 성적으로 덜 매력적으로 보이게 만드는지에 관한 것이었다. 앞서 논의한 바처럼, 조사에 참여한 모든 집단은 대체로 어느 것도 사실이 아니라고 답했다. 즉, 나이나 모성은 여성의 성적 매력에 부정적인 영향을 끼치지 않았다. 하지만 이런 질문을 수정해서, 이와 관련해 여성의 자아-성찰에 초점을 맞춘 질문을 제시했을 때에는 응답이 크게 다양해졌다. 모든 경우에서 질문의 대상이 아닌 응답자들은(남자, 젊은 성인, 부모가 아닌 응답자) 여성들의 자아-이미지가 (늙거나 엄마가 되는) 이런 삶의 변화에 의해서 영향을 받을 것이라고 믿었다. 하지만 여성 자신들은(그리고 대체로 부모인 참여자와 나이든 참여자들) 이런 식으로 느끼지 않았다(〈표 8-9〉부터 〈표 8-14〉를 보라).

이런 결과는 두 가지 다른 이유에서 중요하다. 하나는 구체적인 결과를 보여준다는 점이다. **즉, 여성들의 자아-이미지와 성적 자신감은 나이 혹은 자녀의 유무에 의해 부정적으로 영향을 받지 않는다.**

이러한 결과는 여성의 자아-개념화에 관한 이전의 믿음과 모순되는 것으로 보일 것이다. 조사 결과 남자, 젊은 성인, 부모가 아닌 집단은 늙은 여성, 어머니가 자신의 성에 대해 어떻게 바라보는지 정확하게 평가할 능력이 없음을 보여준다는 사실도 또한 중요하다. 대중문화가 이제 대중에게 성적으로 활발하고 역량 강화된 엄마와 좀 더 원숙한 여성을 다양한 방식으로 묘사를 하고 있을지라도, 일부 응답자는 여전히 여성이 이런 허구적 묘사와 꼭 관련되는 것은 아니라고 보고 있었다. 이러한 참여자들은 대중문화에서 중년 여성의 성적

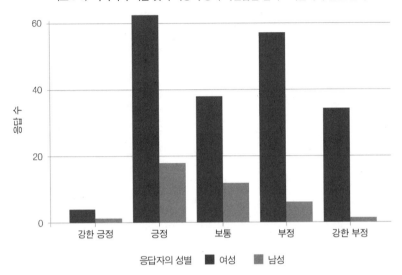

〈표 8-9〉 어머니가 되는 것이 여성의 성적 자신감을 떨어뜨리는가에 관한 견해

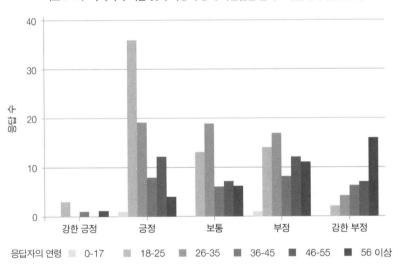

〈표 8-10〉 어머니가 되는 것이 여성의 성적 자신감을 떨어뜨리는가에 관한 견해

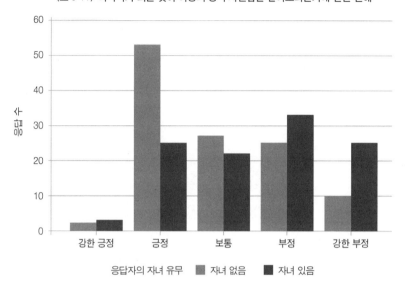

〈표 8-11〉 어머니가 되는 것이 여성의 성적 자신감을 떨어뜨리는가에 관한 견해

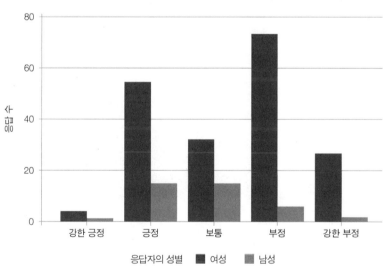

〈표 8-12〉 나이 듦이 여성의 성적 자신감을 떨어뜨리는가에 관한 견해

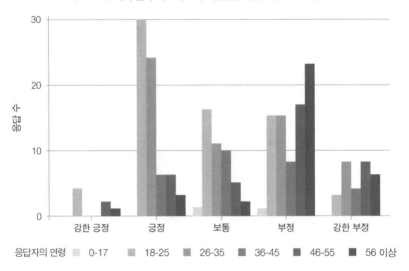

〈표 8-13〉 나이 듦이 여성의 성적 자신감을 떨어뜨리는가에 관한 견해

응답자의 연령 0-17 18-25 26-35 36-45 46-55 56 이상

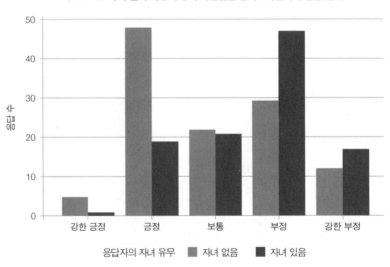

〈표 8-14〉 나이 듦이 여성의 성적 자신감을 떨어뜨리는가에 관한 견해

응답자의 자녀 유무 자녀 없음 자녀 있음

이미지가 유행하기 전부터 존재했던 가정하에 여전히 움직인다.

나이와 성적 활동과 관련된 남성 용어 찾기

우리가 설문 조사에서 물은 마지막 질문들 중 하나는, 참여자에게 쿠거, 퓨마, 밀프 용어에 대응하는 남자를 위한 용어를 생각해 보라고 요청한 것이다. 질문은 이렇다. "이 세 개의 용어는 모두 나이와 관련해서 여성의 성적 매력을 **구체적으로** 언급한다. 당신은 나이와 관련해서 남자의 성적 매력을 **구체적으로** 언급하는 용어를 알고 있는가? 만약 있다면, 그것은 무엇이며, 그 의미는 무엇인가?" 235명의 응답자 중 40%에 해당하는 96명만이, 무엇이든 어떤 용어를 제시할 수 있었다. 이것은 오늘날 대중문화에서 이런 현상의 성별화된 속성을 말해준다. 응답자가 말한 몇몇 용어에는 다음과 같은 것이 있었다. 맨서Manther(Man과 Panther의 합성어로 쿠거의 남성 버전 _옮긴이), 필프FILF(father I'd like to fuck내가 섹스하고 싶은 아버지 _옮긴이), 딜프DILF(dad I'd like to fuck내가 섹스하고 싶은 대상으로서 아빠 _옮긴이), 클루니(조지 클루니 유형),75) 그리고 좀 더 일반적으로 알려진 용어인 슈가 대디Sugar daddy(젊은 여성과 만나는 중년 남자 혹은 물주 _옮긴이), 실버 폭스Silver fox(은빛 여우: 흰머리가 나고 나이 든 멋진 남자 _옮긴이).76) 그러나 응답자 중 한 명이 지적한 것처럼, 이런 용어는 '쿠거와 퓨마의 의미가 암시하는 것에서 빗나갔다. 대중문화에서 남성을 지칭하는 이런 용어가 부족하다는 점을 고려한다면(이런 용어가 시트콤이나 리얼리티 쇼, 크루즈로 보증되지 않았다), 응답이 적은 것이 놀랄 일이 아니다.77) 또한 이런 용어에 대한 사람들의 반응은 놀랍지 않다. 남성을 지칭하는 이런 용어가 남자들에게 경멸·비하하는 느낌을 주는지, 또는 칭찬하는지를 묻는 질문을 받았을 때, 많은 사람들은(42.1%) 이런 용어가 남성을 무시하는 것이라기보다 칭찬한다는 점에 동의했다. 이것은 다시 이중 잣대라는 쟁점을 낳는다. 이런 응답은 뛰어난 성적 능력을 의미하는 용어가 남성을 칭할 때는 긍정적으로 작용하지만 여성을 칭할 때는 부정적인 맥락으로 통용된다는 것을 나타낸다.

몇 가지 잠정적인 주요 내용: 왜 용어가 중요한가?

21세기에는 성적 특징을 지닌 여성 관련 용어가 대중문화에 종종 일어났고, 쿠거, 퓨마, 밀프라는 용어를 사용하는 사람들은 남성 혹은 여성이든, 좋든 나쁘든, 용어를 대중문화 용어집에 굳게 결합시켰다. 이런 용어는 성적으로 여성을 대상화하는 것을 확산시키고, 성적 이중 잣대를 강화하며, 규범적인 믿음에 순응시키는 또 다른 방법이다. 하지만 용어가 지닌 잠재적 효용성을 고려하지 않고 무작정 비난하는 것은 전혀 도움이 되지 않는다. 또한 우리의 설문 조사에서 이런 용어에 대한 반응과 관련한 인구통계집단(젠더, 나이, 자녀 유무에 따라 나뉘는)에서 발견된 흥미로운 모호성을 무시하는 것이 될 것이다. 이런 용어와 관련해 펼쳐진 다양한 반응, 즉 "나는 그런 용어를 사랑해!" 혹은 "난 밀프야!"부터 "그런 표현은 감정을 상하게 해" 혹은 "역겹다"와 같은 반응은 이런 용어와 관련한 사람들의 반응이 아주 개별적임을 입증한다.

이런 용어 자체에 많은 문제가 있다는 것은 아주 분명하다. 즉, 이 용어가 남성에 의해서 처음 사용되었고, 코미디와 제휴상태가 지속되고 있다(여성을 성적 대상으로 삼는 것을 비웃는 것은 괜찮다는 점을 암시한다). 이런 용어가 여성에 의해 지금도 전유되고 있다는 사실은 주목할 만하다. 인종, 젠더, 민족성, 성적 지향성을 다루는 용어를 교정하는 것은 새로운 현상이 아니다. 비록 대중문화에서는 새로운 것이지만, 이런 젠더화된 용어는 재기능화되어 건설적인 목적에 기여할 수 있는 용어의 범주에 틀림없이 꼭 들어맞는다. 이런 단어를 경멸적인 영역에서 빼내어 생산적인 영역으로 옮기는 식으로 받아들이는 여성에게는 이런 용어들은 전복적인 행위로 이어지는 통로이고, 섹슈얼리티와 관련해서 문화적 명령을 거부하는 수단이며, 자기효능감을 고양하는 방법이다. 이들 용어가 대상화되거나 통제의 대상이 된 여성에 의해서 소유되고 수행되기 위해서는, 본래의 맥락과 싸워야 한다는 사실은 전혀 문제가 없는 것은 아니지만 주목할 만하다. 대중문화에서 이런 용어의 복잡한 사용과 사람들이 이들 용어와 맺는 골치 아픈 관계는 여성에게 전달되는 사회적 메시지가 이런 세 속어(퓨마, 쿠거, 밀프 _옮긴이)를 통해 많은 방식으로 확산된다는 것을 말해준다. 이런 용어는 받아들여지기도 하고, 때론 거부되고, 조롱당하고 의문시되며, 무시당하기도 한다. 아마도 진짜 중요한 것은, 우리의 대중문화 생산물이 여성들의 삶 특정 단계 또는 모든 단계에 메시지를 보낼 수 있지만, 궁극적으로 이러한 메시지로 무엇을 할 것인지에 관한 힘은 여성에게 있다. 이러한 발견에 대해 낙관적으로 해석하면 여성들이 후에 규범적인 단계로 옮겨갈 수 있으며 자신들에게 가해지는 사회적 기대에 저항할 가능성이 크다는 것이다. 만약 그렇다면, 여성이 과거 어느 때보다도 자신들의 황금기를 고대할 근거가 있는 것이다.

제 9 장

안면홍조를 넘어서

성숙한 여성에 대한 새로운 묘사

2015년 3월 20일, 33년 동안 TV에서 방영되던 CBS의 〈데이비드 레터맨 심야 쇼The Late Night with David Letterman〉가 마지막으로 방송되었다. 고별 무대 도입부에서 이 최장기 심야 쇼의 진행자는 스타들이 초대 손님으로 총출동하는 흔치 않은 장면을 이날의 가장 큰 볼거리로 만들었다. 아마도 가장 기억에 남을 장면은 티나 페이Tina Fey(미국의 여성 코미디언 _옮긴이)의 등장이었는데 그녀는 은퇴하는 방송계 우상을 기념해 스트립쇼를 하였다. 이 사건은 듣기에는 충격적이지만 실제로는 그렇지 않았다. 그녀가 옷을 벗기 시작할 때 악단이 사실상 뭔가를 암시하는 듯한 연주를 했음에도 이 연기는 결코 자극적이 아니었다. 페이가 출연했던 많은 코미디 프로그램들처럼 여기에는 명백히 사회적인 논평이 포함되어 있었다. 42세의 이 여성 코미디언은 레터맨이 떠나는 것을 기리며 자신은 다시는 토크 쇼에서 화려한 옷을 입지 않겠다고 익살을 떤 뒤에 옷을 벗었고 몸을 완전히 가리는 자신의 속옷을 드러냈다. 스팽스Spanx(미국의 내의 전문회사 Spanx에서 만드는 몸에 꼭 달라붙는 트렁크형 내의 _옮긴이) 두 벌과 보정 브래지어가 그것이었는데 이 중 어느 것도 도발적인 란제리라고 부를 수는 없었다. 완전히 꽉 죄어진 그녀의 복부에는 "안녕, 데이브"(데

이브는 데이비드 레터맨의 애칭 _옮긴이)라는 글자가 쓰여 있었다.[1] 그러나 그녀의 퍼포먼스는 '비아냥거리는 페미니스트 연기'의 의도를 품고 있었는데, 이는 그녀가 그에게 자신의 작고 푸른 옷을 기념품으로 주고 난 뒤에 그녀가 한 말에서 드러났다.[2] 그녀는 이번이 그녀가 '성 규범에 순응하는' 마지막이라고 말하며 주위를 환기시키고, 여성들이 이상적인 아름다움(그녀의 '거의 의료적인' 속옷을 조롱하며)을 획득하기 위해 취하는 극단적인 행동에 대해 언급했다. 비록 어떤 사람들은 티나 페이의 이 묘기가 식상하다고 느꼈겠지만, 그녀의 행동은 공적인 무대를 이용해 사람들로 하여금 페미니즘 이슈에 주목하게 하는 효과를 의도한 것이었다.[3]

레터맨 쇼에서의 이 연출된 행동은 페이가 코미디 센트럴Comedy Central(1991년에 설립된 미국의 코미디 채널로서 주로 성인을 대상으로 한다 _옮긴이)의 〈인사이드 에이미 슈머Inside Amy Schumer〉(2013~2016)의 세 번째 시즌 첫 회에서 카메오로 출연하고 나서 얼마 지나지 않은 시점이었다. "섹스할 만한Fuckable 마지막 날"이라는 제목이 붙은 단편극에서 페이는 퍼트리샤 아켓Patricia Arquette, 줄리아 루이-드라이퍼스Julia Louis-Dreyfus와 함께 등장하는데 이 삼인방은 남성 위주의 할리우드 영화에서 루이-드라이퍼스가 성적 욕망의 대상으로 어필하던 시기가 끝났음을 기념하는 '장례식'을 소풍 가는 기분으로 치른다.[4] 슈머 자신도 이 단편극에 등장해 그들에게 이 축하 분위기에 대해 설명해 달라고 요청하자 루이-드라이퍼스는 자신보다 나이 어린 이 여배우에게 방송계의 관행적 표현을 사용해 즐겁게 가르친다. "모든 여배우의 삶에는 그들이 대중에게 더 이상 섹스할 만한 대상으로 여겨지지 않게 되는 지점이 있는데 이게 언제인지는 대중매체가 결정한다."[5] 충격받은 모습을 천진난만하게 연기하며 슈머는 그들에게 이 지점에 이르렀다고 말해주는 사람이 누구냐고 물었고 여배우들은 "아무도 노골적으로 말해주지는 않지만 그런 징후가 있다"고 대답한다.[6] 그리고 이들은 캐스팅에서부터 의상 결정과 마케팅 관행에 이르기까지의 사례를 종알종알 내뱉는다.[7] 슈머가 이 삼인방에게 '섹스할 만한 마지막 날이 언제인지 남자들에게' 알려주는 사람이 누구냐고 묻자 그 여배우들은 웃으면서 대답했다. "이봐 자기, 남자들에겐 그런 날이 없어요. 절대로 없어. 그들은 영원히 섹스할 수 있죠. 100살이 되어 흰 거미들만 몸에서 기어 나오는 송장같이 될 때에도 그들은 섹스할 수 있죠."8) 이 짤막한 코미디 단편은 앞에서 논의된 많은 논점들, 즉 여성들의 미에 대한 비현실적으로 큰 기대, 여성의 성애화, 젠더, 나이, 섹슈얼리티에 대한 이중 잣대 등등에 대해 주의를 환기시킨다. 이 장에서는 이러한 메시지들이 여성의 삶을 통해 어떻게 복잡해지고 또 이른바 황혼기에 접어들 때 그들에게 어떻게 영향을 끼치는지 생각해 볼 것이다.

남성들은 저명해지고, 여성들은 늙어갈 뿐이다

비록 웃자고 한 연기이지만 이 코미디 단편은 상당히 현실적인 사실, 즉 무대와 스크린, 책에서 여성들이 묘사되는 방식이 중요하다는 것을 지적한다. 이 점을 염두에 두고 우리는 나이 들어가는 여성들에게 적용되는 주요 논점들이 대중문화에서 어떻게 다루어지는지를 알아보기 위해 50세가 넘은 여성에 대한 대중매체의 표현을 고려해 보려 한다.9) 여성들 일반, 특히 나이 든 여성들 대개는 여전히 TV와 영화에서 실제보다 못하게 그려진다는 점을 주목할 필요가 있다.10) 늙은 여성들로 말하자면, 그들은 대중매체에서 재현될 때 종종 판에 박힌 역을 맡는다. 몇 가지만 얘기하자면 할머니 같은 타입, '현명한' 늙은 여성, 심술 사나운 여성 등의 역이 그것이다.11) 여성이 실제보다 못하게 그려지는 데에 덧붙여 할리우드의 여배우들은 40살 이후 주역을 얻는 것도 어렵다는 문제가 있다.12) 그러나 40이 넘은 남자 배우들은 이런 문제에 여배우만큼 직면하지는 않는다. 예를 들면 "남자 배우들은 나이 들지만 그들의 애정 행각은 그렇지 않다"라는 글에서 카일 뷰캐넌Kyle Buchanan은 할리우드의 중년 남자 주연 배우 10명과 그들의 상대역 여자 주연 배우 10명 사이의 나이 차이를 도표로 만들었다. 전반적으로 남자 배우들의 나이가 많아져도 인기 여배우들의 나이는 거의 똑같이 유지되었다. 예를 들면, 〈리멤버 타이탄 Remember the Titans〉(2000)에서 덴절 워싱턴Denzel Washington은 45세였는데 니콜 아리 파커Nicole Ari Parker는 29세였다. 〈플라이트Flight〉(2012)에서 워싱턴은 57세였는데 켈리 라일리Kelly Reilly는 35세였다. 조니 뎁Johnny Depp은 〈럼 다이어리The Rum Diary〉(2011)에서 48세였고 그의 상대 주연 여배우 엠버 허드Amber Heard는 25세였다. 〈트렌센던스Transcendence〉(2014)에서 조니 뎁은 49세였는데 상대 여주인공 레베카 홀Rebecca Hall은 30세였다.[13] 이러한 목록은 계속된다.

반면에 여성들은 실제로는 자신보다 별로 어리지 않은 배우들이 아들이나 딸의 역할을 맡을 때 종종 어머니 역할을 맡는다. 예를 들면 〈모던 패밀리 Modern Family〉(2009~현재)의 소피아 베르가라Sofia Vergara는 극 중 어머니인 엘리자베스 페냐Elizabeth Peña보다 겨우 11살 어렸다. 더 괴상한 것은 〈달라스 Dallas〉(TNT 방송의 리메이크. 2012~2014)의 미치 필레지Mitch Pileggi와 극 중 어머니인 주디스 라이트Judith Light의 나이가 세 살 차이밖에 안 나는 것이다. 두 사람 다 60대이기 때문에 이런 식의 배역은 특히 황당한 것이다.[14] 해들리 프리먼Hadley Freeman이 지적하듯 "여자 배우가 자신의 35번째 생일 케이크의 촛불을 불어 끄자마자 한때 자기의 남자친구 역할을 했던 누군가의 어머니 역할을 맡게 되는 것은 너무나 쉬운 일이다".[15] 어떤 사람들(대다수가 남성인 할리우드의 감독이나 제작자 같은 사람들)은 그들이 단순히 42살 여배우를 나이 들어 보이게 만들어서 35세 된 배우의 어머니가 되기에 충분할 정도로 늙어 보이게 할 수 있다고 주장할지도 모른다.[16] 그러면 왜 그 역할에 그냥 60살 된 여배우를 기용하지 않는가? 더 나이든 여성이 필요한 역할에 더 젊은 여배우를 캐스팅하는 일에서 드러나는 잠재적 문제점은 그런 선택이 여성들이 나이 드는 것은 좋은 게 아니라는 신호를 극장에 가는 관객들에게 보낸다는 것이다. 여배우는 젊어 보이기 위해 자신이 할 수 있는 모든 것을 다 해야 하고 그렇지 않으면 젊은 여배우에게 밀려나게 될 것이다.

할리우드의 늙은 남자와 젊은 여성 로맨스가 실제의 삶에서 이런 종류의 로맨스를 증진시키는지, 아니면 그 반대인지 분명지는 않지만 우리가 할리우드에서 보는 나이 들어감에 대한 두려움은 실제의 생활 속으로 기어들어오기도 한다.

중요한 것은 이 두 가지 모두 자신의 딸뻘인 젊은 여성들과 데이트하는 것이 여전히 우두머리 수컷alpha-male의 궁극적인 환상으로 보인다는 사실이다. 물론 나이 든 여성의 잠재적 성적 매력을 다룬 영화가 아주 가끔씩 있기는 있다. 잠시 영화 〈졸업The Graduate〉(1967)을 떠올려보자. 불행하게도 굉장히 늙은 여성으로 등장하는 앤 밴크로프트Anne Bancroft는 더스틴 호프만Dustin Hoffman보다 겨우 5살 많을 뿐이었다.[17]

나이 든 남자와 젊은 여성의 관계가 나이 든 여성과 젊은 남자의 관계보다 더 많이 영화화되었다는 게 반드시 중요하지는 않다. 8장에서 논의했듯이 후자의 관계가 증가하고 있기 때문이다. 나이 든 남자와 젊은 여성의 이야기는 영화 산업 내에서 정상으로 받아들여지지만 반대로 나이 든 여성과 젊은 남자의 이야기는 종종 상궤에서 벗어난 무엇인가가 되고, 이야기 진행에서 갈등이나 코미디의 요인이 된다는 점을 알아차리는 것이 중요하다. 그리고 실제 할리우드 유명배우들의 관계로 말하자면 나이 든 남자와 젊은 여성의 관계 사이의 나이 차이는 아주 극단적인 경우가 아니라면 많은 경우 꼼꼼히 들춰지지 않는다. 그러나 나이 든 여성과 젊은 남자의 관계에서는 아주 작은 나이 차이도 사람들에게 이야깃거리를 제공한다. 예를 들면 ≪허핑턴 포스트The Huffington Post≫에 실린 기사 '나이 든 여성, 젊은 남자: 할리우드 배우 10쌍의 커플'에서 주목받은 네 쌍은 9살이 안 되는 나이 차이이다. 게다가 한 여배우는 남자 파트너보다 고작 4살 많은데도 '나이 들었다'는 표현으로 묘사되어 있다.[18]

폐경, 결혼생활의 갈등, 성숙한 섹슈얼리티에 관한 묘사

나이 든 여자배우들이 배역을 맡으려고 노력해도 대중문화에서 가시성이 부족해서 이들의 관심사를 전적으로 다루는 내러티브 또한 그 수가 오랜 기간 제한적이었다는 것은 놀라운 일이 아니다. 폐경('변화')의 문제를 예로 들어보자. 얼마 전까지도 사람들은 이 주제에 대해 공공연하게 얘기하지 않았다. 심지어 어떤 때는 배우자나 가장 가까운 친구와의 사적인 자리에서조차도 잘 이야기되지 않았다. 그러나 이 경향이 최근에 바뀌었다. 예를 들어 2001년 무대에 오른 〈메노포즈〉(2001)가 있다. 이 공연은 주로 여성 관객의 환호를 받았다. 소설, 자기계발서, 영화의 줄거리도 한때는 침묵에 휘감겨 있었던 이 주제에 대해 좀 더 공개적으로 소통하게 되었다. 그러나 폐경은 '어떤 일정한 나이'에 이른 여성들이 직면하는 그저 한 가지 문제일 뿐이다. 여성이 겪는 다른 문제들로는 결혼생활 영위(종종 부부가 '빈 둥지'에 해당하는 나이에 접어들 때)와 나이 든 여성들의 감소하는 성적 매력에 대한 인식 등이 있다('빈 둥지' 증후군 empty-nest syndrome은 자녀들이 주로 타지의 대학에 입학하거나 결혼해 집을 떠난 후 부모가 겪는 일종의 우울증을 가리킨다 _옮긴이). 이 장에서 우리는 〈메노포즈〉(2001), 〈섹스 앤 더 시티 2〉(2010), 〈호프 스프링즈Hope Springs〉(2013), 〈사랑할 때 버려야 할 아까운 것들Something's Gotta Give〉(2003) 같은 다양한 영화들과 샌드라 칭 로Sandra Tsing Loh의 『볼보자동차 속 미친 여자The Madwoman in the Volvo』(2014)와 의사인 크리스티안 노스럽Christiane Northrup이 쓴 『폐경의 지혜 The Wisdom of Menopause』(2001) 같은 책들을 분석하며 이런 텍스트들이 어떻게 여성들이 나이 들어갈 때 직면하는 다양한 문제를 다루는지 보여줄 것이다.

대중매체에서 다루는 폐경에 대한 논의를 연구하다 보면 그것이 40~50대 여성들이 공유하는 중요한 경험이라는 사실에도 불구하고 수십 년 동안 대중적 내러티브에서 항상 무시되어 왔다는 점이 특별히 주목된다. 여성들은 이 단계에 이르면 육체적 변화, 정서적 변화 둘 다에 직면한다. 폐경이란 이 단계에 이른 여성들을 성이 없는 존재로 여기는 것이라고 오랜 기간 사람들이 생각해 왔다는 사실에 의해 여성이 겪는 정서적 변화의 폭은 더욱 커진다. 게다가 폐경은 감정기복, 안면홍조, 기타 정서적·육체적 문제점들과 연관되기 때문에 부정적 함의로 가득 차 있다. 그리고 이런 문제점들은 고칠 수 있는 것으로 여겨지기 때문에 의료 기관들이 개입하게 된다. 따라서 저메인 그리어 Germaine Greer가 『변화*The Change*』에서 논하듯 폐경의 의학적 취급이 대두된다. 그리어는 심지어 오늘날에도 사회의 초점이 젊은 사람들에게 극단적으로 맞춰져 있기 때문에 폐경은 여성의 삶에서 중요한 한 단계라기보다는 마치 하나의 질환처럼 다루어지고 있음을 지적한다. 일반 대중이 폐경을 인정하기 시작할 때쯤에는 그것은 이미 의사들에 의해 하나의 증상으로 정의되었다.[19] 폐경에 대한 최초의 의학적 기술은 1899년으로 거슬러 올라가고 그를 둘러싼 언술은 폐경이 "여성의 발달에서 여성 자신이 상대해야만 하는 하나의 중요한 과정이라기보다"는 의학적 개입이 필요한 '하나의 질병으로' 간주되고 있음을 보여준다.[20]

오늘날, 여성의 삶에서 이 단계는 여전히 어느 정도 의학적 취급을 받는데, 그것은 많은 여성들이 의사로부터 호르몬 치료제를 처방받는다는 사실을 볼 때 그렇다(그렇다고 해서 여성들에게 호르몬 치료가 필요하지 않다는 말은 아니다). 그러나 동시에, 사회가 폐경과 나이 들어가는 여성들을 문화적으로 묘사하는 데 어떻게 변화했는지(작은 변화이기는 하지만)를 보는 것이 중요하다. 60~70년 전이라면 폐경에 관한 주제를 다룬 뮤지컬이 통하지 못했을 것이다. 그러나 1960년대와 1970년대의 두 번째 여권 신장 운동의 물결은 여성의 섹슈얼리티에 관한 묘사에서 변화를 불러왔다. 이런 묘사에 젊은 여성들뿐만 아니라 나이든 여성까지 포함하는 데에는 수십 년이 더 걸리기는 했지만 우리는 마침내 그 유쾌한 〈메노포즈〉가 포용될 수 있는 시대에 이른 것이다. 이 뮤지컬은 폐경과 관련되는 문제점들, 즉 안면홍조나 감정기복, 초콜릿 마구 먹기 등을 말하며 네 여성이 그들의 관객과 더불어 웃는 이야기이다. 그들의 작중 대화와 뮤지컬 넘버를 통해 관객은 폐경이 "더 이상 **침묵의 여정**이 아니고[21] 모든 여성의 삶에서 완전히 정상적인 단계"라는 것을 상기하게 된다.[22] 작가이자 프로듀서인 지니 린더스Jeanie Linders는 이렇게 말한다.

> 대부분의 여성은 다른 모든 여성도 안면홍조나 밤에 땀나는 현상을 겪고 있다는 것을 직관적으로 안다. 그녀를 동정하거나 동일시할 수 있는 가까운 친구는 늘 한두 명 있기는 하지만 그들이 수백 명의 다른 여성들과 극장에 앉아 모두들 "저건 나야! 저건 무대에 올려 진 나라고!" 말하며 웃고 소리칠 때 그들은 자신들이 겪고 있는 일이 정상적이라는 것을 알게 된다. 그들은 혼자도 아니고 미치지도 않았다. 그들은 자매가 된다.[23]

실제로 이 공연은 여성들 간에 그들의 삶에서의 중요한 어떤 시기에 관한 대화를 증진시킨다. 그 증거는 이 작품의 인기이다. 플로리다에서 2001년 시작된 이후 이 뮤지컬은 미국을 비롯한 15개 나라 450개 이상의 도시에서 공연되고 있다.[24]

그러나 어떤 비평가들은 이 뮤지컬이 여성운동에 긍정적이라고 보지 않는다. 예를 들어 어니타 게이츠Anita Gates는 ≪뉴욕타임스≫에 게재한 연극평에서 자신이 왜 이 뮤지컬이 폐경기에 관한 유용한 메시지를 전달하기보다는 모욕하는 것이라고 생각하게 되었는지를 언급한다.

> 누가 폐경을 삶의 변화라고 부르는가? 아마도 1970년대 시트콤 드라마 〈우린 다 가족All in the Family〉에서의 에디스 벙커Edith Bunker나 그렇게 불렀을 것이다. 그리고 그녀는 이제 80대 나이가 되었을 것이다. 젊었을 때 『우리의 몸 우리 자신Our Bodies Ourselves』을 읽은 여성들은 폐경을 미사여구로 표현하지 않는다. 여기에서도 그렇지만 다른 곳에서도 그 뮤지컬은 순진하지만 동시에 짐짓 깔보는 투이다.[25]

첫 질문에 대한 답은 폐경을 '삶의 변화'라고 부르는 사람이 아직도 있는지 (2001년에 이 뮤지컬이 등장했을 때에도 사람들은 그것을 '삶의 변화'라고 부르지 않았다) 미심쩍다는 것이다. 그러나 코미디인 〈메노포즈〉의 유머는 부분적으로는 '삶의 변화'라는 이 특별한 말 안에 위치하고 있다. 즉, 이 뮤지컬이 이 단어를 사용하는 그 자체만으로도 사람들이 폐경을 쉬쉬하며 '변화'라고 언급했던 예전 시대를 가리키고 또 조롱하는 것이다. 또한 극 중 노래와 대화는 이 시기 여성들이 삶에서 맞붙어 싸우는 이러한 변화에 관한 것이다. 그러니 '변화'라는 표현을 왜 쓰지 못한단 말인가? 순진하고 열등한 작품이라는 평에 대해 이 뮤지컬을 계속해서 보는 여성들의 숫자는 그 반대를 나타낸다. 악의적인 논평은 제외하고 〈메노포즈〉는 적어도 관객들이 폐경이 더 이상 여성들이 침묵 속에 견뎌야 하는 것이 아님을 알아차리게 도와준다.

물론 대부분의 연극과 영화는 〈메노포즈〉만큼 폐경에 대해 자주 노골적인 언급을 하지는 않는다. 그러나 낸시 마이어스Nancy Meyers의 수상작 〈사랑할 때 버려야 할 아까운 것들〉은 몇 가지 함축적 언급을 하고 있다. 2003년에 개봉된 이 영화는 작가 에리카 베리(다이앤 키튼Diane Keaton)와 사업가 해리 랭거(잭 니콜슨Jack Nicholson)의 이야기를 들려준다. 영화 시작 부분에서 해리는 아주 젊은 여성인 에리카의 딸 마린(아만다 피트Amanda Peet)과 함께 있다. 운명이 꼬이면서 해리는 에리카와 나흘을 같이 지내게 되는데 마침내 그들은 예기치 않게 사랑에 빠진다. 그러나 로맨틱 코미디가 다 그렇듯 그들은 끝에서 재결합하기 전에 상황(즉 에리카와 훨씬 더 젊은 남자인 닥터 줄리안 머서(키아누 리브스Keanu Reeves)와의 새로운 관계)에 의해 일시적으로 헤어지게 된다.

어느 논평에서 비평가 제임스 베라르디넬리James Berardinelli는 이 영화가 여성의 섹슈얼리티는 폐경 오래전에 시들지 않고 죽지도 않는다는 것을 보여줌으로써 "중년의 여성 배우들을 폄하하고, 조역으로 내려보내며 그들에게서 모든 성적 매력을 빼앗는" 할리우드의 경향에 도전장을 던지고 있다고 지적한다. 그리고 이 영화는 50대, 60대인 남녀 한 쌍을 보여주는데 이는 오늘날의 영화들에서 상당히 드문 경우라고 지적한다.[26] 그는 이 극의 작가인 낸시 마이어스가 여자 주연 배우 역할을 상대 남자배우보다 25살 이상의 나이차가 나는 인물에게 부여함으로써 기존의 경향을 전복하는 효과를 성취하고 있다고 주장한다. 그뿐 아니다. 젊은 남자가 나이 든 여성에게 매력을 느끼는 것으로 묘사되고 있는데 이런 상황도 할리우드에서는 절대로 있을 수 없는 일이다. 마지막으로 키튼은 정사 장면(사실상 나체로 나오는)을 찍는데 이는 미국 영화계에서 40이 넘은 여성들에게는 흔치 않은 일이다.[27] 이 영화가 폐경의 주제를 분명하게 다루고 있지는 않지만 여성들이 50이 넘어도 여전히 매력적일 수 있고, 남자들(심지어는 등장인물 해리처럼 여자와 놀아나는 남자들도)도 자기들 나이 또래인 여성을 찾아 사랑에 빠질 수 있다는 메시지를 관객들에게 똑똑히 전달하는 것처럼 보인다.

나이 먹는 일의 두려움과 결혼생활의 관심사에 덧붙여 폐경에 관해 몇 가지 명확한 언급을 하는 코미디로 마이클 패트릭 킹Michael Patrick King의 〈섹스 앤 더 시티 2〉(2010)가 있다. 4장에서 논의했듯이 이 영화의 선행작인 〈섹스 앤 더 시티 1〉(2008)은 예비 신부들을 괴롭히는 문제점들에 집중한다. 한편 이 두 번째 시리즈는 전편에 등장한 네 여성, 즉 캐리 브래드쇼(세라 제시카 파커), 사만다 존스(킴 캐트럴), 샬럿 요크(크리스틴 데이비스Kristin Davis), 미란다 홉스(신시아 닉슨Cynthia Nixon)가 나이 들어감에 따라 여성의 관심사에 집중하는데, 그중 두 가지가 폐경과 섹슈얼리티이다. 이 영화는 몇몇 비평가들에 의해 혹평(예를 들면 로저 에버트Roger Ebert는 몇몇 장면에서 보이는 '상스러울 정도로 눈에 띄는 과식'과 '바보 같은' 등장인물들과 조야한 몇 가지 소재 등을 좋아하지 않았다)을 받기는 했지만[28] 여전히 중년과 나이 들어가는 여성과 관련된 문제점에 주의를 끌게 하는 영화이다.

시작 부분에서 캐리는 그녀가 1980년대 중반(TV 시리즈 자체는 실제로 1998년에서 2004년까지 방영되었다)에 세 명의 좋은 친구를 만났던 때를 회상한다. 그리고 극은 20년의 기간을 훌쩍 지나가게 해 시청자들로 하여금 이 여성들의 아부다비Abu Dhabi 여행을 중심으로 진행되는 이야기 줄거리를 보게 한다. 그들은 셰이크 칼리드(아트 말리크Athar Malik)의 초대를 받았는데 그는 사만다에게 자기 호텔에서 홍보 일을 해달라고 요청했다. 여행 기간 이 여성들의 다양한 관심사가 꽤 훌륭하게 부각되고, 논의되고 해결된다. 영화 속 등장인물들은 여성들이 직면하지만 항상 공개적으로 얘기하지는 않는 문제들에 대해 논의한다(TV 시리즈 속에서도 마찬가지다). 그러나 사만다는 다른 인물들보다 특히 더 거리낌이 없고 그런 대화에서 유머를 담당하는 인물인데, 이들의 대화에는 그녀가 폐경과 나이 듦이라는 두 가지 두려움을 경험하는 내용이 있다. 캐리, 사만다, 미란다가 점심을 같이 먹는 장면에서 캐리와 사만다는 사만다가 복용하는 비타민 개수에 대해 농담한다.

사만다: 우리 나이 여자들은 비타민에 대해 농담하면 안 돼.

캐리: 응, 우리 또래가 아닌 여자들은 우리 또래 여자들에 대해 얘기하면 안 돼.

사만다: 넌 나한테 곧 아주 고마워할 거야. 난 폐경기의 미로를 잘 헤쳐나가고 있어. 비타민, 멜라토닌 수면 패치, 합성 에스트로겐 크림, 프로게스테론 크림, 약간의 테스토스테론을 먹으면서 말이야.

캐리: 아주 호르몬을 끼고 사네.

사만다: 그래. 난 내 몸을 속여서 젊다고 생각하게 만들었어. 그리고 단언하건데 안면홍조도 없고, 감정기복도 없고, 내 성욕은 젊었을 때와 똑같아졌다고.[29]

이 대화에서 한 가지 주목할 만한 사실은 사만사가 폐경이 일으키는 문제점들(비록 그녀가 거기에 상당히 집중하고는 있지만)에 자신이 굴하지 않는다는 점에 대해 매우 솔직하다는 것이다.

다른 장면들은 여성들이 폐경기 동안 겪는 불편을 부각시킨다. 사만사가 공항 보안 검색대를 통과하는 동안 TSA(Transportation Security Administration, 미국 공항에서 보안 검색을 담당하는 연방 기관 _옮긴이) 요원들이 그녀의 비타민을

압수하자 그녀는 자기가 "이 비타민 약들이 없으면 폐경기로 되돌아"갈 거라며 항의한다.30) 나중에 나오는 어떤 장면에서는 이 친구들이 호텔 풀장에서 일광욕을 하고 있을 때 일단의 호주 남자들이 풀장에 뛰어 들어온다. 공항에서 했던 그녀의 예언이 들어맞았다고 말하면서 사만다는 풀장 '물 밑'에 잘생긴 젊은 남자들 한 무더기가 있지만 자기는 '아랫도리'에 어떤 것도 느끼지 못한다는 사실을 슬퍼한다.31) "에스트로겐이 건물을 떠났네"(이 말은 "엘비스 프레슬리는 건물을 떠났어요Elvis Presley has left the building"를 본뜬 표현이다. 로큰롤의 황제로 불렸던 엘비스 프레슬리의 공연이 끝나면 관객들이 앙코르를 바라며 공연장을 떠나지 않는 일이 종종 있었는데 이럴 때 장내 아나운서가 이제 프레슬리가 공연장을 떠나고 없으니 해산하라고 종용할 때 쓰던 표현이다. 즉, 이 글에서는 사만다가 여성 호르몬인 에스트로겐이 이제 다시 오지 않고 자신에게서 완전히 떠났다고 생각한다는 의미로 쓰였다 _옮긴이)라며 그녀는 푸념한다.32)

사만다는 나이가 자기 몸에 끼치는 영향을 정말로 느끼고 있다는 사실에도 불구하고 자신이 '늙어'가고 있다는 사고방식에 빠지기는 거부한다. 이것은 레드카펫 행사에 초대받은 사만다가 그때 입을 옷을 사기 위해 캐리와 쇼핑하는 장면에서 돋보인다. 사만다는 자기 생각에 완벽한 옷을 발견하고 캐리와 점원 여자에게 보여주는데, 이 두 사람 다 그 옷이 그녀가 입기에는 '좀 젊지' 않겠느냐고 묻는다.33) 화가 났지만 어쨌든 사만다는 그 옷을 사고 만다. 극은 이후 훨씬 더 젊은 마일리 사이러스Miley Cyrus(미국의 여가수 _옮긴이)가 똑같은 옷을 그 레드카펫 행사에서 입고 있는 것을 보여준다. 이 장면이 웃음(사이러스와 똑같은 드레스를 차려 입고도 전율을 느끼지는 못할 테니 아마도 조금은 사만다의 손해다)을 주기 위한 것이기는 하지만, 그러지 말라는 조언에도 불구하고 굳이 그 옷을 사 입으려는 그녀의 확고한 다짐은 사만다의 높은 자부심과, 사람들이 그녀 나이 또래에 적당한 옷이라고 생각하는 기준에 대해 그녀가 신경 쓰지 않는다는 점을 부각시킨다. 이런 장면들은 모두 나이 들어가는 과정을 멈추려고 하는 게 부질없는 일이기는 하지만 동시에 여성들은 나이 들어가는 것이 그들로 하여금 살아 있다는 느낌이나 관능을 느끼는 것들마저 멈추게 하는 것이라고 느낄 필요는 없다는 점을 시사한다.

시간에 대항하는 사만다의 싸움이 주로 그녀 자신의 몸과 싸우는 내적인 것이었다면 나이 들어감에 대한 샬럿의 투쟁은 외적인 것이며 결혼이라는 관심사와 연관되어 있다. 그녀의 이야기는 중년의 남편들이 아내를 대체할 더 젊은 여인을 찾으려 한다는 여성들의 현실적 두려움으로 연결된다. 샬럿의 관심사는 그녀의 굉장히 매력적인 보모 에린(앨리스 이브Alice Eve)에 대한 집착의 형태를 취한다. 에린이 아이들을 잘 보기는 하지만 샬럿은 자신을 불안하게 만드는 자잘한 문제점들(사만다가 이것들을 지적한 덕분에)에 곧 집착하기 시작한다. 여기에는 에린이 브래지어를 하지 않고 샬럿보다 한 스무 살은 어리다는 사실이 포함된다. 어떤 장면에서는 샬럿과 남편 해리(에반 핸들러Evan Handler)가 어느 사교 행사에 보모를 데리고 간다. 에린은 아이들과 놀면서 위아래로 깡총깡총 뛰는데 해리와 다른 중년 남자들이 이 광경을 노골적으로 즐기며 지켜본다. 또 다른 장면에서는 에린과 해리가 딸을 목욕시키는데 그때 해리가 장난삼아 에린의 셔츠에 물을 뿌린다. 늘 그렇듯 에린은 브래지어를 하고 있지 않고 샬럿은 지나가다 우연히 이 젖은 티셔츠 장면을 목격하게 된다. 이후 샬럿의 근거 없는 질투가 영화에서 갈등의 문제가 된다. 그러나 불행하게도 〈섹스 앤 더 시티 2〉는 이 갈등에 쉬운 해결책을 택하는데, 그것은 에린이 레즈비언임을 밝히는 것이었다. 이러한 신속한 해결은 이 영화의 장르(갈등들이 영화의 끝에 이를 때쯤에는 빈틈없이 행복한 결말에 이르러야 하기에)를 고려해 보면 다소간 이해할 만하다. 그러나 이 같은 특별한 해결책은 이 영화가 중년 여성들이 힘들여 투쟁하는 이런 진정한 관심사와 맞닥뜨리는 것을 막는다. 샬럿의 걱정이 완전히 근거 없는 것이라는 그 말도 안 되는 해결책만큼 재미있지는 않겠지만 이 영화는 이 부부 사이에 대화를 하나쯤 삽입해도 괜찮았을 것이다. 이 대화는 그녀가 나이 들어감에 따라 남편에게 점점 덜 매력적이 된다는 샬럿의 두려움을 다루어서 이것이 많은 여성들이 직면하는 진짜 문제점임을 보여줄 수 있었을 것이다. 이것이 젊고, 브래지어를 하지 않은 젖가슴(왜냐하면 그건 전혀 객관적으로 그려지지 않으므로)을 내세우는 다양한 시나리오들보다 더 생산적일 수 있었을 것이다.

〈호프 스프링즈〉는 나이와 함께 오는 결혼의 문제점들을 검증하는 또 다른 영화이다. 좀 더 나이 든 등장인물에 집중하며 이 영화는 이 단계에 이른 여성들이 종종 직면하는 빈 둥지 증후군을 다루며 그것이 어떻게 현재 존재하는 결혼 스트레스를 복잡하게 만들 수 있는지 이야기한다. 영화는 나이 들어가는 여성은 왜 이렇게 자주 자신을 덜 매력적이라고 느끼게 되는지, 부부가 어떻게 대화를 안 하게 되는지, 결혼생활이 시간이 지나면 왜 지나치게 익숙해지는지를 강조한다. 영화는 케이(메릴 스트립Meryl Streep)가 섹시한 잠옷을 입고 잠자리에 들 준비를 하는 것으로 시작한다. 그녀는 남편 아놀드(토미 리 존스 Tommy Lee Jones)의 방을 두드리는데 이를 통해 이들이 한 침실을 쓰지 않는다는 것이 드러난다. 다음의 대화는 그들의 결혼생활이 어떤 모습이 되어버렸는지를 재빨리 확인시켜 준다.

아놀드: 왜? 뭐 하는 거야?

케이: 난 그냥 … 여기서 오늘 밤 잘 수 있을까 생각하고 있었어요.

아놀드: 여기에서? 왜? 당신 방이 뭐가 잘못되었어? 너무 더웠소? 내가 에어컨을 완전히 어떻게 해버려서?

케이: 아니에요.

아놀드: 그래, 그럼 뭐지?

케이: 난 그냥 하고 싶은 게…

아놀드: 오, 그래, 나, 난, 난 아니야. 음, 난 몸 상태가 별로야.

이 장면은 케이가 완전히 당혹해하며 방을 나가는 것으로 끝났다.

다음 날은 평소처럼 일하는 날이었는데 영화는 이 장면에서 부부가 일상에 빠져서 헤어날 수 없다는 것을 더욱 강조한다. 케이는 아널드에게 아침 식사를 차려주고, 그는 신문을 읽으며 식사하고 밖으로 나가면서 그들이 보통 저녁을 먹는 시간인 6시에 돌아오겠다고 말한다. 케이는 여성용품점으로 출근해서 친구 에일린(진 스마트Jean Smart)에게 자기의 결혼에 대해 얘기한다. 그녀는 결혼생활을 바꾸는 것이 가능하다고 생각하느냐고 에일린에게 물어보는데, 여기 대해 에일린은 주저 없이 "아니, 결혼생활은 바뀌지 않아"라고 대답한다.34) 정말로 케이와 아널드는 결혼한 지 거의 31년이 되었고 상황은 변하지 않을 것으로 보인다. 예를 들면 아널드가 TV를 보다가 잠들자 케이는 그를 깨워 침대로 가게 하는데 영화는 이런 일이 그들 부부에게 상당히 익숙한 일이라는 것을 명백히 보여준다.

그러나 케이는 진심으로 결혼생활의 변화를 원하고, 그래서 결혼에 관한 자기계발서에서 조언을 얻으려 한다. 그녀는 특히 어느 한 책에 즉시 이끌리는데 책의 저자인 닥터 펠드(스티브 커렐Steve Carell)에 관해 조사를 좀 해본 뒤에 집중적인 결혼 상담을 하기 위해 그와 약속을 잡는다. 유일한 문제점은 그가 메인주(미국의 가장 북동부에 있는 주이다 _옮긴이)에서 개업하고 있다는 것이다. 그러나 그녀는 결혼을 유지하려는 데 너무나 몰두해 있어서(다시 얘기하지만 5장에서 논의되었던 대로 결혼을 유지하는 것이 자신의 의무라고 생각하는 쪽은 대개 여성이다) 아널드에게 자기 생각을 운도 떼기 전에 비행기 표를 사버린다. 아널드는 처음에는 안 가겠다고 했으나 케이는 이 여행을 하기로 마음을 굳힌 상태였다. 물론 아널드는 마지막 순간에 비행기에 오르고야 말았고 이들은 같이 목적지인 그레이트 호프 스프링스Great Hope Springs에 도착한다.

케이와 함께 마지못해 간 아널드는 그 도시와 식당 등등에 대해 불평한다. 그들이 치료 전문의를 만났을 때 케이는 "다시 결혼생활을 하기를" 원한다고 말한다.35) 그녀의 불만 중 하나는 아널드가 더 이상 그녀의 몸에 손대지 않는다는 것이다(예를 들면 아널드는 그녀 팔에도 닿지 않으려 한다). 그다음으로는 거북한 대목이 나오는데, 잠자리에 관한 이야기다. 치료 전문의는 그들에게 언제 마지막으로 잠자리를 가졌는지 물어봤고 아널드는 잘 모르겠다고 대답한다. 그러나 케이는 정확한 날짜까지 기억해내면서 잠자리를 하지 않은 지 거의 5년이 되었다고 답한다. 펠드 의사가 잠자리가 만족스러웠냐고 묻자 그들은 동시에 대답한다. 케이는 "좋았다"고, 아놀드는 "괜찮았다"고 말한다.36) 그날 밤 그들이 해야 하는 '연습 과제'는 그저 상대를 팔로 안고 시간을 보내는 것이다. 이 '연습 과제'는 효과가 있었고(몇 번 딸꾹질이 나오긴 했지만), 이어서 이들은 다음 과제를 수행하게 된다. 즉, 먼저 성적 판타지에 대한 논의를 거친 뒤 최종적으로는 성관계를 다시 시작하려는 시도이다.

이 마지막 과제, 즉 반 십년 만에 처음으로 부부관계를 갖는 일은 시작은 좋았지만 케이는 이내 아널드가 자신을 매력적이라고 보지 않는다고 확신하면서 결정적으로 어긋나게 된다. 이를 계기로 닥터 펠드와의 상담 치료도 끝나게 되고 이들은 다음 날 자기들이 실패했다고 느끼며 집으로 돌아간다. 집에 돌아가자 이들의 삶은 일상으로 되돌아갔다. 그러나 케이는 이런 결혼생활을 계속할 수 없다고 느끼고 뭔가 방법을 찾으러 떠나기로 작정한다. 그녀가 떠나려고 준비하고 있을 때 아널드가 마침내 그녀의 방으로 가 이들은 사랑을 나누게 되고 이 일이 그들을 변화의 길로 접어들게 만든다. 영화는 "그 둘은 그 후로 내내 행복하게 살았다"로 끝나지만 여성이 결혼생활에서 주도적으로 변화를 꾀하게 만듦으로써 이런 결말에 이르렀다는 것을 보여주고, 이 변화에 주목하는 것은 어떤 의미에서 결혼생활에서 상황이 어떻게 전형적으로 돌아가는지를 보여주는 것이기도 하다. 그러나 이 영화는 나이 든 여배우를 주연으로 삼고 나이 든 여성들이 직면하는 문제점들을 정면으로 다룬다는 점에서 긍정적인 메시지가 부정적인 메시지를 능가한다. 사실상 우리가 여기에서 논의해 온 모든 영화와 TV 드라마 중에서 이 영화가 여성의 나이와 섹슈얼리티에 관해 가장 사실적이고, 아마도 가장 긍정적인 메시지를 제공하고 있다.

배우 캐스팅은 여성 감독, 제작자, 작가와 성숙한 배우들을 요구한다

우리가 나이 들어가는 여성들의 문제점을 묘사하는 영화를 발견하기 위해 애썼다는 것은 그 영화들이 폐경, 건강, 나이 듦 혹은 섹슈얼리티에 대해 직접 관련되건 아니건 간에 대단한 일이다. 이런 영화가 부족한 이유는 할리우드에서 여성이 지도적 위치에 있지 않다는 점과 상당히 관련 있다. 예를 들면 여기에서 논의되는 영화 중 하나만이, 즉 〈사랑할 때 버려야 할 아까운 것들〉만이 여성 감독의 영화였다. 페미니스트 비평가들은 할리우드에서 여성 감독 (그리고 여성 제작자와 여성 작가)이 부족하다는 문제에 많은 관심을 기울이는데, 왜냐하면 바로 이런 사실로 인해 많은 이야기들이 여성의 관점에서 이야기되지 않는다고 믿기 때문이다. "할리우드 여성 감독들의 딱한 상태"라는 제목이 붙은 ≪허핑턴 포스트≫의 최근 기사는 여성들이 지난 5년간 주요 영화의 감독을 맡은 게 전체의 5%도 안 된다는 충격적인 사실로 글을 시작한다.[37] 이 기사와 함께 독자들로 하여금 할리우드에서의 이 '딱한 상태'를 눈에 그려보도록 도와주는 통계표가 실려 있다.[38] 이 기사는 여성 작가이자 영화 감독인 디아블로 코디Diablo Cody의 말을 인용하며 "이러한 실태는 할리우드의 여성들이 여러 해 동안 겪어온 것"이라고 지적한다.

> 여성으로서 당신은 항상 당신을 입증하라는 요구를 받는 데 비해 남자들은 영화가 흥행에 실패해도 그들의 성별에 대한 비난을 받지 않는다. 남자가 흥행에 실패하면 사람들은 다양한 요인 탓이라고 할 것이다. 그러나 만약 여성이 영화를 감독했는데 흥행이 시원찮으면 갑자기 그건 감독이 여성이기 때문이라고 한다. 이 점이 나를 격노케 한다.[39]

그리고 이러한 이중 잣대는 많은 미국여성들을 '격노케' 해야 마땅하다. 여성들이 영화를 감독하거나 집필하거나 제작하지 않을 때면 이러한 상황은 낙

수효과를 만들어낸다. 즉, 여성 감독과 제작자, 작가의 결여는 사회 내 여성의 목소리와 시각의 결여를 초래한다.[40] 또한 여성 감독은 나이가 적절한 여성 주연배우를 기용하든가, 그렇지 않으면 남성 감독들이 흔히 그렇게 하듯이 55세 남성 주연배우의 상대역으로 25세 여성을 빈번하게 기용하는 그런 경향을 따를 수밖에 없게 되거나 둘 중 하나일 가능성이 높다. 본질적으로, 영화 산업에서 여성 결정권자의 부족이 35세 이상 여성층의 목소리에 재갈을 물리는 것이다.

할리우드의 편견이 중노년 여성들의 중심적인 문제에 집중하는 내러티브를 부족하게 만드는 데 반해, 출판업계는 그러한 나이주의ageism에 지배당하지 않는다. 그러나 흥미롭게도 황혼기의 여성을 그리는 허구 소설들은 많지 않다. 차라리 이들을 겨냥한 자기계발서가 더 많다(노화를 문제로 보거나 노화를 다루는 데 '도움'이 필요하다고 잠재적으로 암시하면서). 자기계발서 산업이 성행함에 따라 이제 폐경, 빈 둥지, 더 넓게는 노령 여성들이라는 논점을 집중적으로 다루는 책들이 많아진 것은 놀라운 일이 아니다. 이런 베스트셀러 중 두 가지, 의사인 크리스티안 노스럽의 『폐경의 지혜』(2001)와 샌드라 칭 로의 『볼보자동차 속 미친 여자』(2014)는 폐경에 관한 몇몇 그릇된 믿음들과 현실에 대해 많은 것을 밝혀준다.

한 번에 한 권씩 타부를 넘어 움직이기: 침묵을 깨뜨린 행로

노스럽은 의학협회 공인 산부인과 의사인데 이제는 여성의 건강에 관해 집필하고 연설도 한다.[41] 그녀는 사람들이 폐경기 여성을 두고 비이성적으로 행동하고 호르몬 불균형 때문에 사람들과의 관계를 엉망으로 만든다고 하는 고정관념에 대한 이야기로 자신의 책을 시작한다. 그러나 호르몬이 관계 문제의 원인이라고 흔히 믿고 있지만 실제로는 "호르몬으로 초래된 이러한 변화들이 뇌에 영향을 끼쳐 여성에게 불평등과 불의에 대한 더 날카로운 시각을 갖게 하고 터놓고 말하도록 주장하는 목소리를 내게 한다"고 노스럽은 시사한다. 다른 말로 하면 이 변화들은 여성들의 감춰진 지혜, 즉 그것을 말로 표현하는 용기를 드러낸다.[42] 그녀는 관심사를 말로 표현하지 못하는 것, 혹은 "배출구를 찾지" 못하는 것을 압력솥의 증기 배출구를 막는 것에 비유한다. 그녀에 따르면 만약 여성이 (아마도 여러 해 동안) 자신을 괴롭혀온 것들에 대해 거리낌 없이 말하지 않는다면 그녀의 건강은 여러 가지의 질병에 걸릴 정도로 악화될 수 있는데 이 질병에 속하는 세 가지를 들면 심장병, 우울증, 유방암이다.[43]

노스럽은 더 나아가 여성의 뇌가 폐경 직전 시기perimenopause(폐경기에 바로 앞서는 시기)에 어떻게 변화하는지에 대해 설명한다. 그녀에 따르면 호르몬 수치가 변함에 따라 "측두엽, 즉 고도의 직관에 관련되는 뇌의 부분에 변화의 신호를 알리는 스위치가 켜지는데" 이것이 여성들에게 주는 영향은 "우리의 삶에서 우리의 호르몬이 우리에게 촉구하는 변화를 우리가 얼마나 기꺼이 이루는가에 … 달려 있다".[44] 따라서 이 말은 여성들은 단지 폐경 때문에 변덕스럽고, 화를 잘 내는 것이 아니라는 것이다. 차라리 폐경은 여성들로 하여금 그들이 살면서 겪는 사건들을 그 때 더 명확하게 볼 수 있도록 도와주는 육체적 변화를 가져오는 것이다.[45]

이 책의 비판가들은 노스럽이 과학적 지식을 비 육체적 몸(특히, 영적인 힘인 차크라)에 관한 논의와 융합하는 것에 문제가 있다고 언급해 오고 있다. 예를 들면 의사인 해리엇 홀Harriet Hall은 ≪과학에 기초한 의학Science Based Medicine≫이라는 잡지에서 이렇게 쓰고 있다.

노스럽의 저작은 훌륭한 과학, 잘못 해석된 과학, 입증되지 않은 비합리적 치료법, 실제로는 위험한 추천 사항들, 대중 심리학, 신비주의, 미신 등의 혼란스러운 혼합이다. 그녀가 이런 황당한 내용을 뺐다면 상당히 도움이 되는 책을 썼을 것이다. 그러나 난 오프라(미국의 유명한 TV 토크쇼 진행자였던 오프라 윈프리 Oprah Winfrey를 가리킨다 _옮긴이)가 그녀를 쇼에 초대하고 싶어 했으리라고 생각하지 않는다. 과학에 기초한 의학은 좋은 TV쇼에는 어울리지 않는다.[46]

확실히 노스럽은 정신과 육체가 합쳐서 건강을 만들어낸다고 강조(데카르트의 이원론 혹은 정신/육체 분리를 강조하는 전통 의학과 반대로) 하는 점에서 보면 의학 관련 논의를 할 때 여러 가지 유형의 정보를 제공한다. 그러나 노스럽의 책이 하고 있는 일은 폐경을 보는 다른 시각을 제공하는 것이다. 노스럽은 폐경이 두려워할 무언가가 아니고 오히려 여성으로 하여금 생의 후반부에서 자신의 완전한 가능성에 이르도록 도와줄 수 있는 어떤 것이라고 시사한다.

샌드라 칭 로가 2014년에 출간한 체험기 『볼보자동차 속 미친 여자』는 자기계발서는 아니지만 독자로 하여금 자신들이 폐경기에 느끼는 감정이 '정상' 이라고 이해하도록 돕는다. 로의 소설은 우스꽝스러운 투로 이 '변화' 동안 그녀 자신이 변했던 이야기를 하고 있다. 작품명 자체도 여성들에 관한 몇몇 부정적이고 끈질긴 고정관념들을 약화시키려는 그녀의 의도를 드러낸다. 로의 제목은 물론 샌드라 길버트Sandra Gilbert와 수전 구바Susan Gubar에 의해 쓰인 1979년의 획기적인 페미니즘 텍스트 『다락방의 미친 여자The Madwoman in the Attic』를 살짝 흉내 낸 것이다.[47] 길버트와 구바는 책에서 여성에 의해 쓰인 19세기 빅토리아 시대의 문학을 탐구한다.[48] **그들이 정한** 제목은 버사 메이슨 Bertha Mason을 언급하는 것인데, 그녀는 샬럿 브론테Charlotte Brontë의 소설 『제인 에어Jane Eyre』에서 로체스터Rochester의 (아마도 미친) 부인이고 남편 집 다락방에 글자 그대로 감금되어 있다. 길버트와 구바에 의하면 여기에 빅토리아 시대 문학의 주요한 주제가 들어 있는데, 여성의 감금이 그것이다. 길버트와 구바는 『제인 에어』와 여성들이 쓴 다른 소설들에서 감금이라는 주제를 끈질기게 다루었다. 또한 19세기 여성 소설가들 자신도 자기들이 쓴 작품 속에 감금되어 있다고 느꼈다고 주장했는데 이는 남성 작가들이 여성 등장인물들을

'천사(순결하고 복종적인)' 아니면 '괴물(통제할 수 없고 열정적인)'이라고 분류했던 경향이 있었기 때문이라는 것이다. 이들 19세기 여성 작가들은 여성의 이야기가 남성에 의해 쓰이는 것에 반항했다. 따라서 이들은 독립적인 여성 등장인물들을 그려냈는데, 이 인물들은 작가인 이들에게 자율성을 주는 데 기여했다.[49]

이런 전통을 따라 『볼보자동차 속 미친 여자』는 특히 폐경에 관한 여성의 이야기에 새로운 시각을 제시하며 충분히 거론되지 않았던 하나의 이야기를 펼쳐낸다. 로는 오늘날의 폐경이 1960년대에 그랬던 것보다 어떤 의미에서 더 도전적인지에 대해 도움이 되는 설명을 해준다.

우리의 많은 '미친 여자' 엄마들이 20대에 우리들을 가졌던 데 반해 나는 많은 내 X세대 무리들과 더불어 30대 후반이나 40대 초반에 아이들을 낳았다. 새로운 폐경기 속의 우리 자매들은 우리 자신의 삶을 살아가는 동안 거친 호르몬 기복을 거치며 우리 딸들을 인도하는 과업을 얻게 된, 축복받은 첫 세대이다.[50]

로는 여성들이 폐경기 동안 견뎌야 하는 몇몇 문제들에서 웃음거리를 발견한다. 그러나 분명히 그녀는 이 웃음거리를 사용해 이러한 문제들을 최소화하려고 하지는 않는다. 대신 그녀는 더 가벼운 말투로 이러한 문제점들을 더 견뎌낼 만하게 보이도록 시도한다. 예를 들면 그녀는 몸무게에게 인격을 부여하는데 그건 몸무게를 줄이는 일이 폐경기의 많은 여성들에게는 문제이기 때문이다.

많은 미국 여성들이 자신들의 몸무게에 강박관념을 느끼지만 나로 말하자면 평안하고 행복하게도 그걸 느끼지 않는다. … 49년을 같이 살아온 뒤 내 몸무게와 나는 드디어 거래를 하나 체결했다. 맞다, 필요에 의해 우리는 여전히 같이 살고 있다. 우리는 밥도 같이 먹고, 잠도 같이 자고, 난 여전히 우리 둘을 (다소간 무겁게) 태우고 시내를 운전하고 돌아다닌다. 하지만 몸무게는 나에 대해 물어보지 않고, 나도 몸무게에 대해 물어보지 않는다. … 난 내 옆에 앉은 변덕스러운 인물, 즉 내 몸무게에 대해 걱정해야 할 필요 없이 접시 가득 음식을 담는다.51)

그녀는 또한 호르몬과 아이 양육 사이의 직접적 관계에 대해 주목하며 여성의 호르몬이 감소할수록 타인을 양육하려는 그들의 본능도 감소한다고 말한다.52) 노스럽의 주장을 끌어들이며 로는 사실상 폐경이 '변화'는 아니라고 계속해서 말한다. 그녀는 차라리 생식력이 변화라고 본다.

> 만약 80년의 수명에서 어떤 여성이 약 25년 동안 생식력이 있다면 … 그녀의 마음을 바뀌게 하고 호르몬을 바뀌게 하는 변동을 촉발하는 것은 폐경이 아니다. 호르몬의 '장해'는 실제로 생식력이다 … **생식력이 변화이다.** 여성이 자신을 상실하고 과도하게 풍성한 에스트로겐 구름 속으로 들어가는 것은 가임기 동안이다. 평균수명이 길어진 만큼, 아니 길어졌기 때문에 인생의 중앙부 30년간의 혼란스러운 가임기는 여성에게는 '정상'이 아니고, 거의 60년간의 사춘기 이전과 폐경기의 상대적 이기심이 '정상'이다. 53)

결과적으로 로가 자신의 책에서 하고 있는 일은 사람들이 과거보다 폐경과 나이 듦을 좀 다르게 보도록 하는 것이다. 그녀는 폐경이 제대로 말해질 수도 없고 두려움의 대상이 되어야 하는 급격한 변화일 필요는 없다고 독자들에게 말한다. 차라리 폐경은 여성이 경험하는 삶의 일부이고 그들이 이것을 어떻게 겪는가는 여성 자신에게 달렸다는 것이다. 여기에 대한 그녀의 충고는 무엇인가? 그녀는 몇 가지의 '폐경기 힌트'를 제공하는데 여성들에게 허드렛일을 하지 말고, 혼돈을 받아들이고, 휴식을 취하고, (우리가 개인적으로 좋아하는 힌트이기도 한) "이 과정을 통과하기 위해 모든 것을, 어떤 것이든 다 고려하라"고 말한다.

성차별주의자, 나이주의자의 관행을 끝내기 위한 투쟁

이제 우리는 지난 여러 해 동안 50세는 새로운 30세라는 말을 들어오고 있다. 그럼 이 말은 오래지 않아 90세도 새로운 50세나 60세가 된다는 의미일까? 만약 그렇다면 우리는 정말로 기진맥진해진 90세 사람들을 보게 될 것이다. 평균수명이 늘어남에 따라 사람들이 기분 좋게 나이 들기를 원하는 것은 당연하다. 결국, 아프고 싶어 하는 사람은 아무도 없고 누구나 건강하고 활력 있는 상태로 있으며 운동할 수 있기를 원한다. 그러나 대중문화의 생산품들은 사람들, 특히 여성들에게 젊게 느끼는 것보다는 젊게 보이는 것이 관건이라고 가르친다. 우리가 이 책을 통해 내내 논의해 오고 있듯이 대중매체는 종종 여성들에게 그들의 가치는 그들이 남성들에게 성적으로 매력적으로 보이느냐 아니냐에 달려 있다고 가르친다. 삶의 후반부에서 여성이 지금껏 살아오며 직면한 성차별주의는 나이 차별주의로 인해 복잡한 양상을 띠게 된다. 나이 차별주의는 젊음에 가장 높은 가치를 매기는 사회의 메시지들에 대항해 여성이 싸울 때 외적, 내적으로 동시에 직면하게 되는 것이다. 여성은 언제 자신들이 더 이상 가치가 없게 되는지 갑자기 크고 뚜렷하게 온 세상에 알리게 될 시간 기록기를 가진 것처럼 묘사된다. 문화는 미리 조심하라는 얘기를 소곤대며 여성들로 하여금 그들이 자신들의 남자를 만족시킬 수 없다면 생애 주기 어떤 지점에 이르러 새롭고, 남성을 더욱 흥분하게 하고, 나이도 더 어린 여성에게 자신의 자리를 빼앗길지도 모른다는 사실을 준비하게 한다.

다음의 두 사건이 이러한 문제성 있는 메시지를 부각시킨다. 2015년 케이틀린 제너Caitlyn Jenner(그전에는 유명한 미국 올림픽 선수였던 브루스 제너Bruce Jenner)는 대중 앞에서 최초로 커밍아웃한 성전환 유명인사로 널리 인정되는 한 명이 되었다. 이 65세의 여인은 재빨리 ≪배니티 페어≫ 잡지의 표지 모델 자리를 꿰찼는데 성적 매력이 넘치는 아가씨처럼 하얀 란제리를 입고 포즈를 취한 모습이었다. 그리고 정말로, 모든 사람들을 광분하게 만든 것은 그녀의 육체적 매력과 섹시함이었다. ≪데일리 쇼*The Daily Show*≫의 존 스튜어트Jon Stewart는 이것을 잘 요약했다.

모든 사람들이 케이틀린 제너를 기꺼이 여성으로 받아들일 뿐만 아니라 그녀를 곧바로 여성처럼 대하는 것을 보는 일은 정말로 고무적이다. 케이틀린, 당신도 알다시피 당신이 남자였을 때 우리는 당신의 운동 몰두 경향과 당신의 사업가적 명민함에 대해 얘기할 수 있었소. 그러나 이제 당신은 여성이 되었으니 우리가 정말로 관심 갖는 건 당신 겉모습뿐이요.[54]

대중매체의 보도에 대한 스튜어트의 비판은 케이틀린 앞에 놓인 것이 단지 성차별주의만이 아니고 나이 차별주의도 있다는 것을 보여준다. 폭스 뉴스의 논평가가 "그녀는 멋지게 생겼는데 특히 그녀의 나이에 비해 그렇죠"라고 언급했을 때 스튜어트는 이렇게 응답했다. "그럴 줄 알았소. 그녀한테 이제 유통 기간이 끝나간다고 일러주시지 그래요. '당신은 65세에 커밍아웃했으니 이제 사람들 눈에 안보이게 될 때까지 2년 남았소. 남은 기간 잘 활용하시오'라고 말이요."[55] 그리고 그 이면에서 케이틀린은 나이 들어가는 여성이 되는 게 무엇을 의미하는지에 관한 정확히 반대되는 교훈을 얻게 되었다. ≪보스턴 글로브*The Boston Globe*≫의 한 기사는 ≪배니티 페어≫ 표지를 장식한 케이틀린의 젊은 느낌의 옷과 포즈에 대해 호들갑을 떨면서 "케이틀린이 25살 먹은 애송이 스타로서가 아니라 65살 먹은 여자면 왜 커밍아웃하면 안 된다는 말인가?"라고 묻는다.[56] 기사의 저자는 "나는 케이틀린이 20살이나 30살 먹은 여자였던 시절을 놓친 게 유감이오. 하지만 난 그녀가 그 놓친 기간을 따라잡기를 바라오"라고 푸념한다.[57] 그리고 나서 어린애 취급하는 듯한 직접적인 언사(그것은 이 성 전환 여성을 향해 어른이 되라고 한 그 간청을 고려해 보면 역설적이다)에서 그 저자는 이렇게 쓴다. "친애하는 케이틀린, 우리 젠더에 들어온 걸 환영합니다. 자, 이제 당신이 소녀가 되었으니 어른 여자가 되고 싶지 않소?"[58] 이렇듯 거의 데뷔하자마자 케이틀린은 여성이 되었다는 엄청난 기쁨을 상으로 받았다. 그들의 섹슈얼리티에 관한 뒤섞인 메시지들 사이를 요리조리 통과하면서!

문화의 레이더에 최근 또 하나 삑 소리 나며 걸려든 것으로 여성의 가치는 젊음, 아름다움, 성적 매력에 의존한다는 생각을 강화시키는 비열한 언급들이 있다. 도널드 트럼프의 우스꽝스러운(그리고 역겨운) 2016년 대통령 선거전에서의 또 하나의 실수는 힐러리 클린턴의 섹슈얼리티를 공격하는 트위터 메시지가 트럼프의 소셜 미디어 계정에서 보내진 일이다. 원래는 텍사스에 사는 한 젊은 여성이 올린 것으로 되어 있는 그 트위터 메시지는 다음과 같은 내용이었다. "만약 힐러리 클린턴이 자기 남편을 만족시킬 수 없다면 어떻게 미국을 만족시킬 수 있다고 생각하는가?" 이런 상황에서 트럼프는 이렇게 연상했다는 그 자체만으로도 (아마도) 죄를 지은 것이다. "누군가가 이 재치 있는 말을 2시간 뒤에 다시 올렸고 트럼프가 쓰는 트위터 사용자 이름을 메시지에 포함시켰다. (그리고 나서) 이 억만장자의 참모 중 한명이 트럼프를 위해 280만 명의 팔로워에게 이 내용을 리트윗했다."[59] 이 트위터 내용은 클린턴의 대통령 선거 캠프가 성차별적이고 나이 차별적인 정서에 둘러싸여 있어서 문제가 되는 것 아니냐는 논란을 다시금 불러일으켰다. 그녀가 할머니로서 국가를 통치할 수 있느냐 없느냐 하는 의문(7장에서 논의되었듯이)을 제기한 출판물들 너머로, 다른 사람들은 "60대의 여성이 백악관 대통령 집무실을 다룰 수 있느냐 없느냐" 하는 의문을 제기했다.[60] 예를 들면 아래와 같다.

≪타임≫의 어떤 온라인 기사는 폐경기 이후의 여성으로서 겪을 수 있는 클린턴의 '호르몬의 감퇴'에 대해 구체적으로 다루기 전, 그녀를 '대통령이 되기 완벽한 나이'라고 선언하는 굉장히 비꼬는 찬사를 보냈다. 한편 ≪LA타임스≫의 한 기고가는 클린턴이 보톡스 시술이나 성형수술을 먼저 받지 않고 대통령에 출마하겠다고 생각했다는 것 자체에 그녀(기고가)가 놀란 일에 대해 자세히 쓰기도 했다.[61]

그러나 이러한 기사들은 #힐러리는얼마나늙었나HowOldIsHillary라는 나이 차별적 트위터 해시태그에 비하면 약과다. 이 해시태그는 사용자들에게 "힐러리 클린턴은 이 차보다 더 나이가 많다"라는 상상력을 자극하는 자막과 함께 옛날 자동차들 사진 옆에 나란히 클린턴의 비호감 사진을 올리게끔 한다.[62]

이 두 가지의 예는 여성들의 이른바 '황금기'에 삶에 영향을 끼치는 성차별과 나이 차별을 세상에서 없애려면 아직도 멀었다는 것을 보여준다. 고맙게도, 우리가 이 장에서 검토한 대중문화 텍스트들은 우리가 정말로 젠더, 나이, 섹슈얼리티를 보는 새로운 방식을 제공할 수 있다는 것을 보여준다. 영화에서 무대로, 또 책으로 이러한 텍스트들은 성숙한 여성들에 대한 새로운 표현을 제공한다. 그 과정에서 이들 성숙한 여성들은 현존하는 고정관념에 도전하고, 이들에게 귀 기울이거나 이들의 글을 읽는 독자들도 그들과 같은 것을 느낄 수 있도록 초대한다. 이 장이 보여주려 했듯이 성숙한 여성들의 중요한 논점들을 적극적으로 다루는 텍스트들은 여성들에게 그들이 살아가는 동안 그들을 겨냥하는 문제성 있는 메시지들 전부는 아니라도 상당수에 대해서 저항할 힘을 준다. 이러한 텍스트들이 더 많아지면 아마도 여성들은 자신들이 '한물 갔다'고 생각하기를 멈출 수 있을 것이다. 그들은 마침내 이 마지막 단계에서 출생 이후 그들의 발아래에 쌓여온, 뭔가를 가르치려 들었던 마치 '산'처럼 높은 텍스트들 위로, 그 너머로 나아갈 수 있을 것이다.

유령의 집에서 빠져나오기
한 번에 한 주기 씩 사회의 가르침에 도전하기

오늘날 사회가 페미니즘과 애증관계에 있다는 정도로 말한다면 우스꽝스러운 과소평가일 것이다. 단적으로 말해 우리는 논쟁을 불러일으키고 있는 'F로 시작되는 단어'(페미니즘-옮긴이)를 가지고 어떻게 해야 할지를 모르는 것이다. 특히 이런 현상은 생애주기마다 소녀나 성인 여성을 거냥한 문화상품에 뚜렷하게 나타난다. 어디에나 페미니즘, 젠더, 성에 대한 혼재된 메시지는 있다. 장난감 상자, 책꽂이, 블로그, 영화, 노래, TV, 광고, 트위터, 잡지, 연극 등에서 모순된 가르침을 내보낸다. 케이트 미들턴, 제니퍼 로페즈, 에이미 슈머, 티나 페이, 케이틀린 제너, 힐러리 클린턴을 둘러싼 문화담론에서도 이런 모순된 메시지가 보인다. 〈미혼녀〉, 〈섹스 앤 시티〉, 〈임신한 당신이 알아야 할 모든 것〉, 〈메노포즈〉에 대한 비평에서도 이런 모순된 메시지가 보인다. 엘사, 안나, 캣니스, 벨라, 스테이시의 엄마, 스티플러의 엄마에 대한 학문적 논의에도 이런 모순된 메시지가 보인다. 실은 모든 어머니, 딸, 자매(허구든 실제든)의 분석에도 이런 모순된 메시지가 보인다.

우리에게 전달되고 있는 이런 모순된 가르침을 찾아내기 위해 현재 진행 중인 이런 대화들을 꼼꼼하게 들여다볼 필요가 없다. 소녀와 성인여성은 모두 자신들에게 여성성이 기대되지만 그것이 쓸모없다고, 섹시하지만 처녀성을 간직해야 한다고, 독립적이지만 너무 독립적이어서는 안 된다고, 젊어 보이면서도 나이에 맞게 처신해야 한다고 배운다. 그들은 페미니즘은 더 이상 필요 없다는 소리를 듣지만 동시에 아직 남녀평등이 완벽하게 실현되지 않았다는 소리도 듣는다. 그들에게 무한대로 선택할 수 있지만 잘못된 선택도 일부 있다고, 모든 것을 가질 수 있지만 그럴 수는 없다고도 한다. 사람들은 아직도 수십 년 전에 통용되던 지긋지긋한 여성 상투형을 강화시키면서도 그 와중에 세상이 변해서 정말 여성들이 살기 좋아졌다고 선언한다. 사람들은 여성이 이룬 중요한 업적에 대해 통탄하면서 동시에 남녀평등 사상에 대해 입에 발린 말을 한다. 사람들은 현재의 평등한 관계를 축하하면서도 남녀평등 때문에 남성성의 위기가 왔다고 장황하게 떠벌린다. 페미니스트들은 예전의 영웅적인 전사 … 그리고 현재 아무 쓸모없어진 대중선동가고 남녀평등의 수호자 … 그리고 기회주의적인 남성 혐오론자라는 틀에 갇힌다. 사람들이 이렇게 혼란을 느끼는 것도 놀라운 일이 아니다. 페미니즘의 긴 역사와 현재 활동의 덕을 본 여성들 중 대다수가 잽싸게 '저는 페미니스트는 아니지만 …'라고 말꼬리를 흐린 후 페미니즘과 다를 바 없는 신념으로 마무리하는데, 이것도 놀라운 일이 아니다. 페미니스트 운동에 반대하는 여성들[1]의 존재나, 아들이 생기자 페미니스트가 되기를 멈출 **수밖에 없었는지** 설명하는 글을 쓰는 어머니들[2]이나, ≪타임≫지가 '페미니스트'[3]라는 단어를 금지어로 하자고 제안하며 이를 재미있는 아이디어라고 생각한 이유가 모두 이런 혼란에서 기인한다고 하면 설명할 수는 있지만 그렇다고 이것이 정당화되지는 않는다.

　이 책이 드러내고자 했던 것은 어떻게 수년에 걸쳐 생성된 이런 모순된 개념들이 젠더에 관한 가르침이라는 형태로 문화에 스며들었냐는 것이다. 사회적 구성물이라고도 하고 사이비 자기계발이라도 하는 이런 텍스트들이 우리가 남성성과 여성성의 개념을 형성하는 데, 즉 남녀에게 어떤 행동을 기대하고/하고 옹호하는 데 주요한 영향을 미친다. 대중문화는 우리가 무엇을 생각하고 어떻게 생각할지를 말해줄 뿐 아니라, **언제** 그런 생각을 하고 실행에 옮겨야 하는지에 대해서도 말해준다. 대중문화는 여성이 이미 정해진 생애주기를 거쳐야 하며 각 주기마다 정해진 행동을 해야 한다는 생각을 강화시킨다.

여성의 일생을 뒤흔드는 이런 사회의 가르침을 모두 살펴보고 있자니 압도되고, 지치고, 때로는 역겨웠다. 그러나 일단 이런 모순된 메시지들에 저항하고 거부하고 재배열하는 방법을 배우고 나서 다시 희망을 얻기도 했다. 하향식 교육 프로그램이나 협동은 격려가 되고 개인들이 모여 벌이는 자발적인 캠페인은 영감을 준다. 이런 운동들은 젠더를 둘러싼 가르침들을 극복할 수 있다는 것을 보여준다. 이런 운동 중 일부를 아래에서 간략히 다시 소개하겠다.

우리가 이런 가르침들을 극복할 수 있는 좀 더 공식적인 방식 중 하나는 어떻게 하면 이런 가르침들을 극복할 수 있는지 배우는 것이다. 미디어 해독력을 공공 교육과 연관시키는 시도가 확대되고 있으며 그 어느 때보다 절실하다. 미디어 해독력 교육 전국 연합회NAMLE, National Association for Media Literacy Education에 따르면, 비판적인 사고를 위한 교육을 빨리 시작하는 것이 중요하다고 한다. 그래야지 나이가 들어도 다양한 미디어에서 수용하는 메시지를 더 잘 이해할 수 있다는 것이다. 이 단체를 포함한 여러 단체는 학교 교과과정에 집중적인 미디어 해독력 과목 개설이나 기존의 교과과정에 이것을 통합하는 것이 필요하다고 주장한다. 미국에서는 2010년 이래 공통교과과정에 미디어 해독력 과정을 광범위하게 채택함으로써4) 실제로 미디어 해독력에 대한 직접적인 교육의 양이 증가했다. 12학년 영어 및 예술 교과과정을 보면 학생들이 그런 텍스트에 대한 역사적 맥락은 말할 것도 없고 시각적 분석과 비교 미디어 연구를 하는 것이 필수이다. 이런 미디어 해독력 교과과정의 시행은 주에 따라, 교육구청에 따라, 학교에 따라 많이 다르지만, 요즘 학생들은 미디어 메시지에 대해 직접적인 교육을 받고 있다. 그러나 이런 교육이 공식적인 교실 안의 교육에만 한정되어서는 안 된다.

이런 메시지와 상호작용하고 싸우길 원하는 사람들을 위해서는 예전에 비해 자료가 풍부하다. 성차별 교육에 어떻게 저항할 것인가에 관심을 갖는 수 많은 학자들이 문화 분석 속에서 미디어 해독력에 관한 조언을 하고 있다. 예를 들면 지지 M. 더럼은 『롤리타 효과』에서 어린 소녀에 관한 문화적 신화를 어떻게 토론할 것인가에 대해 여러 군데서 언급하고 있다.[5]

새론 램과 린 미켈 브라운이 쓴 『소녀시절 포장하기』에서는 부모들이 사용할 수 있는 교육방법이 다양하게 제시된다. 예를 들면, 「미디어 속 소녀 감시」의 토론에 대한 복습 문제, 「영화 속 소녀 감시」에서 성적인 암시가 있는 말들의 목록, 상투적인 영상이 등장하지 않고 강한 여성 인물이 포함된 영화와 책의 목록이 있다. 그리고 10대 이전 아동과 청소년에게 사용할 수 있는 이미 만들어 놓은 대화나 대사가 있다. 그 내용은 상투형, 시장의 작동 방식, 남녀 간의 상호작용 묘사 방식, 아동 및 청소년들이 상처 받지 않고 행동과 정체성을 선택하는 법 등이다.[6] 제니퍼 포즈의 『현실은 화를 낸다』는 노인층을 대상으로 한 「미디어 해독력 즐기기: 술마시기 게임, 해체 안내, 기타 사고 수단Fun with media literacy: Drinking Games, Deconstruction Guides, and Other Critical Thinking Tools」라는 제목의 장으로 끝을 맺는다.[7] 미디어 해독력에 관심이 있는 사람들은 인터넷에서 수없이 많은 자료를 구할 수 있다. 예를 들면 미국 심리학회의 '새로운 소녀들, 여성들 + 미디어 프로젝트'[8]와 '미디어 해독력 프로젝트'[9] 등이 있다.

기업이 온정적일 때(그리고 어젠다가 있을 때): 긍정적인 광고 몇 가지

21세기 여성들은 성차별적인 지시에 저항하는데 공식적, 비공식적 미디어 해독력 계발의 도움을 받을 수 있었던 것은 분명하다. 그러나 더욱 더 여성에게 도움이 되는 일은 우선 성차별적인 메시지를 덜 받은 것일 것이다! 몇몇 회사들은 이런 목표 달성을 위해 자발적으로 행동을 취하고 있다. 예를 들면, 널리 회자되는 2014년 슈퍼볼 광고들이 그렇다. 역설적으로 이 중 한 광고는 생리용품 회사인 올웨이즈Always 광고다. 2014년 6월에 이 회사는 텔레비전에 '#소녀처럼'이라는 비디오 광고를 시작했다.[10] 그 비디오는 "소녀처럼 한다는 것은 무슨 뜻일까?"라는 질문으로 시작했다. 그러고 나서, 젊은 성인 남녀에게 '소녀처럼' 행동해 보라고 요청했다. 그들은 '소녀처럼' 달렸고, 그들은 '소녀처럼' 때렸고, 그들은 '소녀처럼' 공을 던졌다. 참가자들 모두 이 행동들을 아주 비슷하게 했다. 그들은 톡톡 때렸고, 달리면서 바보처럼 웃었고, 다리를 비효율적으로 움직였다. 어린 소녀들에게 같은 행동을 '소녀처럼' 해 달라고 부탁하자, 최선을 다했다. 즉 그들은 결의에 차서 달렸고, 강한 펀치를 날렸으며, 세게 공을 던졌다. 그 비디오에서는 잠시 멈춘 후 다음 질문을 던진다. "소녀처럼 하는 것이 언제부터 굴욕이 되었나요?"[11] 이 비디오는 여성의 힘과 숙련도에 대한 부정적인 상투형을 보여줄 뿐 아니라, 일반 대중에게 이런 상투형이 얼마나 뿌리 깊이 박혀 있는지 보여준다. '소녀처럼' 해달라는 틀에서 그런 부탁을 받았음에도 불구하고, 소녀들은 행동 하나 하나에 최선을 다했다. 이는 소녀들이 자기를 내세우지 않는 존재로 태어났다기보다는 오랜 시간에 걸쳐 서서히 부정적인 상투형을 수용했음을 보여주는 증거이다. 이 비디오는 계속해서 소녀들을 인터뷰하며 '소녀처럼'이란 어귀가 굴욕으로 받아들여지는 것에 주목한다. 그리고 "소녀의 자신감이 사춘기 동안 수직 하락한다"[12]는 자막을 내보낸다. 그 다음 장면에서 마침내 회사광고가 나온다. "올웨이즈는 이것을 바꾸고자 한다"[13]라고 선언한다. 물론 이 비디오는 사춘기에 접어든 여성고객에게 상품을 팔아서 이윤을 얻는 기업에 호감을 갖게 하려는 광고이다.

그러나 이렇게 이윤추구에서 시작된 광고였음에도 불구하고, 이 비디오는 믿을 수 없을 정도로 긍정적인 메시지를 가져왔다. 트위터에 #소녀처럼이라는 해시태그가 물밀 듯이 나타나기 시작한 것이었다. 갑자기 전 세계 소녀들과 여성들이 긍정적인 행동을 하는 사진을 #소녀처럼이라는 해시태그로 트윗을 했다. 예를 들어, 한 젊은 여성은 "나는 #소녀처럼 높이뛰기를 해서 자랑스럽다"라는 말과 함께 높이뛰기로 상을 받는 인상적인 사진을 올렸다. 또 다른 여성은 군복을 입은 사진과 함께 "나는 #소녀처럼 나라에 봉사한다"[14]라고 트윗을 했다. 이처럼 긍정적인 트위터가 광범위하게 선풍적인 인기를 얻었지만, 반면 어떤 사람들은 이 비디오를 보고 분노를 터트리고, 또 다시 페미니즘은 남성성에 대한 공격이라는 왜곡된 인식을 드러냈다. 슈퍼볼 기간 동안 이 비디오가 방송되자, 곧 '매니니스트Maninist'를 자처하는 사람들이 "#소년처럼이라는 해시태그를 다는 선풍을 일으키자"고 부추겼고 정말, 신속하게 "평등이 중요하기 때문에 #소년처럼"[15] 같은 해시태그를 단 트윗을 했다. #소년처럼이라는 해시태그를 사용하여 미묘한 뉘앙스의 반응을 보인 사람들도 있었다. 예를 들면, 매니큐어를 바르거나 공주인형 놀이를 하는 등 흔히 여성적이라고 여겨지는 행동을 하는 아들의 사진을 올린 엄마들도 있었다.[16] 소년들의 여성적인 면을 찬양한다고 해석될 수 있는 사진이나 일탈적인 성역할 놀이를 재미있어하는 정도로 해석될 수 있는 사진들이 올라왔다. 이런 현상에도 불구하고 올웨이즈 광고를 둘러싼 이런 행동들이 분명하게 보여주는 것은 남녀평등에 도달하려면 아직 멀었다는 것, 기업 측에서 긍정적인 메시지를 내보낼 필요가 있다는 것이다.

　#소녀처럼과 유사한 방식으로 작동한 비디오 광고로는 유아 이유식 대기업이 시밀락Similac의 비디오 광고다. '모성의 자매애'라는 제목의 2분 30초짜리 비디오 광고는 2015년 1월 17일에 방송되었다.[17] 그 광고 첫 장면은 앞쪽에 아기를 끈으로 매고 있는 엄마가 공원 벤치에 앉아 있는 장면이다. 그녀는 주변을 둘러보다 엄숙한 표정으로 유모차를 밀면서 걸어오는 엄마 몇 명을 보자 깜짝 놀라는 것처럼 보인다. 마치 라이벌 깡패의 대결이 벌어질 것처럼 말이다. 정장 차림의 엄마들이 핸드폰과 서류가방을 쥐고 유모차를 밀고 있고 유모차의 아기들이 보인다. 이 일하는 엄마들은 당당하게 우유병을 흔들어 우유를 땅바닥에 뿌리는 엄마들을 손가락질 한다(이 장면은 모유수유를 하지 않는 엄

마들이 종종 모욕을 당하는 것을 명확하게 보여준다). 그러고 나서 공원에는 다양한 상투적인 양육을 하는 사람들의 유형으로 채워진다. 전업주부인 **아빠**들, 요가를 하는 엄마들, 모유수유를 하는 전업주부가 등장한다.

그러고 나서 재담이 시작된다. "오, 수유를 감시하는 경찰이 도착했어요"라고 한 엄마가 말한다. 아빠 한 사람이 "12시 방향 헬리콥터 엄마"라고 중얼거린다.[18] 비판적인 말들이 이어지고 점점 더 강한 말이 나온다. "오, 일회용 기저귀. 흠, 환경에는 신경을 쓰지 않는군" 그리고 "시간제 엄마처럼 되는 게 어떤 건지 모르겠어", "전업주부 엄마들은 하루 종일 뭘 하는지 모르겠어"[19] 등등. 이 비디오의 마지막 주장은 "이것은 수유에 관한 것만은 아니다"라는 의미심장한 말이다. 그리고 전투적인 부모 집단 모두가 싸울 준비가 된 순간, 아기가 탄 유모차 한 대가 언덕 아래로 굴러 내려가기 시작한다. 다양한 부모들이 걱정되어 하나로 합심해서 모두 언덕을 뛰어 내려가서 가까스로 아이를 구조한다(굴러 내려가는 유모차를 마침내 잡아낸 사람이 아빠라는 것 또한 주목할 만하다). 이런 통합의 순간을 경험한 결과, 비디오 광고는 모두가 미소를 지으며 악수하면서 하나의 부모 집단으로 통합되는 것으로 끝난다. 화면에 이런 문장이 나타난다. "우리의 신념과 관계없이, 우리는 우선 부모다. 모성의 자매애를 환영한다. 시밀락. #자매애통합"[20] 올웨이즈처럼, 시밀락은 그런 광고를 연출하는 데 관심을 지니고 있다. 그 이유는 모유수유 대 분유수유의 대립이 시밀락에 불리하기 때문이다. 그러나 이 전략적인 광고에 포함된 메시지 자체는 좋다. 양육에는 유일한 '올바른' 방식이 없다는 것이다.

숨겨진 잠재적인 어젠더 때문에 단순하지는 않지만, 이 비디오들은 여성과 소녀를 대상으로 보내는 문제 많은 메시지들에 주목하고 있음을 보여주는 한 현상이다. 패션 산업 간부들과 홍보담당자들은 건강하지 못한 미의 기준을 장려하는 수많은 이미지들을 방지하기 위한 노력의 일환으로 더 엄격한 기준을 적용하여 지나치게 마른 모델을 쓰지 않으려고 한다. 예를 들어 2008년에 모델들이 거식증으로 죽어나가자, 마드리드와 밀라노의 패션 산업 간부들은 체

질량지수가 18.5 이하인 모델이 패션쇼에 나가는 것을 금지했다.[21] 또한 21세기 초 광고계는 진정한 미는 막대기처럼 마른 것이나 표피적인 것이 아니라는 메시지를 퍼트리기 위해 노력했다. 2004년 도브Dove는 '현실적인 미를 위한 캠페인'을 시작했는데, 다양한 체형의 '진짜 여성들'을 전국의 광고게시판이나 잡지에 등장시켰다.[22] 위에서 논의한 비디오 같은 광고가 여성들에게 이로운 광고기는 하지만 기업 측에서 단지 이타적인 행위로 이런 광고를 만들지는 않는 것 같다. 이 광고가 나간 뒤, 도브의 매출이 12.5% 증가했고 그 다음 해에도 10% 증가했다.[23] 비평가들 중 몇몇은 이런 긍정적인 캠페인을 칭찬하지만은 않는다. 그들에 따르면 도브의 모회사인 유니레버Unilever가 슬림페스트(다이어트 보조제), 액스(남성용 바디 스프레이), 페어 & 러브리(미백크림) 같이 '현실적인 미'와는 어울리지 않는 제품을 생산하는 회사들을 소유하고 있다.[24] 이런 회사들이 페미니스트 캠페인으로 이윤을 얻을 수도 있다. 그렇다고 해도 모든 회사들이 이런 방식으로 최종 기준을 상향시킨다면, 미디어가 여성들과 소녀들에게 훨씬 더 건강한 공간이 될 것이다.

하나의 운동이 활기를 띠기 위해서는 (우상) 집단이 나서야 한다:
페미니즘을 수용하는 유명 연예인들

여성들에게 더 나은 미래로 가는 길을 열어주는 사람은 선도적인 교육자나 기업가만은 아니다. 최근에는 유명 연예인들이 페미니스트로 낙인찍히는 것을 대수롭지 않게 여긴다.[25] 물론 미디어는 미디어라서 유명 연예인이 페미니스트로 불릴 만한가를 놓고 불필요한 논쟁을 불러일으켰다. 미디어에서는 한 유명 연예인을 다른 유명 연예인과 비교해서 순위를 매겨가며 이런 논쟁을 이어갔다. 예를 들면, 에마 왓슨이 유엔에서 #그녀를위한그 캠페인(2장 참조)에 관해 연설을 하자 곧 대중가수인 비욘세와 비교되었다. 비욘세는 2014

MTV 음악상 수상 공연에서 대문자로 크게 페미니스트라고 쓴 번쩍이는 단어 앞에서 공연했고 이 공연은 '당신의 것과 나의 것'이라는 12분짜리 비디오로 출시되었다. 이 비디오에는 페미니즘에 대해 비욘세가 논하는 장면도 포함되었다. 강요된 여성 간의 경쟁은 사회적 규범이므로, 에마 왓슨과 비욘세는(그들이 동의 여부와 상관없이) 서로 경쟁하는 사이가 되었다. 비욘세는 많은 비판을 받았다. 비평가들 몇몇은 그녀의 교육이나 노출 의상에 초점을 맞추어 이야기했다.26) 이런 현상을 보면 슬프게도 유명 연예인들이 페미니즘을 수용하려고 할 때 바로 그 이유로 비난을 받는다는 것을 알 수 있다.

위의 예나 다른 예들 대다수를 보면 유명 연예인들은 종종 면밀한 검증의 대상이 된다는 것이 증명된다. 이런 잠재적 위험에도 불구하고, 유명 연예인들은 남녀 모두 남녀평등을 이루기 위해 자신만의 다양한 기반을 이용한다. 예들 들면, 퍼트리샤 아켓은 2015년 오스카 여우주연상을 수락하면서 격렬하게 남녀배우 간의 임금불평등에 대해 토로했다.27) 또한 할리우드에서는 좀 더 페미니스트 친화적인(아니면 적어도 여성친화적인) 사업을 하려는 운동들 또한 진행 중이다. 여성 미디어 센터The Women's Media Center는 '미디어에서의 재현위기'에 대처하기 위해서 의식화 교육뿐 아니라 모금사업도 하고 있다.28) 여성 연예인들은 할리우드에 만연한 성차별에 주목하기를 바라면서 서로 협동하여 다양한 시도를 하고 있다. 한 예가 #공정하게하라 캠페인으로, "우리가 말하는 이야기에서, 우리가 받는 임금에서, 우리가 만들 미래에서 남녀평등"에 주목하게 하려는 것이다.29) 전원이 여성인 제작팀과 70명 이상의 여성 출연자들이 모여 3분짜리 비디오를 제작했는데, 여기에는, 리타 윌슨Rita Wilson, 마미 거머Mamie Gummer, 애니 퍼리스Annie Parisse, 캐슬린 챌펀트Kathleen Chalfant, 제시카 헤트Jessica Hecht 같은 유명 여성 연예인들이 출연했다.30)

우리의 변화 방식을 해시태그 하기: 140자가 어떻게 변화를 가져오는가

유명 연예인의 운동 참여에서 보았듯이 오늘날 페미니스트 작업이 온라인에서 시작하는 경우가 많다. MSNBC 소셜 미디어 매니저인 니샤 시탈Nisha Chittal은 「어떻게 소셜 미디어가 페미니스트 운동을 변화시키는 중인가」에서 "새로운 페미니즘의 물결이 여기에 있고, 그것의 가장 강력한 무기는 해시태그"라고 말하고 있다.31) 트위터를 통해 이루어지는 페미니스트 작업의 예 몇 가지를 들자면, 여성이 당하는 폭력과 학대에 주목하는 시민들의 캠페인인 #그래모든여성들(학대와 차별의 사례들을 논의하는 포럼을 마련했다)이 있고 또 #무죄, #언제강간, #생존자특권(이 해시태그는 강간에서 피해여성이 비난당하는 상황에 대해 논의하기 위한 것이다)가 있다.

이런 해시태그가 우선 육체적으로 더 안전하게 살 수 있는 세상에 초점을 맞춘다면 다른 온라인 운동들은 정신적으로 더 안전하게 살 수 있는 세상에 초점을 맞춘다. 한 예가 2013년 슈퍼볼 기간 동안 여성들이 성차별적 광고에 반대하고 소비자들에게 여성혐오 판매 전략을 쓰는 상품 구매를 거부하도록 하는 #그것을사지말자 해시태그가 있다. 이와 유사한 디지털 운동의 한 예는 빅토리아 시크릿Victoria Secret의 '완벽한 몸매' 슬로건에 대해 수천 명이 트위터 및 인터넷으로 항의를 해, 마침내 수십억 달러 매출 회사가 '모든 이를 위한 몸매'로 슬로건을 바꾸게 한 것이다.32) 또 다른 온라인 운동이 2013년 여성 행동 그리고 미디어WAM: Women, Action, and the Media에 의해 시작되었다. 이 조직에서는 #FB강간 이라는 해시태그를 사용했는데, 여성에 대한 폭력 이미지를 감시하라고 거대한 소셜 미디어인 페이스북을 압박하기 위해서였다. 그 결과 페이스북은 WAM과 공동으로 그 사이트에서 '여성혐오 발언을 금지'하게 되었다.33)

우리는 여성이 각 생애주기마다 혼란스러운 메시지에 마주치게 되는 현상을 제시했다. 그것도 사실이지만 좋은 소식은 생애주기마다 그에 도전하는 소설 미디어 캠페인이 있다는 사실이다.

사이버공간에서 소녀 창조하기: 더 나은 미래를 위해 나아가기(온라인)

특히 #장난감을가지고노는소녀들이라는 해시태그를 중심으로 어린 소녀들에게 집중하는 캠페인이 있다. 이 해시태그는 과학·기술·공학·수학Science Technology Engineering Mathematics: STEM 분야의 여성 부족 현상에 대해 대화를 지속하기 위해 생겨난 것이다. 칼텍California Institute of Technology의 한 교수가 '국립 공영 방송 라디오NPR에 나와서 과학자를 "장난감을 가지고 노는 소년들"이라고 말한' 것을 듣고 일리노이 대학의 한 조교수가 이 캠페인을 시작했다. 칼텍 교수의 말은 STEM 분야에 여성들이 거의 없는 이유를 밝혀준 발언이었다.34) 소비자들은 『나는 컴퓨터 엔지니어가 될 수 있어I Can Be a Computer Engineer』라는 바비 책에 대한 비판적인 서평을 올렸다. 책의 제목과는 달리 이책은 결국 소녀들은 STEM 분야에 어울리지 않는다는 개념을 강화시키기 때문이었다. 바비는 손을 대는 컴퓨터마다 모두 고장을 낸 다음 남자친구에게 부탁해서 컴퓨터를 수리하고 그때서야 게임을 디자인한다. 자신은 그 게임을 만들었다고 주장하지만 바비는 프로그램을 짠 것이 아니라 디자인만 한다(이책의 첫머리에서 바비는 동생인 스키퍼Skipper에게 "난 단지 디자인 아이디어만 내고, 그게 진짜 게임이 되려면 스티븐과 브라이언이 도와줘야 해"라고 말한 순간 이미 독자에게 자신이 실제로 컴퓨터 엔지니어가 되려고 하는 것은 아니라는 것을 분명히 밝히고 있다). 아동도서와 그에 대한 비평은 바이러스처럼 퍼졌고 이 당시 사람들은 아마존에 부정적인 서평을 남겼다. 심지어 한 서평자는 이 책을 "가장 무책임한 아동도서라고 할 수 있다"는 악평을 남겼다.35)

십대, 텀블러, 시장에 대답하기

사춘기 소녀들을 대상으로 한 텍스트를 둘러싸고 이와 유사한 소비자 운동이 나타나고 있다. 2장에서 우리는 화장품 회사인 커버걸이 〈헝거 게임〉 라인 제품을 생산하는 아이러니에 대해 논의한 바 있다.

〈헝거 게임〉 영화는 멋진 의상을 차려입은 주인공들과 아울러 아름다운 의상, 헤어스타일, 화장으로 가득 차 있다. … 그러나 가난한 10대들을 죽이기 전에 단장시키는것은 일부러 경박한 소비 사회를 상징하기 위해서 휘황찬란하게 꾸미는 것이다. 소비주의와 허영의 위험을 아주 강력하게 강조하는 시리즈인데도, 우선 그렇게 많은 대중의 사랑을 받은 것이 아주 역설적이다. 커버걸의 화장품 라인은 … 기본적으로 팬들을 초보 수준의 돌격대원으로 제국에 참여하라고 초대하는 스타워즈의 홍보 전략과 동일한 전략을 쓰고 있다.[36]

이 비평가처럼 팬들 대다수가 이런 홍보전략에 대해 곤혹스러워했고 그 감정을 드러내기 위해 인터넷으로 갔다. 커버걸의 부적절한 광고에 도전하기 위해서 십 대 몇몇은 "정확한' 캐피톨식의 셀카'를 보여준 후 텀블러에 이런 자막을 넣었다. "헝거 게임 화장의 진정한 정신을 보여준다. 십대들이 서로를 살육하는 장면을 보면서 즐거워하면서 화장에 돈을 펑펑 쓰면 아주 멋져 보일 수 있을 것이다". 그런 자막 중 하나에 이렇게 쓰여 있다. "나는 신제품인 커버걸 바디 아트 펜으로 내 얼굴에 헝거 게임의 전쟁터 지도를 그렸다. 하트는 내가 좋아하는 공물인 클로브가 코누코피아에서 살해당한 곳을 나타낸다. 나는 그녀에게 많은 내기 돈을 걸었다. 나는 진정으로 그녀가 그 캣니스 소녀를 죽이기를 바랐다. 12구역 공물들은 늘 딱 그렇게 불쌍했다".[37] 몇 년 전이었다면 십대는 커버걸의 광고가 문제가 있고 말이 안 된다고 생각해도 그에 반대하는 말을 나서서 할 방법이 없었을 것이다. 그러나 과거에 목소리를 내지 못하던 사람들의 목소리를 오늘날에는 들을 수 있다.

소셜 미디어 + 엄마 = 문화 변동

7장에서 논의했듯이 과거에는 목소리를 내지 못했으나 온라인 때문에 지금 목소리를 내는 또 하나의 집단이 어머니다. 어머니들이 주도한 최근의 두 개의 성공적인 사진 캠페인은 여성의 성적대상화와 기존 미의 이중 잣대 문제를 다루고 있다. 첫 번째 캠페인은 오랜 전통이 된 성적인 느낌을 물씬 풍기는 할로윈 복장(특히 여성과 소녀 복장)에 관한 것이다. 모든 사람이 2014년에는 〈겨울왕국〉 복장이 등장하리라고 기대했다. 그러나 특히 이 복장이 성적인 느낌을 풍기는 것으로 탈바꿈 한 형태로 청소년들에게 팔리자 대다수가 충격을 받았다. 이 복장의 광고 중 몇 개에서는 20대로 보이는 여성 모델이 안나와 엘사로 분장을 했는데 아주 교태를 부리는 포즈를 취하고 지나친 노출 의상을 입었다. 더 정신 나간 복장 광고는 섹시한 올라프 복장을 하고 포즈를 취하고 있는 여성이다.[38] (그렇다. 섹시한 눈사람 옷도 가능하다. … 어떤 옷이든 여성용이면 섹시하게 만들 수 있기 때문이다.) 이에 대해서 '툴루즈와 토닉Toulouse and Tonic'이라는 블로그의 운영자인 수잰 플릿Suzanne Fleet은 동료 여성 작가들과 팀을 만들어 '엄마를 위한 섹시 할로윈 의상'이라는 패러디 사진들을 만들었다.[39] 이 사진들에는 "카풀하는 엄마여 광란의 운전을 하라"(파스텔 색의 파자마 잠옷을 입고 더워 어쩔 줄 몰라하며 미니밴 옆에서 포즈를 취한 엄마가 등장하는)라는 자막이 달린 사진과 "세탁의 50개의 그림자"(다리미 줄에 손이 묶인 채 땀에 흠뻑 젖어 세탁기와 건조기 위에 누워 있는 엄마)라는 자막이 달린 사진과 "관능적인 엄마의 수유"(우유와 아이의 토사물 얼룩이 여기 저기 튄 티셔츠를 입고 아이를 안고서 가식적인 섹시한 포즈를 취하고 있는 엄마에 초점을 맞춘)[40] 등의 자막을 단 사진이 포함된다.

엄마들이 시작한 두 번째 캠페인인 #엄마몸은 새로운 단어인 '아빠몸'에 대한 반응이었다. 2015년 3월 30일에 맥켄지 피어슨Mackenzie Pearson이 "왜 소녀들은 아빠몸을 사랑하나"라는 제목으로 온라인에 포스팅을 해서 아빠몸이라는 말이 생겨났다. 피어슨은 아빠몸을 "맥주로 불룩해진 배와 운동으로 다져진 몸 사이의 멋진 균형"으로 정의했다. 아빠몸이 보내는 메시지는 "나는 가끔 체육관에도 가지만, 주말에는 마구 마시고 한 번에 피자 8조각을 먹기도 한다"이다.[41] 그녀는 아빠몸이 "과체중인 사람도 아니지만, 빨래판 복근을 가진 사람도 아니다"라고 명확하게 정의했다.[42] 아빠몸이라는 단어는 현실 아빠만을 지칭하지는 않는다. 사실 피어슨은 대학 캠퍼스에서 흔히 보는 융통성 없는 남학생을 묘사하기 위해 이 단어를 썼다. 그렇기는 하지만, 이런 단어의 기원은 여전히 마찬가지다. 즉 남자들의 몸이 변하면(나이 때문이든 다른 이유에서든) 그대로 받아들여지는 반면 여자들의 몸은 그렇지 않다. ≪허핑턴 포스트≫의 한 기사에서 이 단어에 내포된 성차별을 분석했다.

아빠몸은 남녀에게 용인되는 것이 무엇인지를 잘 보여준다. 이 단어는 현재 우리가 사회적으로 받아들이는 몸의 이미지에 내재된 남녀불평등을 강화한다. 아빠몸이란 단어는 남자들이 하루 종일 소파에 누워 피자를 먹어도 괜찮다는 의미를 담고 있다. 반면 여자는 '엄마몸'이 되지 않기 위해 요가를 가고 칼로리를 계산하는 게 당연한 것으로 기대된다. 제시카 알바Jessica Alba, 제니퍼 로페즈, 할리 베리Halle Berry 같은 연예인들이 출산 후 얼마나 빨리 날씬해졌나가 보도되고 칭찬받는다.[43] 앨리슨은 이렇게 말한다. "누구도 "왜 남자들은 엄마몸을 사랑하는가"라는 기사를 쓰지는 않는데 그것은 우리 사회가 밀프인 어머니들을 칭찬하기 때문이다".[44]

여성들은 신속하게 인터넷으로 가 아빠몸에 대한 칭찬을 조롱했다. 예를 들어 코미디언인 아킬라 휴즈Akilah Hughes는 "아빠몸은 한물갔고, 엄마몸이 새 유행이다"라는 풍자적인 비디오를 출시했다. 이 비디오의 주제는 남녀의 몸에 대한 이중기준이다.[45] 유명인이 아닌 여성들도 #엄마몸이라는 해시태그를 달고 트위터에 자신들의 불완전한 몸을 포스팅하기 시작했다. 여성들은 튼 뱃살과 제왕절개 상처를 자랑스럽게 포스팅했다. "내 몸은 과거에도 완벽하지 않았고 현재에도 완벽하지 않다"라든지 "이것이 내가 평생 지녀온 나의 #엄마몸이다"라든지 "아빠몸을 칭송하는 것은 어머니들을 모욕하는 것이다" 등의 포스팅이 여기에 속한다.46)

좋은 와인처럼, 나이가 들면서 여성운동도 더 나아진다

사이버공간은 여성들이 문화적인 나이차별에 주목할 수 있는 공간이기도 하다. 예를 들어 #나이든여성들의목소리라는 해시태그는 나이가 많아 직장을 잃을까봐 걱정하는 여성들이 목소리를 낼 수 있는 기회를 준다.47) 앞에서 언급했듯이, 유명 연예인들은 사이버공간을 통해 어떻게 연예산업에서 성차별과 나이차별이 함께 가는지 주목했다. 영국의 막장드라마에 출연하는 4명의 여배우들, 〈이스트엔더스Eastenders〉의 질리언 테일포스Gillian Taylforth 〈코로네이션 거리Coronation Street〉의 베벌리 캘러드Beverly Callard, 〈헤픈 여자들Loose Women〉의 세리 휴슨Sherrie Hewson 〈헤픈 여자들〉의 안드리아 맥린Andrea McLean은 텔레비전에서 나이차별에 대해 의식화하기 위해서 ≪베스트Best≫라는 잡지에 나체로 포즈를 취했다.48) 최근에 블로거들은 인터넷으로 달려가서 한 음악축제에서 56세 마돈나가 26세의 드레이크에게 키스를 한 후에 그녀에 대해 부정적으로 보도한 미디어에 대해 논쟁했다. 이런 보도는 다시금 성적 욕망을 드러내는 나이든 여자들의 이미지 앞에서 사회가 종종 느끼는 불편함을 드러낸다.49)

발로 뛰는 페미니즘:

화면이나 마우스나 스마트폰 없이 하는 페미니즘 운동

미래의 페미니즘은 영원히 컴퓨터, 스마트폰, 태블릿과 관련되리라고 생각하는 사람들이 있지만, 21세기에도 여전히 구식 거리 시위가 있다. 예를 들면, 2011년 4월 3일에 3000명의 남녀가 토론토에서 시작한 시위가 슬럿워크SlutWalk를 유발했다. 한 경찰관이 "여자들이 창부Slut처럼 옷을 입어서는 안 된다"라고 하자 그에 대한 분노를 표출하기 위해 사람들이 모여들었다. 피해자 비난에 대해 항의하기 위해서 사람들은 거리에서 행진을 했고 그 중 몇 사람은 일부러 창부처럼 옷을 입었다. 강간문화를 둘러싼 신화와 변명을 지적하기 위해서였다. 그 후 슬럿워크는 미국으로 나아가 전 세계로 퍼져나갔다. 이 운동 중 일부는 공동체 교육(예를 들면, 합기도 훈련)이나 마이크를 들고 하는 공개 연설(예를 들면, 많은 여성들이 강간 생존자로서 자신의 입지에 대해 공개적으로 말함)로 확대되었다.[50] 이런 항의시위는 종종 1970년에 여성에 대한 난폭한 범죄를 인식시키기 위해 벌어진 밤을 되찾자Take Back the Night 행사에 비교되곤 한다. 수십 년이 지난 후에도 밤을 되찾자는 대학 캠퍼스에서 주요 행사로 자리를 잡았다.[51] 21세기 들어서는 조지 W.부시의 반낙태 정책에 항의하는 2004년 4월 25일 시위가 대표적으로 유명한 시위다.[52] 워싱턴 D. C.의 국립몰 기념공원에 모여 여성의 출산 결정권을 주장한 이 시위에는 50만 명이 모였다.[53] 여성의 생명에만 집중하지 않고 아동의 생명에 집중한 일련의 시위들도 있었다. 예를 들면, 2000년 어머니날에 역시 국립몰 기념공원에서 열린 100만 엄마 행진Million Mom March은 엄격한 총기규제를 주장했다.[54] 이 시위에는 '총기 사고로 목숨을 잃은 4001명의 이름을 전시한 "죽음의 벽"이 등장했다'.[55]

이런 시위는 미국 전역에서 그리고 전 세계적으로 벌어졌다. 예를 들면, 2015년 3월 8일 엘로네 카스트라티아Elone Kastratia는 국제 여성의 날을 기념행사로 자신이 살고 있는 독일 카를스루에의 신호등마다 맥시 생리대를 덕지덕지 붙여놓았다. 이 행사를 하게 된 동기는 몇 개월 전에 읽은 트윗(남자들이 월경을 역겨워하듯이 강간을 역겨워한다고 상상해 보라)이었고, 생리대 아래에는 메시지들을 첨부했다("강간범은 옷이 아니라 사람을 강간한다"). 여성을 비난하고 창부라며 모욕을 주는 문제 많은 관행에 대해 재고해 보라고 권장하는 메시지들이었다.56)

마침내 유령의 집에서 나오다

여성에 관한 이런 모순된 메시지는 대중문화와 연관이 있거나 대중문화 속에 그런 요소가 있다. 이 책에서 우리는 미디어에서 홍보하는 포스트페미니스트 '동화 같은 이야기'나 모순된 메시지를 통해 사회가 어떻게 여성의 힘을 박탈하는지를 제시하려고 했다. 오늘날 여성이 부딪치는 모든 문제가 미디어 탓은 아니지만, 문화적 텍스트를 살펴본 결과 미디어의 책임을 인정해야 한다는 사실이 드러났다. 미디어 공간에 곤란한 이미지들이 넘칠 때조차도, 우리는 여성에게 주제 파악을 시키겠다는 어떤 악마적 계획의 일부로 이런 이미지들이 나타난다는 가정에 빠지지 않으려고 세심하게 주의했다. 수전 더글러스의 말대로, 할리우드에 6명의 백인 남자로 이루어진 비밀결사조직이 있고 그 사람들이 이런 말을 하는 것은 아니다. "여자들이 점점 더 너무 많은 권력을 쥐고 있어. 너무 나가기 전에, 여자들에게 이미 이룰 것은 다 이루었으니 유리천장은 잊고 쇼핑하고 가슴 성형이나 해야 한다는 판타지를 심어줘야 해"57)이어서 더글러스는 이렇게 말한다. 물론 "미디어가 강력하고 이상한 이미지와 메시지로 이루어진 수동적이고 순응적인 문화를 주사 놓고 우리 모두 "맞아요"라고 대답하는 것은 아니지만, 미디어는 우리의 정체성, 꿈, 희망, 야망, 공포를 형성하는 데 강력한 역할을 한다."58) 단적으로 말해, 미디어에 대고 삿대

질을 해봐야 쓸데없는 것이다. 대중문화는 앞으로도 전 생애주기에 걸쳐 여성을 사회화하는 지배적인 힘이 될 것이다. 그러므로 더 생산적인 대응은 체제 내에서 일하면서 남녀노소 모두에게 "당연히 어떤 사람이 되어야 한다"를 주입하는 복잡하고 모순된 메시지의 의미를 제대로 해독할 수 있는 훈련 방법을 찾아내는 것이다.

우리가 생애주기마다 경험하게 되는 메시지와 싸우는 방법은 여러 가지가 있다. 그 어느 때보다 오늘날 이런 일을 개인적으로 혹은 집단적으로 잘 할 수 있다. 미디어와 싸우기 위해 미디어를 이용하는 선택이 가능하다. '소셜 미디어가 페미니스트 운동을 민주화했다. 트위터 계정이 있고 가부장제와 싸울 욕망이 있는 사람은 누구든지 참여할 수 있는 기회가 생겼다'는 것을 믿는다고 해도 그것은 우리가 사용할 수 있는 하나의 수단일 뿐이다.[59] 우리는 행진을 하고, 의회에 편지를 보내고, 손으로 쓴 청원서에 서명을 받는 등 과거 여성들의 방식을 이용해 미디어와 싸울 수 있다. 우리가 생애주기마다 부딪치는 이런 모순된 메시지를 해독하고 저항한다면, 즉 왜곡된 이미지가 우리 앞에 나타날 때마다 유령의 집 거울을 내려친다면, 결국에는 변화를 만들게 될 것이다. 조금씩 내리치다 보면 거울이 깨질 수 있다. 그리고 결국에는, 아마도 우리가 쌓여 있는 거울 조각을 뛰어 넘어 영원히 유령의 집에서 빠져나올 수 있을 것이다.

미주

서론 유령의 집 거울

1) Sandberg, Sheryl. *Lean In: Women, Work, and the Will to Lead*. NYC: Knopf, 2013.

2) Rosin, Hanna. *The End of Men: And the Rise of Women*. NYC: Riverhead, 2012.

3) "The 2012 Census Bureau Report on Income, Poverty and Health Insurance". US Census Bureau. 2012. Web. 20 Feb. 2014.

4) See Needleman, Sarah E. "Pay Gap Between Men and Women Remains a Reality in Work Force". *Career Journal.com*. 24 April 2007. 여성 사이의 임금 격차에 대해 더 참고하려면 다음 책을 보라. Chang, Mariko Lin. *Shortchanged: Why Women Have Less Wealth and What Can Be Done About It*. Oxford: Oxford UP, 2010.

5) Mroz, Jacqueline. "Female Police Chiefs, a Novelty No More". *The New York Times Online*. 6 April 2008. Web. 20 Feb. 2014.

6) "Women CEOs and Heads of the Financial Post 500". Catalyst.org. March 2011. Web. 10 Feb. 2014.'

7) O'Brien, Timothy L. "Why Do So Few Women Reach the Top of Big Law Firms?" *The New York Times*. 19 March 2006. Web. 5 March 2014.

8) "2012 Representation of United States State Court Women Judges". *National Association of Women Judges*. 24 March 2013. Web. 11 Feb. 2014.

9) Douglas, Susan J. *Enlightened Sexism: The Seductive Message that Feminism's Work is Done*. NYC: Times Books, 2010, p. 279.

10) OECD의 2012년 연구에 따르면 선진국 전체에서 여성들은 살림살이를 위한 무상 가사노동을 남자들보다 훨씬 더 많이 한다. 특히 미국에서는 양육과 가사 노동에 남성들이 2.7시간을 쓰는 데 비해 여성들은 4시간을 쓴다. ["Will I Get My Dues ... Before I Die?" *Human Rights Watch*. 2015. Web. 28 July 2015을 보라].

11) 전국식이장애협회(National Eating Disorder Association) 보고에 따르면 2000만 명의 여성들이 생애 한 번은 식이장애를 겪었다고 한다. 노스캐롤라이나 채플 힐 대학의 2008년 보고에 따르면 미국 여성 중 65%가 식이장애를 겪는다고 인정한다. ["Eating Disorders Statistics". *National Association of Anorexia Nervosa and Associated Disorders*. 2015. Web. 28 July 2015; "Disordered Eating is Widespread Among US Women. *ABC News*. 26 April 2008. Web. 28 July 2015을 보라].

12) 미국 질병통제예방센터의 2010년 친밀한 파트너(배우자, 연인, 데이트 상대방 등을 포함) 성폭력 전국 조사에 따르면 미국 여성의 약 35.6%가 일생에 거쳐 친밀한 파트너에 의해

강간, 신체적 폭력, 스토킹을 경험했다고 한다. ["National Intimate Partner and Sexual Violence Survey - 2010 Summary Report". *Centers for Disease Control and Prevention*. 2010. Web. 28 July 2015을 보라].

13) Orenstein, Peggy. *Cinderella Ate My Daughter: Dispatches From the Lines of the New Girlie-Girl Culture*. NYC: Harper Collins, 2011, pp. 6, 18.

14) Rivers, Caryl, and Rosalind C. Barnett. *The New Soft War on Women: How the Myth of Female Ascendance is Hurting Women, Men - and Our Economy*. NYC: Penguin, 2013.

15) 리사 벨킨(Lisa Belkin)은 ≪뉴욕타임스≫에 2003년부터 가정주부에 관한 일련의 기사를 썼다. 이 흐름은 10여 년간 계속되었다. 2013년에도 주디스 워니즈(Judith Warnees) 는 "사회진출을 택했던 세대가 가정으로 돌아오길 원한다(The Opt-Out Generation Wants Back In)"이라는 기사를 썼다. [Belkin, Lisa. "The Opt-Out Revolution". *The New York Times*. 7 August 2013. Web. 28 July 2015; Warner, Judith. "The Opt-Out Generation Wants Back In". *The New York Times*. 7 Aug. 2013. Web. 28 July 2015을 보라].

16) Douglas, Susan. *Enlightened Sexism: The Seductive Message that Feminism's Work is Done*. NYC: Times Books, 2010, p. 4.

17) Gibbs, Nancy Gibbs. "What Women Want Now". *Time* (26 Oct. 2009), p. 31.

18) McRobbie, Angela. *The Aftermath of Feminism: Gender, Culture, and Social Change*. London: Sage, 2009.

19) Gill, Rosalind. *Gender and the Media*. Malden, MA: Polity, 2007.

20) Faludi, Susan. *Stiffed: The Betrayal of American Men*. NYC: Harper Collins, 2011.

21) "The Distorted Idea that the So-Called 'Masculinity Crisis' is Caused by Successful Women". Alternet. 2011. Web. 30 July 2015.

22) Gay, Roxane. *Bad Feminist*. NYC: Harper Perennial, 2014, pp. ix-x.

23) 수전 팔루디는 9·11 사건 이후 미디어가 영웅(남성)과 감정적인(여성)미망인을 미친 듯이 부각시키자 이런 상투적인 성별 묘사가 재활성화 되는 과정을 보여준다. [Faludi, Susan. *The Terror Dream: Fear and Fantasy in Post-9·11 America*. NYC: Metropolitan, 2007을 보라].

24) 토드가 최초로 미디어가 유령의 집 거울 기능을 한다는 비유를 만들었다. Gitlin, Todd. *The Whole World is Watching: Mass Media in the Making & Unmasking of the New Left* (Berkley: University of California Press, 1980) 참조.

25) 이 책의 몇 군데 지점에서 유색인종 여성을 독자층으로 하는 텍스트의 예를 구체적으로 들었다. 그 이유는 이런 책들이 동일한 생애주기를 보여주는 주류 텍스트와 다른 점을 보여주기 위해서였다. 그렇기는 하지만 여성의 경험이 동질적이라고 보는 묘사가 이런 허구적인 여성 묘사와 맞지 않는 여성들에게 끼치는 영향을 충분히 보여줄 만한 공간은 없다. 그러나 가능할 때마다 독자들이 이런 이슈를 충분히 파헤친 연구들에 관심을 가지도록 논지를 펼쳤다.

26) 21세기 양육에 대해 가장 큰 논란을 불러일으킨 책은 다음과 같다. Dara-Lynn Weiss. *The*

Heavy: A Mother, a Daughter, a Diet A Memoir. NYC Ballantine Books, 2013; Amy Chua. *Battle Hymn of a Tiger Mother*. NYC: Random House, 2011.

제1장 소녀 되기

1) Colman, Dani. "The Problem with False Feminism(or Why 'Frozen' Left Me Cold)". *Medium*. 7 February 2014. Web. 20 Feb. 2014.

2) 안데르센의 『눈의 여왕』을 보면 강한 여성 인물들이 등장하고 페미니스트적이라고 할 수 있는 서사가 등장하기는 하지만, 이런 경향이 그의 작품에 공통적으로 나타나지는 않는다. 사실, 안데르센은 어떤 행동이든 주체적인 행동을 하는 여성 인물을 징벌하는 것으로 유명하다. 디즈니의 인어공주를 보면 주인공이 문자 그대로 말을 못하게 된다. 이 주제에 대해서는 아래 논문들을 참조하라. Feminist Fan Girl. "Reasons I'm not Supporting Frozen". *Tumblr*. 14 August 2013. Web. 20 Feb. 2015.

3) Colman, Dani. "The Problem with False Feminism (or Why 'Frozen' Left Me Cold)".

4) 물론, 연인관계가 등장하는 영화로 목록을 좁히고, 결혼 개념을 확대해서 약혼을 포함시키면, 결혼으로 끝나는 것과 그렇지 않은 것의 숫자가 거의 비슷해진다. 다음 논문을 보라. Colman, Dani. "The Problem with False Feminism".

5) Colman, Dani. "The Problem with False Feminism".

6) Colman, Dani. "The Problem with False Feminism".

7) Stevens, Dana. "I Can't "Let It Go"".

8) Antonia, K.J. "Disney's *Tangled* : Fun, But Not Feminist". *Slate*. 23 Nov. 2010. Web. 20 April 2014.

9) Wilson, Natalie. "Disney's Gender Roles Remain Un-Tangled". *Ms. Magazine*. 29 Nov. 2010. Web. 20 April 2014.

10) 다음 쇼들에는 배려하고 공감하는 미스터 맘스가 등장한다. 이들은 꿋꿋하게 엄마 역할을 잘해낸다. *Charles in Charge* (1984-1990), *Who's the Boss* (1984-1992), *My Two Dads* (1987-1990), *Full House* (1987-1997).

11) Durham, M. Gigi. *The Lolita Effect: The Media Sexualization of Young Girls and What We Can Do About it*. NYC: The Overlook Press, 2008, p. 129.

12) Pozner, Jennifer L. *Reality Bites Back: The Troubling Truth about Guilty Pleasure TV*. Berkley: Seal Press, 2010, p. 53.

13) Lamb, Sharon, and Lyn Mikel Brown. *Packaging Girlhood: Rescuing Our Daughters from Marketers' Schemes*. NYC: St. Martin's Press, 2006, p. 1.

14) 더 많은 정보를 위해선 다음 기사와 논문을 참조하라. Mendes, Kaitlynn. "The Lady is a Closet Feminist!: Discourses of Backlash and Postfeminism in British and American Newspapers". *International Journal of Cultural Studies* 14.6 (2011): 1-17; Mendes,

Kaitlynn. "'Feminism rules! Now, where's my swimsuit?' Re-Evaluating Feminist Discourse in Print Media 1968-2008". *Media, Culture & Society* 34.5 (2012): 554-70.

15) 이 논쟁에 대해 우리는 이본 테스커(Yvonne Tasker), 다이앤 네그라(Diane Negra), 수전 더글러스(Susan Douglas)와 같은 입장이다.

16) Mendes, Kaitlynn. "The Lady is a Closet Feminist!: Discourses of Backlash and Postfeminism in British and American Newspapers". *International Journal of Cultural Studies* 14.6 (2011): 1-17.

17) Mendes, Kaitlynn. "The Lady is a Closet Feminist". p. 2.

18) Tasker, Yvonne and Diane Negra, eds. *Interrogating Postfeminism: Gender and the Politics of Popular Culture*. Durham: Duke UP, 2007, p. 1.

19) Tasker, Yvonne and Diane Negra, eds. *Interrogating Postfeminism*, p. 2.

20) Adriaens, Fien. "Post Feminism in Popular Culture: A Potential for Critical Resistance". *Politics and Culture*. 9 November 2009. Web. 2 April 2014.

21) Tasker, Yvonne, and Diane Negra, eds. *Interrogating Postfeminism*, p. 5.

22) Douglas, Susan J. *Enlightened Sexism: The Seductive Message that Feminism's Work is Done*. NYC: Times Books, 2010, p. 9.

23) Douglas, Susan J. *Enlightened Sexism*, p. 11.

24) Orenstein, Peggy. *Cinderella Ate My Daughter: Dispatches From the Lines of the New Girlie-Girl Culture*. NYC: Harper Collins, 2011, p. 135.

25) "The Supergirl Dilemma: Girls Grapple with the Mounting Pressure of Expectations". Girls Inc.org. 2006. Web. 10 March 2014.

26) The National Center on Addiction and Substance Abuse. *Women Under the Influence*. Baltimore: The John Hopkins UP, 2006, p. 36.

27) Neumark-Sztainer, Dianne. "'I'm, Like, SO Fat!': Helping Your Teen Make Healthy Choices about Eating and Exercise in a Weight-Obsessed World*. NYC: The Guilford Press, 2005, p. 5.

28) Pipher, Mary. *Reviving Ophelia: Saving the Selves of Adolescent Girls*. NYC: Grosset/Putnam, 1994, p. 170.

29) Orenstein, Peggy. *Cinderella Ate My Daughter*, p. 6.

30) Orenstein, Peggy. *Cinderella Ate My Daughter*, p. 18.

31) Child, Ben. "Brave Director Criticizes Disney's 'Sexualized' Princess Merida Redesign". *The Guardian*. 13 May 2013. Web. 20 May 2014.

32) "National Eating Disorders Association/Next Door Neighbor's Puppet Guide Book". *NEDA Online Fact Sheet*. 2005.

33) "Measured average height, weight, and waist circumference for adults ages 20 years and over". CDC Online. 2013. Web. 5 March 2014.

34) 리즈 엘리엇에 따르면, 이런 공인된 차이에 대한 연구의 문제는 "통계학자들이 소위 서류

함 효과라고 하는 것이 생긴다는 점이다. 남녀 사이에 통계적으로 유의미한 **차이**를 발견한 연구는 단순히 더 흥미롭고 그런 이유로 아무 **차이**가 없다고 하는 연구에 비해 출판 가능성이 더 많다(더 따분한 아무 차이가 없다는 결론에 이른 연구는 연구자의 서류함에서 썩고 있다)". 강조는 원문. (*Pink Brain, Blue Brain: How Small Differences Grow into Troublesome Gaps - and What We Can Do About It.* NYC: Mariner Books, 2010 p. 10).

35) Eliot, Lise. *Pink Brain, Blue Brain: How Small Differences Grow into Troublesome Gaps and What We Can Do About It.* NYC: Mariner Books, 2010, p. 9.

36) Gray, John. *Men Are from Mars, Women Are from Venus.* NYC: Harper Collins, 1992, p. 3.

37) Hasinoff, Amy Adele. "It's Sociobiology, Hon!: Genetic Gender Determinism in Cosmopolitan Magazine". *Feminist Media Studies* 9.3 (2009): 267-84.

38) Sax, Leonard. *Why Gender Matters: What Parents and Teachers Need to Know About the Emerging Science of Sex Differences.* NYC: Doubleday, 2005, p. 6.

39) Corso, John. "Age and Sex Differences in Thresholds". *Journal of Acoustical Society of America* 31 (1959): and "Aging and Auditory Thresholds in Men and Women". *Archives of Environmental Health* 6 (1963): 350-6를 보라.

40) 좀 더 정보를 원하면, Norm Geschwind과 A. M. Galaburda의 1985년 연구를 보라.

41) Review Vawter, Marquis, et al. "Gender-Specific Gene Expression in Postmortem Human Brain: Localization to Sex Chromosomes". *Neuropyschopharmacology* 29 (2004): 373-84.

42) Caine, Janel. "The Effects of Music on the Selected Stress Behaviors, Weight, Caloric and Formula Intake, and Length of Hospital Stay of Premature and Low Birth Weight Neonates in a Newborn Intensive Care Unit". *Journal of Music Therapy* 28 (1991): 180-92 를 보라.

43) Sax specifically cites Green and Gynther's 1995 study.

44) Sax, Leonard. *Why Gender Matters*, pp. 40-2, 46, 73-4, 85.

45) Eliot, Lise. *Pink Brain, Blue Brain*, p. 3.

46) Eliot, Lise. *Pink Brain, Blue Brain*, p. 6.

47) Eliot, Lise. *Pink Brain, Blue Brain*, p. 6.

48) Eliot, Lise. *Pink Brain, Blue Brain*, p. 7.

49) 오늘날 소녀문화에 대한 대부분의 페미니스트적 해석에서는 소녀와 젊은 여성들이 사회적 기준에 자신을 맞추는 방식으로 사회화되어 있음을 확실하게 밝히려고 한다. 반면, 이 책은 그들의 행동 중 일부가 생물학적 차이와 연관되어 있는데 이런 측면이 사회화로 인해 더 강조되고 과장되고 이용되는 것일 수도 있다고 문제를 제기한다. 즉 다시 말해서, 남자아이들과 여자아이들이 타고난 차이 때문에 다르게 행동해야 한다는 주장에 대해서 조심해야 하지만(아주 특정한 영역에서의 몇몇 과학적 연구에도 불구하고), 이런 차이가 100% 사회적으로 구성된 것이 아닐 수 있다는 가능성을 생각하지 않는다면 그 또한 태만한 연구가 될 것이라고 한다.

50) Smith, Alexandra and Bridie Jabour. "Kmart pulls "disgusting, sleazy" girls underwear off shelves". *The Sydney Morning Herald*. 22 November 2011. Web. 29 March 2014.

51) Russell, Nicole. "I Know Victoria's Secrets". *Spectator's Journal*. 29 March 2013. Web. 8 April 2014.

52) "Crotchless Panties Sold at "Kids N Teen" Store Upsets Colorado Parent". *The Huffington Post*. 15 November 2011. Web. 25 Feb. 2014.

53) 우리는 이 장에서 리얼리티 쇼를 하나만 논의했지만 Douglas는 *Enlightened Sexism*에서 "TV 리얼리티 쇼를 면밀하게 살펴보면 그것이 계몽된 성차별주의의 출발점임을 알 수 있다"라고 주장했다(p. 189). Jennifer Pozne는 *Reality Bites*서 텔레비전 리얼리티 쇼가 여성에게 어떤 나쁜 영향을 미치는지 심층적인 연구를 하고 있다.

54) "Arizona Gold Coast". *Toddlers and Tiaras*. TLC. 12 Dec. 2010.

55) "Arizona Gold Coast". *Toddlers and Tiaras*.

56) "Arizona Gold Coast". *Toddlers and Tiaras*.

57) "Arizona Gold Coast". *Toddlers and Tiaras*.

58) "Arizona Gold Coast". *Toddlers and Tiaras*.

59) "Darling Divas". *Toddlers and Tiaras*. TLC. 30 June 2010.

60) "Darling Divas". *Toddlers and Tiaras*.

61) Sekeres, Diane Carver. "The Market Child and Branded Fiction: A Synergism of Children's Literature, Consumer Culture, and New Literacies". *Reading Research Quarterly* 44.4 (2009), p. 409.

62) Sekeres, Diane Carver. "The Market Child and Branded Fiction". p. 409.

63) Greer, Germaine. "We Like Our Venuses Young". *The Guardian*. 30 April 2008. Web. 17 April 2014.

64) Hamilton, Karine. "Postfeminist Sexual Agency: Young Women's Negotiations of Sexual Consent". *Sexualities*. 15.7 (2012), pp. 815-17.

65) 소녀시절을 백인 중간계급 소녀의 경험으로 그리는 이러한 묘사들은 한계가 있고 유색인종 소녀들이나 더 낮은 사회·경제 계층의 소녀들에게 다른 영향들을 미칠 가능성이 있다. 이 프로젝트의 범위의 제한 때문에 우리는 이 장에서 특별히 특정 인종이나 특정 계급의 소녀들을 대상으로 판매되는 제품들을 분석하지 않는다. 그러나 이런 이슈들을 연구하는 텍스트들에서는 구매력에 대한 것들도 포함하여 연구하고 있다. Elizabeth Chin, *Black Kids and the American Consumer Culture* (University of Minnesota Press, 2001); Christine Williams, *Inside Toyland: Working, Shopping, and Social Inequality* (University of California Press, 2006).

66) Douglas, *Enlightened Sexism*, p. 155; Orenstein, *Cinderella Ate*, pp. 48~51를 보라.

67) Doyle, Jessica. "Controversial Doll Lets Little Girls Pretend to Breast-Feed". *Fox News*. August 2009. Web. 4 April 2014.

68) Silva, Kumarini. "Got Milk? Motherhood, breastfeeding and (re)domesticating feminism".

Feminist Erasures: Challenging Backlash Culture. Eds. Kumarini Silva and Kaitlynn Mendes. Basingstoke: Palgrave, 2015.

69) Qtd. in Jessica Doyle, "Controversial Doll Lets Little Girls Pretend to Breast-Feed".

70) Orenstein, Peggy. *Cinderella Ate My Daughter*, p. 16.

71) Orenstein, Peggy. *Cinderella Ate My Daughter*, p. 13.

72) Orenstein, Peggy. *Cinderella Ate My Daughter*, p. 13.

73) Zipes, Jack. *Don't Bet on the Prince: Contemporary Feminist Fairy Tales in North America and England*. NYC: Routledge,1989, p. 227.

74) Zipes, Jack. *Don't Bet on the Prince*, p. 227, 강조는 필자가 한 것임.

75) Zipes, Jack. *Don't Bet on the Prince*, p. 228-9.

76) Zipes, Jack. *Don't Bet on the Prince*, p. 229.

77) Zipes, Jack. *Don't Bet on the Prince*, p. 230.

78) 자입스는 "그림 형제의 스토리 중 좀 더 점잖은 스토리에는 빨간 모자가 옷을 벗지 않는다 – 그런데 옷을 벗고 – 침대에 들어가는 장면이 있다"라고 지적했다. p.236.

79) Zipes, Jack. *Don't Bet on the Prince*, p. 252.

80) Red Riding Hood. Dir. Catherine Hardwicke. Perf. Amanda Seyfried, Shiloh Fernandez, Billy Burke, and Virginia Madsen. Warner Brothers, 2011.

81) *Hoodwinked!* (2005)는 「빨간 모자」를 각색한 것인데, 이 작품에서는 「빨간 모자」의 모든 주인공들이 용의자들이다. 각 인물들은 그의/그녀의 관점에서 이야기를 한다. 이 「빨간 모자」 각색이 페미니스트적 관점에서 흥미로운 이유는 「빨간 모자」와 할머니가 결코 수동적이지도 않고 보호를 필요로 하지 않기 때문이다. 오히려, 그 두 사람은 스스로를 지킬 수 있고 아주 능동적인 인물이다. [*Hoodwinked!* Dir. Cory Edwards, Todd Edwards, and Tony Leech. Perf. Anne Hathaway, Glenn Close, and James Belushi. Weinstein Company, 2005를 보라.] 2011년에 이것의 속편인 *Hoodwinked Too!*가 나왔다.

82) 가장 유명한 비난 중 하나는 제리 팔웰 목사(Reverend Jerry Falwell)가 한 것이다. 그는 "이교도, 낙태주의자, 게이, 레즈비언"을 비난하면서 "이 사람들 때문에 신께서 1812년부터 미국 땅에 무적의 보호막을 거두셨다"고 주장했다. Faludi, *Terror Dream*, p. 22.

83) Faludi, Susan. *The Terror Dream: Fear and Fantasy in Post-9·11 America*. NYC: Metropolitan, p. 14.

84) Faludi, pp. 20, 21; McKinnon's "No Place for Feminist Victims in Post 9·11 America"을 보라.

85) Faludi, Susan. *The Terror Dream*, p. 20.

86) Qtd. in Faludi, p. 21.

87) Faludi, Susan. *The Terror Dream*, p. 1.

88) Faludi, Susan. *The Terror Dream*, p. 35.

89) Faludi, Susan. *The Terror Dream*, p. 36.

90) "Who's Talking? An Analysis of Sunday Morning Talk Shows". White House Project.

December 2001.

91) Faludi, Susan. *The Terror Dream*, p. 93.

92) Faludi, Susan. *The Terror Dream*, p. 33.

93) 그러나 몇몇 비평가들은 팔루디가 '자신의 이론을 손상시킬 수 있는 증거를 [무시했다]'고 해왔다(Kakutani, Michiko. "9 /11 is Seen as Leading to an Attack on Women". *The New York Times*. 23 Oct. 2007. Web. 12 Jan. 2015).

94) Orenstein, Peggy. *Cinderella Ate My Daughter*, p. 25, 강조는 원문.

95) Orenstein, Peggy. *Cinderella Ate My Daughter*, p. 45.

96) Orenstein, Peggy. *Cinderella Ate My Daughter*, p. 45.

97) Orenstein, Peggy. *Cinderella Ate My Daughter*, p. 45.

98) Orenstein, Peggy. *Cinderella Ate My Daughter*, p. 25.

제2장 행간 읽기

* 여기에 제시된 주장 중 일부는 저자의 이전 작품에서 탐구되었다. 이러한 주제들을 다른 맥락에서 보다 광범위하게 살펴보려면 다음을 참조하라. Ames, Melissa. "Vamping up Sex: Audience, Age, & Portrayals of Sexuality in Vampire Narratives". *Journal of Dracula Studies* 12.0 (Fall 2010): 83-106; Ames, Melissa. "*Twilight* Follows Tradition: Vampire Narratives across Time & Media Face 'Biting' Critiques for their Portrayals of Gender & Sexuality". *Bitten by Twilight: Youth Culture, Media, and the Twilight Saga*. Eds. Melissa Click, Jennifer Stevens Aubrey, and Elizabeth Behm Morawitz. NYC: Peter Lang, 2010. 37-54; Ames, Melissa. "Engaging 'Apolitical' Adolescents: Analyzing the Popularity & Educational Potential of Dystopian Literature Post-9·11". *The High School Journal* 97.1 (2013): 21-40; & Ames, Melissa. "A Country (Still) Divided: How The Vampire Diaries & Other Recent Vampire Series Utilize Civil War Backdrops to Critique Contemporary Cultural Concerns & Express Nostalgia for the Past". *The Vampire Diaries Collection*. Ed. Margo Collins. NYC: Scarecrow Press, 2016.

1) Robison, Joanna. "Watch Emma Watson Deliver a Game-Changing Speech on Feminism for the U.N." *Vanity Fair*. 21 Sep. 2014. Web. 10 July 2015.

2) We discuss this further in our conclusion.

3) Chandrachud, Neha. "We Should be Critical, But Not Dismissive of Emma Watson's UN Campaign". *The Huffington Post*. 25 Sep. 2014. Web. 10 July 2015.

4) "HeForShe". *UN Women*. 2014. Web. 10 July 2015.

5) Chandrachud, Neha. "We Should be Critical".

6) McCarthy, Amy. "Sorry Privileged White Ladies, But Emma Watson isn't a "Game Changer" for Feminism". *The Huffington Post*. 26 Sep. 2014. Web. 10 July 2015.

7) Hibbard, Laura. "Hermione Granger: The Heroine Women Have Been Waiting For". *The Huffington Post*. 14 July 2011. Web. 10 July 2015.

8) Hibbard, Laura. "Hermione Granger: The Heroine Women Have Been Waiting For".

9) Brown, David. "How Young Adult Fiction Came of Age". *The Atlantic*. 1 Aug. 2011. Web. 20 July 2015.

10) Lipsyte, Robert. "Boys and Reading: Is There Any Hope?" *The New York Times*. 29 Aug. 2011. Web. 10 July 2015.

11) Lipsyte, Robert. "Boys and Reading: Is There Any Hope". emphasis added.

12) Lipsyte, Robert. "Boys and Reading: Is There Any Hope". emphasis added.

13) Romano, Aja. "NY Times to YA Publishing: Stop Being So Girly". *The Mary Sue*. 25 Aug. 2011. Web. 10 July 2015.

14) Flood, Alison. "Study Finds Huge Gender Imbalance in Children's Literature". *The Guardian*. 6 May 2011. Web. 10 July 2015.

15) Flood, Alison. "Study Finds Huge Gender Imbalance in Children's Literature".

16) Lewit, Meghan. "Why Do Female Authors Dominate Young-Adult Fiction?" *The Atlantic*. 7 Aug. 2012. Web. 10 July 2015.

17) Lewit, Meghan. "Why Do Female Authors Dominate Young-Adult Fiction?"

18) 최근의 연구에 따르면 여성 작가들의 글은 가장 큰 출판사인 노턴Norton, 리틀 브라운 Little Brown, 하퍼Harper의 출판 목록에서 겨우 3분의 1을 차지하는 것으로 나타났다. 더욱 문제가 되는 것은, 여성 작가들이 쓴 책들이 비평될 가능성이 더 적다는 점이다. 예를 들어, ≪런던 리뷰오브북스*London Review of Books*≫가 검토한 책의 74%와 ≪뉴욕 리뷰오브북스The New *York Review of Books*≫가 검토한 책의 83%는 남자가 썼다. [Franklin, Ruth. "A Literary Glass Ceiling?" *New Republic*. 7 Feb. 2011. Web. 10 July 2015을 보라].

19) "Gender Balance in YA Award Winners Since 2000". *Lady Business*. 8 Oct. 2012. Web. 10 July 2015.

20) Vail, Elizabeth. "The Legacy of Katniss, or, Why We Should Stop "Protecting" Manhood and Teach Boys to Embrace the Heroine". *The Huffington Post*. 3 Dec. 2012. Web. 11 July 2015.

21) Vail, Elizabeth. "The Legacy of Katniss".

22) "Gender Balance in YA Award Winners Since 2000".

23) "Gender Balance in YA Award Winners Since 2000".

24) Flood, Alison. "Study Finds Huge Gender Imbalance in Children's Literature".

25) Flood, Alison. "Study Finds Huge Gender Imbalance in Children's Literature".

26) Romano, Aja. "Your Guide to the Greatest Heroines of Young Adult Fiction". *The Daily Dot*. 12 Feb. 2015. Web. 10 July 2015.

27) "Young Adult Books Attract Growing Numbers of Adult Fans". *Bowker*. 13 Sep. 2012.

Web. 25 Mar. 2013.

28) Carpenter, Susan. "Young Adult Lit Comes of Age". *Los Angeles Times.* 8 Mar. 2010. Web. 23 Mar. 2013.

29) Graham, Ruth. "Against YA". *Slate.* 5 June 2014. Web. 20 July 2015.

30) Peretz, Evgenia. "It's Tartt - But is it Art?" *Vanity Fair.* July 2014. Web. 20 July 2015.

31) Scott, A. O. "The Death of Adulthood in American Culture". *The New York Times Magazine. 11 Sep. 2014. Web.* 20 July 2015.

32) Razer, Helen. "Attention Young Adult Fans: Grow Up". *The Daily Review.* 30 Sep. 2014. Web. 20 July 2015.

33) Parks, Tim. "Reading Upward". *The New York Review.* 11 Aug. 2014. Web. 20 July 2015.

34) Romano, Aja. "Your Guide to the Greatest Heroines of Young Adult Fiction".

35) Eley, Adam, "In Defense of Young Adult Fiction". *BBC News.* 27 Dec. 2014. Web. 20 July 2015; Rosenberg, Alyssa. "No, You Don't Have to be Ashamed of Reading Young Adult Fiction". *The Washington Post.* 6 June 2014. Web. 20 July 2015; Burnes, Sarah. "Why This Grown-Up Reads YA." *The Paris Review.* 24 Oct. 2014. Web. 20 July 2015를 보라.

36) Alsup, Janet, ed. *Young Adult Literature and Adolescent Identity across Classrooms: Contexts for the Literary Lives of Teens.* NYC: Routledge, 2010; Coats, Karen. "Young Adult Literature: Growing Up, In Theory." *The Handbook of Research on Children's and Young Adult Literature.* Eds. Shelby, Wolf, Karen Coats, Patricia Enciso, and Christine Jenkins. NYC: Routledge, 2011. 315-29; Hill, Craig. *The Critical Merits of Young Adult Literature: Coming of Age.* NYC: Routledge, 2014를 보라.

37) Ostry, Elaine. "Is He Still Human? Are You?: Young Adult Science Fiction in the Post-Human Age". *The Lion and the Unicom* 28.2 (2004): 222-46. Web. 17 Jan. 2013, p. 223.

38) Brown, Lyn Mikel, and Carol Gillian. *Meeting at the Crossroads: Women's Psychology and Girls' Development.* NYC: Ballentine Books, 1993.

39) Lipsyte, Robert. "Boys and Reading: Is There Any Hope?"

40) Winerip, Michael. "In Novels for Girls, Fashion Trumps Romance". *The New York Times.* 13 July 2008. Web. 21 July 2015.

41) Woolf, Naomi. "Young Adult Fiction: Wild Things". *The New York Times.* 12 March 2006. Web. 20 July 2015.

42) Woolf, Naomi. "Young Adult Fiction: Wild Things".

43) Johnson, Naomi R. "Consuming Desires: Consumption, Romance, and Sexuality in Best-Selling Teen Romance Novels". *Women's Studies in Communication* 33.1 (2010), p. 55.

44) Johnson, Naomi R. "Consuming Desires". p. 64.

45) Johnson, Naomi R. "Consuming Desires". p. 65.

46) Johnson, Naomi R. "Consuming Desires". p. 68.

47) von Ziegesar, Cecily. *Gossip Girl*. NYC: Warner Books, 2002, p. 17.

48) Johnson, Naomi R. "Consuming Desires". p. 68.

49) Johnson, Naomi R. "Consuming Desires". p. 68.

50) Jacobs, Kathryn. "Gender Issues in Young Adult Literature". *Indiana Libraries* 23.2 (2004), p. 19.

51) Motes, Julia J. "Teaching Girls To Be Girls: Young Adult Series Fiction". *New Advocate* 11 (1998): 39-53.

52) Jacobs, Kathryn. "Gender Issues in Young Adult Literature". p. 21.

53) Brown, Candy L. "Gender Stereotyping in Contemporary Bestselling, Young Adult Fiction Books". Diss. Walden University. 2013.

54) Iversen, Kristin. "The 5 Most Inappropriate Young Adult Novels We All Read as Kids (and Would Happily Read Again)". *The L Magazine*. 13 Aug. 2013. Web. 20 July 2015.

55) Vincent, Alice. "Sex in Young Adult Fiction - A Rising Trend?" *The Telegraph*. 14 Feb. 2013. Web. 20 July 2015.

56) Klems, Brian. ""New Adult": The Next Big Thing?" *The Writer's Digest*. 15 Nov. 2013. Web. 20 July 2015.

57) Klems, Brian. ""New Adult": The Next Big Thing?"

58) Vincent, Alice. "Sex in Young Adult Fiction".

59) Vincent, Alice. "Sex in Young Adult Fiction".

60) Brown, Jane D., Jeanne R. Steele, Kim Walsh-Childers, eds. *Sexual Teens, Sexual Media: Investigating Media's Adolescent Sexuality*. Mahwah, NJ: Lawrence Erlbaum, 2002.

61) Younger, Ann Elizabeth. "How to Make a Girl: Female Sexuality in Young Adult Literature". Diss. Louisiana State University. August 2003. Web. 20 July 2015, p. vii.

62) Younger, Ann Elizabeth. "How to Make a Girl: Female Sexuality in Young Adult Literature". p. 1.

63) Wood, Eleanor. "Pushing the Envelope: Exploring Sexuality in Teen Literature". *Journal of Research on Libraries and Young Adults*. 2 Nov. 2010. Web. 21 July 2015.

64) Gillis, Bryan, and Joanna Simpson. *Sexual Content in Young Adult Literature: Reading between the Sheets (Studies in Young Adult Literature)*. Lanham: Rowman & Littlefield, 2015.

65) Gillis, Bryan, and Joanna Simpson. *Sexual Content in Young Adult Literature*.

66) North, Anna. "Breaking Dawn: What to Expect When You're Expecting a Vampire". *Jezebel*. 7 Aug. 2008. Web. 23 July 2015; Jost, Eric. "Twilight of Feminism in America". *Amplify your Voice*. 1 Dec. 2008. Web. 21 March 2009; "New Moon: Is Twilight's Bella Swan a Bad Role Model?" *The Week*. 18 Nov. 2009. Web. 6 Dec. 2009; Sax, Leonard.

"'Twilight' Sinks its Teeth into Feminism". *Washington Post* (17 Aug. 2008): B7; Voynar, Kim. "Film Clips: Is "Twilight" Anti-Feminist?" *Cinematical*. 11 Aug. 2008. Web. 21 March 2009를 보라.

67) Rafferty, Terrence. "In "Twilight", Love and Pain and the Teenage Vampire Thing". *The New York Times*. 31 Oct. 2008. Web. 6 Dec. 2009; Seifert, Christine. "Bite Me! (Or Don't)". *Bitch*. 2009. Web. 6 Dec. 2009; Spillar, Katherine and Carmen D. Siering. "*New Moon*, Same Old Sexist Story". *The Huffington Post*. 18 March 2010. Web. 23 July 2015를 보라.

68) Siering, Carmen. "Vampires, Werewolves, and "Scary" Female Sexuality: The Sexist World of Twilight". Alternet. 2009. Web. 6 Dec. 2009.

69) Jost, Eric. "Twilight of Feminism in America". *Amplify your Voice*. 1 Dec. 2008. Web. 21 March 2009.

70) North, Anna. "Breaking Dawn: What to Expect When You're Expecting a Vampire". *Jezebel*. 7 Aug. 2008. Web. 23 July 2015.

71) Voynar, Kim. "Film Clips: Is "Twilight" Anti-Feminist?" *Cinematical*. 11 Aug. 2008. Web. 21 March 2009.

72) Jost, Eric. "Twilight of Feminism in America".

73) Sax, Leonard. "'Twilight' Sinks its Teeth into Feminism". *The Washington Post* (17 Aug. 2008): B7.

74) Sax, Leonard. "'Twilight' Sinks its Teeth into Feminism".

75) Jost, Eric. "Twilight of Feminism in America".

76) McCaghy, C. Deviant Behavior. NYC: Macmillan Publishing Company, 1975; Rose, Vicki McNickle. "Rape as a Social Problem: A Byproduct of the Feminist Movement". Social Problems 25.1 (1977): 75-89; Sutherland, Edwin H. "The Sexual Psychopath Laws". *Journal of Criminal Law and Criminology* 40.5 (1950): 543-54; Weis, Kurt, and Sandra S. Borges. "Victimology and Rape: The Case of the Legitimate Victim". *Issues in Criminology* 8.2 (1973): 71-115를 보라.

77) Voynar, Kim. "Film Clips: Is 'Twilight' Anti-Feminist?"

78) Voynar, Kim. "Film Clips: Is 'Twilight' Anti-Feminist?"

79) Flanagan, Caitlin. "What Girls Want". *The Atlantic*. Dec. 2008. Web. 6 Dec. 2009.

80) Flanagan, Caitlin. "What Girls Want".

81) Sax, Leonard. "'Twilight' Sinks its Teeth into Feminism".

82) Sax, Leonard. "'Twilight' Sinks its Teeth into Feminism".

83) Sax, Leonard. "'Twilight' Sinks its Teeth into Feminism".

84) 앞서 언급했듯이, 문화 평론가 에릭 조스트는 이 시리즈가 페미니스트 관점에서 볼 때 문제가 있다고 보았다. '페미니즘의 황혼The Twilight of Feminism'이라는 제목의 글은 이것이 청소년 문학뿐 아니라 여성운동에서도 나타날 일들의 징후일 수 있다는 그의 두려

움을 암시한다.

85) 『뱀파이어 다이어리』와 『트와일라잇』에서 엘레나를 쫓는 데이먼과 벨라를 쫓는 제이콥처럼 상대적으로 끈질긴 남성 추적자들은 모두 성공적으로 사냥을 하지 못하는 반면, 여성 추격자들은 그들의 사냥감인 『뱀파이어 다이어리』의 스테판과 『트와일라잇』의 에드워드를 성공적으로 잡는다.

86) Smith, L. J. *The Vampire Diaries - The Awakening and the Struggle*. NYC: Harper Teen, 2007.

87) Scalzo, Tarah. "Chivalry is Undead: Bad Boy/Nice Guy Dichotomies in *The Vampire Diaries or, What Does Elena W*ant?" *Hey Sugar Plum*. Word Press, 2 Dec. 2012. Web. 13 July 2013.

88) Scalzo, Tarah. "Chivalry is Undead".

89) Scalzo, Tarah. "Chivalry is Undead". 강조는 원문.

90) Hall, Amy Laura, and Kara N. Slade. "This is the Way the World Ends: A Conversation between Kara N. Slade and Amy Laura Hall on Domination and Solidarity in Young Adult Dystopias". *The Other Journal: An Intersection of Theology and Culture*. 2 June 2011. Web. 15 May 2012.

91) Lee, Stephen. "Updated Figures for "The Hunger Games" Books More than 36.5M in Print in the U.S. Alone". *Shelf Life*. March 2012. Web. 15 May 2013.

92) Rhor, Monica. "Hunger Games Spurs Dystopian Reading Trend". Chron. 4 May 2012. Web. 15 May 2013.

93) Gaudiosi, J. "Hunger Games Trilogy beats Harry Potter Series to Become All Time Bestselling Book Series". *Forbes*. 17 Aug. 2012. Web. 15 May 2013.

94) Bertanga, J. "Why are Teenagers Such Avid Readers of Books about Dystopias?" *The Scotsman*. 5 June 2011. W*eb*. 15 May 2013.

95) Goodnow, Cecelia. "Profits of Doom: Teen Readers Eat up Post-Apocalyptic Tales". *Seattle PI*. 17 Dec. 2008. 15 May 2013.

96) Hall, Amy Laura, and Kara N. Slade. "This is the Way the World Ends".

97) Collins, Suzanne. *The Hunger Games*. NYC: Scholastic Press-Scholastic Inc., 2008, pp. 124-25.

98) CoverGirl. "Get the Look for Every Single "Hunger Games" District". Advertisement. *The Huffington Post*. 23 October 2013. Web. 22 July 2015.

99) CoverGirl. "Get the Look for Every Single "Hunger Games" District". Advertisement. *The Huffington Post*. 23 October 2013. Web. 22 July 2015.

100) Hemphill, Kara E. "Gender and the Popular Heroines (and Heroes) of the Young Adult Dystopia". *Honors Research Projects*. Paper 132. Web. 20 July 2015, p. 26.

101) Hemphill, Kara E. "Gender and the Popular Heroines (and Heroes) of the Young Adult Dystopia". p. 22.

102) Peters, Megan Ann. The Ambiguity of Panem: Capitalism, Natonalism, and Sexuality in Suzanne Collins' The Hunger Games Series (2013). *Theses, Dissertations, and Other Capstone Projects*. Paper 127. Web. 22 July 2015.

103) Capritta1 Lindsey. "YA Fiction and Breaking Down Gender Roles". *Literally, Darling*. 29 March 2014. Web. 20 July 2015 & Franklin1 Kelly. "Conceptualizing Identity as Performance". M.A. Thesis. Eastern Illinois University. May 2013, p. 39를 보라.

104) Franklin, Kelly. "Conceptualizing Identity as Performance". M.A. Thesis. Eastern Illinois University. May 2013, p. 39.

105) Collins, Suzanne. *The Hunger Games*. pp. 117, 135.

106) Collins, Suzanne. *The Hunger Games*. p. 181.

107) Collins, Suzanne. *The Hunger Games*. p. 237.

108) 예를 들면 Franklin, Kelly. "Conceptualizing Identity as Performance". M.A. Thesis. Eastern Illinois University. May 2013; Hall, Mollie. ""I Can't Think about Kissing": Strong Female Protagonists and Romance in Dystopian Young Adult Fiction". M.A. Thesis. Eastern Michigan University. 2012. Web. 20 July 2015를 보라.

109) Collins, Suzanne. *The Hunger Games*. p. 261.

110) Peters, Megan Ann. "The Ambiguity of Panem: Capitalism, Nationalism, and Sexuality in Suzanne Collins' The Hunger Games Series (2013)". *Theses, Dissertations, and Other Capstone Projects. Paper 127*. Web. 22 July 2015, p.38.

111) Peters, Megan Ann. "The Ambiguity of Panem", p. 38.

112) Collins, Suzanne. *The Hunger Games*, p. 235.

113) Peters, Megan Ann. "The Ambiguity of Panem", p. 41.

114) Peters goes on to suggest that the scene is representative of rape culture. (Peters, Megan Ann. "The Ambiguity of Panem". p. 41를 보라).

115) Smith, Hannah. "Permission to Diverge: Gender in Young Adult Dystopian Literature". *Gender Studies Research Papers*. 2014. Web. 20 July 2015.

116) Smith, Hannah. "Permission to Diverge". p. 7.

117) Smith, Hannah. "Permission to Diverge". p. 9.

118) Smith, Hannah. "Permission to Diverge". p. 9.

119) Smith, Hannah. "Permission to Diverge". p. 10.

120) Smith, Hannah. "Permission to Diverge". p. 7.

121) Smith, Hannah. "Permission to Diverge". p. 24.

122) Roth, Veronica. *Divergent*. NYC: Harper Collins, 2001, p. 285.

123) Hemphill, Kara E. "Gender and the Popular Heroines (and Heroes) of the Young Adult Dystopia". *Honors Research Projects*. Paper 132. Web. 20 July 2015, p. 39.

124) Hemphill, Kara E. "Gender and the Popular Heroines (and Heroes) of the Young Adult Dystopia". pp. 50-51.

125) Hemphill, Kara E. "Gender and the Popular Heroines (and Heroes) of the Young Adult Dystopia". p. 52.

126) 시각 매체가 강간 장면을 플롯에 반영하는 문제적 방식에 대해 더 많이 알고 싶다면 다음을 보라. Gay, Roxane. *Bad Feminist*. NYC: Harper Collins, 2014. 다른 2014년 영화 〈말레피센트Maleficent〉에 대한 논의는 다음을 보라. Rich, Katey. "Angelina Jolie Confirms a Key *Maleficent* Scene was about Rape". Vanity Fair. 12 June 2014. Web. 23 July 2015.

127) Smith, Hannah. "Permission to Diverge: Gender in Young Adult Dystopian Literature". p. 26.

128) Smith, Hannah. "Permission to Diverge: Gender in Young Adult Dystopian Literature". p. 27.

129) Smith, Hannah. "Permission to Diverge: Gender in Young Adult Dystopian Literature". p. 27.

130) Bedatsky, Noah. "'Twilight' vs. 'Hunger Games': Why Do So Many Grown-Ups Hate Bella?" The Atlantic. 15 November 2011. Web. 23 July 2015.

131) Bedatsky, Noah. "'Twilight' vs. 'Hunger Games'".

132) Bedatsky, Noah. "'Twilight' vs. 'Hunger Games'".

133) Bedatsky, Noah. "'Twilight' vs. 'Hunger Games'".

134) Anderson, L. V. "Are Teacups the Next Chick-Lit Cover Cliche?" *Slate*. 29 November 2011. Web. 10 July 2015.

135) Firebird. "Where are all the Heroines in YA Fiction?" *The Guardian*. 29 April 2014. Web. 10 July 2015; Bell, Laura M. "How "The Hunger Games" is Challenging Gender Stereotypes - By Empowering Boys". *The Huffington Post*. 20 Jan. 2015. Web. 20 July 2015.

136) Stamper, Julia S. "Female Characters as Role Models in Young Adult Literature". University of Tennessee - Knoxville. Thesis. 2012. Web. 20 July 2015; Bell, Laura M. "How "The Hunger Games" is Challenging Gender Stereotypes- By Empowering Boys". *The Huffington Post. 20 Jan.* 2015. Web. 20 July 2015를 보라.

137) "100 Young Adult Books for the Feminist Reader". *Bitch Magazine*. Web. 20 July 201

제3장 젠더화된 자기계발 영화

1) 2015년 6월 Topsy.com에서 보고된 내용을 통해 제공된 트위터 분석.

2) 2015년 6월 22일 오후 6시 22분 트윗. sara@otrat_rowyso. "케이틀린은 몸가짐을 고급스럽게 갖고 쓰레기처럼 굴지 않도록 배울 필요가 있다."

3) 2015년 6월 23일 오전 12시 27분 트윗. 에이미 슈머. "아니, 데이트하면서 결혼까지 생각하는 남자와 잠을 잔 겁니다! @kaitlynbristowe(케이트린 브리스토우-)에게 사랑을"

4) Barker, Emma. "Bachelorette Kaitln Bristowe Just Shut Down Her Slut Shamers". *Cosmopolitan*. 23 June 2015. Web. 29 June 2015; Gray, Emma. "'The Bachelorette' Proved We're Still Scandalized by Women who Have Sex". *The Huffington Post*. 23 June 2015. Web 29 June 2015을 보라.

5) Rothman, Michael, and Kindelan, Katie. "'The Bachelorette": Kaitlyn Bristowe and Nick Viall Open Up about Shocking Episode". *ABC News*. 23 June 205. Web. 29 June 2015.

6) Rothman, Michael, and Kindelan, Katie. "The Bachelorette"

7) 2015년 6월 22일 오후 6시 23분 트윗. 히더 고스만. '가정주부를 창녀로 만들 수는 있어도, 창녀를 가정주부로 만들 수는 없다.'

8) Puig, Claudia. 'Fluff of Romance, Comedy Entices Preteens". *USA Today*. 13 March 2003. Web. 29 June 2015.

9) Vanderkam, Laura. "'The Paperback Quest for Joy: America's Unique Love Affair with Self-Help Books". *City Journal* 22.4 (Autumn 2012).

10) Starker, Steven. *Oracle at the Super Market*. New Brunswick, NJ: Transaction Publishers, 2002, p.14.

11) Starker, Steven. *Oracle at the Super Market*.

12) Vanderkam, Laura. 'The Paperback Quest for Joy'

13) Vanderkam, Laura. 'The Paperback Quest for Joy'

14) Rubin, Gretchen. *The Happiness Project: Or Why I Spent a Year Trying to Sing in the Morning, Clean my Closets, Fight Right, Read Aristotle, and Generally Have More Fun*. NYC: Harper Collins, 2011.

15) Kachka, Boris. "The Power of Positive Publishing: How Self-Help Ate America". *New York Magazine*. 6 Jan. 2013. Web. 25 May 2013, p.3.

16) Aubry, Timothy. *Reading as Therapy: What Contemporary fiction Does for Middle-Class Americans*. Iowa City, IA: University of Iowa Press, 2011, p. 17.

17) Aubry, Timothy. *Reading as Therapy*, p. 18.

18) Aubry, Timothy. *Reading as Therapy*, p. 18.

19) Aubry, Timothy. *Reading as Therapy*, p. 20.

20) Vanderkam, Laura. 'The Paperback Quest for Joy'

21) McGee, Micki. Self-Help, *Inc.: Makeover Culture in American Life*. Oxford: Oxford UP, 2005, p. 12, emphasis added.

22) Aubry, Timothy. *Reading as Therapy*, p.39.

23) Kachka, Boris. 'The Power of Positive Publishing: How Self-Help Ate America". *New York Magazine*. 6 Jan. 2013. Web. 25 May 2013.

24) Aubry, Timothy. *Reading as Therapy*, p. 25.

25) Dobly, Sandra K. *Self-Help Books: Why Americans Keep Reading Them*. Urbana, IL: University of Illinois Press, 2008.

26) Vanderkam, Laura. 'The Paperback Quest for Joy'

27) Vanderkam, Laura. 'The Paperback Quest for Joy'

28) McGee, Micki. *Self-Help, Inc.*, p. 11.

29) "Self-Improvement Market in U.S. Worth $ 9.6 Billion". PR Web. 21 Sep. 2006. Web. 17 June 2013.

30) Salerno, Steve. *SHAM: How the Self-Help Movement Made America Helpless*. NYC: Crown Publishers, 2005, p. 2.

31) Salerno, Steve. *SHAM: How the Self-Help Movement Made America Helpless*, p. 225.

32) Salerno, Steve. *SHAM: How the Self-Help Movement Made America Helpless*, p. 230.

33) Vanderkam, Laura. 'The Paperback Quest for Joy': America's Unique Love Affair with Self-Help Books". *City Journal* 22.4 (Autumn 2012). Web. 29 May 2013.

34) *Swingers*. Dir. Doug Liman. Perf. Jon Favreau and Vince Vaughn. Independent Pictures (II), 1996.

35) *Swingers*. Dir. Doug Liman.

36) *Swingers*. Dir. Doug Liman.

37) *Swingers*. Dir. Doug Liman.

38) *Swingers*. Dir. Doug Liman.

39) *Swingers*. Dir. Doug Liman.

40) Some of his products for men include *Undercover Approaches Women Crave and Becoming Her Sexual Fantasy*; some of his products for women include *No Excuses: Banish Your Fears and Date Any Man You Want and The Art of Attracting Men: the Inside Truth to the Way a Man's Mind Works* (Wygant Productions).

41) *Hitch*. Dir. Kevin Bisch. Perf. Will Smith, Kevin James, and Eva Mendes. Columbia Pictures, 2005.

42) *Hitch*. Dir. Kevin Bisch.

43) *Hitch*. Dir. Kevin Bisch.

44) *Hitch*. Dir. Kevin Bisch.

45) *Hitch*. Dir. Kevin Bisch.

46) *Hitch*. Dir. Kevin Bisch.

47) *Hitch*. Dir. Kevin Bisch.

48) *Hitch*. Dir. Kevin Bisch.

49) *Hitch*. Dir. Kevin Bisch.

50) *Hitch*. Dir. Kevin Bisch.

51) 이 영화는 미셸 알렉산더(Michele Alexander)와 지니 롱(Jeannie Long)이 쓴 동명의 짧은 만화책을 바탕으로 한 것이다.

52) *How to Lose a Guy in 10 Days*. Dir. Donal Petrie. Perf. Kate Hudson and Matthew McConaughey. Paramount, 2003.

53) *The Ugly Truth*. Dir. Robert Luketic. Perf. Katherine Heigl and Gerard Butler. Lakeshore Entertainment, 2009.

54) *The Ugly Truth*. Dir. Robert Luketic.

55) *The Ugly Truth*. Dir. Robert Luketic.

56) *The Ugly Truth*. Dir. Robert Luketic.

57) Brehendt, Greg, and Liz Tuccillo. *He's Just Not That Into You: The No-Excuses Truth to Understanding Guys*. NYC: Simon Spotlight Entertainment, 2004, p. 3.

58) Brehendt, Greg, and Liz Tuccillo. *He's Just Not That Into You*, p. 34.

59) *He's Just Not That Into You*. Dir. Ken Kwapis. Perf. Jennifer Aniston, Ben Affleck, and Scarlett Johansson. New Line Cinema, 2009.

60) *He's Just Not That Into You*. Dir. Ken Kwapis.

61) *He's Just Not That Into You*. Dir. Ken Kwapis.

62) *He's Just Not That Into You*. Dir. Ken Kwapis.

63) *He's Just Not That Into You*. Dir. Ken Kwapis.

64) Brehendt, Greg, and Liz Tuccillo. *He's Just Not That Into You*, pp. 145-6.

65) *He's Just Not That Into You*. Dir. Ken Kwapis.

66) *He's Just Not That Into You*. Dir. Ken Kwapis.

67) Harvey, Steve. *Act Like a Lady, Think Like a Man: What Men Really Think About Love, Relationships, Intimacy, and Commitment*. NYC: HarperCollins, 2009.

68) Harvey, Steve. *Act Like a Lady*, pp. vii-viii.

69) Harvey, Steve. *Act Like a Lady*, pp. 80-1

70) Harvey, Steve. *Act Like a Lady*, p. 24.

71) Harvey, Steve. *Act Like a Lady*, p. 22.

72) *Think Like a Man*. Dir. Tim Story. Perf. Michael Ealy, Kevin Hart, and Gabrielle Union. Screen Gems/Rainforest Films, 2012.

73) *Think Like a Man*. Dir. Tim Story.

74) Harvey, Steve. *Act Like a Lady*, pp. 190-1, 강조는 원문.

75) Harvey, Steve. *Act Like a Lady*, p. 191.

76) Harvey, Steve. *Act Like a Lady*, pp. 206, 212, 219.

77) Harvey, Steve. *Act Like a Lady*, pp. 212, 213, 221, 227.

78) Harvey, Steve. *Act Like a Lady*, p. 43.

79) Salerno, Steve. *SHAM: How the Self-Help Movement Made America Helpless*, p. 239.

80) Aubry, Timothy. *Reading as Therapy*, p. 1.

81) Aubry, Timothy. *Reading as Therapy*, p. 1.

82) Aubry, Timothy. *Reading as Therapy*, p. 1.

83) Burke, Kenneth. 'Literature as Equipment for Living". *The Critical Tradition: Classic Texts and Contemporary Trends*. 2nd ed. Ed. David H. Richter. Boston: Bedford Books, 1998,

pp. 593-8.

84) "Rom-coms "Spoil Your Love Life.""" *BBC News*. 16 Dec. 2008. Web. 1 July 2015.

85) Rodriguez, Gregory. "The Dangers of Romantic Comedies". *Los Angeles Times*. 29 December 2008. Web. 1 July 2015.

86) Smith, Jeff. "Normalizing Male Dominance: Gender Representation in 2012 Films". *Grand Rapids Institute for Information Democracy*. 12 Feb. 2013. Web. 1 July 2015.

87) Mendelson, Scott. 'How Hollywood Markets to Women by Reinforcing Gender Stereotypes". *Forbes*. 18 April 2013. Web. 1 July 2015.

제4장 결혼식 판촉과 신부 제작

1) Malle, Chloe. "Amal Alamuddin's Wedding Dress: Behind the Scenes at Her Final Fitting with Oscar de la Renta." 30 Sep. 2014. Web. 18 June 2015.

2) 『허핑턴 포스트』의 최근 연구는 남편의 성을 취한 여성의 수가 증가했다고 밝혔다. "Changing Your Last Name: Research Reveals How Many Women Give up Names," *The Huffington Post*. 15 May 2013. Web. 14 April 2014를 볼 것.

3) Francis, Andrew M., and Mialon, Hugo M. "'A Diamond is Forever' and Other Fairy Tales: The Relationship between Wedding Expenses and Marriage Duration." *Social Science Research Network*. 15 Sep. 2014. Web. 13 Feb. 2014.

4) 이 장에서는 이성애 결혼의 긴 역사 때문에 단지 이성애 결혼에만 초점을 맞추고 있다. 그러나 이것이 동성애 결혼보다 이성애 결혼이 더 낫다는 것을 의미하지는 않는다. 그리고 결혼을 주제로 한 문화적 상품이 동성 커플에 미치는 영향을 조사해 보는 더 진전된 연구도 장려해야 한다.

5) Ingraham, Chrys. *White Weddings: Romancing Heterosexuality in Popular Culture*. NYC: Routledge: 1999, pp. 3-4.

6) 로스만은 연애(courting)와 구애(courtship) 사이 유용한 차이점에 대해 밝힌다. 후자는 커플이 결혼하려고 한 상황에서 사용되고, 전자는 항상 결혼으로 가는 것은 아니다. p. 23.

7) Rothman, Ellen K. *Hands and Hands and Hearts: A History of Courtship in America*. NYC: Basic Books, Inc. 1984, p. 74.

8) Rothman, Ellen K. *Hands and Hearts*, p. 74.

9) Rothman, Ellen K. *Hands and Hearts*, p. 67.

10) Rothman, Ellen K. *Hands and Hearts*, p. 69.

11) 로스만은 1730년대까지 여성들이 일기장에 쓴 다가오는 결혼에 대해 느낀 공포감을 말했다. 예를 들자면 그들은 '불안했고' '굴욕적이었며' '초조했다'. Rothman, Ellen K. *Hands and Hearts*, p. 72를 볼 것.

12) Rothman, Ellen K. *Hands and Hearts*, p. 77-8.

13) Rothman, Ellen K. *Hands and Hearts*, p. 168-93

14) Rothman, Ellen K. *Hands and Hearts*, p. 78.

15) "Wedding Statistics, Industry Reports and Wedding Trends." *The Wedding Report*. 18 June 2013. Web. 12. Sep. 2014.

16) Otnes, Cele C., and Elizabeth H. Pleck. *Cinderella Dreams: The Allure of the Lavish Wedding*. Berkeley: U of CA Press, 2003, p. 2.

17) Otnes, Cele C., and Elizabeth H. Pleck. *Cinderella Dreams*, p. 2.

18) "Wedding Statistics, Industry Reports and Wedding Trends." *The Wedding Report*. 18 June 2013. Web. 12 Sep. 2014.

19) Hicken, Melanie. "Average Wedding Bill in 2012: $28,400." CNNMoney. 10 March 2913. Web. 14 April 2014.

20) Otnes, Cele C., and Elizabeth H. Pleck. *Cinderella Dreams*, p. 18.

21) Otnes, Cele C., and Elizabeth Hafkin Pleck. *Cinderella Dreams*, p.18-19, 굵은 글씨체는 강조된 것임.

22) 잡지가 창간되었을 때 제목은 *Bride's* 였으나 후에 *Brides*로 제목이 바뀌었다.

23) McCracken, Ellen. *Decoding Women's Magazines: From Mademoiselle to Ms*. NYC: St. Martin's Press, 1933, p. 268.

24) McCracken, Ellen. *Decoding Women's Magazines*, p. 269.

25) McCracken, Ellen. *Decoding Women's Magazines*, pp. 269-70.

26) Cuisinart. Advertisement. *Brides Magazine*. Oct/Nov. 2013, pp. 160-1.

27) Macy's. Advertisement. *Brides Magazine*, Oct/Nov. 2013, p. 54.

28) Macy's. Advertisement. *Brides Magazine*, Oct/Nov. 2013, p. 55.

29) Macy's. Advertisement. *Brides Magazine*, Oct/Nov. 2013, pp. 54-5.

30) All-Clad. Advertisement. *Martha Stewart Weddings*. Winter 2014, p. 137.

31) Hall, Michelle, and Lizzie Jury. "I Do ... Cost a Lot: Weddings by the Numbers." *CNN Living*. 9 Aug. 2013.

32) Coontz, Stephanie. *Marriage, a History: How Love Conquered Marriage*. NYC: penguin, 2005, p. 167.

33) Haydon, John. "The List: Famous Weddings." *The Washington Times*. 23 April 2011.

34) 1981년 또 다른 유명한 결혼식은 허구의 텔레비전 커플인 〈종합 병원(General Hospital)〉의 룩 스펜서/안토니 기어리(Luke Spencer/ Anthony Geary)와 로라 웨버 발드윈/제니 프란시스 (Laura Webber Baldwin/ Genie Francis)의 결혼식이다. 이 결혼식 에피소드는 "멜로 드라마 역사 중 가장 높은 시청률을 기록"했다. 시청자가 3000만 명에 육박했다. Haydon, John. "The List: Famous Weddings." *The Washington Times*. 23 April 2011.

35) "Royal Wedding 2011: Top 8 Moments of William and Catherine's Big Day." *ABC Online*. 13 June 2013.

36) 베일은 1840년대에 유행했다. 놀랄 일이 아니게도 여성성을 '순수함', '경건함', '순종', '가정적임'으로 규정했던 문화에 의해 여성이 단상 위로 올라 설 때에 베일을 쓰기 시작했다는 것이다. Rothman, Ellen K. *Hands and Hearts*, p. 171을 볼 것.

37) Otnes, Cele C., and Elizabeth H. Pleck. *Cinderella Dreams*, p. 7.

38) Otnes, Cele C., and Elizabeth H. Pleck. *Cinderella Dreams*, p. 7.

39) Otnes, Cele C., and Elizabeth H. Pleck. *Cinderella Dreams*, p. 267.

40) Otnes, Cele C., and Elizabeth H. Pleck. *Cinderella Dreams*, p. 267.

41) 예를 들어 "저스틴과 에밀리의 프러포즈(Justin and Emily: The Proposal)"란 제목의 30분짜리 유튜브 비디오를 보아라. 그것은 삽시간에 퍼진 리얼리티 쇼와 유사하다. 그 비디오에서 에밀리는 그녀의 약혼자인 저스틴을 레스토랑에서 기다린다. 저스틴은 그녀를 만나러 레스토랑에 가는 대신 기다리던 에밀리가 그녀의 가족과 친구를 담은 연출된 비디오를 보게 준비했다. 시청자들은 이 비디오와 이것을 보는 그녀의 반응을 같이 보게 된다. 저스틴은 마지막에 그녀를 만나 프러포즈한다.

42) "Jenine and Rochelle." *Bridezillas*. WeTV. Catherine Scheinman, Creator.

43) "Jeanine and Rochelle." *Bridezillas*.

44) "Jeanine and Rochelle." *Bridezillas*.

45) "Jeanine and Rochelle." *Bridezillas*.

46) "Jeanine and Rochelle." *Bridezillas*.

47) Pozner, Jennifer L. *Reality Bites Back; The Troubling Truth about Guilty Pleasure TV*. Berkely: Seal Press, 2010, p.16.

48) Stephens, Rebecca. "Socially Soothing Stories? Gender, Race, and Class in TLC's A Wedding Story and Baby Story." *Understanding Reality Television*. Eds. Su Holmes and Deborah jermyn. London: Routledge, 2004, p.195.

49) Stephens, Rebecca. "Socially Soothing Stories," p.196.

50) Stephens, Rebecca. "Socially Soothing Stories," p.196.

51) Stephens, Rebecca. "Socially Soothing Stories," p.196.

52) Pozner, Jennifer L. *Reality Bites Back*, p. 17.

53) Pozner, Jennifer L. *Reality Bites Back*, p. 17.

54) pozner, Jennifer L. *Reality Bites Back*, p. 53.

55) Pozner, Jennifer L. *Reality Bites Back*, p. 55.

56) Pozner, Jennifer L. *Reality Bites Back*, p. 72.

57) *Sex and the City* (TV series). Dir. Michael P. King. Perf. Sarah Jessica Parker, Kim Cattrall, Kristin Davis, and Cynthia Nixon. HBO. 1998-2004.

58) *Sex and the City: The Movie*. Dir. Michael Patrick King. Perf. Sarah Jessica Parker, Kim Cattrall, Kristin Davis, and Cynthia Nixon. Warner Brothers, 2008.

59) *Sex and the City: The Movie*. Dir. Michael Patrick King.

60) *Sex and the City: The Movie*. Dir. Michael Patrick King.

61) *27 Dresses*. Dir. Anne Fletcher. Perf. Katharine Heigl and james Marsden. 20th Century Fox, 2008.

62) *27 Dresses*. Dir. Anne Fletcher.

63) *27 Dresses*. Dir. Anne Fletcher.

64) *27 Dresses*. Dir. Anne Fletcher.

65) Gleiberman, Owen. Rev. of *27 Dresses*, Dir. Anne Fletcher. *Entertainment Weekly*. 16 Jan. 2008, 강조는 원문.

66) Homaday, Ann. Rev. of 27 Dresses, Dir. Anne Fletcher. T*he Washington Post*. 18 Jan. 2008.

67) Wignall, Alice. "Can a Feminist Really Love Sex and the City?" Rev. of S*ex and the City*, Dir. Michael Patrick King. *The Guardian*. 15 April 2008.

68) Wignall, Alice. "Can a Feminist Really Love Sex and the City?"

69) Wignall, Alice. "Can a Feminist Really Love Sex and the City?"

70) Wignall, Alice. "Can a Feminist Really Love Sex and the City?"

제5장 사랑, 미국 스타일

1) Vagianos, Alanna. "30 Shocking Domestic Violence Statistics that Remind Us It's an Epidemic". *The Huffington Post*. 13 Feb. 2015. Web. 24 July 2015.

2) Ravitz, Justin. "Sandra Bullock on Jesse James' Cheating, Divorce: "Nobody Can Be Prepared for Anything"". *US Weekly*. 17 Sep. 2014. Web. 10 Oct. 2014

3) Ravitz, Justin. "Sandra Bullock on Jesse James' Cheating, Divorce".

4) Coontz, Stephanie. *Marriage, a History: How Love Conquered Marriage*. NYC: Penguin, 2005, g. 6.

5) Coontz, Stephanie. *Marriage, a History*, p. 42.

6) Coontz, Stephanie. *Marriage, a History*, p. 44.

7) Qtd. in Shumway, David R. *Modern Love: Romance, Intimacy, and the Marriage Crisis*. NYC: NYU Press, 2003, p. 14.

8) Coontz, Stephanie. *Marriage, a History*, p. 123.

9) Coontz, Stephanie. *Marriage, a History*, pp. 15-16.

10) Shumway, David R. *Modern Love*, p. 19. 더 나아가, 섬웨이는 "봉건유럽의 궁정 매너와 도덕에 변화가 생기면서" 이에 상응하는 문학형식이 생겨났는데 그것이 바로 중세시대의 로맨스 문학이라고 주장한다. "타락한 존재이면서 동시에 남성을 타락시키는 존재로 여겨지던 여성을 이상화했고 이 과정 중에서 사랑도 이상화됐다. … 로맨스 담론은 사랑이 이상화되는 과정에서 등장하게 된다. 그러나 이런 식으로 고양된 사랑의 의미가 그 당시에는 아직 결혼과 연결되지 않았다." p. 13.

11) Shumway, David R. *Modern Love*, p. 27.

12) Coontz, Stephanie. *Marriage, a History*, p. 118.

13) Schlessinger, Laura. *The Proper Care and Feeding of Marriage*. NYC: Harper Collins, 2007, pp. 2-3.

14) Schlessinger, Laura. *The Proper Care and Feeding of Marriage*, pp. 26-7.

15) Schlessinger, Laura. *The Proper Care and Feeding of Marriage*, p. 27.

16) Schlessinger, Laura. *The Proper Care and Feeding of Marriage*, p. 4.

17) Schlessinger, Laura. *The Proper Care and Feeding of Marriage*, p. 148.

18) Edwards, Tim. *Cultures of Masculinity*. London: Routledge, 2006, p. 8, 강조는 원문.

19) Edwards, Tim. *Cultures of Masculinity*, p. 17, 강조는 원문.

20) Qtd, in Wall, Melissa Lafsky. "Ben Affleck's Oscar Speech Revealed a Truth about Marriage". *The Huffington Post*. 25 Feb. 2013. Web. 25 Jan, 2014.

21) Wall, Melissa Lafsky. "Ben Affleck's Oscar Speech Revealed a Truth about Marriage".

22) 애플렉은 또 다른 비난을 들어야 했다. 2년 후인 2015년에 애플렉이 아내 제니퍼 가너 (Jennifer Garner)와 이혼한다고 발표했을 때 언론은 애플렉이 결혼 일을 열심히 하지 않았다고 비난했다. Blickley, Leigh. "Ben Affleck and Jennifer Garner Split after 10 Years of Marriage". *The Huffington Post*. 30 June 2015. Wdb. 15 July 2015를 보라.

23) Erickson, Rebecca. "Why Emotion Work Matters: Sex, Gender, and the Division of Household Labor". *Journal of Marriage and Family* 67.2 (May 2005), p. 339.

24) Erickson, Rebecca. "Why Emotion Work Matters". p. 339.

25) Celello, Kristin. *Making Marriage Work: A History of Marriage and Divorce in the Twentieth Century United States*. Chapel Hill, NC: U of North Carolina P. 2009. p. 17.

26) 젊은 사람들이 더 많이 도시에서 살게 되면서 부모의 영향으로부터 독립할 수 있게 된 결과, 젊은이들은 배우자를 찾을 때 감정적으로 끌리느냐가 선택의 기준이 되었다. 또한, "20세기에 산업화가 계속되면서 아동 노동 수요는 감소하게 됐고" 이는 결과적으로 아동 수의 감소로 이어졌다. 이로 인해 "아내들과 남편들은 결혼 후 수 년 간을 함께 아이를 낳지 않고 살 수 있게 됐으며 아이를 다 키운 후에는 더 많은 시간을 함께 보낼 수 있었다. … 동반자 관계를 발전시키고 자신을 계발할 수 있는 여유가 갑자기 생겼다. [Cherlin, Andrew. *The Marriage- Go-Round: The State of Marriage and the Family in America Today*. NYC: Alfred A. Knopf, 2009, pp. 66-7.]

27) Celello, Kristin. *Making Marriage Work*, p. 6.

28) Celello, Kristin. *Making Marriage Work*, p. 6.

29) Celello, Kristin. *Making Marriage Work*, pp. 8-9.

30) Celello, Kristin. *Making Marriage Work*, pp. 8-9.

31) Celello, Kristin. *Making Marriage Work*, p. 97.

32) Celello, Kristin. *Making Marriage Work*, p. 97.

33) Celello, Kristin. *Making Marriage Work*, pp. 126-7.

34) Celello, Kristin. *Making Marriage Work*, p. 128.

35) Celello, Kristin. *Making Marriage Work*, pp. 115-16.

36) 가사노동에 관한 심층 논의는 Arlie Hochschild가 1959년에 출간한 *The Second Shift*를 보라. 이 책에서 저자는 여성들이 남성들과 동일한 시간을 직장에서 일을 하고 집에 와도 여전히 여성들이 가사노동의 대부분을 담당하고 있다고 주장하고 있다.

37) Celello, Kristin. *Making Marriage Work*, pp. 77-8.

38) Shumway, David R. *Modern Love*, p. 80.

39) 흥행에 성공한 영화라서만이 아니라 다른 이유로도 이 영화는 연구 할 가치가 크다. 이제 50세를 바라보는 줄리아 로버츠가 여배우들이 나이가 들면서 받는 압박감에 대해 공개적으로 발언을 한 적이 있다. 한 인터뷰에서 "할리우드의 기준에서 볼 때 제가 얼굴 주름 제거술을 받지 않는 큰 위험을 감수하고 있다는 생각이 드네요"라고 말 한 적이 있다. ["Quote of the Day: Julia Roberts". *The Boston Globe*. 29 Oct. 2015. Web. 26 July 2015.]

40) 이 영화에서는 1950년대에 결혼생활이 어떻게 '인생의 종착지'로 여겨지고 있는지가 잘 묘사되고 있는 것이 사실이지만 이런 관념 그 자체는 주로 중류계급에서 상류계급의 백인여성을 대상으로 하고 있다는 점을 명심해야 한다. 즉, 모든 여성이 결혼을 '인생의 종착지'로 선택할 수 있는 사치를 누릴 수 있는 것은 아니다.

41) *Mona Lisa Smile*. Dir. Mike Newell. Perf. Julia Roberts, Kristen Dunst, Julia Stiles. Revolution Studios, 2003.

42) *Mona Lisa Smile*. Dir. Mike Newell.

43) *Mona Lisa Smile*. Dir. Mike Newell.

44) Celello, Kristin. *Making Marriage Work*, pp. 75-81.

45) *Mona Lisa Smile*. Dir. Mike Newell.

46) *Mona Lisa Smile*. Dir. Mike Newell.

47) *Mona Lisa Smile*. Dir. Mike Newell.

48) *Mona Lisa Smile*. Dir. Mike Newell.

49) *Mona Lisa Smile*. Dir. Mike Newell.

50) *Love, Wedding, Marriage*. Dir. Dermot Mulroney. Perf. Mandy Moore, Kellan Lutz. Chydzik Media Group. 2011.

51) *Love, Wedding, Marriage*. Dir. Dermot Mulroney.

52) 저드 애퍼타우가 감독한 〈사고 친 후에〉(2007)는 세스 로건(Seth Rogan) 과 캐서린 헤이글 두 남녀에 관한 이야기로서 하룻밤을 같이 보낸 후 캐서린은 뜻하지 않게 임신을 하게 된다.

53) *This is 40*. Dir. Judd Apatow. Per. Paul Rudd, Leslie Mann. Apatow Productions. 2012.

54) Coontz, Stephanie. *Marriage, a History*, p. 4.

55) '가장과 주인 법'은 남편이 아내에게 알리지 않거나 아내로부터 동의 받지 않고 가정사나 공동소유 재산 처분에 관해서 결정을 내릴 수 있는 권리를 보장한다.

56) Roberts, Dan. "Ruth Bader Ginsburg Eviscerates Same-Sex Marriage Opponents in Court".

Theguardian.com. 28 April 2015. Web. 8 May 2015.

제6장 아홉 달 동안의 공포와 평생 동안의 편집증

1) Gill, Jasmine. "Jennifer Aniston Pregnant or Just a Really Bad Dress Choice?" *Fashion Style Magazine*. 30 Aug. 2014. Web. 2 Aug. 2015.

2) Faludi, Susan. *Backlash: The Undeclared War Against American Women*. NYC: Crown Publishers, 1991, p. 42.

3) Faludi, Susan. *Backlash: The Undeclared War Against American Women*, p. 42.

4) 'What to Expect When You're Expecting". Amazon.com, 2008. Web. 22 Feb. 2011.

5) 정확히 말해서 우리는 임산부가 임신기간 동안 건강에 신경 쓰고 무엇인가에 관한 결정을 할 때 정보를 충분히 접한 후 결정을 내리는 것이 좋지 않다고 말하는 것이 아니다. 그런 임신 안내서가 여성들을 이런 식으로 이끌려고 하는 시도가 잘못이라고 말하는 것도 아니다. 문제는 조언을 해주는 영역과 공포를 조장하는 영역 사이에 회색지대가 있다는 것이다.

6) Martin, Karin. "Giving Birth like a Girl". *Gender and Society* 17.1 (Feb. 2003), p. 54.

7) Douglas, Susan J., and Meredith W. Michaels. *The Mommy Myth: The Idealization of Motherhood and How It Has Undermined All Women*. NYC: Free Press, 2004, p. 3.

8) Douglas, Susan J. and Meredith W. Michaels. *The Mommy Myth*, p. 3.

9) Douglas, Susan J. and Meredith W. Michaels. *The Mommy Myth*, p. 4.

10) Douglas, Susan J. and Meredith W. Michaels. *The Mommy Myth*, p. 4.

11) Douglas, Susan J. and Meredith W. Michaels. *The Mommy Myth*, pp. 4-5.

12) Douglas, Susan J. and Meredith W. Michaels. *The Mommy Myth*, pp. 5, 24.

13) Douglas, Susan J. and Meredith W. Michaels. *The Mommy Myth*, p. 25.

14) Eisenberg, Ziv. "Clear and Pregnant Danger: The Making of Prenatal Psychology in Mid-Twentieth-Century America". *Journal of Women's History* 22.3 (Fall 2010), p. 54.

15) Eisenberg, Ziv. "Clear and Pregnant Danger", p. 54.

16) Douglas, Susan J. and Meredith W. Michaels. *The Mommy Myth*, p. 6.

17) Rothman, B. K. *The Tentative Pregnancy: How Amniocentesis Changes the Experience of Motherhood*. NYC, Viking Penguin Inc., 1986, p. 45.

18) Douglas, Susan J. and Meredith W. Michaels. *The Mommy Myth*, p. 6. 이 연구 시점에 전국 반스앤노블 서점마다 임신만을 다루고 있는 74종의 책이 전시되고 있었다.

19) Douglas, Susan J. and Meredith W. Michaels. *The Mommy Myth*, p. 52.

20) Douglas, Susan J. and Meredith W. Michaels. *The Mommy Myth*, p. 229.

21) Douglas, Susan J. and Meredith W. Michaels. *The Mommy Myth*, p. 229.

22) Martin, Karin. 'Giving Birth like a Girl', p. 55.

23) Kukla, Rebecca. *Mass Hysteria: Medicine, Culture, and Mother's Bodies.* Lanham, MD: Rowman & Littlefield, 2005, p. 126.

24) Lupton, D. 'Risk and the Ontology of Pregnant Embodiment". *Risk and Sociocultural Theory: New Directions and Perspectives.* Cambridge: Cambridge University Press, 1999: 59.

25) Berlant, Lauren. *The Queen of America Goes to Washington City: Essays on Sex and Citizenship.* Durham: Duke U.PG., 1997, p. 113.

26) Kennedy, Holly Powell, Katrina Nardini, Rebecca McLeod-Waldo and Linda Ennis. "Top-Selling Childbirth Advice Births: A Discourse Analysis". *Birth* 36.4 (December 2009), p. 318.

27) Kennedy, Holly Powell, Katrina Nardini, Rebecca McLeod-Waldo and Linda Ennis. "Top-Selling Childbirth Advice Births". p. 321.

28) Kennedy, Holly Powell, Katrina Nardini, Rebecca McLeod-Waldo and Linda Ennis. "Top-Selling Childbirth Advice Births". p. 322.

29) Kennedy, Holly Powell, Katrina Nardini, Rebecca McLeod-Waldo and Linda Ennis. "Top-Selling Childbirth Advice Births". p. 322.

30) "Celebrities Make Pregnancy Seem Glamorous". *MSNBC.* 26 April 2006. Web. 28 July 2008.

31) Douglas, Susan J. and Meredith W. Michaels. *The Mommy Myth,* p. 8.

32) Douglas, Susan J. and Meredith W. Michaels. *The Mommy Myth,* p. 122.

33) "Pregnancy and Body Image". *Epigee.* 2009. Web. 25 Oct. 2010.

34) "Celebrity 'Momshells' Pressured to Look Perfect After Giving Birth". ABC. 20 Aug. 2012. Web. 2 June 2015.

35) Douglas, Susan J. and Meredith W. Michaels. *The Mommy Myth,* p. 295.

36) Douglas, Susan J. and Meredith W. Michaels. *The Mommy Myth,* p. 293.

37) Douglas, Susan J. and Meredith W. Michaels. *The Mommy Myth,* p. 303.

38) Douglas, Susan J. and Meredith W. Michaels. *The Mommy Myth,* p. 301.

39) Douglas, Susan J. and Meredith W. Michaels. *The Mommy Myth,* p. 302.

40) Douglas, Susan J. and Meredith W. Michaels. *The Mommy Myth,* p. 301.

41) Kennedy, Holly Powell, Katrina Nardini, Rebecca McLeod-Waldo and Linda Ennis. "Top-Selling Childbirth Advice Births". p. 321.

42) Possamai-Inesedy, Aphia, "What Not to Fear When You Are Expecting: Self Help Literature in a Risk Society". University of Kent. n.d. Web. 25 Oct. 2010, p. 1.

43) Possamai-Inesedy, Aphia, "What Not to Fear When You Are Expecting". p. 7.

44) Possamai-Inesedy, Aphia, "What Not to Fear When You Are Expecting". p. 7.

45) Murkoff, Heidi and Sharon Mazel. *What to Expect When You're Expecting,* 4th ed. NYC: Workman Publishing, 2008, p. 2.

46) Murkoff, Heidi and Sharon Mazel. *What to Expect When You're Expecting*, p. 2.

47) Murkoff, Heidi and Sharon Mazel. *What to Expect When You're Expecting*, p. 68.

48) Murkoff, Heidi and Sharon Mazel. *What to Expect When You're Expecting*, p. 2.

49) Murkoff, Heidi and Sharon Mazel. *What to Expect When You're Expecting*, p. 121.

50) 이 연구는 2010년 10월에 처음 행해졌다.

51) 비록 이미 언급한 것처럼 임신/육아 설명서의 주된 흐름을 옹호하는 연구결과가 존재하는 것은 맞지만 특별히 남성—이 영역을 연구해야 할 필요성은 증가하지만—대상으로 한 연구결과는 아직까지 존재하지 않는다. 그나마 몇 안 되는 연구에서도 남성을 대상으로 한 이와 같은 책들은 『임신한 당신이 알아야 할 모든 것』에서처럼 ~하시오라고 시키는 식의 태도나 공포 유발 전략에 의존하고 있다. 그렇다고 그것들에 문제가 없다고 말하려는 의도는 아니다. 예를 들어, 『현대의 수렵채집인들을 위한 아빠 입문서: 혈거인이 알려주는 신생아의 첫 1년(Early Fatherhood for the Modern Hunter-Gatherer: Caveman's Guide to Baby's First Year)』은 젠더 고정관념을 명백하게 공고히 하고 있으며 남성독자를 대상으로 자기 비하적인 유머를 사용하고 있다. 따라서 텍스트들이 의도하는 독자가 존재하고 있음에도 불구하고 여러 문제들이 이런 텍스트들에 존재한다. 그러나 그 문제들은 매우 이질적이라는 점이 중요하다.

제7장 여성의 역할 영역 또는 글 읽기 영역의 변화

1) Overland, Jody. "Report Card: The Best and Worst Celebrity Moms - Who Failed?" *Celebrity Dirty Laundry*. 13 June 2012. Web. 3 June 2015.

2) "Star". *American Media*, Inc. 2015. Web. 30 July 2015.

3) Warner, Judith. *Perfect Madness: Motherhood in the Age of Anxiety*. NYC: Riverhead Books, 2005, p. 4.

4) Warner, Judith. *Perfect Madness: Motherhood in the Age of Anxiety*, pp. 32-3, 강조는 원문.

5) Warner, Judith. *Perfect Madness: Motherhood in the Age of Anxiety*, p. 10.

6) Warner, Judith. *Perfect Madness: Motherhood in the Age of Anxiety*, p. 8, 강조는 원문.

7) Warner, Judith. *Perfect Madness: Motherhood in the Age of Anxiety*, p. 53.

8) 다음 예를 볼 것. Lopez, Lori Kido. "The Radical Act of 'Mommy Blogging': Redefining Motherhood through the Blogosphere." *New Media & Society* 11.5 (2009), 729-47 and Morrison, Aimee. "Autobiography in Real Time: A Genre Analysis of Personal Mommy Blogging." *Cyberpsychology: Journal of Psychological Research on Cyberspace* 4.2 (2010).

9) 이 장에서 알 수 있듯이, 블로거들은 "mom"과 "mommy" 두 용어를 다 쓴다. 어느 용어로 쓸 것인지 학자들은 고심 중이다. "mommy blog"는 여성들을 아동처럼 보이게 하는 경향

이 있지만 많은 여성들은 의도적으로 "mommy"를 쓰고자 한다. 다음을 볼 것. Rahoi-Gilchrest, Rita L. "Momtinis, Not Martyrs: Examining 'Anti-Mom' Blogs, Muted Groups, Standpoints, and the Struggle over Motherhood." *Media Depictions of Brides, Wives, and Mothers.* Ed. Alena Amato Ruggerio. Lanham: Lexington Books, 2012, pp. 181-93.

10) DiPrince, Dawn. "Motherhood, Performance, and Mommy Blogs: The Political Power of Maternal Online Rhetoric." Thesis. Colorado State University Fort Collins, 2012.

11) Morrison, Aimee. "'Suffused by Feeling and Affect': The Intimate Public of Personal Mommy Blogging." *Biography* 34.1 (2011), 37-55

12) Powell, Rebecca. "Good Mothers, Bad Mothers and Mommy Bloggers: Rhetorical Resistance and Fluid Subjectivities." *MP: An Online Feminist Journal* (2010), 37-50

13) Friedman, May. *Mommyblogs and the Changing Face of Motherhood.* Toronto: University of Toronto Press, 2013.

14) 이 책에서는 주로 서양의 육아에 대해 관심을 두지만, 엄마 블로그뿐 아니라, 우리가 지적하는 많은 사항들은 전 지구적 현상이다.

15) Mead-Ferro, Muffy. *Confessions of a Slacker Mom.* Cambridge, MA: Da Capo Lifelong Books, 2004, p. 2.

16) Mead-Ferro, Muffy. *Confessions of a Slacker Mom.* p. 130.

17) Mead-Ferro, Muffy. *Confessions of a Slacker Mom.* p. 133.

18) Mead-Ferro, Muffy. *Confessions of a Slacker Mom.* p. 134.

19) Mead-Ferro, Muffy. *Confessions of a Slacker Mom.* pp 136-7.

20) Wilder-Taylor, Stefanie. *Sippy Cups Are Not for Chardonnary: And Other Things I Had to Learn as a New Mom.* NYC: Simon Spotlight Entertainment, 2006. p. xv.

21) Laditan, Bunmi. *The Honest Toddler: A Child's Guide to Parenting.* NYC: Scribner, 2013, pp. 29-30.

22) Laditan, Bunmi. *The Honest Toddler*, p. 30.

23) Laditan, Bunmi. *The Honest Toddler*, p. 31.

24) Finnamore, Suzanne. *The Zygote Chronicle: A Novel.* NYC: Grove Press, 2002, p. 25, 강조는 필자.

25) Finnamore, Suzanne. *The Zygote Chronicle*, p. 89.

26) Miller, Karen Maezen. *Momma Zen: Walking the Crooked Path of Motherhood.* Boston: MA: Trumpeter Books, 2006, p. 137.

27) Miller, Karen Maezen. *Momma Zen*, p. 141.

28) Mead-Ferro, Muffy. *Confessions of a Slacker Mom*, p. 14.

29) Wilder-Taylor, Stefanie. *Sippy Cups Are Not for Chardonnay*, p. 136.

30) Finnamore, Suzanne. *The Zygote Chronicle*, p. 90.

31) Lamott, Anne. *Operating Instructions: A Journal of My Son's First Year.* NYC: Anchor

Books, 1993, p. 22.

32) Dunnewold, Ann. *Even June Clever Would Forget the Lunch Box: Cut Yourself Some Slack (and Still Raise Great Kids) in the Age of Extreme Parenting.* Deerfield Beach, FL: Health Communications, Inc., 2007, p. 10.

33) Pearson, Allison. *I Don't Know How She Does It: A Novel*, London: Quality Paperbacks Direct, 2002, p. 3.

34) Wickersham, Joan. "Hillary Clinton's Cookies." *Boston Globe.* 11 Jan. 2013. Web. 14 June 2015.

35) Wilder-Taylor, Stefanie. *Sippy Cups Are Not for Chardonnay*, pp. 120-6.

36) Dunnewold, Ann. *Even June Clever Would Forget the Lunch Box*, p. 208.

37) Kokjohn-Wagner, Johi. "What You Mock, You Become." *I Just Want To Pee Alone.* Lexington, KY: @throat_punch Books, 2013, p. 61.

38) Ashworth, Trisha, and Amy Nobile. *I was a Really Good Mom Before I Had Kids: Reinventing Modern Motherhood.* San Francisco: Chronicle Books, 2007, p. 78.

39) Alpert, Karen. *I Heart My Little A-Holes: A Bunch of Holy-Crap Moments No One Ever Told You About Parenting.* NYC: William Morrow, 2014, p. 173.

40) Alpert, Karen. *I Heart My Little A-Holes*, pp. 173-5.

41) Alpert, Karen. *I Heart My Little A-Holes*, p. 177.

42) Laditan, Bunmi. *Toddlers are A**holes: It's Not Your Fault.* NYC: Scribner, 2015, p. 4.

43) Laditan, Bunmi. *Toddlers are A**holes: It's Not Your Fault*, p. 97.

44) Miller, Karen Maezen. *Momma Zen*, pp. 3-4.

45) Buchanan, Andrea J. *Mother Shock: Loving Every (Other) Minute of It.* NYC: Seal Press, 2003, p. 59.

46) Finnamore, Suzanne. *The Zygote Chronicle*, p. 52.

47) Lamott, Anne. *Operating Instructions: A Journal of My Son's First Year.* NYC: Anchor Books, 1993. p. 253.

48) Ashworth, Trisha, and Amy Nobile. *I Was a Really Good Mom Before I Had Kids*, p. 20, 원본 강조.

49) Ashworth, Trisha, and Amy Nobile. *I Was a Really Good Mom Before I Had Kids*, p. 52.

50) Ashworth, Trisha, and Amy Nobile. *I Was a Really Good Mom Before I Had Kids*, p. 52.

51) Ashworth, Trisha, and Amy Nobile. *I Was a Really Good Mom Before I Had Kids*, p. 52.

52) Fondas, Nanette. "The Many Myths about Mother who 'Opt Out.'" *The Atlantic.* 25 March 2013. Web. 23 June 2015.

53) Mead-Ferro, Muffy. *Confessions of a Slacker Mom*, p. 121

54) Finnamore, Suzanne. *The Zygote Chronicle*, p. 27

55) Pearson, Allison. *I Don't Know How She Does It*, pp. 124-5.

56) Pearson, Allison. *I Don't Know How She Does It*, p. 270.

57) Schulte, Brigid. *Overwhelmed: Work, Love, and Play When No One Has the Time*. NYC: Farrar, Straus, and Giroux, 2014.

58) E.W. "What's Holding Women Back?" *The Economist*. 23 Jan. 2015. Web. 23 June 2015.

59) E.W. "What's Holding Women Back?"

60) E.W. "What's Holding Women Back?"

61) Stone, Pamela. *Opting Out?: Why Women Really Quit Careers and Head Home*. Berkeley: University of California Press, 2008.

62) E.W. "What's Holding Women Back?"

63) E.W. "What's Holding Women Back?"

64) Finnamore, Suzanne. *The Zygote Chronicle*, p. 20

65) Finnamore, Suzanne. *The Zygote Chronicle*, pp. 43-4. 이 소설은 육아시기를 일컬어 여성에게 즐거운 기간이라고 말하는 전문가식 자기계발서처럼 교훈조로 끝을 맺는 것에 주목할 필요가 있다. 화자는 이렇게 기록한다. "진짜 선물은 너를 받은 것 이외에 무언가 내 속에 있는 중요한 것을 발견했다는 점이다. 내가 알지도 못했던 편견 덩어리를 뽑아냈단다. … 네가 아들이어서 고맙구나. 벌써 너에게서 배우고 있다니. 후회되기도 하고 내 스스로 왜소한 감이 든다. 하지만 나는 모든 것을 품고 있지. 바로 너를 말이다. (Finnamore, 45쪽을 볼 것.)

66) Finnamore, Suzanne. *The Zygote Chronicle*, p. 68.

67) Finnamore, Suzanne. *The Zygote Chronicle*, p. 68.

68) Pearson, Allison. *I Don't Know How She Does It*, p. 52.

69) Pearson, Allison. *I Don't Know How She Does It*, p. 52.

70) Lamott, Anne. *Operating Instructions: A Journal of My Son's First Year*. NYC: Anchor Books, 1993, pp. 6, 66-7, 117.

71) Buchanan, Andrea J. *Mother Shock: Loving Every (Other) Minute of It*. NYC: Seal Press, 2003, p. 57.

72) Alpert, Karen. *I Heart My Little A-Holes*, p. 146.

73) Alpert, Karen. *I Heart My Little A-Holes*, pp. 148-50.

74) Alpert, Karen. *I Heart My Little A-Holes*, p. 153.

75) Alpert, Karen. *I Heart My Little A-Holes*, p. 158.

76) Dunnewold, Ann. *Even June Clever Would Forget the Lunch Box: Cut Yourself Some Slack (and Still Raise Great Kids) in the Age of Extreme Parenting*. Deerfield Beach, FL: Health Communications, Inc., 2007, p. 89.

77) Ashworth, Trisha, and Amy Nobile. *I Was a Really Good Mom Before I Had Kids*, p. 158.

78) Mellor, Christie. *Three Martini Playdate: A Practical Guide to Happy Parenting*. San Francisco: Chronicle Books, 2004, p. 23.

79) Mellor, Christie. *Three Martini Playdate*, p. 24

80) Wilder-Taylor, Stefanie. *Sippy Cups Are Not for Chardonnay*, p. 7.

81) Wilder-Taylor, Stefanie. *Sippy Cups Are Not for Chardonnay*, p. 107-8.

82) Ashworth, Trish, and Amy Nobile. *I Was a Really Good Mom Before I Had Kids*, p. 11.

83) Ashworth, Trisha, and Amy Nobile. *I Was a Really Good Mom Before I Had Kids*, p. 70; Mellor, Christie. *Three Martini Playdate*, pp. 14, 37, 72, 120; Wilder-Taylor, Stefanie. *Sippy Cups Are Not for Chardonnay*, pp. 144, 195.

84) Mansbach Adam. *Go the Fuck to Sleep*. NYC: Akashic Books, 2011, pp. 5, 7.

85) Mansbach Adam. *You Have to Fucking Eat*. NYC: Akashic Books, 2014, p. 1.

86) Mansbach Adam. *You Have to Fucking Eat*, p. 28.

87) Rophie, Katie. "Why So Angry, Dad?: Go the F**k to Sleep Exposes Yuppie Parents' Sexlessness, Self-pity, and Repressed Rage." *Slate*. 22 June 2011. Web. 24 June 2015.

88) Rophie, Katie. "Why So Angry, Dad?"

89) Komada, Emmy. "What would a Kid Say about Go the Fuck to Sleep?" *The Rumpus*. 27 June 2015.

90) Almy, Katherine. "If You Give a Mom a Nap." *Brain Child*. 8 Oct. 2014. Web. 24 June 2015.

91) Greenberg, Jennifer. "If You Give a Mom a Cup of Coffee and a Day Off." *Motor Mommy*. 18 Feb. 2014. Web 23 June 2015.

92) Silk, Judy. *If You Give a Mom a Margarita*. Lexington, KY: Judy Silk, 2015.

93) Roznick, Marcy. *If You Give a Kid a Cookie: Will He Shut the Fuck Up?* NYC: St. Martin's Griffin, 2011.

94) Droyd, Ann. *If You Give a Mouse an iPhone*. NYC: Blue Rider Press, 2014.

95) Droyd, Ann. *Goodnight iPad*. NYC: Blue Rider Press, 2011, pp. 1–3.

96) Droyd, Ann, *Goodnight iPad*, pp. 24–8.

97) 이 밈이 보여주는 유머는 내용의 다양성에서 온다. 한 예로, 「곰돌이 푸」 밈에서 푸가 "오늘 푸 같지 않네"라고 말하자 푸와 피글릿은 주기적인 우울증에 대한 통계를 제시한다. 「알렉산더의 정말 재수 없는 날」의 마지막 쪽 내용은 이렇게 바뀐다. "오늘 정말 재수 없는 날이었어. 엄마가 그랬어, 그런 날도 있다고. 그리고 크다 보면 더 한 날도 온다고 했어. 빌어먹을 세금도 내야 한다네." 아동 고전 도서인 『배고픈 애벌레』의 한 쪽을 다룬 모방 글은 애벌레가 먹는 목록을 제시하면서 유머를 만들어낸다. "애벌레는 감정을 먹어버리지. 멋진 일이야. 자신의 대응기제를 안다는 건 좋은 일이야." 다음 책을 볼 것. Flaherty, Keely. "16 Classic Children's Books Retold for Adults." *BuzzFeed*. 28 March 2014. Web. 24 June 2015.

98) Flaherty, Keely. "16 Classic Children's Books Retold for Adults."

99) Silverstein, Shel. *The Giving Tree*. NYC: Harper and Row, 1964.

* 이 장의 초기 버전은 Michael Johnson's, *Gender and Sexual Identity*(Cambridge Scholars, 2011)에 수록되었다.

1) 예를 들어 다음을 보라. "13 Most Notorious Celebrity Cougars". *Suggest*. 2015. Web. 8 July 2015; "15 Hollywood's Hottest Cougars". *Celeb Romance*. 4 March 2014. Web. 8 July 2015; "The 25 Sexiest Celebrity Cougars". *BuzzFeed*. 9 June 2014. Web. 8 July 2015.

2) "The Boy Next Door". *Box Office Mojo*. 7 July 2015. Web. 8 July 2015.

3) 성적 이중 잣대에 관해 더 알고 싶으면 다음을 보라. Keith Thomas. seminal text "The Double Standard"(*Journal of the History of Ideas*, 1959); Elizabeth Reis. *American Sexual Histories*(Wiley-Blackwell, 2001); Angus McLaren. *Twentieth-Century Sexuality: A History*(Wiley-Blackwell, 1999); Nancy F. Cott. *The Grounding of Modern Feminism* (Yale University Press, 1987); Joanne Meyerowitz. *Not June Cleaver: Women and Gender in Postwar America, 1945-1960*(Temple University Press, 1994).

4) 이것은 반드시 새로운 경향이 아니다. AARP가 행한 조사에 따르면, 2003년 시기에 40대 이상의 싱글 여성 34%가 젊은 남자와 데이트를 하고 있었다.

5) Mulvey, Laura. *Visual and Other Pleasures*. Indianapolis: Indiana UP, 1989.

6) "Hollywood's Hottest Cougars". *Parade magazine*. 25 April 2010. Web. 12 May 2013.

7) Fulbright, Yvonne K. "Foxsexpert: Sink Your Teeth into the "Cougar"." *Fox News*. 23 March 2009. Web. 12 May 2013.

8) Gibson, Valerie. *Cougar: A Guide for Older Women Dating Younger Men*. Toronto: Key Porter Books, 2008.

9) Targosz, Cyndi. *Dating the Younger Man: Guide to Every Woman's Sweetest Indulgence*. Avon, MA: Adams Media, 2009.

10) Franklin, Linda. *Don't Ever Call Me Ma'am: The Real Cougar Woman Handbook*. Charleston, SC: Messenger House, 2009.

11) Lucia. *Cougar Dating Advice*. Blogspot, 2007-2015. Web. 8 July 2015.

12) *CougarLife*. 2008-2013. Web. 8 July 2015.

13) "Dear Abby: Hunting and Being Hunted by "Cougars" is OK with Them". Philly.com. 17 November 2009. Web. 12 May 2013.

14) Rackl, Lori. "Cougars and Prey to Prowl the High Seas". *Sun Times*. 2009. Web. 9 November 2011.

15) Rackl, Lori. "Cougars and Prey to Prowl the High Seas".

16) Fahner, Molly. "The Sexiest New Kind of Woman". *Cosmopolitan*, May 2009, p. 42.

17) Fahner, Molly. "The Sexiest New Kind of Woman', p. 42.

18) Fahner, Molly. "The Sexiest New Kind of Woman', p. 42.

19) 이 특정 패티쉬(물신숭배)가 발전해 온 정도는 ≪밀프 헌터스≫ 같은 잡지 같은 제목에서

처럼 포르노 산업을 조사해 보면 쉽게 알 수 있다.

20) 신문과 잡지에서 이런 용어의 유행에 관해 다룬 글들이 많았지만 아직까지 이에 관한 학문적인 이론은 존재하지 않는다.

21) O'Donohoe, Stephanie. "Yummy Mummies: The Clamor of Glamour in Advertising to Mothers". *Advertising and Society Review* 7.2 (2006). Web. 9 Jan. 2013.

22) O'Donohoe, Stephanie. "Yummy Mummies".

23) O'Donohoe, Stephanie. "Yummy Mummies".

24) Qtd. in O'Donohoe, Stephanie. "Yummy Mummies".

25) Seemayer, Zach. "Kim Kardashian Wants to "Break the Internet" with a NSFW Pic of her Bare Butt". *Entertainment Online*. 12 November 2014. Web. 1 August 2015.

26) Shah, Beejoli. "Kim Kardashian's Motherhood doesn't Preclude her Sexuality". *The Daily Dot*. 17 November 2014. Web. 1 August 2015.

27) Herz, Adam. *American Pie*. Dirs. Paul and Chris Weitz. Universal City, CA: Universal Pictures, 1999.

28) Fountains of Wayne. "Stacy's Mom". *Welcome Interstate Managers*. Virgin, 2003.

29) Emimusic. "Fountains of Wayne - Stacy's Mom". *Youtube*. 12 March 2009. Web. 8 July 2015.

30) Fountains of Wayne. "Stacy's Mom".

31) Emimusic. "Fountains of Wayne - Stacy's Mom".

32) Emimusic. "Fountains of Wayne - Stacy's Mom".

33) Emimusic. "Fountains of Wayne - Stacy's Mom".

34) Hedley. "Don't Talk to Strangers". *The Show Must Go On*. Universal Music Canada, 2009.

35) Hedley. "Don't Talk to Strangers".

36) Hedley. "Don't Talk to Strangers".

37) HedleyVEVO. "Don't Talk to Strangers". *You Tube*. 2 Dec. 2009. Web. 2 July 2015.

38) HedleyVEVO. "Don't Talk to Strangers".

39) HedleyVEVO. "Don't Talk to Strangers".

40) HedleyVEVO. "Don't Talk to Strangers".

41) HedleyVEVO. "Don't Talk to Strangers".

42) HedleyVEVO. "Don't Talk to Strangers".

43) HedleyVEVO. "Don't Talk to Strangers".

44) Amos, Tori. "Big Wheel". *American Doll Posse*. Epic, 2007.

45) Amos, Tori. "Big Wheel".

46) "Aldrin Justice". *How I Met Your Mother*. Writ. Jamie Rhonheimer. Dir. Pamela Fryman. CBS. 23 Oct. 2006. Television.

47) "Aldrin Justice". *How I Met Your Mother*.

48) "Aldrin Justice". *How I Met Your Mother*.

49) "Aldrin Justice". *How I Met Your Mother.*

50) "Aldrin Justice". *How I Met Your Mother.*

51) "Aldrin Justice". *How I Met Your Mother.*

52) "Aldrin Justice". *How I Met Your Mother.*

53) "Aldrin Justice". *How I Met Your Mother.*

54) "Aldrin Justice". *How I Met Your Mother.*

55) 'Owen and Jackie's Photo Shoot". *The Bold and the Beautiful.* CBS, 2009. Web, 12 May 2013.

56) 이 질문은 욕실의 거울 앞에서 벗은 몸에 대한, 구체적으로 그녀의 팔꿈치 주름에 대한 그녀 자신의 자기비판이 뒤따른다.

57) "Preview of ABC's Cougar Town". *Youtube*, 2009. Web. 13 May 2013.

58) "Preview of ABC's Cougar Town".

59) "Pilot". *Cougar Town.* Writ. Kevin Biegel. Dir. Bill Lawrence. ABC. 23 Sep. 2009. Television.

60) 프로그램은 제목이 약속한 이 분명한 내용에 초점을 그리 오래 맞추지 않았다는 점을 언급할 필요가 있다. 첫 시즌이 끝날 무렵 쇼는 중년의, 와인을 마시는 막다른 인생(cul-de-sac) 우정 그룹에 초점을 둔 좀 더 규범적 시트콤으로 바뀌었다. 내러티브는 줄스가 이(비슷한 연령의) 친구들 중 한 명과 짝지어지는 걸 재빨리 알아차리고 그리하여 '쿠거'에서 (제목이 아닌) 초점이 사라진다. ABC방송은 제목을 변경하려다가 말았다. 2013년 1월에 프로그램이 TBS로 넘어갔을 때, 방송국은 제목이 관련성이 없음에도 불구하고 제목을 유지하기로 결정했다.

61) Ellwood-Clayton, Bella. "Sexual Prime: Fact or Fiction?" *The Huffington Post.* 12 June 2013. Web. 8 July 2015.

62) Hussar, April Daniels. "The Truth About Your Sexual Peak". *Women's Health.* 21 Nov. 2014. Web. 8 July 2015.

63) "Mother Lover". *Saturday Night Live Digital Short Videos.* NBC, 2009. Web. 12 May 2013.

64) "Mother Lover".

65) "Mother Lover".

66) "The Cougar Controversy". Drphil.com. 8 June 2015. Web. 8 July 2015.

67) "The Cougar". *Internet Movie Database.* 2015. Web. 8 July 2015.

68) "Extreme Cougar Wives". *Internet Movie Database.* 2015. Web. 8 July 2015.

69) "Hornito's Tequila". Urbancougar.com. 2011. Web. 12 May 2013.

70) "Hornito's Tequila".

71) "Cougar: The Musical". Broadway.com. 2012. Web. 8 July 2015.

72) 우리 데이터는 2009년 동안 모아진 것이다.

73) 이런 용어에 관한 다양한 의견은 우리 조사에 관해 느낀 점을 설명해 달라고 한 개방형 질문에서 가장 잘 나타난다. 한 응답자(남자 36-46세)는 이 용어를 "아주 흔한 판타지를

묘사할 수 있는 건방진 용어"라고 사실대로 정의했다. 한편 다른 사람은 이 문구에 "난 그것이 히스테릭하다고 생각해. 나도 이 용어가 성공을 거둔 10대 영화에 처음 사용되었던 그 시기에 성장했지만"(여성 26-35세)이라고 재미삼아 반응했다. 다른 사람들은 여전히 화를 내며 이렇게 반응했다. "나는 이 단어가 싫다. 왜냐하면 호르몬 분비의 관점에서 자신의 자녀 또래의 소년들이 그녀와 성교할 때 발기가 되는지에 의해서 여성에 대한 가치판단을 할 수 있게 하기 때문이다. 만약 여성들이 자신들에게 귀를 기울일 수 없다면, 존경할 가치도 없고 오이디푸스적 배설에 그 근거를 두어야 한다"(--)소년들이 이런 의견을 스스로 자제하지 못한다면 이런 무례하고 작은 오이디푸스적인 헛소리는 금지되어야 한다).(이런 (여성, 46-55세).

74) 밀프 관련 개방형 응답처럼, '쿠거' 및 '퓨마'에 관한 자유응답도 아주 흥미롭다. 지지하는 반응(예를 들면, 지지하는 반응에는 "난 긍정적이라고 응답했고, 재미있는 단어라고 생각한다. 그러나 내 자신의 나이 문제를 극복하는 데 도움을 주기 때문에 그럴 수도 있다. 20대 이상의 여성이 여전히 매력적으로 여겨지는 걸 인정하니 감사하다", 그리고 "나한테 퓨마와 쿠거는 강력한 동물이다. 그래서 어떻게 하든지 이 세 개의 용어는 칭찬하는 것이다. 당신의 마음을 찢어지게 할 수 있는 힘을 지닌 막강한 여성을 칭찬하듯이")부터 좀 더 부정적인 반응(예를 들면, "감정을 상하게 하고, 헐뜯는 것 같은 … 여성을 '동물적으로 만든다", "중년의 위기를 겪은 여성을 상기시킨다")까지 골고루 있다.

75) 이 조사는 2014년 그의 결혼 전에 배포되었다.

76) 우리 조사가 수년 뒤에 이루어졌다면, 우리가 결론에서 논의하는 '아빠몸'(dad bod, Dad's Body의 줄인 말로 '아빠의 몸매'라는 뜻 _옮긴이)이 참여자의 목록에 있었을 것이다.

77) 하지만 공정하게 말하자면, 《코스모폴리탄》 잡지가 퓨마를 첫 기사로 낸 2010년 5월 이후 정확히 일 년 뒤 '딜프'가 '가장 섹시한 명단' 중 하나로 잡지에 등장했다(이에 따르면, 조니 뎁(Johnny Depp)이 가장 섹시한 '딜프'로 명단에 올랐다). 물론 그 용어는 정의되지 않고 단지 언급만 되었는데, 이것은 남자를 찾아 배회하는 '신종 여성'에 관한 1년 전 장편의 기사와는 매우 다르다.

제9장 안면홍조를 넘어서

1) Bradley, Bill. "Tina Fey Strips on "The Late Show" in Honor of David Letterman". *The Huffington Post*. 8 May 2015. Wed. 9 June 2015.

2) Uffalussy, Jennifer Gerson. "Why Tina Fey's Letterman Striptease was a Tongue-in-Cheek Feminist Fail". *The Guardian*. 8 May 2015. Web. 9 June 2015.

3) Uffalussy, Jennifer Gerson. "Why Tina Fey's".

4) Uffalussy, Jennifer Gerson. "Amy Schumer and #MakeItFair: The Women Standing Up to Hollywood". *The Guardian*. 23 April 2015.

5) Comedy Central. "Inside Amy Schumer.' - Last F**kable Day - Uncensored". *YouTube*. 22

April 2015.

6)   Comedy Central. "Inside Amy Schumer."

7)   Comedy Central. "Inside Amy Schumer."

8)   Comedy Central. "Inside Amy Schumer."

9)   메이오 클리닉(Mayo Clinic)에 의하면 미국에서 폐경 평균 나이가 51세라는 점을 감안해 이 나이가 선택되었다.

10) 가령 ≪허핑턴포스트≫에 실린 Emma Gray의 논문 "Women in Film are Underrepresented, Hypersexualized Despite "Year of the Woman" Claims"(15 May 2013) 를 보라. '새로운 보고에 의하면 여성들은 영화 속 말하는 역할에서 실제보다 상당히 저평가되어 표현 된다. [2012년도에]. 서던캘리포니아 대학교(USC)의 아넨버그 언론 대학원에서 내놓은 이 연구는 2012년 이후 출시된 허구 영화 중 수익률 상위 100편을 조사했다. 대사가 있는 4475명의 등장인물 중 28.4%만이 여성이었다. … 그리고 여성이 화면에 나타날 때는 종종 지나치게 성적인 방식으로 그려졌다. 연구자들은 여성 등장인물의 31.6%가 판에 박힌 '섹시'한 옷을 입은 모습으로 그려졌는데 반해 남자 등장인물들은 7% 가 그렇다는 사실을 발견했다. 또한 이 여성들의 31%는 부분 나체로 등장하는데 남성들은 9.4%에 그친다. 13세에서 20세 사이의 여성 등장인물들이 성적으로 그려질 가능성이 가장 높다.

11) 예를 들어 다니엘 마누스(Daniel Manus)의 "The Taming of the Shrew: Writing Female Characters & Archetypes"(*Script Magazine*, 7 Feb. 2014)나 민디 케일링(Mindy Kaling)의 "Flick Chicks"(*The New Yorker*, 3 Oct. 2011) 같은 기사를 보라.

12) 우리가 5장에서 지적했듯이 줄리아 로버츠는 "얼굴 성형을 하지 않아서 큰 위기가 있었다"고 말한 것으로 인용되었다. 이런 문제를 언급하는 또 다른 기사로는 Paige Morrow Kimball, "Aging Out: Hollywood's Problem with Women over 40"(*The Huffington Post*, 29 Sep. 2011); Dorothy Pomerantz, "Hollywood Has Little to Offer Actresses in Their 40s"(*Forbes*, 24 April 2014)가 있다.

13) Buchanan, Kyle. "Leading Men Age, But Their Love Interests Don't". *Vulture* magazine. 18 April 2013. Web. 19 June 2014.

14) Maier-Schwartz, Sagit. "Hollywood Abhors an Aging Woman. Too Bad for Hollywood". *Slate*. 7 May 2013. 다른 예들을 들어보면 다음과 같다. 멜 깁슨은 〈햄릿〉(1990)에서 영화 속 어머니 글렌 클로스보다 불과 9살 어렸다. 그리고 멀리사 리오는 〈파이터The Fighter〉(2014)에서 마크 월버그의 엄마였는데 그들의 실제 나이 차이는? 불과 11살이었다. 또한 2004년 영화 〈알렉산더〉에서 안젤리나 졸리는 콜린 패럴의 어머니였는데 실제로 그녀는 파렐보다 한 살이 어렸다.

15) Freeman, Hadley. "Oh, mother!" *The Guardian*. 23 March 2009. Web. 15 June 2012.

16) 가령 NY Film Academy의 연구 "Gender Inequality in Film"(2007-2012)을 보라.

17) Freeman, Hadley. "Oh, mother!" *The Guardian*. 23 March 2009. Web. 15 July 2014.

18) Sturt, Kristen. "Older Women, Younger Men: 10 Hollywood Couples That Work". *The*

Huffington Post. 14 March 2014. Web. 21 July 2015.

19) Greer, Germaine. *The Change: Women, Aging, and the Menopause*. NYC: Alfred A. Knopf, 1992, p. 23.

20) Greer, Germaine. *The Change: Women, Aging, and the Menopause*, p. 23.

21) 그녀는 Gail Sheehy의 *The Silent Passage*(1992)를 언급하고 있는데 이 책은 여성들이 폐경을 두려워하지 않고 더 잘 이해하도록 도와주는 일화들로 구성된 텍스트이다.

22) 'Menopause the Musical Website'.

23) 'Menopause the Musical Website'.

24) 'Menopause the Musical Website'.

25) Gates, Anita. "When Middle Age is Like a Melody". *New York Times*. 7 Aug. 2009.

26) Berardinelli, James. "*Something's Gotta Give*". Review. *Reelviews*. 12 Dec. 2003.

27) Berardinelli, James. "*Something's Gotta Give*".

28) Ebert, Roger. *SATC 2* Review. 25 May 2010. Web. 12 Oct. 2011.

29) *Sex and the City 2*. Dir. Michael Patrick King; Perf. Sarah Jessica Parker, Kim Cattrall, Kristin Davis, Cynthia Nixon, Chris Noth. Warner Bros. 2010.

30) *Sex and the City 2*. Dir. Michael Patrick King.

31) *Sex and the City 2*. Dir. Michael Patrick King.

32) *Sex and the City 2*. Dir. Michael Patrick King.

33) *Sex and the City 2*. Dir. Michael Patrick King.

34) *Hope Springs*. Dir. David Frankel. Perf. Meryl Streep, Tommy Lee Jones, Steve Carell. Columbia Pictures. 2012.

35) *Hope Springs*. Dir. David Frankel.

36) *Hope Springs*. Dir. David Frankel.

37) Goodman, Jessica. "Cannes Film Festival Doubles Female Directors to Compete for the Palme d'Or". *The Huffington Post*. 17 April 2014. Web. 12 Feb. 2015.

38) 칸 영화제에서 여성이 감독한 영화의 수가 늘어나고 있지만 이는 주로 프랑스 페미니스트들에 의해 제기된 불평 때문이다. 칸 영화제와 기타 독립 영화제에 대해 더 보려면 Jessica Goodman. "Cannes Film Festival Doubles Female Directors to Compete for the Palme d'Or"; Ben Child. "Women fare better in independent films than in Hollywood, study finds"를 보라.

39) Qtd. in Goodman, Jessica. "Cannes Film Festival Doubles Female Directors to Compete for the Palme d'Or". *The Huffington Post*. 17 April 2014. Web. 12 Feb. 2015.

40) 〈The Hollywood Reporter〉는 뉴욕대학교(NYU)와 서던캘리포니아 대학교 영화학 과정을 미국 최고로 꼽고 있다. 여성/남성 비율을 볼 때 NYU 영화학 대학원 과정은 남학생과 여학생을 거의 반반씩 뽑고 있어서 할리우드의 감독들도 어느 정도 반반씩이고 차이가 나도 5% 이내일 거라는 말이 이치에 맞다(Tintori). USC 영화학 대학에서의 남녀 비율은 좀 더 편차가 있어서 학부과정에서는 남자가 59%, 여성이 41%이고, 대학원 과정에서는

각각 63%와 37%이다(cinema.usc.edu). Rebecca Keegan. "Gender Inequality in 500 Popular Films: Examining On-Screen Portrayals and Behind-the-Scenes Employment Patterns in Motion Pictures Released between 2007-2012"와 "Gender inequality still has a starring role in Hollywood, USC study finds"(*Los Angeles Times*, 22 NOV, 2011)도 참조.

41) 크리스티안 노스럽은 다트머스 의대를 졸업하고 보스턴에 있는 터프츠 뉴잉글랜드 메디컬 센터에서 레지던트를 했다. 25년간 의사로 활동하고 있으며 메인(Maine) 메디컬 센터의 산부인과 임상 조교수로 20년 간 봉직했다. 노스럽은 통합적 의사로 간주되는데, 이는 건강 문제에 있어서 환자의 책임─의사의 책임에 반대되는─을 강조하는 사람으로 정의될 수 있다. 의학이 전문분야가 된 것은 19세기 후반부에 이르러서이고 주로 남성 기득권층에 의해 좌우되었다. 이전까지는 여성들이 그들 가족의 의료와 관련된 일 대부분을 담당했다.

42) Northrup, Christiane. *The Wisdom of Menopause: Creating Physical and Emotional Health During the Change*. NYC: Bantam Books, 2012, p. 9.

43) Northrup, Christiane. *The Wisdom of Menopause*, p. 9.

44) Northrup, Christiane. *The Wisdom of Menopause*, p. 38.

45) 희곡 수상작으로서, 남편 저녁을 (밤마다, 또 밤마다) 준비하며 벽에 대고 말하는 어떤 중년 여성에 관한 1인 여성극 〈여자의 이별(Shirley Valentine)〉의 결말은 이러한 '출구 찾기'의 생각을 멋지게 예시한다. 셜리는 이렇게 말한다 - "난 여기 앉아 죠[그녀의 남편]를 지켜볼 거고 그가 날 못 알아보고 산책로를 따라 계속 걸어 내려갈 때 난 큰 소리로 부를 거야. 그러면 그가 되돌아 걸어와서 날 쳐다보고, 완전히 당혹하고 어리둥절해 할 거다. 난 그에게 이렇게 말할 거야. "안녕. 난 아이들의 엄마였어요. 당신 아내이기도 했고요. 하지만 지금 난 다시 셜리 발렌타인이에요. 나랑 술 한 잔 하겠어요?""

46) Hall, Harriet. "Christiane Northrup, MD: Science Tainted with Strange Beliefs". *Science-Based Medicine*. 27 May 2008.

47) 길버트와 구바는 2013년 전국 서적 비평가 협회로부터 공로상을 수상했다.

48) 이들이 논의하는 작가는 제인 오스틴(Jane Austen), 메리 셸리(Mary Shelley), 샬럿과 에밀리 브론테 자매(Charlotte & Emily Brontë), 조지 엘리엇(George Eliot), 엘리자베스 배럿 브라우닝(Elizabeth Barrett Browning), 크리스티나 로세티(Christina Rossetti), 에밀리 디킨슨(Emily Dickinson) 등이다.

49) 천사/괴물 모티프는 코번트리 패트모어(Coventry Patmore)가 쓴 시 *Angel in the House* (1854)에서 비롯되었다. 이 시에서 그는 자신의 아내를 본보기로 들며 순종적이고, 자기 희생적이며 경건한 여성을 이상적인 아내로 서술한다. 아래의 발췌문은 이러한 덕목들을 예시하고 있다. "남자는 즐거움을 누리기 마련이다;/ 그러나 그를 즐겁게 하는 것은/ 여성의 즐거움이다; 밑도 끝도 없이/ 그가 징징대며 달라는 것들을 위해/ 그녀는 자신의 최상의 것을 버리고, 스스로를 내던진다/ 얼마나 자주 아무 것도 아닌 일에 몸을 내던지고, 멍에를 쓰우는가/ 그녀의 마음을 고드름 같은 차가움이나 변덕에./ 그의 성마른 말은 매번 불러일으킨다/ 또 다른 성마른 말을, 그녀의 입에서가 아니라, 그의 입에서."

자신의 연설 "여성의 전문직(Professions for Women)"에서 버지니아 울프(Virginia Woolf)는 "집에서 천사를 죽이는 것이 여성 작가의 직업의 일부이다"라고 주장한다.

50) Loh, Sandra Tsing. *The Madwoman in the Volvo: My Year of Raging Hormones.* NYC: Norton, 2014, p. 95.

51) Loh, Sandra Tsing. *The Madwoman in the Volvo*, p. 127.

52) Loh, Sandra Tsing. *The Madwoman in the Volvo*, p. 235.

53) Loh, Sandra Tsing. *The Madwoman in the Volvo*, pp 236-7, 강조는 원문.

54) "Brave New Girl". *The Daily Show with Jon Stewart*, 2 June 2015. Web. 2015.

55) "Brave New Girl".

56) Goodman, Ellen. "Caitlyn Jenner's Vanity Fair Cover is Not Just a Display of Sexism". *The Boston Globe*. 10 June 2015. Web. 30 July 2015.

57) Goodman, Ellen. "Caitlyn Jenner's Vanity Fair".

58) Goodman, Ellen. "Caitlyn Jenner's Vanity Fair".

59) Martosko, David. "Claim that Hillary Clinton "Can't Satisfy her Husband" Winds up on Donald Trump's Twitter Account after Staffer Retweets It". *Daily Mail*. 17 April 2015. Web. 30 July 2015.

60) Bates, Laura. "Hilary Clinton Presidency: Donald Trump Tweet Shows Scale of Sexism Blighting Hillary's Campaign". *International Business Times*. 21 April 2015. Web. 30 July 2015.

61) Bates, Laura. "Hilary Clinton Presidency".

62) Bates, Laura. "Hilary Clinton Presidency".

결론 유령의 집에서 빠져나오기

1) Womenagainstfeminism.com. 2015. Web. 31 July 2015.

2) Royse, Alyssa. "To the Mom who Thinks Feminism is Hurting Her Boys: You're Wrong". *The Good Men Project* 10 Nov. 2014. Web. 31 July 2015.

3) Gay, Roxane. "Ban the Word 'Feminist'? I Can Think of a Few Others to Get Rid Of". *The Washington Post*. 14 Nov. 2014. Web. 31 July 2015.

4) 교과과정 개발과 감독 연합회에 따르면 50개 주 중 45개 주에서 공통교과과정을 채택했다. "Common Core Standards Adoption by State". ASCD. 2015. Web. 28 July 2015를 보라.

5) Durham, M. Gigi. *The Lolita Effect: The Media Sexualization of Young Girls and What We Can Do About It*. NYC: The Overlook Press, 2008, pp. 56-92; 108-12, 132-5, 173-7, 192-7.

6) Lamb, Sharon, and Lyn Mikel Brown. *Packaging Girlhood: Rescuing Our Daughters from*

Marketers', Schemes. NYC: St. Martin's Press, 2006, pp. 92-3; 116; 208-9; 264-93.

7) Pozner, Jennifer L. *Reality Bites Back: The Troubling Truth about Guilty Pleasure TV*. Berkley: Seal Press, 2010, pp. 300-46.

8) 추가적인 정보는 "Empowering Girls: Media Literacy Resources". *APA Task Force Report on the Sexualization of Girls*. 2007. Web. 28 July 2015를 보라.

9) Media Literacy Project. Medialiteracyproject.org. 2015. Web. 28 July 2015를 참조하라.

10) "Like a Boy Campaign Celebrates Boys Sensitive Sides". *ABC News*. 2015. Web. 1 August 2015.

11) Always. "Always - #LikeAGirl". YouTube. 26 June 2014. Web. 28 July 2015.

12) Always. "Always - #LikeAGirl".

13) Always. "Always - #LikeAGirl".

14) Vagianos, Alanna. "The Reaction to #LikeAGirl is Exactly Why It's Important". *The Huffington Post*. 3 Feb. 2015. Web. 28 July 2015.

15) Vagianos, Alanna. "The Reaction to #LikeAGirl is Exactly Why It's Important".

16) "#LikeaBoy Social Media Campaign Celebrates Boys' Sensitive Sides". 19 Aug. 2014. ABC News via Good Morning America. Web. 15 July 2015.

17) "Sisterhood of Motherhood". YouTube. 17 Jan. 2015.

18) "Sisterhood of Motherhood".

19) "Sisterhood of Motherhood".

20) "Sisterhood of Motherhood".

21) Torrance, Kelly Jane. "Weighing In on This: Wispy Models seen Harmful to the Culture". *The Washington Times*. 21 April 2008: A2. Web. 13 June 2014.

22) Jeffers, Michelle. "Behind Dove's 'Real Beauty'". *Adweek* 12 Sep. 2011. Web. 10 May 2013.

23) Neff, Jack. "Unilever: Don't Let Beauty Get Too Real". *Advertising Age* (16 April 2007), p. 1. Web. 8 Dec. 2013.

24) Bahadur, Nina. "Dove 'Real Beauty' Campaign Turns 10: How a Brand Tried to Change the Conversation about Female Beauty". *The Huffington Post*. 21 Jan. 2015. Web. 30 July 2015.

25) 미즈 재단과 코스모폴리탄에서는 2014년의 10대 페미니스트를 발표했다. 1위는 에마 왓슨이고 이어서 레브른 콕스Laverne Cox, 레이철 매도Rachel Maddow, 비욘세Beyoncé, 셰어Cher, 에이미 폴러Amy Poehler, 티나 베이Tina Fey, 메릴 스트립Meryl Streep, 민디 케일링Mindy Kaling, and 앤 커리Ann Curry가 선정되었다.Alter, Charlotte. "Emma Watson is the Top Celebrity Feminist of 2014". 19 Dec. 2014를 보라.

26) Cole, Olivia. "The Feminist Death Match Between Emma Watson and Beyoncé is Some Anti-Feminist Sh@t". by XO Jane. 25 Sep. 2014. Web. 18 Jan. 2015도 보라.

27) 명확하게 정리하자면, 아켓이 우선적으로 미국의 임금 불평등에 초점을 맞춘 데 대해 비

판도 있다. Puente, Maria. 'Patricia Arquette Chided over Backstage Oscar Remarks'. USA Today. 24 Feb. 2015. Web. 1 August 2015를 보라.

28) Women's Media Center. Womensmediacenter.com. 2015. Web. 1 Aug. 2015.

29) The Make it Fair Project. "#MAKEITFAIR". YouTube. 21 April 2015. Web. 1 Aug. 2015.

30) The Make it Fair Project. "#MAKEITFAIR".

31) Chittal, Nisha. "How Social Media is Changing the Feminist Movement". MSNBC. 26 March 2015. Web. 19 July 2015.

32) Chittal, Nisha. "How Social Media is Changing the Feminist Movement".

33) Chittal, Nisha. "How Social Media is Changing the Feminist Movement". 다음도 보라. Emanuella Grinberg's article, "Thousands use #NotBuyingIt to Call out Sexist Super Bowl Ads" (5 Feb. 2013, CNN) and "#NotBuyingIt App Counters Sexist Advertising, Offers Users a Community to Discuss Offensive Ads". *The Huffington Post*. 21 March 2013. In particuhr, refer to "100 Ads That Got People Talking".

34) Hunt, Kenya. "The Feminist Hashtags That Matter in 2015". 14 June 2015. Web. 10 June 2015.

35) Lorenz, Taylor. "Barbie Book Titled "I Can be a Computer Engineer" Tells Girls They Need a Man's Help to Code". *Business Insider*. 18 November 2014. Web. 1 August 2015.

36) Baker-Whitelaw, Gavia. "'Capitol Cuties' Mocks CoverGirl for missing the point of 'The Hunger Game'". Fandom Tumblr. 4 December 2013. Web. 12 May 2014.

37) Baker-Whitelaw, Gavia. "'Capitol Cuties' Mocks CoverGirl".

38) Brennan, Danielle. "Sexy 'Frozen' Halloween Costumes (Including Olaf) Hit Stores — And Weird Us Out". *Today News*. 30 Sep. 2014. Web. 1 Aug. 2015.

39) Peters, Terri. "First, 'Sexy Snowman', Now This: 'Sexy Mom' Halloween Costumes You Really Have to See". *Today News*. 20 October 2014. Web. 1 Aug. 2015.

40) Fleet, Suzanne. "Sexy Halloween Costumes for Moms". *Toulouse and Tonic*. 13 Oct. 2014. Web. 1 Aug. 2015.

41) Pearson, Mackenzie. "Why Girls Love the Dad Bod". *The Odyssey*. 30 March 2015. Web. 8 July 2015.

42) Pearson, Mackenzie. "Why Girls Love the Dad Bod".

43) Underhill, Allison. "Why the 'Dad Bod' is a Sexist Disgrace". *The HuffIngton Post*. 22 May 2015. Web. 8 July 2015.

44) Underhill, Allison. "Why the 'Dad Bod' is a Sexist Disgrace".

45) Lankston, Charlie. "Men Cannot Glorify Beer Bellies and Demand Trophy Wives: Women Hit Back at 'Awful Dad Bod Trend' by Proudly Celebrating the Natural Beauty of their Curvy 'Mom Bods'." *Daily Mail*. 14 May 2015. Web. 1 August 2015.

46) Lankston, Charlie. "Men Cannot Glorify Beer Bellies and Demand Trophy Wives".

47) Noman, Natasha. "The Nine Most Important Feminist Hashtags of 2015 So Far".

48) Radford, Benjamin. "Nude Soap Stars Protest Ageism". *Discovery News*. 21 Sep. 2011. Web. 1 Aug. 2015.

49) Cohen, Claire. "Madonna Kiss Controversy: 50 Shades of Granny, or an Ageist Backlash? You Decide". *The Telegraph*. 14 April 2015. Web. 1 Aug. 2015.

50) Gibson, Megan. "A Brief History of Women's Protests". *TIME*. 12 Aug. 2011. Web. 31 July 2015.

51) Gibson, Megan. "A Brief History of Women's Protests".

52) Gibson, Megan. "A Brief History of Women's Protests".

53) Gibson, Megan. "A Brief History of Women's Protests".

54) Gibson, Megan. "A Brief History of Women's Protests".

55) Gibson, Megan. "A Brief History of Women's Protests".

56) Weingus, Leigh. "Woman Slaps Period Pads All Over Her Town for Important Reason". *The Huffington Post*. 11 March 2015. Web. 31 July 2015.

57) Douglas, Susan J. *Enlightened Sexism: The Seductive Message that Feminism's Work is Done*. NYC: Times Books, 2010, p. 18.

58) Douglas, Susan J. *Enlightened Sexism*, p. 18.

59) Chital, Nisha. "How Social Media Is Changing the Feminist Movement".

참고문헌

"#LikeaBoy Social Media Campaign Celebrates Boys' Sensitive Sides". ABC News: *Good Morning America*. 19 Aug. 2014. Web. 15 July 2015."

"#NotBuyingIt App Counters Sexist Advertising, Offers Users A Community To Discuss Offensive Ads". *Huffi ngton Post*. 21 March 2013. Web. 9 Oct. 2014.

"13 Most Notorious Celebrity Cougars". *Suggest*. 2015. Web. 8 July 2015.

"15 Hollywood's Hottest Cougars". *Celeb Romance*. 4 March 2014. Web. 8 July 2015.

"The 25 Sexiest Celebrity Cougars". *BuzzFeed*, 9 June 2014. Web. 8 July 2015.

27 Dresses. Dir. Anne Fletcher. Perf. Katharine Heigl and James Marsden. 20th Century Fox, 2008. Film.

"100 Young Adult Books for the Feminist Reader". *Bitch Magazine*. Web. 20 July 2015.

"2012 Representation of United States State Court Women Judges". National Association of Women Judges. 24 March 2013. Web. 11 Feb. 2014.

"The 2012 Census Bureau Report on Income, Poverty and Health Insurance". US Census Bureau. 2012. Web. 20 Feb. 2014.

Adriaens, Fien. "Post Feminism in Popular Culture: A Potential for Critical Resistance". *Politics and Culture*. 9 Nov. 2009. Web. 2 April 2014.

"Aldrin Justice". *How I Met Your Mother*. Writ. Jamie Rhonheimer. Dir. Pamela Fryman. CBS. 23 Oct. 2006. Television.

All-Clad. Advertisement. *Martha Stewart Weddings* (Winter 2014): 137.

Almy, Katherine. "If You Give a Mom a Nap". *Brain Child*. 8 Oct. 2014. Web. 24 June 2015.

Alpert, Karen. *I Heart My Little A-Holes: A Bunch of Holy-Crap Moments No One Ever Told You About Parenting*. NY: William Morrow, 2014. Print.

Alsup, Janet, ed. *Young Adult Literature and Adolescent Identity across Classrooms: Contexts for the Literary Lives of Teens*. NY: Routledge, 2010. Print.

Alter, Charlotte. "Emma Watson is the Top Celebrity Feminist of 2014". 19 Dec. 2014. Web. 18 Jan. 2015.

Always. "Always —#LikeAGirl". You Tube. 26 June 2014. Web. 28 July 2015.

Ames, Melissa. "A Country (Still) Divided: How The Vampire Diaries & Other Recent Vampire Series Utilize Civil War Backdrops to Critique Contemporary Cultural

Concerns & Express Nostalgia for the Past". *The Vampire Diaries Collection*. New York: Scarecrow Press, 2016. Print.

Ames, Melissa. "Engaging "Apolitical" Adolescents: Analyzing the Popularity & Educational Potential of Dystopian Literature Post-9/11". *The High School Journal* 97.1 (2013): 21–0. Print.

Ames, Melissa. "*Twilight* Follows Tradition: Vampire Narratives across Time & Media Face "Biting" Critiques for their Portrayals of Gender & Sexuality'.

Bitten by Twilight: Youth Culture, Media, and the Twilight Saga. Eds. Melissa Click, Jennifer Stevens Aubrey, and Elizabeth Behm-Morawitz. NY: Peter Lang, 2010. 37–4. Print.

Ames, Melissa. "Vamping up Sex: Audience, Age, & Portrayals of Sexuality in Vampire Narratives". *Journal of Dracula Studies* 12.0 (Fall 2010): 83–06. Print.

Amos, Tori. "Big Wheel". *American Doll Posse*. Epic, 2007. Web. 5 Jan. 2014.

Anderson, L.V. "Are Teacups the Next Chick-Lit Cover Cliche?" *Slate*. 29 Nov. 2011. Web. 10 July 2015.

Antonia, KJ. "Disney's *Tangled*: Fun, But Not Feminist". *Slate*. 23 Nov. 2010. Web. 20 April 2014.

"Arizona Gold Coast". *Toddlers and Tiaras*. TLC. 12 Dec. 2010. Television.

Ashworth, Trisha, and Amy Nobile. *I Was a Really Good Mom Before I Had Kids: Reinventing Modern Motherhood*. San Francisco: Chronicle Books, 2007. Print.

Aubry, Timothy. *Reading as Therapy: What Contemporary Fiction Does for Middle-Class Americans*. Iowa City: University of Iowa Press, 2011. Print.

Bahadur, Nina. "Dove "Real Beauty" Campaign Turns 10: How a Brand Tried to Change the Conversation about Female Beauty". *The Huffington Post*. 21 Jan. 2015. Web. 30 July 2015.

Baker-Whitelaw, Gavia. "'Capitol Cuties' Mocks CoverGirl for missing the point of 'The Hunger Games'". Fandom Tumblr. 4 Dec. 2013. Web. 12 May 2014.

Barker, Emma. "Bachelorette Kaitlyn Bristowe Just Shut Down Her Slut-Shamers". *Cosmopolitan*. 23 June 2015. Web. 29 June 2015.

Bates, Laura. "Hilary Clinton Presidency: Donald Trump Tweet Shows Scale of Sexism Blighting Hillary's Campaign". *International Business Times*. 21 April 2015. Web. 30 July 2015.

Belkin, Lisa. "The Opt-Out Revolution". *The New York Times*. 7 Aug. 2013. Web. 28 July 2015.

Bell, Laura M. "How "The Hunger Games" is Challenging Gender Stereotypes –By Empowering Boys". *The Huffington Post*. 20 Jan. 2015. Web. 20 July 2015.

Berardinelli, James. "*Something's Gotta Give*". Review. *Reelviews*. 12 Dec. 2003. Web. 8 Jan. 2014.

Berlant, Lauren. *The Queen of America Goes to Washington City: Essays on Sex and Citizenship*. Durham: Duke UP, 1997. Print.

Berlatsky, Noah. ""Twilight" vs. "Hunger Games": Why Do So Many Grown-Ups Hate Bella?" *The Atlantic*. 15 Nov. 2011. Web. 23 July 2015.

Bertanga, J. "Why are Teenagers Such Avid Readers of Books about Dystopias?" *The Scotsman*. 5 June 2011. Web. 15 May 2013.

Blickley, Leigh. "Ben Affleck and Jennifer Garner Split after 10 Years of Marriage". *Huffi ngton Post*. 30 June 2015. Web. 15 July 2015.

"The Boy Next Door". *Box Offi ce Mojo*. 7 July 2015. Web. 8 July 2015.

Bradley, Bill. "Tina Fey Strips on "The Late Show" in Honor of David Letterman". *The Huffi ngton Post*. 8 May 2015. Web. 9 June 2015.

"Brave New Girl". *The Daily Show with Jon Stewart*. 2 June 2015. Web. 2015. Television.

Brehendt, Greg, and Liz Tuccillo. *He's Just Not That Into You: The No-Excuses Truth to Understanding Guys*. NY: Simon Spotlight Entertainment, 2004. Print.

Brennan, Danielle. "Sexy "Frozen" Halloween Costumes (Including Olaf) Hit Stores And Weird Us Out". *Today News*. 30 Sep. 2014. Web. 1 Aug. 2015.

Brown, Candy L. "Gender Stereotyping in Contemporary Bestselling, Young Adult Fiction Books". Diss. Walden University. 2013.

Brown, David. "How Young Adult Fiction Came of Age". *The Atlantic*. 1 Aug. 2011. Web. 20 July 2015.

Brown, Jane D., Jeanne R. Steele, Kim Walsh-Childers, eds. *Sexual Teens, Sexual Media: Investigating Media's Adolescent Sexuality*. Mahwah, NJ: Lawrence Erlbaum, 2002. Print.

Brown, Lyn Mikel, and Carol Gillian. *Meeting at the Crossroads: Women's Psychology and Girls' Development*. NY: Ballentine Books, 1993. Print.

Buchanan, Andrea J. *Mother Shock: Loving Every (Other) Minute of It*. NY: Seal Press, 2003. Print.

Buchanan, Kyle. "Leading Men Age, But Their Love Interests Don't". *Vulture Magazine*. 18 April 2013. Web. 19 June 2014.

Burke, Kenneth. "Literature as Equipment for Living". *The Critical Tradition: Classic Texts and Contemporary Trends*. 2nd ed. Ed. David H. Richter. Boston: Bedford Books, 1998: 593. Print.

Burnes, Sarah. "Why This Grown-Up Reads YA". *The Paris Review*. 24 Oct. 2014. Web. 20

July 2015.

Caine, Janel. "The Effects of Music on the Selected Stress Behaviors, Weight, Caloric and Formula Intake, and Length of Hospital Stay of Premature and Low Birth Weight Neonates in a Newborn Intensive Care Unit". *Journal of Music Therapy* 28 (1991): 180–2. Web. 5 Dec. 2013.

Capritta, Lindsey. "YA Fiction and Breaking Down Gender Roles". *Literally, Darling*. 29 March 2014. Web. 20 July 2015

Carpenter, Susan. "Young Adult Lit Comes of Age". *Los Angeles Times*. 8 Mar. 2010. Web. 23 Mar. 2013.

"Celebrities Make Pregnancy Seem Glamorous". *MSNBC*. 26 April 2006. Web. 28 July 2008.

"Celebrity "Momshells" Pressured to Look Perfect After Giving Birth". ABC. 20 Aug. 2012. Web. 2 June 2015.

Celello, Kristin. *Making Marriage Work: A History of Marriage and Divorce in the Twentieth Century United States*. Chapel Hill, NC: U of North Carolina P, 2009. Print.

Chandrachud, Neha. "We Should be Critical, But Not Dismissive of Emma Watson's UN Campaign". *The Huffington Post*. 25 Sep. 2014. Web. 10 July 2015.

"Changing Your Last Name: Research Reveals How Many Women Give Up Names". *Huffington Post*. 15 May 2013. Web. 14 April 2014.

Cherlin, Andrew. *The Marriage-Go-Round: The State of Marriage and the Family in America Today*. New York: Alfred A. Knopf, 2009. Print.

Child, Ben. "Brave Director Criticizes Disney's "Sexualized" Princess Merida Redesign". *The Guardian*. 13 May 2013. Web. 20 May 2014.

Child, Ben. "Women fare better in independent films than in Hollywood, study finds". *The Guardian*. 23 Jan. 2013. Web. 12 Oct. 2014.

Chin, Elizabeth. *Purchasing Power: Black Kids and the American Consumer Culture*. Minneapolis: U of Minnesota P, 2001. Print.

Chittal, Nisha. "How Social Media is Changing the Feminist Movement". MSNBC. 26 March 2015. Web. 19 July 2015.

Chua, Amy. *Battle Hymn of a Tiger Mother*. NY: Random House, 2011. Print.

Coats, Karen. "Young Adult Literature: Growing Up, In Theory". *The Handbook of Research on Children's and Young Adult Literature*. Eds. Shelby, Wolf, Karen Coats, Patricia Enciso, and Christine Jenkins. NY: Routledge, 2011. 315–9. Print.

Cohen, Claire. "Madonna Kiss Controversy: 50 Shades of Granny, or an Ageist Backlash? You Decide". *The Telegraph*. 14 April 2015. Web. 1 Aug. 2015.

Cole, Olivia. "The Feminist Death Match Between Emma Watson and Beyonce is Some Anti-Feminist Sh@t". by XO Jane. 25 Sep. 2014. Web. 18 Jan. 2015.

Collins, Suzanne. *The Hunger Games.* NY: Scholastic Press-Scholastic Inc., 2008. Print Colman, Dani. "The Problem with False Feminism (or Why "Frozen" Left Me Cold)". *Medium.* 7 Feb. 2014. Web. 20 Feb. 2014.

Comedy Central. "Inside Amy Schumer −Last F**kable Day −Uncensored". YouTube. 22 April 2015.

"Common Core Standards Adoption by State". ASCD. 2015. Web. 28 July 2015.

Coontz, Stephanie. *Marriage, a History: How Love Conquered Marriage.* New York: Penguin, 2005. Print.

Corso, John. "Age and Sex Differences in Thresholds". *Journal of Acoustical Society of America* 31 (1959): and "Aging and Auditory Thresholds in Men and Women". *Archives of Environmental Health* (1963): 350−. Web. 5 Dec. 2013.

Cott, Nancy F. *The Grounding of Modern Feminism.* Yale: Yale UP, 1987. Print.

"The Cougar". *Internet Movie Database.* 2015. Web. 8 July 2015.

"The Cougar Controversy". Dr. Phil.com, 8 June 2015. Web. 8 July 2015.

CougarLife. 2008−013. Web. 8 July 2015.

"Cougar: The Musical". Broadway.com, 2012. Web. 8 July 2015.

CoverGirl. Advertisement. "Get the Look for Every Single "Hunger Games" District". *The Huffi ngton Post.* 23 Oct. 2013. Web. 22 July 2015.

"Crotchless Panties Sold at "Kids N Teen" Store Upsets Colorado Parent". *Huffington Post.* 15 Nov. 2011. Web. 25 Feb. 2014.

Cuisinart. Advertisement. *Brides Magazine.* Oct/Nov. 2013, pg. 160−. Print.

"Darling Divas". *Toddlers and Tiaras.* TLC. 30 June 2010. Television.

"Dear Abby: Hunting and Being Hunted by "Cougars" is OK with Them". Philly.com. 17 Nov. 2009. Web. 12 May 2013.

DiPrince, Dawn. "Motherhood, Performance, and Mommy Blogs: The Political Power of Maternal Online Rhetoric". Thesis. Colorado State University Fort Collins, 2012. Web. 5 June 2014.

"Disordered Eating is Widespread among U.S. Women". *ABC News.* 26 April 2008. Web. 28 July 2015.

"The Distorted Idea that the So-Called "Masculinity Crisis" is Caused by Successful Women". Alternet. 2011. Web. 30 July 2015.

Dobly, Sandra K. *Self-Help Books: Why Americans Keep Reading Them.* Urbana, IL: University of Illinois Press, 2008. Print.

Douglas, Susan J. *Enlightened Sexism: The Seductive Message that Feminism's Work is Done.* NY: Times Books, 2010. Print.

Douglas, Susan J., and Meredith W. Michaels. *The Mommy Myth: The Idealization of Motherhood and How it Has Undermined All Women.* NY: Free Press, 2004. Print.

Doyle, Jessica. "Controversial Doll Lets Little Girls Pretend to Breast-Feed". *Fox News.* Aug. 2009. Web. 4 April 2014.

Droyd, Ann. *Goodnight iPad.* NY: Blue Rider Press, 2011. Print.

Droyd, Ann. *If You Give a Mouse an iPhone.* NY: Blue Rider Press, 2014. Print.

Dunnewold, Ann. *Even June Cleaver Would Forget the Lunch Box: Cut Yourself Some Slack (and Still Raise Great Kids) in the Age of Extreme Parenting.* Deerfield Beach, FL: Health Communications, Inc., 2007. Web. 19 Nov. 2013.

Durham, M. Gigi. *The Lolita Effect: The Media Sexualization of Young Girls and What We Can Do About it.* NY: The Overlook Press, 2008. Print.

"Eating Disorders Statistics". *National Association of Anorexia Nervosa and Associated Disorders.* 2015. Web. 28 July 2015.

Ebert, Roger. *SATC 2* Review. 25 May 2010. Web. 12 Oct. 2011.

Edwards, Tim. *Cultures of Masculinity.* London: Routledge, 2006. Print.

Eisenber, Ziv. "Clear and Pregnant Danger: The Making of Prenatal Psychology in Mid-Twentieth-Century America". *Journal of Women's History* 22.3 (Fall 2010): 112–5. Web. 19 Sep. 2014.

Eley, Adam, "In Defense of Young Adult Fiction". *BBC News.* 27 Dec. 2014. Web. 20 July 2015.

Eliot, Lise. *Pink Brain, Blue Brain: How Small Differences Grow into Troublesome Gaps-and What We Can Do About It.* New York: Mariner Books, 2010. Print.

Ellwood-Clayton, Bella. "Sexual Prime: Fact or Fiction?" *Huffi ngton Post.* 12 June 2013. Web. 8 July 2015.

Emanuaella Grinberg, Emanuaella. "Thousands use #NotBuyingIt to Call out Sexist Super Bowl Ads". CNN News.com. 5 Feb. 2013. Web. 8 Feb. 2014.

emimusic. "Fountains of Wayne –Stacy's Mom". *Youtube.* 12 March 2009. Web. 8 July 2015.

"Empowering Girls: Media Literacy Resources". *APA Task Force Report on the Sexualization of Girls.* 2007. Web. 28 July 2015.

Erickson, Rebecca. "Why Emotion Work Matters: Sex, Gender, and the Division of Household Labor". *Journal of Marriage and Family* 67.2. May 2005. Web. 2 Jan. 2013.

E.W. "What's Holding Women Back?" *The Economist.* 23 Jan. 2015. Web. 23 June 2015.

"Extreme Cougar Wives". *Internet Movie Database.* 2015. Web. 8 July 2015.

Fahner, Molly. "The Sexiest New Kind of Woman". *Cosmopolitan,* May 2009. Web. 14 March 2015.

Faludi, Susan. *Backlash: The Undeclared War Against American Women.* New York: Crown Publishers, 1991. Print.

Faludi, Susan. *Stiffed: The Betrayal of American Men.* NY: Harper Collins, 2011. Print.

Faludi, Susan. *The Terror Dream: Fear and Fantasy in Post-9/11 America.* NY: Metropolitan. 2007. Print.

Feminist Fan Girl. "Reasons I'm not Supporting Frozen". *Tumblr.* 14 Aug. 2013. Web. 20 Feb. 2015.

Finnamore, Suzanne. *The Zygote Chronicle: A Novel.* NY: Grove Press, 2002. Print.

Firebird. "Where are all the Heroines in YA Fiction?" *The Guardian.* 29 April 2014. Web. 10 July 2015

Flaherty, Keely. "16 Classic Children's Books Retold for Adults". *BuzzFeed.* 28 March 2014. Web. 24 June 2015.

Flanagan, Caitlin. "What Girls Want". *The Atlantic.* Dec. 2008. Web. 6 Dec. 2009.

Fleet, Suzanne. "Sexy Halloween Costumes for Moms". *Toulouse and Tonic.* 13 Oct. 2014. Web. 1 Aug. 2015.

Flood, Alison. "Study Finds Huge Gender Imbalance in Children's Literature". *The Guardian.* 6 May 2011. Web. 10 July 2015.

Fondas, Nanette. "The Many Myths about Mothers who "Opt Out"". *The Atlantic.* 25 March 2013. Web. 23 June 2015.

Fountains of Wayne. "Stacy's Mom". *Welcome Interstate Managers.* Virgin, 2003. Audio.

Francis, Andrew M, and Mialon, Hugo M. "'A Diamond is Forever' and Other Fairy Tales: The Relationship between Wedding Expenses and Marriage Duration". *Social Science Research Network.* 15 Sep. 2014. Web. 13 Feb. 2014.

Franklin, Kelly. "Conceptualizing Identity as Performance". M.A. Thesis. Eastern Illinois University. May 2013. Web. 13 Feb. 2015.

Franklin, Linda. *Don't Ever Call Me Ma'am: The Real Cougar Woman Handbook.* Charleston, SC: Messenger House, 2009. Print.

Franklin, Ruth. "A Literary Glass Ceiling?" *New Republic.* 7 Feb. 2011. Web. 10 July 2015.

Freeman, Hadley. "Oh, mother!" *The Guardian.* 23 March 2009. Web. 15 July 2014.

Friedman, May. *Mommyblogs and the Changing Face of Motherhood.* Toronto: U of Toronto P, 2013. Print.

Fulbright, Yvonne K. "Foxsexpert: Sink Your Teeth into the "Cougar"". *Fox News.* 23

March 2009. Web. 12 May 2013.

Gates, Anita. "When Middle Age is Like a Melody". *New York Times*. 7 Aug. 2009. Web. 6 June 2014.

Gaudiosi, J. "Hunger Games Trilogy Beats Harry Potter Series to Become All-Time Bestselling Book Series". *Forbes*. 17 Aug. 2012. Web. 15 May 2013.

Gay, Roxane. "Ban the Word 'Feminist'? I Can Think of a Few Others to Get Rid of". *The Washington Post*. 14 Nov. 2014. Web. 31 July 2015.

Gay, Roxane. *Bad Feminist*. NY: Harper Perennial, 2014. Print.

"Gender Balance in YA Award Winners Since 2000". *Lady Business*. 8 Oct. 2012. Web. 10 July 2015.

Gibbs, Nancy Gibbs. "What Women Want Now". *Time* (26 Oct. 2009): 31. Web. 9 Jan. 2013.

Gibson, Megan. "A Brief History of Women's Protests". *TIME*. 12 Aug. 2011. Web. 31 July 2015.

Gibson, Valerie. *Cougar: A Guide for Older Women Dating Younger Men*. Toronto: Key Porter Books, 2008. Print.

Gill, Jasmine. "Jennifer Aniston Pregnant or Just a Really Bad Dress Choice?" Fashion Style Magazine. 30 Aug. 2014. Web. 2 Aug. 2015.

Gill, Rosalind. *Gender and the Media*. Malden, MA: Polity, 2007. Print.

Gillis, Bryan, and Joanna Simpson. *Sexual Content in Young Adult Literature: Reading between the Sheets (Studies in Young Adult Literature)*. Lanham: Rowman & Littlefield, 2015. Print.

Gitlin, Todd. *The Whole World is Watching: Mass Media in the Making & Unmasking of the New Left* Berkley: University of California Press, 1980. Print.

Gleiberman, Owen. Rev. of *27 Dresses*, dir. Anne Fletcher. *Entertainment Weekly*. 16 Jan. 2008. Web. 18 March 2014.

Goodman, Ellen. "Caitlyn Jenner's Vanity Fair Cover is not just a Display of Sexism". *The Boston Globe*. 10 June 2015. Web. 30 July 2015.

Goodman, Jessica. "Cannes Film Festival Doubles Female Directors to Compete for the Palme d'Or". *The Huffington Post*. 17 April 2014. Web. 12 Feb. 2015.

Goodnow, Ceilia. "Profits of Doom: Teen Readers Eat up Post-Apocalyptic Tales". *Seattle PI*. 17 Dec. 2008. Web. 15 May 2013.

Gossman, Heather. "You can turn a housewife into a hoe. But you can't turn a hoe into a housewife". 22 June 2015, 6:23pm. Tweet.

Graham, Ruth. "Against YA". *Slate*. 5 June 2014. Web. 20 July 2015.

Gray, Emma. ""The Bachelorette" Proved We're Still Scandalized by Women who Have Sex". *The Huffi ngton Post.* 23 June 2015. Web. 29 June 2015.

Gray, Emma. "Women in Film are Underrepresented, Hypersexualized Despite "Year of the Woman" Claims". *Huffi ngton Post.* 15 May 2013. Web. 7 June 2014.

Gray, John. *Men Are From Mars, Women are From Venus.* NY: Harper Collins, 1992. Print.

Greenberg, Jennifer. "If You Give a Mom a Cup of Coffee and a Day Off". *Motor Mommy.* 18 Feb. 2014. Web. 23 June 2015.

Greer, Germaine. *The Change: Women, Aging, and the Menopause.* Alfred A. Knopf: New York, 1992. Print.

Greer, Germaine. "We Like Our Venuses Young". *Guardian.* 30 Apr. 2008. Web. 17 April 2014.

Hall, Amy Laura, and Kara N. Slade. "This is the Way the World Ends: A Conversation between Kara N. Slade and Amy Laura Hall on Domination and Solidarity in Young Adult Dystopias". *The Other Journal: An Intersection of Theology and Culture.* 2 June 2011. Web. 15 May 2012.

Hall, Harriet. "Christiane Northrup, MD: Science Tainted with Strange Beliefs". *Science-Based Medicine.* 27 May 2008. Print.

Hall, Michelle, and Lizzie Jury, "I Do ⋯ Costs a Lot: Weddings by the Numbers". *CNN Living.* 9 Aug. 2013. Web. 4 Nov. 2014.

Hall, Mollie. ""I Can't Think about Kissing": Strong Female Protagonists and Romance in Dystopian Young Adult Fiction". M.A. Thesis. Eastern Michigan University. 2012. Web. 20 July 2015.

Hamilton, Karine. "Postfeminist Sexual Agency: Young Women's Negotiations of Sexual Consent". *Sexualities.* 15.7 (2012): 815-3. Web. 5 Jan. 2014.

Harvey, Steve. *Act Like a Lady, Think Like a Man: What Men Really Think About Love, Relationships, Intimacy, and Commitment.* NY: HarperCollins, 2009. Print.

Hasinoff, Amy Adele. "It's Sociobiology, Hon!: Genetic Gender Determinism in *Cosmopolitan* Magazine". *Feminist Media Studies* 9.3 (2009): 267-4. Web. 25 Feb. 2013.

Haydon, John. "The List: Famous Weddings". *The Washington Times.* 23 April 2011. Web. 15 March 2013.

Hedley. "Don't Talk to Strangers". *The Show Must Go On.* Universal Music Canada, 2009. Audio.

HedleyVEVO. "Don't Talk to Strangers". *You Tube.* 2 Dec. 2009. Web. 2 July 2015. "HeForShe". *UN Women.* 2014. Web. 10 July 2015.

Hemphill, Kara E. "Gender and the Popular Heroines (and Heroes) of the Young Adult Dystopia". *Honors Research Projects.* Paper 132. Web. 20 July 2015.

Herz, Adam. *American Pie.* Dirs. Paul and Chris Weitz. Universal City, CA: Universal Pictures, 1999. Film.

He's Just Not that Into You. Dir. Ken Kwapis. Perf. Jennifer Aniston, Ben Affleck, and Scarlett Johansson. New Line Cinema, 2009. Film.

Hibbard, Laura. "Hermione Granger: The Heroine Women Have Been Waiting For". *The Huffi ngton Post.* 14 July 2011. Web. 10 July 2015.

Hicken, Melanie. "Average Wedding Bill in 2012: $28,400". *CNNMoney.* 10 March 2013. Web. 14 April 2014.

Hill, Craig. *The Critical Merits of Young Adult Literature: Coming of Age.* NY: Routledge, 2014. Print.

Hitch. Dir. Kevin Bisch. Perf. Will Smith, Kevin James, and Eva Mendes. Columbia Pictures, 2005. Film.

Hochschild, Arlie, and Anne Machung. *The Second Shift.* Penguin: New York, 2003. Print.

"Hollywood's Hottest Cougars". *Parade Magazine.* 25 April 2010. Web. 12 May 2013.

Homaday, Ann. Rev. of *27 Dresses*, dir. Anne Fletcher. *Washington Post.* 18 Jan. 2008. Web. 27 Dec. 2011.

Hoodwinked! Dir. Cory Edwards, Todd Edwards, and Tony Leech. Perf. Anne Hathaway, Glenn Close, and James Belushi. Weinstein Company, 2005. Film.

Hope Springs. Dir. David Frankel. Perf. Meryl Streep, Tommy Lee Jones, Steve Carell. Columbia Pictures. 2012. Film.

"Hornito's Tequila". Urban Cougar.com. 2011. Web. 12 May 2013.

How to Lose a Guy in 10 Days. Dir. Donald Petrie. Perf. Kate Hudson and Matthew McConaughey. Paramount, 2003. Film.

Hunt, Kenya. "The Feminist Hashtags That Matter in 2015". 14 June 2015. Web. 10 June 2015.

Hussar, April Daniels. "The Truth About Your Sexual Peak". *Women's Health.* 21 Nov. 2014. Web. 8 July 2015.

Ingraham, Chrys. *White Weddings: Romancing Heterosexuality in Popular Culture.* New York: Routledge: 1999. Print.

Iversen, Kristin. "The 5 Most Inappropriate Young Adult Novels We All Read as Kids (and Would Happily Read Again)". *The L Magazine.* 13 Aug. 2013. Web. 20 July 2015.

Jacobs, Kathryn. "Gender Issues in Young Adult Literature". *Indiana Libraries* 23.2 (2004): 19–4. Web. 3 Feb. 2013.

Jeanine and Rochelle". *Bridezillas. WeTV.* Catherine Scheinman, Creator. Season 9, Episode 4. July 2012. Television.

Jeffers, Michelle. "Behind Dove's "Real Beauty"". *Adweek* 12 Sep. 2011. Web. 10 May 2013.

Johnson, Naomi R. "Consuming Desires: Consumption, Romance, and Sexuality in Best-Selling Teen Romance Novels". *Women's Studies in Communication* 33.1 (2010): 54-3. Web. 12 Oct. 2012.

Jost, Eric. "Twilight of Feminism in America". *Amplify your Voice.* 1 Dec. 2008. Web. 21 March 2009.

"Justin and Emily: The Proposal". YouTube. 2 Dec. 2013. Web. 5 May 2014.

Kachka, Boris. "The Power of Positive Publishing: How Self-Help Ate America". *New York Magazine.* 6 Jan 2013. Web. 25 May 2013.

Kakutani, Michiko. "9/11 is Seen as Leading to an Attack on Women". *New York Times.* 23 Oct. 2007. Web. 12 Jan. 2015.

Kaling, Mindy. "Flick Chicks". *The New Yorker.* 3 Oct. 2011. Web. 14 Aug. 2012.

Keegan, Rebecca. "Gender Inequality Still has a Starring Role in Hollywood, USC Study Finds". *Los Angeles Times*, 22 Nov. 2011. Web. 25 Nov. 2012.

Klems, Brian. ""New Adult": The Next Big Thing?" *The Writer's Digest.* 15 Nov. 2013. Web. 20 July 2015.

Knocked Up. Dir. Judd Apatow. Perf. Seth Rogan and Katherine Heigl. Universal Pictures. 2007. Film.

Kokjohn-Wagner, Johi. "What You Mock, You Become". *I Just Want To Pee Alone.* Lexington, KY: @throat_punch Books, 2013. Web. 2 Jan. 2014.

Komada, Emmy. "What would a Kid Say about *Go the Fuck to Sleep*' *The Rumpus.* 27 June 2011. Web. 24 June 2015.

Kukla, Rebecca. *Mass Hysteria: Medicine, Culture, and Mothers' Bodies.* Lanham, MD: Rowman & Littlefield, 2005. Print.

Laditan, Bunmi. *The Honest Toddler: A Child's Guide to Parenting.* NY: Scribner, 2013. Print.

Laditan, Bunmi. *Toddlers are A**holes: It's Not Your Fault.* NY: Scribner, 2015. Print.

Lamb, Sharon, and Lyn Mikel Brown. *Packaging Girlhood: Rescuing Our Daughters from Marketers' Schemes.* NY: St. Martin's Press, 2006. Print.

Lamott, Anne. *Operating Instructions: A Journal of My Son's First Year.* NY: Anchor Books, 1993. Print.

Lankston, Charlie. "Men Cannot Glorify Beer Bellies and Demand Trophy Wives: Women

Hit Back at "Awful Dad Bod Trend" by Proudly Celebrating the Natural Beauty of their Curvy "Mom Bods"". *Daily Mail*. 14 May 2015. Web. 1 Aug. 2015.

Lee, Stephen. "Updated Figures for "The Hunger Games" Books More than 36.5M in Print in the U.S. Alone". *Shelf Life*. March 2012. Web. 15 May 2013.

Lewit, Meghan. "Why Do Female Authors Dominate Young-Adult Fiction?" *The Atlantic*. 7 Aug. 2012. Web. 10 July 2015.

Lipsyte, Robert. "Boys and Reading: Is There Any Hope?" *The New York Times*. 29 Aug. 2011. Web. 10 July 2015.

Loh, Sandra Tsing. *The Madwoman in the Volvo: My Year of Raging Hormones*. New York: Norton, 2014. Print.

Lopez, Lori Kido. "The Radical Act of "Mommy Blogging": Redefining Motherhood through the Blogosphere". *New Media & Society* 11.5 (2009): 729-7

Lorenz, Taylor. "Barbie Book Titled "I Can be a Computer Engineer" Tells Girls They Need a Man's Help to Code". *Business Insider*. 18 Nov. 2014. Web. 1 Aug. 2015.

Love, Wedding, Marriage. Dir. Dermot Mulroney. Perf. Mandy Moore, Kellan Lutz. Chydzik Media Group. 2011. Film.

Lucia. *Cougar Dating Advice*. Blogspot, 2007-015. Web. 8 July 2015.

Lupton, D. "Risk and the Ontology of Pregnant Embodiment". *Risk and Sociocultural Theory: New Directions and Perspectives*. Cambridge, Cambridge University Press, 1999: 59. Web. 12 Dec. 2012.

Macy's. Advertisement. *Brides Magazine*. Oct/Nov. 2013, pg. 54-.

Maier-Schwartz, Sagit. "Hollywood Abhors an Aging Woman. Too Bad for Hollywood". *Slate*. 7 May 2013. Web. 16 Oct. 2014.

The Make it Fair Project. "#MAKEITFAIR". *YouTube*. 21 April 2015. Web. 1 Aug. 2015.

Malle, Chloe. "Amal Alamuddin's Wedding Dress: Behind the Scenes at Her Final Fitting with Oscar de la Renta". 30 Sep. 2014. Web. 18 June 2015.

Mansbach, Adam. *Go the Fuck to Sleep*. NY: Akashic Books, 2011. Print.

Mansbach, Adam. *You Have to Fucking Eat*. NY: Akashic Books, 2014. Print.

Manus, Daniel. "The Taming of the Shrew: Writing Female Characters & Archetypes". *Script Magazine*, 7 Feburary 2014. Web. 2 Jan. 2015.

Martin, Karin. "Giving Birth like a Girl". *Gender and Society* 17. 1 (Feb. 2003): 54. Web. 6 Oct. 2013.

Martosko, David. "Claim that Hillary Clinton "Can't Satisfy her Husband" Winds up on Donald Trump's Twitter Account after Staffer Retweets It". *Daily Mail*. 17 April 2015. Web. 30 July 2015.

McCaghy, C. *Deviant Behavior.* NY: Macmillan Publishing Company, 1975. Print.

McCarthy, Amy. "Sorry Privileged White Ladies, But Emma Watson isn't a "Game Changer" for Feminism". *The Huffington Post.* 26 Sep. 2014. Web. 10 July 2015.

McCracken, Ellen. *Decoding Women's Magazines: From Mademoiselle to Ms.* New York: St. Martin's Press. 1993. Print.

McGee, Micki. *Self-Help, Inc.: Makeover Culture in American Life.* Oxford: Oxford UP, 2005. Print.

McLaren, Angus. *Twentieth-Century Sexuality: A History.* Oxford: Wiley-Blackwell, 1999. Print.

McRobbie, Angela. *The Aftermath of Feminism: Gender, Culture, and Social Change.* London: Sage, 2009. Print.

Mead-Ferro, Muffy. *Confessions of a Slacker Mom.* Cambridge, MA: Da Capo Lifelong Books, 2004. Print.

"Measured Average Height, Weight, and Waist Circumference for Adults Ages 20 Years and Over". CDC Online. 2013. Web. 5 March 2014.

Media Literacy Project. Medialiteracyproject.org, 2015. Web. 28 July 2015.

Mellor, Christie. *Three Martini Playdate: A Practical Guide to Happy Parenting.* San Francisco: Chronicle Books, 2004. Print.

Mendelson, Scott. "How Hollywood Markets to Women by Reinforcing Gender Stereotypes". *Forbes.* 18 April 2013. Web. 1 July 2015.

Mendes, Kaitlynn. ""Feminism rules! Now, where's my swimsuit?" Re-Evaluating Feminist Discourse in Print Media 1968-008". *Media, Culture & Society* 34.5 (2012): 554-0. Web. 12 Feb. 2015.

Mendes, Kaitlynn. "The Lady is a Closet Feminist!: Discourses of Backlash and Postfeminism in British and American Newspapers". *International Journal of Cultural Studies* 14.6 (2011): 1-7. Web. 13 Feb. 2015.

"Menopause the Musical Website". N.D. Web. 5 March 2013.

Meyerowitz, Joanne. *Not June Cleaver: Women and Gender in Postwar America, 1945-960.* Philadelphia: Temple UP, 1994. Print.

Miller, Karen Maezen. *Momma Zen: Walking the Crooked Path of Motherhood.* Boston: MA: Trumpeter Books, 2006. Print.

Mona Lisa Smile. Dir. Mike Newell. Perf. Julia Roberts, Kirsten Dunst, Julia Stiles. Revolution Studios, 2003. Film.

Morrison, Aimee. "Autobiography in Real Time: A Genre Analysis of Personal Mommy Blogging". *Cyberpsychology: Journal of Psychological Research on Cyberspace* 4.2

(2010). Web. 12 Jan. 2013.

Morrison, Aimee. ""Suffused by Feeling and Affect": The Intimate Public of Personal Mommy Blogging". *Biography* 34.1 (2011): 37–5. Web. 16 March 2015.

Morrow Kimball, Paige. "Aging Out: Hollywood's Problem with Women over 40". *Huffington Post*, 29 Sep. 2011. Web. 16 Dec. 2013.

Motes, Julia J. "Teaching Girls To Be Girls: Young Adult Series Fiction". *New Advocate* 11 (1998): 39–3. Web. 18 Jan. 2014.

"Mother Lover". *Saturday Night Live Digital Short Videos.* NBC, 2009. Web. 12 May 2013.

Mroz, Jacqueline. "Female Police Chiefs, a Novelty No More". *The New York Times Online.* 6 April 2008. Web. 20 Feb. 2014.

Mulvey, Laura. *Visual and Other Pleasures.* Indianapolis: Indiana UP, 1989. Print.

Murkoff, Heidi, and Sharon Mazel. *What to Expect When You're Expecting.* 4 ed. NY: Workman Publishing, 2008. Print.

The National Center on Addiction and Substance Abuse. *Women Under the Influence.* Baltimore: The John Hopkins UP, 2006. Web. 13 March 2013.

"National Eating Disorders Association/Next Door Neighbor's Puppet Guide Book". NEDA Online Fact Sheet. 2005. Web. 22 July 2014.

"National Intimate Partner and Sexual Violence Survey –2010 Summary Report". *Centers for Disease Control and Prevention.* 2010. Web. 28 July 2015 Neff, Jack. "Unilever: Don't Let Beauty Get Too Real". *Advertising Age* (16 April 2007). Web. 8 Dec. 2013.

Neumark-Sztainer, Dianne. *'I'm, Like, SO Fat!': Helping Your Teen Make Healthy Choices.* Guilford Press: New York: 2005. Print.

"New Moon: Is Twilight's Bella Swan a Bad Role Model?" *The Week.* 18 Nov. 2009. Web. 6 Dec. 2009.

Noman, Natasha. "The Nine Most Important Feminist Hashtags of 2015 So Far". Web. 12 July 2015.

North, Anna. "Breaking Dawn: What to Expect When You're Expecting a Vampire". *Jezebel.* 7 Aug. 2008. Web. 23 July 2015

Northrup, Christiane. *The Wisdom of Menopause: Creating Physical and Emotional Health During the Change.* New York: Bantam Books, 2012. Print.

O'Brien, Timothy L. "Why Do So Few Women Reach the Top of Big Law Firms?" *The New York Times.* 19 March 2006. Web. 5 March 2014.

O'Donohoe, Stephanie. "Yummy Mummies: The Clamor of Glamour in Advertising to Mothers". *Advertising and Society Review* 7.2 (2006). Web. 9 Jan. 2013.

Orenstein, Peggy. *Cinderella Ate My Daughter: Dispatches From the Lines of the New*

Girlie-Girl Culture. NY: Harper Collins, 2011. Print.

Ostry, Elaine. "Is He Still Human? Are You?: Young Adult Science Fiction in the Post-Human Age". *The Lion and the Unicorn* 28.2 (2004): 222–6. Web. 17 Jan. 2013.

Otnes, Cele C., and Elizabeth H. Pleck. *Cinderella Dreams: The Allure of the Lavish Wedding*. Berkeley: U of CA Press, 2003. Print.

Overland, Jody. "Report Card: The Best and Worst Celebrity Moms –Who Failed?" *Celebrity Dirty Laundry*. 13 June 2012. Web. 3 June 2015.

"Owen and Jackie's Photo Shoot". *The Bold and the Beautiful*. CBS, 2009. Web, 12 May 2013.

Parks, Tim. "Reading Upward". *The New York Review*. 11 Aug. 2014. Web. 20 July 2015.

Patmore, Coventry. *Angel in the House*. 1854. Classic Poetry Series Online. Web. 19 Sep. 2000.

Pearson, Allison. *I Don't Know How She Does It: A Novel*. London: Quality Paperbacks Direct, 2002. Print.

Pearson, Mackenzie. "Why Girls Love the Dad Bod". *The Odyssey*. 30 March 2015. Web. 8 July 2015.

Peretz, Evgenia. "It's Tartt –But is it Art?" *Vanity Fair*. July 2014. Web. 20 July 2015.

Peters, Megan Ann. The Ambiguity of Panem: Capitalism, Nationalism, and Sexuality in Suzanne Collins' The Hunger Games Series (2013). *Theses, Dissertations, and Other Capstone Projects*. Paper 127. Web. 22 July 2015.

Peters, Terri. "First, "Sexy Snowman," Now This: "Sexy Mom" Halloween Costumes You Really Have to See". *Today News*. 20 Oct. 2014. Web. 1 Aug. 2015.

"Pilot". *Cougar Town*. Writ. Kevin Biegel. Dir. Bill Lawrence. ABC. 23 Sep. 2009. Television.

Pipher, Mary. *Reviving Ophelia: Saving the Selves of Adolescent Girls*. NY: Grosset/Putnam, 1994. Print.

Pomerantz, Dorothy. "Hollywood Has Little to offer Actresses in Their 40s". *Forbes*, 24 April 2014. Web. 29 Oct. 2014.

Port, David and John Ralston. *Early Fatherhood for the Modern Hunter-Gatherer: Caveman's Guide to Baby's First Year*. Sterling: New York, 2008. Print.

Possamai-Inesedy, Aphia. "What Not to Fear When You are Expecting: Self Help Literature in a Risk Society". University of Kent. n.d. Web. 25 Oct. 2010.

Powell, Rebecca. "Good Mothers, Bad Mothers and Mommy Bloggers: Rhetorical Resistance and Fluid Subjectivities". *MP: An Online Feminist Journal* (2010): 37–0. Web. 5 July 2013.

Pozner, Jennifer L. *Reality Bites Back: The Troubling Truth about Guilty Pleasure TV*. Berkley: Seal Press, 2010. Print.

"Pregnancy and Body Image". *Epigee*. 2009. Web. 25 Oct. 2010.

"Preview of ABC's Cougar Town". Youtube, 2009. Web. 13 May 2013.

Puig, Claudia. "Fluff of Romance, Comedy Entices Preteens". *USA Today*. 13 March 2003. Web. 29 June 2015.

"Quote of the Day: Julia Roberts". *The Boston Globe*. 29 Oct. 2014. Web. 26 July 2015.

Rackl, Lori. "Cougars and Prey to Prowl the High Seas". *Sun Times*. 2009. Web. 9 Nov. 2011.

Radford, Benjamin. "Nude Soap Stars Protest Ageism". *Discovery News*. 21 Sep. 2011. Web. 1 Aug. 2015.

Rafferty, Terrence. "In "Twilight," Love and Pain and the Teenage Vampire Thing". *The New York Times*. 31 Oct. 2008. Web. 6 Dec. 2009.

Rahoi-Gilchrest, Rita L. "Momtinis, Not Martyrs: Examining "Anti-Mom" Blogs, Muted Groups, Standpoints, and the Struggle over Motherhood". *Media Depictions of Brides, Wives, and Mothers*. Ed. Alena Amato Ruggerio. Lanham: Lexington Books, 2012. Print.

Ravitz, Justin. "Sandra Bullock on Jesse James' Cheating, Divorce: "Nobody Can Be Prepared for Anything"". *US Weekly*. 17 Sep. 2014. Web. 10 Oct. 2014.

Razer, Helen. "Attention Young Adult Fans: Grow Up". *Daily Review*. 30 Sep. 2014. Web. 20 July 2015.

Red Riding Hood. Dir. Catherine Hardwicke. Perf. Amanda Seyfried, Shiloh Fernandez, Billy Burke, and Virginia Madsen. Warner Brothers, 2011. Film.

Reis, Elizabeth. *American Sexual Histories*. Hoboken, NJ: Wiley-Blackwell, 2001. Print.

Rhor, Monica. "Hunger Games Spurs Dystopian Reading Trend". Chron. 4 May 2012. Web. 15 May 2013.

Rich, Katey. "Angelina Jolie Confirms a Key *Malefi cent* Scene was about Rape". *Vanity Fair*. 12 June 2014. Web. 23 July 2015.

Rivers, Caryl, and Rosalind C. Barnett. *The New Soft War on Women: How the Myth of Female Ascendance is Hurting Women, Men ¬and Our Economy*. NY: Penguin, 2013. Print.

Roberts, Dan. "Ruth Bader Ginsburg eviscerates same-sex marriage opponents in court". *The Guardian.com*. 28 April 2015. Web. 8 May 2015.

Robison, Joanna. "Watch Emma Watson Deliver a Game-Changing Speech on Feminism for the U.N.' *Vanity Fair*. 21 Sep. 2014. Web. 10 July 2015.

Rodriguez, Gregory. "The Dangers of Romantic Comedies". *Los Angeles Times*. 29 Dec. 2008. Web. 1 July 2015.

Roiphe, Katie. "Why So Angry, Dad?: Go the F**k to Sleep Exposes Yuppie Parents' Sexlessness, Self-Pity, and Repressed Rage". *Slate*. 22 June 2011. Web. 24 June 2015.

Romano, Aja. "NY Times to YA Publishing: Stop Being So Girly". *The Mary Sue*. 25 Aug. 2011. Web. 10 July 2015.

Romano, Aja. "Your Guide to the Greatest Heroines of Young Adult Fiction". *The Daily Dot*. 12 Feb. 2015. Web. 10 July 2015.

"Rom-coms "Spoil Your Love Life"". *BBC News*. 16 Dec. 2008. Web. 1 July 2015.

Rose, Vicki McNickle. "Rape as a Social Problem: A Byproduct of the Feminist Movement". Social Problems 25.1 (1977): 75-9. Web. 13 Jan. 2013.

Rosenberg, Alyssa. "No, You Don't Have to be Ashamed of Reading Young Adult Fiction". *The Washington Post*. 6 June 2014. Web. 20 July 2015.

Rosin, Hanna. *The End of Men: And the Rise of Women*. NY: Riverhead, 2012. Print.

Roth, Veronica. *Divergent*. NY: Harper Collins, 2001. Print.

Rothman, B. K. *The Tentative Pregnancy: How Amniocentesis Changes the Experience of Motherhood*. New York, Viking Penguin Inc., 1986. Print.

Rothman, Ellen K. *Hands and Hearts: A History of Courtship in America*. New York: Basic Books, Inc. 1984. Print.

Rothman, Michael, and Kindelan, Katie. ""The Bachelorette": Kaitlyn Bristowe and Nick Viall Open Up about Shocking Episode". *ABC News*. 23 June 2015. Web. 29 June 2015.

"Royal Wedding 2011: Top 8 Moments of William and Katherine's Big Day". *ABC Online*. 13 June 2013. Web. 14 July 2014.

Royse, Alyssa. "To the Mom who Thinks Feminism is Hurting Her Boys: You're Wrong". The Good Men Project. 10 Nov. 2014. Web. 31 July 2015.

Roznick, Marcy. *If You Give a Kid a Cookie: Will He Shut the Fuck Up?* NY: St. Martin's Griffin, 2011. Print.

Rubin, Gretchen. *The Happiness Project: Or Why I Spent a Year Trying to Sing in the Morning, Clean my Closets, Fight Right, Read Aristotle, and Generally Have More Fun*. New York, NY: Harper Collins, 2011. Print.

Russell, Nicole. "I Know Victoria's Secrets". *Spectator's Journal*. 29 March 2013. Web. 8 April 2014.

Russell, Willy. *Shirley Valentine*. Metheun: Portsmouth, NH, 1988. Print.

Salerno, Steve. *SHAM: How the Self-Help Movement Made America Helpless*. New York,

NY: Crown, 2005. Print.

Sandberg, Sheryl. *Lean In: Women, Work, and the Will to Lead.* New York, NY: Knopf, 2013. Print.

sara@otrat_rowyso. "Kaitlyn needs to learn how to keep it classy & not so trashy". 22 June 2015, 6:22 p.m. Tweet.

Sax, Leonard. ""Twilight" Sinks its Teeth into Feminism". *Washington Post* (17 Aug. 2008): B7. Web. 5 Jan. 2013.

Sax, Leonard. *Why Gender Matters: What Parents and Teachers Need to Know about the Emerging Science of Sex Differences.* New York, NY: Doubleday, 2005. Print.

Scalzo, Tarah. "Chivalry is Undead: Bad Boy/Nice Guy Dichotomies in The Vampire Diaries or, What Does Elena Want?" *Hey Sugar Plum.* Word Press, 2 Dec. 2012. Web. 13 July 2013.

Schlessinger, Laura. *The Proper Care and Feeding of Marriage.* New York, NY: Harper Collins, 2007. Print.

Schulte, Brigid. *Overwhelmed: Work, Love, and Play When No One has the Time.* New York, NY: Farrar, Straus, and Giroux, 2014. Print.

Schumer, Amy. "Oh no someone slept with a guy they're dating and considering marrying! Showing love for @kaitlynbristowe". 23 June 2015, 12:27 a.m. Tweet.

Scott, A.O. "The Death of Adulthood in American Culture". *The New York Times Magazine.* 11 Sep. 2014. Web. 20 July 2015.

Seemayer, Zach. "Kim Kardashian Wants to "Break the Internet" with a NSFW Pic of her Bare Butt". *Entertainment Online.* 12 Nov. 2014. Web. 1 Aug. 2015.

Seifert, Christine. "Bite Me! (Or Don't)". *Bitch.* 2009. Web. 6 Dec. 2009.

Sekeres, Diane Carver. "The Market Child and Branded Fiction: A Synergism of Children's Literature, Consumer Culture, and New Literacies". *Reading Research Quarterly* 44.4 (2009): 399–14. Web. 18 Feb. 2013.

"Self-Improvement Market in U.S. Worth $9.6 Billion". PR Web. 21 Sep. 2006. Web. 17 June 2013.

Sex and the City (TV series). Dir. Michael P. King. Perf Sarah Jessica Parker, Kim Cattrall, Kristin Davis, and Cynthia Nixon. HBO. 1998–004. Television.

Sex and the City 2. Dir. Michael Patrick King; Perf. Sarah Jessica Parker, Kim Cattrall, Kristin Davis, Cynthia Nixon, Chris Noth. Warner Bros. 2010. Film.

Sex and the City: The Movie. Dir. Michael Patrick King. Perf. Sarah Jessica Parker, Kim Cattrall, Kristin Davis, and Cynthia Nixon. Warner Brothers, 2008. Film.

Shah, Beejoli. "Kim Kardashian's Motherhood doesn't Preclude her Sexuality". *The Daily*

Dot. 17 Nov. 2014. Web. 1 Aug. 2015.

Sheehy, Gail. 1992, *Menopause: The Silent Passage.* Pocket Books: New York, 1991. Print.

Shumway, David R. *Modern Love: Romance, Intimacy, and the Marriage Crisis.* New York, NY: NYU Press, 2003. Print.

Siering, Carmen. "Vampires, Werewolves, and "Scary" Female Sexuality: The Sexist "World of Twilight"". Alternet. 2009. Web. 6 Dec. 2009.

Silk, Judy. *If You Give a Mom a Margarita.* Lexington, KY: Judy Silk, 2015. Print.

Silva, Kumarini. "Got Milk? Motherhood, breastfeeding and (re)domesticating feminism". *Feminist Erasures: Challenging Backlash Culture.* Eds. Kumarini Silva and Kaitlynn Mendes. Basingstoke: Palgrave, 2015. Print.

Silverstein, Shel. *The Giving Tree.* NY: Harper and Row, 1964. Print.

"Sisterhood of Motherhood". YouTube. 17 Jan. 2015. Web. 19 June 2015.

Smith, Alexandra and Bridie Jabour. "Kmart pulls "disgusting, sleazy" girls underwear off shelves". *The Sydney Morning Herald.* 22 Nov. 2011. Web. 29 March 2014.

Smith, Hannah. "Permission to Diverge: Gender in Young Adult Dystopian Literature". *Gender Studies Research Papers.* 2014. Web. 20 July 2015.

Smith, Jeff. "Normalizing Male Dominance: Gender Representation in 2012 Films". *Grand Rapids Institute for Information Democracy.* 12 Feb. 2013. Web. 1 July 2015.

Smith, L.J. *The Vampire Diaries -The Awakening and the Struggle.* NY: Harper Teen, 2007. Print.

Spillar, Katherine and Carmen D. Siering. "*New Moon,* Same Old Sexist Story". *Huffi ngton Post.* 18 March 2010. Web. 23 July 2015.

Stamper, Julia S. "Female Characters as Role Models in Young Adult Literature". University of Tennessee -Knoxville. Thesis. 2012. Web. 20 July 2015.

"Star". *American Media, Inc.* 2015. Web. 30 July 2015.

Starker, Steven. *Oracle at the Super Market.* New Brunswick, NJ: Transaction Publishers, 2002.

Stephens, Rebecca. "Socially Soothing Stories? Gender, Race, and Class in TLC's *A Wedding Story* and *A Baby Story. Understanding Reality Television*". Eds. Su Holmes and Deborah Jermyn. London: Routledge, 2004. Print.

Stevens, Dana. "I Can't "Let it Go"". *Slate.* 14 Feb. 2014. Web. 12 Jan. 2015.

Stone, Pamela. *Opting Out?: Why Women Really Quit Careers and Head Home.* Berkeley: U of California P, 2008. Print.

Sturt, Kristen. "Older Women, Younger Men: 10 Hollywood Couples That Work' *The Huffington Post.* 14 March 2014. Web. 21 July 2015.

"The Supergirl Dilemma: Girls Grapple with the Mounting Pressure of Expectations". Girls Inc.org. 2006. Web. 10 March 2014.Sutherland, Edwin H. "The Sexual Psychopath Laws". *Journal of Criminal Law and Criminology* 40.5 (1950): 543–4. Web. 25 Nov. 2014.

Swingers. Dir. Doug Liman. Perf. Jon Favreau and Vince Vaughn. Independent Pictures (II), 1996. Film.

Targosz, Cyndi. *Dating the Younger Man: Guide to Every Woman's Sweetest Indulgence.* Avon, MA: Adams Media, 2009. Print.

Tasker, Yvonne and Diane Negra, eds. *Interrogating Postfeminism: Gender and the Politics of Popular Culture.* Durham: Duke UP, 2007. Print.

Think Like a Man. Dir. Tim Story. Perf. Michael Ealy, Kevin Hart, and Gabrielle Union. Screen Gems/Rainforest Films, 2012. Film.

This is 40. Dir. Judd Apatow. Perf. Paul Rudd, Leslie Mann. Apatow Productions. 2012. Film.

Thomas, Keith. "The Double Standard". *Journal of the History of Ideas.* 20.2 (1959): 195–16. Web. 17 Dec. 2014.

Torrance, Kelly Jane. "Weighing In on This: Wispy Models seen Harmful to the Culture". *Washington Times.* 21 April 2008: A2. Web. 13 June 2014.

Uffalussy, Jennifer Gerson. "Amy Schumer and #MakeItFair: The Women Standing Up to Hollywood". *The Guardian.* 23 April 2015.

Uffalussy, Jennifer Gerson. "Why Tina Fey's Letterman Striptease was a Tongue-in-Cheek Feminist Fail". *The Guardian.* 8 May 2015. Web. 9 June 2015.

The Ugly Truth. Dir. Robert Luketic. Perf. Katherine Heigl and Gerard Butler. Lakeshore Entertainment, 2009. Film.

Underhill, Allison. "Why the "Dad Bod" is a Sexist Disgrace". *The Huffington Post.* 22 May 2015. Web. 8 July 2015.

Vagianos, Alanna. "30 Shocking Domestic Violence Statistics that Remind Us It's an Epidemic". *Huffi ngton Post.* 13 Feb. 2015. Web. 24 July 2015.

Vagianos, Alanna. "The Reaction to #LikeAGirl is Exactly Why It's Important". *The Huffi ngton Post.* 3 Feb. 2015. Web. 28 July 2015.

Vail, Elizabeth. "The Legacy of Katniss, or, Why We Should Stop "Protecting" Manhood and Teach Boys to Embrace the Heroine". *The Huffi ngton Post.* 3 Dec. 2012. Web. 11 July 2015.

Vanderkam, Laura. "The Paperback Quest for Joy: America's Unique Love Affair with Self-Help Books". *City Journal* 22.4 (Autumn 2012). Web. 29 May 2013.

Vawter, Marquis, Simon Evans, Prabhakara Choudary, Hiroaki Tomita, Jim Meador-Woodruff, Margherita Molnar, Jun Li, Juan F. Lopez, Rick Myers, David Cox, Stanley J. Watson, Huda Akil, Edward G. Jones, William E. Bunney. "Gender-Specific Gene Expression in Postmortem Human Brain: Localization to Sex Chromosomes". *Neurophyschopharmacology* 29 (2004): 373-4. Web. 2 Oct. 2013.

Vincent, Alice. "Sex in Young Adult Fiction ─A Rising Trend?" *The Telegraph.* 14 Feb. 2013. Web. 20 July 2015.

Von Ziegesar, Ceila. *Gossip Girl.* NY: Warner Books, 2002.

Voynar, Kim. "Film Clips: Is "Twilight" Anti-Feminist?" *Cinematical.* 11 Aug. 2008. Web. 21 March 2009.

Wall, Melissa Lafsky. "Ben Affleck's Oscar Speech Revealed A Truth About Marriage". Web. 22 Jan. 2014.

Warner, Judith. "The Opt-Out Generation Wants Back In". *The New York Times.* 7 Aug. 2013. Web. 28 July 2015.

Warner, Judith. *Perfect Madness: Motherhood in the Age of Anxiety.* NY: Riverhead Books, 2005. Print.

"Wedding Statistics, Industry Reports and Wedding Trends". *The Wedding Report.* 18 June 2013. Web. 12 Sep. 2014.

Weingus, Leigh. "Woman Slaps Period Pads All Over Her Town for Important Reason". *The Huffi ngton Post.* 11 March 2015. Web. 31 July 2015.

Weis, Kurt, and Sandra S. Borges. "Victimology and Rape: The Case of the Legitimate Victim". *Issues in Criminology* 8.2 (1973): 71-15. Web. 12 Feb. 2013.

Weiss, Dara-Lynn. *The Heavy: A Mother, a Daughter, a Diet ─A Memoir.* NY: Ballantine Books, 2013. Print.

"What to Expect When You're Expecting". *Amazon.com,* 2008. Web. 22 Feb. 2011.

"Who's Talking? An Analysis of Sunday Morning Talk Shows". White House Project. Dec. 2001. Web. 5 Jan. 2013.

Wickersham, Joan. "Hillary Clinton's Cookies". *Boston Globe.* 11 Jan. 2013. Web. 14 June 2015.

Wignall, Alice. "Can a Feminist Really Love *Sex and the City*' Rev. of *Sex and the City*, Dir. Michael Patrick King. *The Guardian.* 15 April 2008. Web. 20 March 2012.

Wilder-Taylor, Stefanie. *Sippy Cups are Not for Chardonnay: And Other Things I had to Learn as a New Mom.* NY: Simon Spotlight Entertainment, 2006. Print.

"Will I Get My Dues ⋯ Before I Die?" *Human Rights Watch.* 2015. Web. 28 July 2015.

Williams, Christine. *Inside Toyland: Working, Shopping, and Social Inequality.* U of

California P, 2006.

Wilson, Natalie. "Disney's Gender Roles Remain Un-Tangled". *Ms. Magazine*. 29 Nov. 2010. Web. 20 April 2014.

Winerip, Michael. "In Novels for Girls, Fashion Trumps Romance". *New York Times*. 13 July 2008. Web. 21 July 2015.

WomenAgainstFeminism.com. 2015. Web. 31 July 2015.

"Women CEOs and Heads of the Financial Post 500". Catalyst.org. March 2011. Web. 10 Feb. 2014.

Women's Media Center. Womensmediacenter.com. 2015. Web. 1 Aug. 2015.

Wood, Eleanor. "Pushing the Envelope: Exploring Sexuality in Teen Literature". *Journal of Research on Libraries and Young Adults*. 2 Nov. 2010. Web. 21 July 2015.

Woolf, Naomi. "Young Adult Fiction: Wild Things". *The New York Times*. 12 March 2006. Web. 20 July 2015.

Woolf, Virginia. "Professions for Women". 21 Jan. 1931. Web. 12 Dec. 2008. "Young Adult Books Attract Growing Numbers of Adult Fans". *Bowker*. 13 Sep. 2012. Web. 25 Mar. 2013.

Younger, Ann Elizabeth. "How to Make a Girl: Female Sexuality in Young Adult Literature". Diss. Louisiana State University. Aug. 2003. Web. 20 July 2015.

Zipes, Jack. *Don't Bet on the Prince: Contemporary Feminist Fairy Tales in North America and England*. NY: Routledge, 1989. Print.

찾아보기

지은이

멜리사 에임스(Melissa Ames)는 이스턴일리노이 대학교의 조교수로, 전공분야는 미디어 연구, 텔레비전학, 대중문화, 페미니스트 이론, 교육이론이다. 최근의 출판물로는 단독 저서로 *Women and Language*(2011)과 *Time in Television Narraive*(2012)가 있고 공저로 *Grace Under Pressure: Gray's Anatomy Uncoverd*(2008), *Writing the Digital Generation*(2010), *Bitten by Twilight*(2010), *Manufacturing Phobias*(2015)가 있고 다수 논문을 *The Journal of Dracula Studies*(2011), *The Women and Popular Culture Encyclopedia*(2012), *The High School Journal*(2013), *The Journal of Popular Culture* (2014), *Pedagogy*(2017)에 실었다.

세라 버콘(Sarah Burcon)은 앤 아버(Ann Arbor)에 있는 미시간 대학교에서 테크니컬 커뮤니케이션 프로그램 전임강사이다. 전공분야는 테크니컬 커뮤니케이션, 페미니스트 이론, 대중문화, 언어학이다. 선집과 사전에 논문과 글이 출판되었고 최근의 출판물로는 단독저서 *Women and Language*(2011)와 *Fabricating the Body*(2014)가 있고 공저로 *Time in Television Narrative*(2012), *Revisiting the Past through Rhetorics of Memory and Amnesia*(2011)가 있고 *Women and Popular Culture Encyclopedia*(2014)에 실린 글이 있다.

옮긴이

조애리는 서울대학교 영문과를 졸업하고 동 대학원에서 석사와 박사 학위를 받았다. 현재 카이스트 인문사회학부 교수이다. 주요 저서로는 『페미니즘과 소설읽기』(공저), 『성·역사·소설』, 『19세기 영미소설과 젠더』, 『역사 속의 영미소설』이 있고, 주요 역서로는 『제인 에어』, 『빌레뜨』, 『설득』, 『밝은 모퉁이집』, 『문화코드 어떻게 읽을 것인가?』(공역), 『젠더란 무엇인가』(공역) 등이 있다.

이혜원은 고려대학교 국어교육과를 졸업하고 동 대학원에서 석사와 박사 학위를 받았다. 현재 고려대학교 문화창의학부 미디어문예창작전공 교수이다. 저서로 『적막의 모험』, 『생명의 거미줄: 현대시와 에코페미니즘』, 『지상의 천사』 등이 있고, 역서로 『스토리텔링의 이론, 영화와 디지털을 만나다』(공역), 『젠더란 무엇인가』(공역) 등이 있다.

유정화는 이화여자대학교 영문과를 졸업하고 동 대학원에서 석사와 박사 학위를 받았다. 현재 목원대학교 교수이다. 주요 역서로는『무기여 잘 있거라』,『위대한 개츠비』,『참깨와 백합 그리고 독서에 관하여』(공역),『젠더란 무엇인가』(공역),『문화 코드, 어떻게 읽을 것인가』(공역) 등이 있다.

김진옥은 미국 뉴욕 대학교에서 영문학 박사 학위를 받았다. 현재 한밭대학교 영어영문학과 교수이다. 주요 저서로는 *Charlotte Brontë and Female Desire*,『제인 에어: 여성의 열정, 목소리를 갖다』,『영국소설과 서술기법』(공저) 등이 있고, 주요 역서로는『문화 코드, 어떻게 읽을 것인가?』(공역),『스토리텔링의 이론, 영화와 디지털을 만나다』(공역),『젠더란 무엇인가』(공역) 등이 있다.

강문순은 미국 케이스웨스턴리저브(Case Western Reserve) 대학교에서 영문학 박사학위를 받았다. 현재 한남대학교 영어교육과 교수이다. 주요 역서로는『동물농장』,『노인과 바다』,『문화 코드: 어떻게 읽을 것인가』(공역),『스토리텔링의 이론: 영화와 디지털을 만나다』(공역),『셰익스피어에 대해 잘못 알려진 30가지 신화』(공역) 등이 있다.

윤교찬은 미국 노스캐롤라이나 대학교에서 석사, 서강대학교에서 박사 학위를 받았다. 현재 한남대학교 영어교육과 교수이다. 주요 역서로는『문학비평의 전제』,『탈식민주의 길잡이』(공역),『미국 인종 차별사』(공역),『문화코드, 어떻게 읽을 것인가?』(공역),『스토리텔링의 이론, 영화와 디지털을 만나다』(공역),『젠더란 무엇인가』(공역),『허클베리 핀의 모음』 등이 있다.

박종성은 충남대학교 영어영문학과를 졸업하고 서강대학교 대학원에서 영문학 석사학위, 런던 대학교(퀸메리 칼리지) 대학원에서 영문학 석사학위와 박사학위를 받았다. 현재 충남대학교 영어영문학과 교수이다. 한국근대영미소설학회에서 회장을 역임했고 한국영어영문학회에서 회장으로 활동 중이다. 저서로『탈식민주의에 대한 성찰』, 공역서로『탈식민주의 길잡이』가 있다. 이외에도 영국 소설에 관한 다수의 논문을 발표했다.

최인환은 서울대학교 영문과와 동대학원을 졸업하고 미국 오리건 대학교에서 박사학위를 받았다. 현재 대전대학교 영문학과 교수이다. 주요 논문으로는 "Empire and Writing: A Study of Naipaul's The Enigma of Arrival" 등이 있고, 주요 역서로는『와인즈버그, 오하이오』,『해는 다시 떠오른다』 등이 있다.

대중문화는 어떻게 여성을 만들어내는가
보석 왕관을 쓴 아기에서 연하남을 노리는 쿠거까지

지은이 ┃ 멀리사 에임스·세라 버콘
옮긴이 ┃ 조애리·이혜원·유정화·김진옥·강문순·윤교찬·박종성·최인환
펴낸이 ┃ 김종수
펴낸곳 ┃ 한울엠플러스(주)
편   집 ┃ 조수임

초판 1쇄 인쇄 ┃ 2020년 1월 5일
초판 1쇄 발행 ┃ 2020년 1월 30일

주소 ┃ 10881 경기도 파주시 광인사길 153 한울시소빌딩 3층
전화 ┃ 031-955-0655
팩스 ┃ 031-955-0656
홈페이지 ┃ www.hanulmplus.kr
등록번호 ┃ 제406-2015-000143호

Printed in Korea.
ISBN 978-89-460-7176-6 93330(양장)
       978-89-460-6688-5 93330(무선)

책값은 겉표지에 표시되어 있습니다.
이 도서는 강의를 위한 학생판 교재를 따로 준비했습니다.
강의 교재로 사용하실 때에는 본사로 연락해 주십시오.